W0332046

LA VIE SAUVAGE

JUNE VENDALL CLARK

LA VIE SAUVAGE

Mémoires d'Afrique

PRESSES DE LA RENAISSANCE

Titre original de l'ouvrage
Starlings Laughing

Traduit de l'anglais
par Jean Autret

La loi du 11 mars 1957 n'autorisant aux termes des alinéas 2 et 3 de l'article 41, d'une part, que les *copies ou reproductions strictement réservées à l'usage privé du copiste et non destinées à une utilisation collective*, et, d'autre part, que les analyses et les courtes citations dans un but d'exemple ou d'illustration, *toute représentation ou reproduction intégrale ou partielle, faite sans le consentement de l'auteur ou de ses ayants droit ou ayants cause*, est illicite (alinéa 1er de l'article 40). Cette représentation ou reproduction, par quelque procédé que ce soit, constituerait donc une contrefaçon sanctionnée par les articles 425 et suivants du Code pénal.

© June Vendall Clark, 1990.
© Presses de la Renaissance, 1991, pour la traduction française.

ISBN : 2-266-05036-2

Richard, mon amour,
ce livre est pour toi

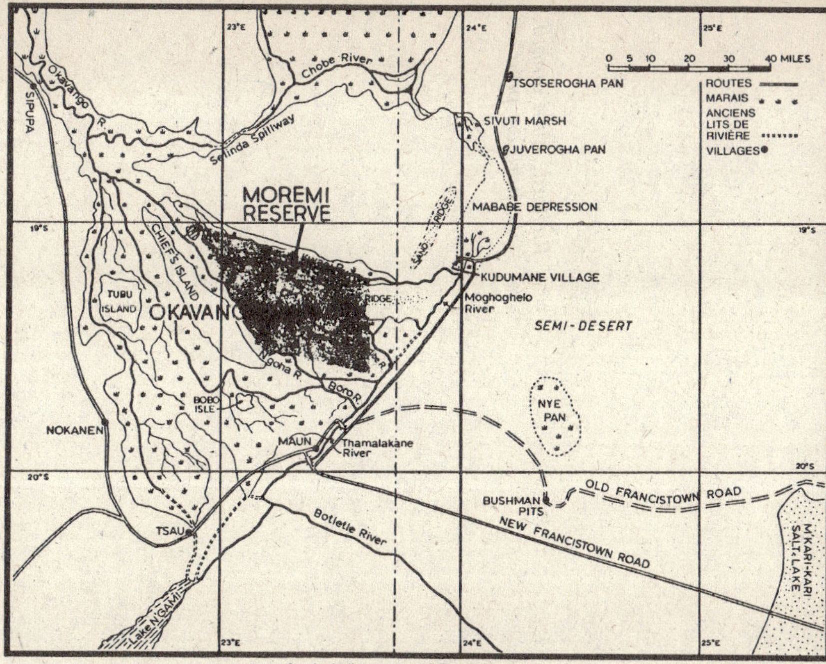

Le delta de l'Okavango

Le Rocher

Sur les collines des Matopos, il y avait un rocher où j'avais pris l'habitude d'aller quand j'avais besoin de courage ou de conseils ou simplement quand me faisait défaut la force de continuer une vie de couple qui tournait au désastre.

Le Rocher comportait une pente bien lisse montant jusqu'à la base d'un *kopje* en granit qui se dressait à gauche de la maison. La pente la plus abrupte servait à délimiter sur un côté un bassin en pierre où l'on avait mis des poissons. C'est Robert qui avait construit ce bassin, en recouvrant de mortier les parois intérieures. Quant au Rocher lui-même, il avait été lissé par une érosion qui s'était acharnée sur lui pendant des millions d'années.

Pour le profane, cet endroit ne présentait rien de remarquable. Il ne dissimulait aucune grotte secrète semblable à celle qui se trouvait sous l'autre kopje, situé à droite de la maison, où une vieille vipère heurtante bien grasse se faufilait dans le noir tandis qu'une famille de tariers moqueurs flûtait du haut des rochers baignés de soleil qui dominaient le bassin recueillant les eaux de pluie. Au-dessous de ce bassin, un peu plus loin, se dressait un arbre à papier solitaire dont le tronc était percé d'un trou. Un couple d'étourneaux au plumage luisant se nichait dans le trou dès l'arrivée du printemps. Leur plumage lisse et soyeux avait la couleur de l'améthyste fumée.

Je ne voyais jamais, sur mon Rocher, aucun de ces visiteurs superbes, sauf, par temps chaud, quelques lézards, des agames mâles magnifiquement parés de violet, de bleu et d'orange, qui, rapides comme l'éclair, traversaient la surface boursouflée par le soleil tout en secouant la tête dans la frénésie de leur rut reptilien. Mon Rocher n'était pas non plus un lieu sacré, comme le Colosse de 'Njelele, où Chaminooka, le dieu de la Pluie des Matabele, vivait en compagnie du tonnerre qu'il gardait prisonnier. Non, mon Rocher à moi n'était en apparence rien d'autre qu'un rocher dans un univers de rochers, et ses mystères n'étaient connus que de moi seule. C'était mon jardin secret et le tabernacle d'un Dieu qui n'appartenait qu'à moi.

Je n'y allais jamais quand il faisait jour ni quand quelqu'un regardait. J'y allais seule, la nuit, et je m'asseyais sur la pente tiède à l'heure où l'odeur du granit — cette curieuse senteur chaude rappelant la fougère que le granit exhale — sortait encore de la pierre. J'écoutais la nuit africaine : une myriade de sons à peine perceptibles.

Un engoulevent vient se poser à quelques pas de moi. Je reste figée sur place, comme la pierre elle-même, pour ne pas l'effrayer. Les yeux de l'oiseau lancent une flamme rouge, c'est le reflet d'une lumière provenant de la maison. Puis il agite ses ailes et reprend son vol. Une plume ornée de petits points multiples reste sur le Rocher, comme pour laisser une preuve de la visite du volatile. En bas, dans la vallée, un poisson monte à la surface, près du barrage, et saute en l'air. Les ondes circulaires se propagent au clair de lune. Lentement, mon esprit se vide de tous les soucis de la journée.

Pendant dix ans, j'ai vécu des jours semblables à celui-ci, et j'en ai encore dix qui m'attendent, bien que je ne le sache pas, ce soir-là, assise sur mon Rocher, à la recherche de la paix de l'âme et espérant qu'elle va m'envelopper de son châle, comme le clair de lune. Et enfin, j'entends mon Dieu secret qui se met à me parler, doucement; il répond à certaines de mes questions mais, hélas, il y en a une, la plus cruelle de toutes, à laquelle il ne me donne aucune réponse. Car je sais maintenant que je n'aurais pas dû me marier. Et au bout de dix ans, et avec trois enfants, il est trop tard pour revenir en arrière, pour annuler les effets d'un coup de tête qui m'a jetée, sans transition, d'un pensionnat religieux dans les bras réticents du premier homme qui m'avait jamais embrassée. Il m'est impossible de tout effacer d'un trait de plume, de partir comme si rien ne s'était passé, parce qu'on m'a élevée dans la croyance que le mariage vous engage pour toute la vie.

Parfois, les premières années, tout avait l'air de très bien se passer. Un jour, quand nous étions riches, il m'avait acheté un tapis d'Orient et un chiot, un berger d'Alsace. Et puis, quand nous sommes devenus pauvres, je lui ai offert une lampe de poche à cinq piles et une peau de civette, ce qui m'avait coûté deux shillings six pence. Mais nous n'avions jamais écouté la même musique; jamais nous n'avions ri aux mêmes choses.

Il y avait de nombreuses nuits sur le Rocher où je ne parvenais pas à trouver la paix, car les ports du tabernacle demeuraient hermétiquement closes. Ces nuits-là, mon seul acquis était un demi-million de piqûres de moustiques et un essaim de souvenirs qui avaient ressurgi à ma mémoire.

Les souvenirs. Jusqu'à quel point du passé la mémoire peut-elle remonter? En ce qui me concerne, mon premier vrai souvenir, le souvenir lié à une image, est celui du jour de mon quatrième anniversaire. Je portais une robe ornée de dentelles et je tenais un bouquet de fleurs à la main. C'était mon premier anniversaire en Afrique, et on ne l'a plus jamais fêté depuis. Mais j'ai encore en moi les échos brumeux d'une époque antérieure : des pigeons qui viennent manger dans ma main, le bruit des paons qui cheminent pesamment entre les arbres au coucher du soleil, et l'éclat dur du ciel nocturne sur un toit plat, dans la cité de granit de Jaipur où mon père, Lancelot Brassington-Burn, était ingénieur-conseil auprès de Son Altesse royale, le maharaja.

L'Inde

La nuit où je suis née, à l'hôpital Lady Willington de Madras, quelqu'un avait laissé par inadvertance une fenêtre ouverte dans une salle voisine, et une chauve-souris frugivore avait réussi à venir s'empêtrer dans les filets tendus dans l'embrasure pour faire obstacle aux bêtes nocturnes. Des employées de l'hôpital essayaient de la chasser à grand renfort de cris, de jurons et de coups de manche à balai.

Ma mère, qui venait d'accoucher, était étendue sur le lit étroit, l'esprit encore embrumé par la morphine que l'on utilisait à cette innocente époque pour calmer les douleurs de l'enfantement. Lance paraissait tendu. Le médecin inspecteur Hinkstone, que l'on avait appelé au moment où les choses commençaient à mal tourner, me prit des bras de l'infirmière au linge empesé de frais, pour me tendre à mon père.

« Elle est superbe, dit-il. Absolument superbe. Ces marques de forceps partiront très vite. Seulement, je suis désolé, mon vieux, vous ne pouvez pas l'appeler Nigel Douglas Murdoch Brassington-Burn. Il n'en est pas question. Essayez June. Comme Lady Inverclyde, la danseuse. Ça tombe bien, nous sommes justement en juin.

— Elle a les cheveux roux, dit mon père d'une voix rêveuse. Je ne veux pas qu'elle me quitte. Jamais. Elle est à moi. »

Frances ouvrit les yeux.

« Elle est à moi aussi, dit-elle faiblement.

— Non, dit Lance avec force. Si nous avons d'autres enfants, tu pourras les prendre. Mais celle-ci elle sera rien qu'à moi. »

Je regrette qu'il ait prononcé ces paroles.

Il n'y a pas eu d'autres enfants et, dans l'esprit de Lance, je suis devenu le fils qu'il avait désiré si passionnément avoir. Il avait reçu toute son éducation au monastère bénédictin d'Ampleforth, dans le Yorkshire, durant cette courte période bénie qui a séparé le début du siècle de la Première Guerre mondiale. Il fit tout ce qui était en son pouvoir pour m'inculquer les valeurs morales sommaires qui avaient été si clairement exposées par des auteurs comme John Buchan, Rudyard Kipling et Dean Farrar, et fut gagné par le désespoir quand il se rendit compte que j'échappais peu à peu à son influence.

Agée de quarante ans, la pauvre Frances, complètement désemparée, rêvait toujours d'avoir une fille qui fût vraiment féminine. Elle ne ménagea pas ses efforts pour annuler les effets de l'éducation rigide que Lance voulait m'imposer et tenta d'étouffer mes tendances à la rébellion (de plus en plus marquées) sous un voile mousseux de jupons vaporeux, de robes de dentelle et de bonnets en velours marron.

Il était prévisible qu'ils échoueraient tous les deux.

Ils formaient un couple bien mal assorti, qu'un hasard cruel avait rapproché. Après s'être vaillamment battu pendant la guerre, Lance avait tenté d'effacer les souvenirs de la Somme et des sanglants combats sur les plages de Gallipoli en affrétant une goélette affectée à la pêche aux perles, à Broome, au nord de l'Australie. Il alla ensuite rejoindre son frère Douglas, qui faisait le commerce de la poudre d'or et de l'ivoire en Afrique occidentale, avant de se mettre à prospecter pour son propre compte. Mais il avait deux sœurs en Angleterre, et quand elles lui écrivirent pour le supplier de leur envoyer de l'argent, il réintégra la Metropolitan Vickers, la firme de constructions mécaniques qui l'avait employé avant la guerre.

Il fut envoyé en Inde et c'est en Inde qu'il rencontra Frances, qui faisait partie de ce que l'on appelait alors la « Flotte de Pêche », ces détachements réguliers de jeunes filles de fortune modeste qui, à cause de la guerre, avaient bien peu de chances de trouver un mari en Grande-Bretagne. Frances, qui approchait de la quarantaine et n'était pas dotée d'une beauté éclatante, alla séjourner chez des parents éloignés dans l'une des stations situées dans les collines, où Lance s'était justement rendu pour se remettre d'une crise de malaria. Comme ils n'appréciaient ni l'un ni l'autre les réceptions mondaines qui s'y déroulaient, ils se retrouvaient souvent ensemble et finalement, sans doute parce qu'il avait l'impression que c'était là ce que l'on attendait de lui, Lance lui demanda sa main. N'osant croire à sa bonne fortune, Frances accepta immédiatement.

S'il était possible de remonter le cours du temps et de recommencer ma vie, j'aimerais beaucoup revivre ces premières années bénies que j'ai passés en Inde. Les souvenirs qui m'en restent ne sont pas aussi précis que celui de ce quatrième anniversaire ; ils sont à demi effacés et brouillés par le temps. Et pourtant, d'une certaine manière, j'ai réussi à m'imprégner de la présence de l'Inde, une présence qui ne m'a jamais quittée. L'Inde et moi, nous nous appartenons encore l'une à l'autre. Je me sens chez moi dans ce pays.

Il me semble que j'ai passé la plus grande partie de mes deux premières années dans le side-car de la grosse Harley-Davidson de Lance, sillonnant à grand bruit la jungle hantée par les tigres, et les plaines du Rajputana, où les femmes revêtues de leur tunique avancent d'un pas de reine pour aller emplir leurs jarres d'argile au puits bordé de pierres de leur village. Des trains de chameaux cheminent en pleine chaleur avec les clochettes de laiton qui tintent, transportant toutes sortes de marchandises destinées à des bazars lointains. Des chiens pie, jaunes et efflanqués, s'écartent en montrant les dents sur notre passage. Frances profitait de la moindre occasion pour augmenter encore le stock d'informations généralement fausses dont elle tentait de farcir ma petite cervelle.

« Il ne faudra jamais que tu parles aux chiens pie, cria-t-elle après l'une de ces rencontres. Ils ont tous la rage et ils sont dangereux même une fois morts. » De tous les témoignages de la sagesse populaire qu'elle m'a transmis, celui-ci était un des plus valables. Elle m'avertit aussi que les magnifiques plumes chatoyantes de la queue du paon avaient le mauvais œil ; si vous les regardiez, vous risquiez de devenir tout ratatiné. En tout cas, quand nous rencontrions des paons dans la jungle, elle fermait les yeux et détournait la tête. D'ailleurs, cette intéressante croyance exotique, elle la partageait avec Mina, mon ayah.

Mina était une sorte d'évaporée dont le cerveau, gros

comme une tête d'épingle mais d'une activité débordante, contenait un vaste répertoire de mystères populaires.

« Le paon appartient à Kali, disait-elle d'un air apeuré. Si tu as des plumes en ta possession, cela veut dire que tu as tué son oiseau et elle va te faire subir des punitions terribles. »

La grande déesse Kali Mata est l'une des divinités les plus implacables du panthéon hindou.

Mais le pire de tous les démons, c'était le méchant Homme Jambe qui vivait sous le lit, dans les ténèbres duveteuses. Il était invisible dans la journée mais, la nuit, il sortait pour venir ronger la chair des enfants désobéissants, en commençant par les orteils pour remonter le long de la jambe, si jamais ils quittaient leur lit pour se promener pieds nus après le coucher du soleil.

« Pourquoi est-ce que l'Homme Jambe il ne mange pas aussi les Sahibs et les Memsahibs ?

— Les longues jupes des Memsahibs l'empêchent de se servir de ses dents, et les jambes des Sahibs sont trop velues pour qu'il puisse les manger. »

Pour une fois, il y avait quelque chose de judicieux derrière cette histoire. L'Inde était alors, et est toujours, infestée de serpents venimeux et il valait mieux qu'un enfant mouille son lit par peur d'un *djin* plutôt que de mettre dans le noir le pied sur un cobra ou la main sur un krait, ce petit serpent mortel qui aime s'enrouler autour des poignées de porte.

Mais la remarque la plus stupide que l'on m'ait jamais faite émana de Frances, plusieurs années plus tard, en Afrique. Alors âgée de douze ans, j'étais une fillette sensible, curieuse de connaître les réalités de la vie.

« Tu ne pourras jamais avoir d'enfants, ma chérie, me dit Frances, le visage cramoisi de honte. Tu es trop petite, vois-tu. Quand ton père et moi, nous avons... enfin, nous t'avons conçue, je n'ai absolument... rien senti. Je n'ai jamais compris pourquoi tu étais née, en fait. »

Je la regardai fixement, l'œil vide, sans comprendre. Ce qu'elle essayait de me dire, c'était qu'une femme qui s'avérait incapable d'atteindre l'orgasme était stérile.

Mon Dieu !

Ce qui nous a amenés en Afrique, c'est la grande crise. Quand la société Métrovic a commencé à en ressentir les effets, elle a pris la sage précaution de congédier ses employés les plus compétents et les mieux payés. Lance était de ceux-là. Il n'y avait pas d'autre solution que de rentrer en Angleterre pour... pour y chercher quoi ? Il n'y avait pas de travail là-bas non plus, et il se retrouvait avec une femme et une enfant sur les bras, sans oublier ses sœurs, deux égoïstes qui lui coûtaient les yeux de la tête.

Par un coup de chance dont il était loin d'être coutumier, il s'avéra que Frances avait deux oncles par alliance qui possédaient l'un des plus grands journaux de l'Inde, le *Calcultta Statesman*. Ils donnèrent à Lance deux mille livres sterling — ce qui équivaudrait aujourd'hui à vingt-cinq mille livres — pour lui permettre de redémarrer sa vie ailleurs. Il investit cette somme dans une société de constructions mécaniques sise dans la deuxième ville de la Rhodésie du Sud : Bulawayo.

Charles Cumings, l'homme qui avait vendu cette usine à Lance, mourut à bord du bateau qui le ramenait en Angleterre, après qu'il se fut usé le cœur dans une lutte incessante. Sans doute quelque part le long du trajet, le navire qui ramenait Lance d'Angleterre en Afrique du Sud croisa-t-il le paquebot qui transportait le corps de Mr. Cumings que l'on allait inhumer au pays natal.

En tout cas, peu après que le train venant du Cap eut amené Lance à Bulawayo, celui-ci découvrit qu'il avait englouti son pécule dans l'acquisition d'un matériel démodé, d'une clientèle réduite qui fondait à vue d'œil, et d'un arriéré de dettes plus que criardes. Et ma mère et moi-même étions déjà parties pour le rejoindre.

guBulawayo

« J'ai été tué par mon peuple. J'appellerai cet endroit guBulawayo, le lieu du meurtre. »

LOBENGULA, dernier roi de la nation Matabele.

Il existe en Rhodésie des ressources minérales d'une grande richesse, et lorsque mon père arriva dans ce pays au cours de l'été 1928, Bulawayo était devenu le centre de la communauté minière. C'était encore une petite ville, mais il régnait une grande animation dans ces rues au quadrillage parfait, bordées de jaracandas mauves, et d'une largeur exceptionnelle car le fondateur de la colonie, Cecil John Rhodes, avait décrété que seize bœufs devaient pouvoir y évoluer de front.

Au cours des années vingt, on utilisait encore ces énormes bestiaux aux cornes démesurées, appréciés pour leur endurance et nourris au mopani des pays secs, pour amener à la ville les produits agricoles des fermes avoisinantes. Les chariots de bois s'avançaient en grinçant, à cinq kilomètres à l'heure sur terrain plat, chargés de patates douces, de choux, de cageots d'oranges luisantes, et de sacs odorants bourrés de maïs écrasé. Parfois, les paysans mettaient au sommet d'énormes pastèques à chair rose et les enfants africains jetaient des bouts de bois et des cailloux aux bœufs placides, espérant les exciter assez pour qu'ils se mettent à courir, ce qui produirait une brève secousse, suffisante pour déloger une pastèque. Mais les bœufs se contentaient généralement de continuer stoïquement leur chemin, au tintement métallique des clochettes qui pendaient au cou des deux animaux de tête.

Seuls quelques rares colons européens possédaient des voitures à cette époque; la plupart des autres, mon père tout le premier, roulaient à bicyclette ou se déplaçaient dans des pousse-pousse tirés par des Africains musclés qui se plantaient dans les cheveux d'énormes plumes d'autruche, et portaient aux poignets des bracelets de fourrure — des peaux de kob — et aux chevilles des anneaux de cuir clouté ornés de clochettes en laiton. Jusqu'au vieux père Kendall, le curé de l'église catholique romaine qui faisait ses tournées à bicyclette, sa soutane noire et passée lui battant les chevilles, poursuivi parfois par une demi-douzaine de roquets qui jappaient et s'efforçaient de le faire tomber. Les Africains marchaient pieds nus et sans chapeau dans les rues brûlées par le soleil. Une poignée d'entre eux, les plus fortunés, possédaient des ânes sur lesquels ils se juchaient.

Les premiers mois, Lance habita dans une annexe du Club de Bulawayo. C'était un bungalow colonial aux formes compliquées, du type de ceux que l'on peut voir dans tous les films retraçant l'épopée de l'Empire, comme *Gunga Din* ou *Zoulou*. Il y avait sur le devant une vaste véranda en bois, et les larges fenêtres à guillotine étaient équipées de moustiquaires pendant l'été pour écarter les nuées d'insectes volants qui abondaient après les pluies, toujours prêts à sucer le sang des hommes et des animaux, sans discrimination. Un enchevêtrement confus de bougainvillées s'accrochait sur le côté sud, à l'écart du vent dominant, et quelqu'un avait donné sept bacs de géraniums écarlates qui servaient de jardin.

Lance appréciait particulièrement de rentrer à bicyclette pour retrouver la fraîcheur de ce refuge éclairé le soir par une lampe à pétrole, et se vautrer dans l'un des fauteuils profonds de cette institution typiquement masculine, où il feuilletait de vieux numéros de *Punch* ou du *Tatler*, tout en sirotant l'unique *brandy-and-soda* que ses faibles moyens financiers lui permettaient de s'offrir chaque jour.

Naturellement, les portes du club étaient hermétiquement fermées aux femmes et surtout — abomination des abominations — aux femmes qui avaient des bébés. C'est pourquoi Lance dut se mettre en quête d'un logement approprié. Il exposa son problème au secrétaire de mairie, avec lequel il jouait parfois au poker après le dîner, et un de leurs partenaires de l'école de poker raconta alors que sa tante, qui était veuve, allait rentrer définitivement au pays. Elle voulait vendre sa maison mais accepterait sans doute de la louer à quelqu'un qui lui signerait un bail de longue durée.

Le 111 Jameson Street se trouvait juste à côté. Mon père signa le bail de longue durée et engagea un cuisinier noir nommé Jacob, qui portait une très haute toque de chef et confectionnait de délicieuses pâtisseries. Puis il écrivit à Frances pour lui demander de venir le rejoindre.

Nous prîmes donc le bateau, ma mère et moi. A cette époque, Le Cap était encore une très belle cité située dans l'un des sites naturels les plus spectaculaires du monde. Mais n'ayant pas les moyens de nous y attarder, nous partîmes par le premier train qui allait pouvoir nous amener en Rhodésie au terme d'un voyage de quatre jours. Il y avait dans nos bagages plusieurs rouleaux de gaze à envelopper le beurre : fixés aux fenêtres de notre wagon, ils arrêteraient les nuages de poussière rouge du Karoo dont nous allions devoir longer les contreforts.

Nous étions en décembre : en plein été, donc, et au cœur de la saison des pluies. A dix heures du matin, il faisait déjà trente-trois degrés à l'ombre et les montants métalliques du wagon étaient trop brûlants pour qu'on puisse les toucher. La gaze, que nous avions imprégnée d'eau pour tenter de rafraîchir la température de fournaise qui régnait dans notre compartiment à deux couchettes, ramassait toutes les particules de la poussière qui tourbillonnait et de la fumée vomie par l'énorme locomotive à vapeur, et elle ne tarda pas à être incrustée d'une épaisse couche de boue grise et ocre. A chaque arrêt, le train était pris d'assaut par des vendeurs ambulants qui voulaient nous vendre toutes sortes de choses merveilleuses : colliers massifs, confectionnés avec des boules d'acajou noir et rouge, grosses pastèques bien fraîches, paniers ronds, tressés à la main, contenant de minuscules œufs de poulettes délicieusement nichés sur un petit lit d'herbes sèches, statuettes représentant des pintades taillées dans du bois tendre et teintées de charbon de bois pour simuler les plumes, cornes de vache avec lesquelles on avait façonné de minuscules squelettes d'oiseaux...

Quand le train s'arrêta à Kimberley, Frances acheta des pêches sucrées à la peau très fine et des raisins « pot de miel ».

A cette époque-là, les voyageurs avaient l'habitude de mettre leurs chaussures devant la porte de leur compartiment pour que le personnel du train puisse les nettoyer.

Pendant la nuit, je sautai à bas de ma couchette et me faufilai dans le couloir pour emplir les souliers de tous les voyageurs avec des grains de raisin.

J'étais destinée à vivre en Afrique pendant quarante ans, et j'en suis arrivée tout naturellement à adopter la totalité du registre des coutumes et des croyances coloniales. « Ne ferme jamais ta porte à un étranger, parce que le prochain trou d'eau est à quarante kilomètres et s'est probablement asséché ; ce pourrait bien être ton tour la prochaine fois. Quand un domestique se frotte le nez en disant : "En fait, madame..." tu n'as plus à hésiter : il ment. Secoue toujours tes chaussures avant de les enfiler le matin, pour te débarrasser des araignées ou des scorpions. » Même en Angleterre, je secoue toujours mes chaussures avant de les mettre, mais ce n'est pas à cause des araignées : un enfant aurait pu fourrer du raisin dedans.

Quand nous arrivâmes enfin à Bulawayo, nous retrouvâmes Lance qui était venu nous attendre à la gare, et une procession de pousse-pousse nous amena à Jameson Street. La maison était un bungalow au toit de tôles ondulées peintes en rouge, avec des murs recouverts d'un crépi jaune pâle. Il y avait une large véranda sur deux côtés, une cabane, au fond du jardin, tout près de la ruelle des Sanitaires, où un seau faisait office de latrine, un beau fourneau de Douvres, où l'on brûlait du bois, dans la cuisine, et cinq sapins imposants dans le jardin de devant. Les arbres laissaient suinter une gomme blanche et claire dont les serpents étaient très friands, à en croire l'épouse de Jacob qui allait temporairement faire fonction de bonne d'enfant. Dans le jardin contigu, il y avait un bauhinia aux fleurs rouges dont on disait qu'il était vénéneux pour tous les êtres vivants à l'exception des éléphants : une espèce lamentablement rare dans cette petite ville minière bien tranquille.

Un de nos proches voisins était Charley Blanckenberg, qui achetait du matériel mécanique pour les Goldfield. Il habitait cinq maisons plus loin et était le père de quatre enfants qui avaient tous les dents en avant. Cet homme aimable ne demanda pas mieux que de passer commande auprès de Lance. En retour, Lance le récompensa d'un billet de cinq livres pris chaque Noël dans le tiroir-caisse.

Quand nous eûmes soigneusement examiné tous les

recoins de la maison, Lance m'emmena dans le jardin et planta un jeune mandarinier qu'il avait mis de côté en mon honneur. Il l'appela Belle Étoile et me donna un paquet de graines de zinnia à quatre pence pour que je puisse avoir mon petit carré de fleurs dans le coin du jardin qu'il m'avait réservé, au pied d'un arbre.

Le numéro 111 m'a plu énormément. En revanche, ma mère ne l'a pas aimé du tout mais sa réaction n'a pas été aussi violente que l'aurait été normalement celle d'une femme qui n'eût vécu qu'en Angleterre jusqu'alors. Pourtant, elle se précipita tout de suite à l'église catholique romaine qui se trouvait, par un heureux hasard, deux rues plus loin. Peut-être éprouvait-elle le besoin de se faire rassurer par des paroissiens de race blanche qui avaient réussi à survivre à la choquante nécessité de faire ses besoins dans un seau, au fond du jardin. Elle dut sans doute réciter un rosaire tout entier, car elle était encore en train d'égrener son chapelet quand elle rentra au logis. Elle avait également recueilli avec une attention religieuse tous les ragots qui lui étaient tombés dans le tuyau de l'oreille.

Mrs. Fortune était un pilier de l'église, mais elle souffrait cruellement des ignobles attentions d'un mari particulièrement porté sur la bagatelle, de sorte qu'elle devait passer une grande partie de son temps à raconter ses malheurs au confessionnal au père Kendall qui l'écoutait imperturbablement. « Tu te rends compte, rapporta Frances, il oblige cette pauvre femme à ôter son corset et à laisser la lumière allumée chaque fois qu'ils... » Quant à Mr. S., qui demeurait dans la même rue que nous, il jouait de l'harmonium à l'église mais on disait que sa femme buvait de l'alcool à brûler, et leur petite fille souffrait des végétations. Florrie Blanckenberg était si pauvre qu'elle n'avait qu'une seule culotte, ce qui l'obligeait à rester enfermée au logis pendant qu'elle séchait sur le fil à linge. Il y avait le pauvre Mr. Colin qui était aveugle — cette horrible femme lui avait jeté de l'acide sulfurique au visage, lui brûlant irrémédiablement les yeux, uniquement parce qu'il avait refusé de rompre avec son épouse pour vivre avec elle. « Et le mari de Mrs. Robinson — elle se mit à chuchoter —, attention, pas devant l'enfant. Que c'est affreux! Je me demande où il a attrapé ça. »

Le lendemain de mon arrivée à Bulawayo, je rencontrai

le redouté Mr. Mortley, inspecteur de la salubrité publique, qui était le chef des « préposés aux chiottes », chargés du ramassage des seaux qui avaient été emplis pendant la nuit. Il était strictement interdit aux enfants de s'aventurer dans la ruelle des Sanitaires, mais en me hissant sur la pointe des pieds, j'avais réussi à soulever le loquet du portillon, au fond du jardin, et à récupérer un chat égaré quand Mr. Mortley avait fondu sur moi en proférant d'effroyables jurons.

Je fixai d'un œil rond sa face couperosée, puis mes yeux descendirent lentement vers ses pieds. J'avais à peine parcouru la moitié du chemin qu'il se mit soudain à frapper du pied droit, avec un bruit retentissant. On aurait dit que quelqu'un avait donné un coup de poing sur une table.

« Du bois, rugit-il. Voilà ce que c'est, du bois ! »

C'était vrai. J'avais enfin la preuve irréfutable que l'Homme Jambe existait réellement. Le pauvre Mr. Mortley avait dû sauter à bas de son lit et marcher pieds nus dans le noir, et l'Homme Jambe avait mangé une de ses jambes avant que son ayah n'ait eu le temps de venir allumer la lumière !

Souvenirs d'enfance

« Quand j'étais enfant, je parlais comme un enfant... »

SAINT PAUL aux Corinthiens.

La première année que j'ai passée en Afrique, j'étais trop jeune pour comprendre pourquoi la société dans laquelle Lance avait englouti tout son capital connaissait de telles difficultés ou pourquoi mon père repoussait si souvent son petit déjeuner, sans en avaler une seule bouchée, comme s'il avait eu peur que la nourriture lui reste en travers de la gorge. Les adultes parlaient sans cesse, l'air soucieux, de la récession, puis, plus tard, du marasme économique mondial, et de la Grande Crise. La seule chose que je savais, c'était que le samedi on ne me donnait plus qu'un penny d'argent de poche au lieu des trois pence que l'on m'avait généreusement octroyés jusque-là. Et, un matin, ma mère avait même été piocher dans ma tirelire pour payer le laitier. Mes illustrés hebdomadaires, *Chick's Own* et *Tiger Tim*, ne tombaient plus dans la boîte aux lettres et quand Frances admira des brioches saupoudrées de sucre à la vitrine du boulanger, mon père nous obligea à avancer parce qu'il n'avait pas l'argent nécessaire. Elles coûtaient un demi-penny chacune. Je partageai la déception de ma mère et pleurai bruyamment et ostensiblement, des jours durant.

En revanche, je remarquai, avec cette curieuse intuition sélective des enfants, que les cheveux auburn de Lance étaient tout d'un coup devenus très gris.

En désespoir de cause, Lance sollicita un prêt à sa banque et acheta la moitié d'une mine d'or, la Solo. Ce gisement se trouvait tout près de la petite ville de QueQue ainsi nommée par les Africains à cause du cri retentissant et métallique, « queque » (kwikwi), poussé par le pluvier qui avait l'habitude de creuser dans le sable des nids en forme de soucoupe autour de la mare locale. L'associé de Lance dans cette entreprise était un certain major Johns, et comme mon père était encore dépourvu de relations, car il ne se liait pas facilement, personne n'avait pris la peine de lui dire que le major n'était en fait qu'un raté, un fils de famille payé par ses parents pour rester hors d'Angleterre sous peine de se voir supprimer son allocation mensuelle.

Naturellement, le major ne faillit pas à sa réputation et la Solo se révéla criblée de minerai d'arsenic qu'il fallait fritter à grand prix avant de pouvoir extraire l'or. De toute manière, il n'y avait pas d'installation susceptible d'opérer le frittage de l'arsenic en Rhodésie à cette époque-là, et il n'y en eut d'ailleurs pas durant de nombreuses années. Il fallut donc condamner avec des planches l'entrée de la mine et les chauves-souris purent s'installer en toute quiétude dans les ténèbres de la galerie principale.

Quand on trouva, quelque temps plus tard, le major Johns tué d'un coup de feu dans une cabane en tôle, la police ne poussa pas très loin l'enquête et le coroner conclut à un suicide. Beaucoup trop de gens avaient souhaité la mort du major — le plus acharné étant sans doute le mari d'une jolie fille qui habitait dans la communauté africaine voisine.

Ses charges de famille étant somme toute réduites, Lance aurait plus aisément réussi à se sortir de ce mauvais pas s'il n'avait pas eu, outre sa femme et sa fille en Afrique, à subvenir aux besoins de deux sœurs et d'un jeune neveu en Angleterre. Il écrivit à ses sœurs pour leur expliquer qu'il n'avait pas les moyens de payer deux loyers et leur demanda de venir nous rejoindre. Elles se firent longtemps tirer l'oreille puis, la mort dans l'âme, abandonnèrent la sécurité civilisée de la mère patrie pour affronter les horreurs innommables d'un pays qu'elles imaginaient infesté de serpents, d'insectes sanguinaires, de cannibales et de missionnaires teutons.

Mes tantes, Elsa et Mabel, avaient beaucoup de panache et d'autorité. Elles en voulaient beaucoup à Lance de s'être marié — elles l'avaient toujours considéré comme leur chose à elles —, et en moins d'une semaine le niveau des décibels s'éleva au-dessus du seuil de la douleur. Elles ne cherchèrent jamais à cacher leur antipathie pour ma mère, et la pauvre Frances, complètement terrifiée, s'enfuyait à leur approche. Lance, qui avait besoin de tous ses moyens pour réussir à nous nourrir, passa de plus en plus de temps au bureau tandis que le niveau sonore des prises de bec familiales augmentait sans discontinuer.

Les choses en étaient à ce stade quand Douglas, le frère de Lance, débarqua chez nous, à son corps défendant lui aussi, venant d'Afrique occidentale. Douglas mesurait un mètre quatre-vingt-huit et pesait près de cent trente kilos dont la plus grande part se trouvait concentrée dans une panse énorme et compacte. Il avait souffert d'hématurie à deux reprises, mais ce qui me fascinait encore plus, c'est qu'il se mettait parfois, pour nous divertir, à se battre la poitrine en poussant des cris de chimpanzé, sur quoi ma mère prenait généralement la fuite.

Il arriva à Bulawayo coiffé d'un haut-de-forme en soie, avec dans ses bagages quarante paires de chaussures faites à la main et trois douzaines de chemises en soie. Il fumait des cigarettes à bout doré, des State Express, et affichait un goût insatiable pour les soupes confectionnées avec des cacahuètes moulues. Les menus frugaux et monotones de ma mère n'eurent pas l'heur de lui plaire et après avoir subi six dîners identiques à base de ragoût de bœuf, de chou fané et de pudding au riz, il aggrava encore les perturbations familiales en concluant avec ses sœurs une alliance dirigée contre Frances.

Douglas était un mélange curieux de gourmandise et de générosité. Il me volait mes bonbons derrière mon dos et mangeait l'éclair au chocolat qu'on m'avait exceptionnellement donné à l'occasion de mon anniversaire. Mais il m'avait aussi acheté une petite trousse garnie d'un peigne et d'une brosse en porcelaine rose et il avait donné au libraire du quartier la consigne suivante : « Laissez-la prendre tous les livres qu'elle voudra et envoyez-moi la note. » Un jour où nous étions assis dans la véranda, occupés à compter les cadavres de mouches que nous avions tuées avec une tapette grillagée à long manche, il me raconta l'histoire d'un bébé gorille qui était mort de pneumonie dans ses bras. Je fondis en larmes; il sortit alors de sa poche une poignée de pièces de monnaie et m'envoya à la confiserie. Je revins à la maison avec un sac plein de boules de gomme et de bonbons aux fruits. Il me prit le paquet des mains et en mangea la moitié.

Au 111, la discorde avait fini par atteindre un niveau intolérable. A l'issue d'une empoignade particulièrement violente, mes tantes quittèrent la maison avec indignation pour aller s'installer toutes seules dans un bungalow situé près du jardin public. N'ayant pas un sou et comme on n'avait pas l'habitude de loger gratuitement les harpies à Bulawayo, elles eurent la bonne grâce d'autoriser Lance à continuer de payer leurs factures. Une fois de plus, il se retrouvait avec deux maisons à entretenir.

Douglas resta au 111. Un matin, je l'entendis qui parlait avec mon père dans la chambre du devant. Il était debout, torse nu, dans la lumière venant de la fenêtre. Je risquai un œil, sans me faire voir, et aperçus deux taches violacées sur la peau de son dos. Sa voix était pleine d'appréhension.

« Lance, dit-il. Regarde ça.

— Je ne peux rien affirmer, dit Lance, blanc comme un linge. Va voir Standish. Va le voir dès aujourd'hui. »

Mr. Reginald Standish-White, chirurgien et ami de la famille, ne pouvait rien affirmer non plus au début, puis il serra la main de Douglas en prenant congé. Il remarqua que les doigts du gros homme étaient curieusement flasques. Douglas avait la lèpre.

Mon oncle disparut soudain de ma vie, condamné à passer trois années horribles dans la colonie des lépreux, près de Fort Victoria, en Rhodésie orientale. Personne ne voulut jamais m'expliquer pourquoi je ne devais pas toucher ses lettres ou ouvrir les livres qu'il m'avait envoyés, ni pourquoi mes parents examinaient ma peau si souvent. Le bacille de la lèpre peut mettre sept ans pour se manifester et, dans cette région d'Afrique, on croyait encore qu'il était hautement contagieux. Pire, il portait le stigmate de la superstition et de la terreur biblique : un mal « social » aussi abominable, aussi honteux que la syphilis.

Mais le Dr Moiser parvint finalement à guérir Douglas, avec le seul traitement que l'on connaissait alors : les injections d'huile de chalmugra. Il empêcha également son malade de sombrer dans la folie en le chargeant de tenir la comptabilité de la colonie et en le persuadant de démarrer une collection de timbres. Quand Douglas mourut d'une crise cardiaque quelques années plus tard, ses timbres furent vendus aux enchères pour une somme de 4 000 livres. Aujourd'hui, cela représenterait vingt fois plus.

Vers la fin des années vingt tout se passait comme si les ennuis s'étaient définitivement installés dans notre malheureux foyer. Debout dans mon petit lit, j'écoutais nuit après nuit le bruit des pas de Lance qui arpentait la véranda de long en large, jusqu'au moment où le sommeil me prenait, et je m'allongeais alors sur la couverture bleue ornée d'un canard jaune, pour dormir sans prendre la peine de me glisser sous les draps.

Mais le coup le plus rude était encore à venir. Lance avait réussi, d'une manière ou d'une autre, à sauvegarder 2 500 livres, son capital de réserve, un filet de sécurité à n'utiliser qu'en cas d'extrême urgence. Le moment était venu, maintenant. Il alla voir le directeur de la banque pour faire transférer la somme sur son compte courant.

« Quelle réserve ? » demanda Mr. Howes d'une voix glaciale. Puis il vit le visage de mon père, et il ajouta d'un ton radouci : « Je suis désolé, mais vous avez donné à vos sœurs la possibilité de signer pour vous, non ? Il ne reste plus d'argent. »

Mes tantes avaient mené une vie tout à fait confortable. Sur le compte de Lance. Nous étions sur le sable.

Les enfants de la frontière

A cette époque-là, en Rhodésie, la scolarité commençait beaucoup plus tard qu'à l'heure actuelle. Les enfants allaient rarement à l'école avant d'avoir au moins six ans, le plus souvent sept, et très peu de parents les y préparaient en leur inculquant des connaissances de base. Il paraissait beaucoup plus important de leur apprendre où il fallait creuser pour trouver de l'eau dans le lit d'une rivière asséchée, comment traiter une morsure de serpent et que faire si vous étiez cernés par un incendie dans le veld.

Je fus initiée de bonne heure à ces techniques. Lance me montra comment suivre les traces des bêtes dans le lit aride du Matsheumhlope, jusqu'à l'endroit où les pas se rejoignaient près d'une plaque d'herbe verte sur les berges voisines, juste à côté d'un trou qui avait été grossièrement ébauché à coups de sabots dans le sable. Il saisit la pelle qu'il avait emportée et commença à creuser. A quarante centimètres de profondeur, le sable changea de couleur ; de jaune pâle, il prit la teinte de la cassonade, et un liquide brun se mit à suinter au fond du trou.

« Les bestiaux peuvent sentir la présence de l'eau, dit-il. Les animaux sauvages aussi. »

Il me désigna une petite fente très étroite et pointue.

« Après le départ des vaches, un céphalophe est venu boire. »

Pour la seconde leçon, il attendit que l'herbe soit haute et desséchée par la chaleur du mois d'août. Il me fit mettre une barboteuse pour éviter qu'une jupe trop ample ne risque de prendre feu, et m'emmena loin de la ville, en un endroit où des maisons, des hangars ou des cabanes ne seraient pas susceptibles d'être endommagés par le jeu dangereux qu'il voulait m'enseigner, sachant qu'il était indispensable que je le connaisse. Il me fit aller là où l'herbe était la plus courte.

« Attends ici, dit-il, et même si tu as très peur, tu ne bouges pas avant que je te le dise. »

Il s'éloigna de moi et sortit une boîte d'allumettes pour allumer une touffe d'herbe, puis avec cette torche improvisée il mit le feu autour de moi en décrivant un demi-cercle. Quand il se fut assuré que le veld brûlait effectivement, il revint vers moi en courant et mit le feu à l'herbe qui était à mes pieds.

« Laisse-la brûler jusqu'à ce qu'il y ait assez de place pour que tu puisses t'y tenir debout, cria-t-il, dominant le crépitement des flammes et les cris que je poussais. Ensuite, tu piétines les bords et tu te mets au milieu de l'espace qui a été brûlé. Tu seras en sécurité comme dans une île. L'un des bras du feu va progresser avec le vent et l'autre remontera dans la direction opposée. Quand les deux bras se rejoindront, ils n'iront pas plus loin, parce que tu as déjà brûlé l'herbe de ton île. Souviens-toi toujours de cela. Arrange-toi toujours pour te faire une île où tu seras en sécurité. »

Il me prit dans ses bras et écrasa de son pied les flammes qui venaient lécher le bord de mon île. Quand nous rentrâmes à la maison, ma mère fut furieuse de voir que ma barboteuse de tussor toute neuve était tachée de cendre. Lance ne lui dit jamais ce que nous avions fait, et moi non plus, car la manière de survivre à un incendie de veld était devenue un secret qui faisait ma fierté et je voulais le garder pour moi toute seule.

La Rhodésie était — et est toujours —, le pays idéal pour les serpents. Il en existe toute une gamme : la vipère heurtante, lente et redoutable, la vipère flèche, rapide et mortelle qui, comme le cobra, injecte des hémotoxines qui empoisonnent le sang, et le mamba noir, encore plus rapide et encore plus mortel. Si vous avez sur vous le sérum adéquat, vous avez une chance en ce qui concerne la première catégorie, mais contre le mamba, vous n'avez absolument aucun espoir parce que son venin est une neurotoxine qui cause des ravages irréversibles dans le système nerveux et arrête le cœur dans un spasme foudroyant.

La trousse antimorsures FitzSimmons se présentait sous la forme d'une boîte en métal d'un rouge luisant qui contenait un garrot, une lame de rasoir, un tube de permanganate de potassium, une seringue hypodermique et deux ampoules de sérum destiné à neutraliser les hémotoxines. Si vous vouliez du sérum contre le mamba, il fallait l'acheter séparément. En fait, peu de citadins s'embarrassaient de garder du sérum dans leur boîte à pharmacie car la plupart des serpents de jardin avaient été tués par les chats sauvages et par ces féroces petites mangoustes jaunes, connues sous le nom de *meerkats*, qui étaient parfois assez hardies pour envahir les quartiers de banlieue. Mais personne parmi les gens qui vivaient à la campagne, qu'ils fussent mineurs, fermiers ou commerçants, n'aurait été assez stupide pour ne pas se munir de sa trousse FitzSimmons, avec deux ampoules de sérum supplémentaires pour le cas où un deuxième serpent vous attendait ailleurs pour vous mordre aussi.

Malheureusement, Lance n'eut jamais l'occasion de passer de la théorie à la pratique, car durant ma période d'initiation à ces techniques de survie, personne à Bulawayo n'eut la bonne idée de se faire mordre par un serpent. Sinon, je suis bien certaine que Lance m'aurait amenée au trot auprès de la victime, sa petite trousse rouge à la main. Il dut se contenter de me montrer comment appliquer le garrot sur mon bras. Il se servit également d'une pomme verte, dans laquelle il perça deux trous, simulant les marques de morsure, et les incisa avec la lame de rasoir, faisant ensuite mine de sucer un venin imaginaire pour le recracher aussitôt. Puis il appliqua du permanganate de potassium sur les incisions. Finalement, il emplit la seringue avec de l'eau en guise de sérum, et me montra où et comment il fallait piquer.

« Près de la morsure, *des deux côtés*, ensuite plus haut, sur le membre, jusqu'à ce que tu aies épuisé les deux ampoules. Double la dose pour un enfant ou pour un chien. Il faut empêcher le venin d'atteindre le cœur ou le cerveau.

« Et qu'est-ce qui se passe si je me fais mordre tout près du cœur, ou à la tête ? »

Il poussa un soupir.

« Tu meurs. »

Quand la femme de Jacob décida qu'il était temps de

rentrer au village pour aiguiser le soc de la charrue en vue de la prochaine saison des semailles — et aussi, pendant qu'elle y était, pour préparer la naissance d'un nouveau bébé aux yeux noirs et aux joues rebondies —, mes parents engagèrent une bonne d'enfant à temps complet. Bessie Lindeboom, une métisse timide âgée de seize ans, serait payée quatre livres par mois, une somme bien modeste, mais avant de l'autoriser à entrer dans la maison, Frances la prit à part pour l'avertir : jamais, sous aucun prétexte, sous peine de renvoi immédiat, elle ne devait me laisser jouer avec les enfants de race blanche, de peur qu'ils ne gâchent, avec leur accent traînant de coloniaux, la pureté de ma prononciation britannique.

Bessie prit la menace très au sérieux et mit un point d'honneur à ne jamais m'autoriser à m'approcher des enfants blancs. Je me liai donc d'amitié avec les enfants noirs de Jacob, le cuisinier, avec le domestique, le jardinier, les sœurs de Bessie, qui étaient des métisses, et les enfants bruns, aux yeux éclatants, du concessionnaire de l'Indian Fruit. Ils ne gâchèrent pas mon accent, qui resta conforme aux intonations glacées de l'aristocratie anglaise, mais ils m'apprirent le sindebele, la langue parlée par les Africains dans cette région. Il fut même un temps où je le parlais plus couramment que l'anglais.

Parfois, les quatre enfants Blanckenberg passaient devant notre portail en riant et en se donnant de grands coups de cartable. Je les regardais avec envie, regrettant de ne pas pouvoir me joindre à eux. Une fois, je poussai même l'audace jusqu'à leur adresser un signe de la main. Bessie me vit, me saisit et me fit rentrer, redoutant de perdre son emploi si on me voyait leur parler.

Je trouvai quelque consolation à ma solitude auprès des animaux. Il y avait un enclos grillagé, plein de lapins blancs et de cochons d'Inde, dans une cour jouxtant le bureau de poste. Le samedi, je pris l'habitude d'aller voir Mrs. Hart, la marchande de fruits et légumes, pour lui demander des feuilles de laitue destinées à être jetées. Il était interdit de donner à manger aux animaux mais l'employé morose qui veillait sur eux ne fit jamais rien pour m'en empêcher. Chaque semaine, il y avait de nouveaux arrivants dans l'enclos et un jour, comme je demandais où était passé le cochon d'Inde qui avait une tache noire sur l'œil droit, le gardien me répondit évasivement que les gens de l'hôpital étaient venus le chercher. Je dis alors que j'espérais qu'il n'était pas trop gravement malade.

Margot Blanckenberg, qui jouait sur le trottoir avec sa trottinette, m'avait entendue.

« Ce que tu es bête! lança-t-elle avec mépris. Tu n'as donc aucune idée de ce qu'on leur fait? On les emmène à l'hôpital pour les découper en morceaux. Comme ça, les docteurs peuvent voir ce qu'ils ont dans le ventre. Mais tout le monde sait ça! »

Elle repartit sur sa trottinette et je fondis en larmes. Ma crise de désespoir se prolongea toute la journée et une grande partie du lendemain.

Le dimanche matin, j'avais 40° 5, et des taches rouges sur la peau, mais cela n'avait aucun rapport avec ce que m'avait dit Margot. C'était la scarlatine.

A cette époque, la scarlatine était une maladie mortelle mais je m'en tirai sans autre dommage qu'un pouce vilainement pelé. Dès que je fus suffisamment rétablie pour quitter la chambre, Lance qui était encore indigné par l'épisode du cochon d'Inde, décida que le moment était venu pour moi d'avoir un chien. Ma mère protesta. Pour elle, les chiens c'étaient les puces, l'hydrophobie, et un comportement sexuel scandaleux en plein milieu de la grand-rue à l'heure de pointe.

« Junie a peur des chiens », gémit-elle.

Lance ne dit rien, mais cet après-midi-là, il m'installa sur le siège avant d'une voiture qu'il avait louée, et m'emmena dans un endroit merveilleux appelé Crowhurst; c'était une sorte de salon de thé en plein air situé dans un verger plein de mandariniers en fleur.

Des myriades d'abeilles dorées, luisantes comme la braise à la lueur du soleil couchant, puisaient leur nectar dans les fleurs d'un blanc crémeux. J'avais le nez dans un grand bol de lait quand un petit fox-terrier vint nicher son museau froid contre mon genou.

« Elle te trouve gentille, dit la patronne. Notre Jess n'aime pas beaucoup les enfants, d'habitude. Ce sont ses chiots que tu vas voir quand tu auras fini ton goûter. »

Je ne lui répondis pas parce que Jess s'était dressée sur ses pattes de derrière pour m'aider à finir une brioche dorée.

Il y avait sept chiots dans une petite caisse, dans un coin de la remise, et je passai un long moment à me disputer avec mon père pour savoir lequel je voulais emporter. Finalement, nous repartîmes avec deux petits chiens au pelage bien lisse, deux frères qui s'appelaient Bones et Rags, et Dieu est bien le seul à savoir quel trésor Lance avait dû vendre pour pouvoir les payer, car les chiens qui ont un pedigree n'étaient pas bon marché, même à cette époque-là.

Bones devint en grandissant un véritable vaurien : à six mois, il plantait ses crocs dans la lèvre supérieure de Larry, le grand airedale qui appartenait à notre voisine immédiate, l'infirmière du district. Et c'était aussi un sacré chaud lapin, tout comme feu Lloyd George ; aucune chienne n'était en sécurité.

En revanche, Raggie ne se battait jamais, sauf quand son frère l'attirait dans quelque empoignade. En outre, n'étant guère porté sur le sexe, il devint un célibataire endurci. En fait, Raggie était un chien d'avant-garde, né avec quarante ans d'avance sur son époque. Il était *gay*.

Les fox-terriers sortirent de ma vie quand mes deux tantes, qui avaient alors vécu quatre années bien orageuses à Bulawayo, repartirent pour l'Angleterre en les emmenant avec elles. Quant à moi, à l'âge de dix-neuf ans, j'avais un chenil de cockers. Ces chiens m'ont procuré des joies inimaginables et aussi, parfois, des chagrins insupportables. Mais il en est peut-être toujours ainsi avec les grandes histoires d'amour.

La liberté merveilleuse de l'enfance, à base de chasse à l'eau pendant la saison sèche et de culottes roussies en mettant le feu aux herbes du veld, prit brusquement fin le lendemain de mon quatrième anniversaire. Bessie Lindeboom apporta une petite table pliante dans le jardin et l'installa à l'ombre de l'un des cinq grands sapins. L'un des enfants de Jacob avait gratté l'écorce de l'arbre avec un clou, et une bonne odeur de résine embaumait l'air humide. Pendant que j'enfonçais un doigt dans la gomme aux senteurs de pin, Bessie retourna dans la maison et revint avec un grand tabouret.

« Monte là-dessus, dit-elle en m'aidant à m'asseoir. C'est aujourd'hui que tes leçons commencent et voici ton premier cahier. Écris bien sur les lignes, comme ceci, et tâche de ne pas aller de travers. Après ta tasse de lait de onze heures, je t'apprendrai la table de multiplication par deux. Si tu la sais bien avant le déjeuner, tu auras droit à une cuillerée supplémentaire de gelée avec ton pudding. C'est de la gelée verte, aujourd'hui, et Jacob l'a faite tout spécialement pour toi, parce que tu n'es plus un bébé. »

Je regardai le blanc trouble des yeux bruns de Bessie, et aussi ses cheveux bruns flasques, et son chapeau brun tout avachi, et je me dis que je la détestais. Ce que je voulais plus que toute autre chose au monde, c'était aller jouer avec Vivian Blanckenberg qui faisait des allées et venues sur la route, juchée sur son tricycle flambant neuf, en faisant des bruits de klaxon pour effrayer les chats de gouttière. Pourtant la perspective d'avoir de la gelée verte en supplément finit par l'emporter et je commençai à mouler des lettres sur le cahier.

Ce que Bessie ne pouvait pas m'apprendre, c'est Lance qui s'en chargea. Il m'initia à la mythologie grecque avec toutes ses horreurs et toutes ses merveilles, et me fit apprendre l'*Histoire de la Rome antique*, de Macaulay. Ensemble, nous avons dévoré Rudyard Kipling et, la nuit, je restais éveillée, vivant une nouvelle fois les histoires lues pendant la journée, souhaitant comme Mowgli avoir pour amis Bagheera, la panthère noire, Baloo, le vieil ours brun qui ne mangeait que des noix, des racines et du miel, Akela, le loup solitaire et Una, le gigantesque python des rochers. Parfois je m'éveillais pendant la nuit, espérant à moitié entendre le long hurlement lugubre de la meute des loups sur les collines de Seeonee.

Frances dépensait généreusement la totalité de la modeste somme qui lui était allouée pour ses vêtements, à la bibliothèque de Bulawayo, et, chaque soir, elle me lisait les classiques qu'elle avait dénichés sur les interminables rayons poussiéreux que personne d'autre à Bulawayo ne prenait la peine d'aller examiner. Quand j'atteignis mes sept ans, j'avais déjà dépassé le bagage intellectuel de Bessie. D'ailleurs, elle voulait nous quitter pour se marier. Ce qu'elle fit.

Quand je la revis, quelques années plus tard, elle était en pleurs, devant l'église catholique, et on lui aurait donné quatre-vingt-dix ans.

Naturellement, il était hors de question que j'aille fréquenter l'une ou l'autre des écoles de la ville pour risquer de m'exposer à la vulgarité de langage des autres enfants blancs. En dépit des sacrifices financiers qu'une telle solution entraînait, mes parents finirent par dénicher la gouvernante qui me convenait. C'était une femme superbe, une Afrikaner, qui s'appelait Mrs. Algernon de Blois Spurr. Mrs. Spurr était bâtie comme un percheron et avait la bouche aussi large que celle d'un crapaud. Mais ce qui pouvait lui manquer en beauté était largement compensé par ses solides capacités à enfoncer les connaissances dans la tête des élèves les plus obtus. Elle avait le don, très rare et divin, de rendre les leçons intéressantes.

Cœurs de bœuf, velours pourpre

Soudain la chance tourna en notre faveur.

Lance importa le premier rouleau compresseur à vapeur que l'on eût jamais vu en ville et le vendit à la municipalité de Bulawayo. Ce monstre énorme et haletant, muni d'une cheminée en cuivre, exalait une délicieuse odeur de goudron brûlant. Il réussissait aussi, je ne sais comment, à déposer sur la route des flaques d'un liquide bitumineux iridescent. A grands gestes de la main, je montrais aux petits Blanckenberg, verts de jalousie, que le rouleau m'appartenait et que moi, j'avais le droit de monter dessus autant que je voulais. C'était un mensonge, mais justifié à mes yeux dans la mesure où ma fierté était en jeu.

Le bénéfice que Lance tira de cette vente lui permit de se défaire de sa bicyclette pour acheter une voiture, une Chevrolet marron étincelante aux vitres en mica que l'on pouvait enlever et remettre quand il pleuvait ou quand il faisait froid. Au même moment, le bail du 111 Jameson Street arriva à expiration et sans nous prévenir, Lance prit une nouvelle maison dans le faubourg de Kumalo, où résidaient les citoyens les plus respectables de Bulawayo.

La Chevrolet remonta pompeusement l'avenue Selbourne, passa devant le parc, avec ses luxuriantes cascades de bougainvillées et son jet d'eau doré, longea le petit zoo miteux, caché au milieu des arbres, un demi-hectare de broussailles qui abritait un vieux lion triste, un paon, et une antilope chétive ; ensuite, ce fut le terrain municipal où les fourmis blanches avaient bâti d'imposants gratte-ciel en boue, et nous pénétrâmes enfin dans le quartier chic avec sa population de médecins et d'avocats, sans oublier l'irascible Mr. Sydney Veets, un petit homme redoutable et redouté qui présidait aux destinées du *Bulawayo Chronicle*.

Notre nouvelle maison était située à l'écart de la route, au milieu d'un jardin éclatant de couleurs et ombragé par d'énormes arbres à gomme aux feuilles en fer de lance. Chose étrange, la rue n'avait pas de nom et la maison n'avait pas de numéro. Nous nous contentâmes de l'appeler la maison-du-coin-de-la-rue-Edward-et-de-l'avenue-George. Et nous l'avons aimée follement.

Pour la première fois, j'avais ma chambre à moi, meublée de commodes et de chaises vert pâle, avec une coiffeuse qu'il me parut possible d'utiliser comme bureau à condition de la débarrasser des brosses à cheveux et des horribles vases lustrés qui l'encombraient.

A l'instigation de Mrs. Spurr, je me mis à écrire des histoires; des histoires d'animaux. Dans l'une, il était question d'un aigle enfermé dans une cage qui avait enfin réussi à recouvrer la liberté; il y avait aussi une épopée sur deux léopards mâles qui s'étaient battus pour la possession d'une femelle dans les lointaines collines des Matopos, et un conte sur un pique-bœuf blanc qui s'était perché sur un hippopotame mort. June Lawson qui dirigeait la page pour enfants du *Chronicle* les publia tous sous des titres accrocheurs et me donna pour chacun la somme énorme de cinq shillings que je consacrai à l'achat de graines pour les nuées de bengalis à la gorge bleue, de moineaux et, si j'avais de la chance, de tisserins écarlates, qui se rassemblaient chaque jour sous ma fenêtre.

Mais il y avait quelque chose qui n'allait pas entre mes parents. Je me demande d'ailleurs dans quelle mesure on peut dire que ça allait bien avant. Pour ne rien arranger, Frances pratiquait avec beaucoup de conviction la religion catholique, tandis que Lance qui avait jadis songé à devenir moine bénédictin, avait renoncé à la foi pour se réfugier dans la solitude, n'ayant plus pour compagnie que la horde sans cesse croissante de ses chats. Ses chats étaient en fait devenus une obsession.

Pendant son enfance, Lance avait été élevé avec des chiens d'arrêt; son intérêt pour les chats s'était manifesté pour la première fois quand Bessie Lindeboom lui avait apporté un chaton à demi persan appelé Brom, ce qui signifie ronronnement en hollandais. Brom mourut de la grippe des félins mais il fut presque aussitôt remplacé par une chatte de gouttière d'une très grande fécondité, qui avait surgi de nulle part pour aller se jucher avec beaucoup d'assurance sur les genoux de mon père. Encore très affecté par la perte de Brom, il n'avait pas eu le courage de la chasser. Et c'est ce jour-là qu'allait commencer une passion démentielle pour les chats qui lui durerait jusqu'à sa mort.

Lance refusa de châtrer les chatons mâles, sous prétexte que cette opération les aurait privés de leur droit le plus légitime. Et il ne voulait pas entendre parler de les noyer. Il finit par se retrouver avec plus de cent chats de toutes sortes, qui piaillaient, urinaient, se battaient et produisaient d'autres chats partout dans la maison. Tous les efforts que faisait Frances pour améliorer l'esthétique de notre logis étaient détruits par l'assaut de ces félins. Les beaux rideaux tissés à la main qu'elle avait achetés furent lacérés, les meubles de cuir tachés et empuantis par l'urine, tous les bibelots élégants brisés en mille morceaux. Désespérée, elle finit par se réfugier dans sa chambre, dont elle condamna résolument la porte. Dès lors, elle se fit apporter ses repas sur un plateau et quand elle recevait des amis dans ce qu'elle appelait son *sanctum sanctorum*, elle ressortait les quelques jolies babioles encore intactes qui lui restaient.

Ce fut une existence bien triste, pour l'un comme pour l'autre, mais je soupçonne maintenant que le Tout-Puissant lui-même aurait eu bien du mal à répartir équitablement les responsabilités de chacun. A mesure que Lance s'enfonçait davantage dans son existence de reclus, les chats lui fournissaient, sans demander la moindre contrepartie, un substitut aux relations humaines.

Il était déçu par la vie, par l'amour et par le mariage mais il ne pouvait, ni ne voulait, renier l'engagement solennel qu'il avait pris auprès de ma mère. Il avait juré de la chérir jusqu'à la mort, et il ne la chérissait pas. Il la haïssait mais il se sentait prisonnier de la rigidité des doctrines catholiques qui lui refusaient les bienfaits du divorce. La pauvre Frances, cette cervelle d'oiseau triste et apeurée, qui avait tant voulu créer un foyer agréable et esthétique et avoir une nuée d'amis intéressants, se desséchait à vue d'œil devant la force implacable de ce ressentiment.

Et moi? Eh bien, j'aimais Lance mais je ne pouvais me résoudre à éprouver la moindre sympathie pour ma mère. Avec une cruauté glacée des enfants, je la trouvais prétentieuse, geignarde, inefficace et stupide. Un jour où je lui reprochais de dénigrer quelqu'un ou quelque chose, elle me dit avec fierté :

« J'ai toujours été une râleuse. C'est plus fort que moi, il faut toujours que je critique. »

Il n'y a jamais eu la moindre communauté de vues entre nous.

Il est beaucoup trop tard maintenant pour exprimer des regrets mais je pense que j'aurais dû me montrer plus compréhensive à son égard.

Je passai quatre années fructueuses avec Mrs. Spurr et quand j'eus douze ans, elle se montra suffisamment fière de son œuvre pour me présenter au concours des bourses Beit, catégorie junior. C'était une épreuve redoutable fondée par sir Alfred Beit, fils aîné d'un prospère commerçant de Hambourg. Il s'était bâti une fortune colossale dans le négoce des diamants en Afrique du Sud et avait fondé avec Cecil Rhodes la société De Beers Consolidated, qui leur donnait le monopole de l'industrie du diamant dans ce pays. Après la mort de Rhodes en 1902, Beit s'était consacré à des œuvres philanthropiques, l'une d'entre elles étant la Fondation Beit destinée à faciliter les études universitaires en Grande-Bretagne, à Hambourg, en Afrique du Sud et en Rhodésie. A sa mort, la totalité de son patrimoine avait été léguée aux peuples de Rhodésie, autochtones ou immigrants, pour la construction de ponts et de voies ferrées.

Une fois les épreuves terminées, il fallut attendre les résultats pendant plusieurs semaines, et pour me détendre un peu les nerfs, j'obtins la permission d'aller passer un long week-end chez des amis qui avaient loué une ferme à vingt-cinq kilomètres de Bulawayo, dans la ceinture de brousse qui entourait encore la ville. Je me plaisais beaucoup chez eux. C'était un grand bungalow aux formes irrégulières, avec les inévitables moustiquaires aux fenêtres et aux portes, et un toit en tôle ondulée : lorsqu'il grêlait, les petites boules de glace rebondissaient au-dessus de nos têtes, créant l'impression que le ciel était peuplé d'un million de minuscules joueurs de tambour.

Dans le jardin, il y avait des arbres qui donnaient des cœurs de bœuf, et ces fruits crémeux et sucrés me paraissaient succulents. Je recrachais les pépins que je donnais aux poules. Le gros coq se précipitait pour les attraper, puis faisait volte-face et repartait d'un air dégoûté vers les graines de tournesol. Parfois la biche-cochon à demi apprivoisée par cette famille s'aventurait jusqu'à moi pour me flairer les mains, espérant y trouver de la luzerne.

La maison n'avait pas l'électricité et le soir je montais me coucher à la lueur d'une bougie, tenant bien serré le gros chandelier de cuivre de crainte de renverser du suif brûlant sur le parquet soigneusement ciré.

Ma mère m'avait confectionné une robe en velours rouge, spécialement pour cette occasion. Un soir mémorable, alors que nous nous mettions à table pour le dîner, Ronnie Napier, qui venait de s'associer avec Lance, me tendit une enveloppe blanche cachetée. Intriguée, je l'ouvris avec mon couteau à pain et en sortis un billet d'une livre tout neuf et une mince feuille de papier sur laquelle était inscrit, de l'écriture en pattes de mouche de mon père : « Pour une fille très méritante, de la part d'un père qui est très fier d'elle. » Je restai un moment étourdie de bonheur : j'avais obtenu la bourse.

Mais ce triomphe avait un côté moins réjouissant. La Junior Beit me payait trois années d'études classiques, mais cela signifiait que j'allais me retrouver pendant trois ans loin de la maison, toute seule, dans un environnement complètement étranger, et ceci pour la première fois de mon existence. A cette époque, pour beaucoup d'enfants des colonies, c'était là une chose tout à fait naturelle mais la plupart d'entre eux avaient alors déjà été habitués à la société des autres enfants. Les années d'isolement que j'avais vécues m'avaient privée de toute préparation à une vie communautaire normale.

Comme les jésuites, que Lance appréciait tant, avaient été remplacés en Rhodésie par des missionnaires dominicains allemands, il n'était pas question de m'envoyer à l'école religieuse locale : après toutes ces années de guerre dans les tranchées de France et le massacre impitoyable de ses camarades à Gallipoli, Lance continuait de considérer les Allemands comme des ennemis irréductibles. Pour que je reçoive une solide éducation catholique, comme le souhaitait ardemment ma mère, il fallait donc m'envoyer dans la capitale, à Salisbury, dans un couvent dirigé par des sœurs dominicaines.

Sans exagération, je dois dire que j'ai détesté de bout en bout le séjour que j'ai effectué dans cette école, bien que la plus grande partie de mes malheurs n'ait eu d'autres artisans que moi-même. Pour commencer, je fus cordialement détestée par la plupart des autres filles, parce que j'étais une pédante et une bûcheuse ; j'avais les cheveux roux, qui frisaient naturellement, et surtout je parlais un anglais clair et dur qui sonnait fort désagréablement aux oreilles coloniales.

J'aurais pu sauver la situation en imposant une quelconque supériorité physique, mais je n'ai jamais réussi à faire passer une balle de tennis au-dessus du filet, je ne savais pas nager (je ne le sais toujours pas) et la perspective de jouer au hockey me faisait fondre en larmes, si bien que j'inventais des migraines pour obtenir une dispense. Frances ne tarda pas à se lasser des interminables litanies dont mes lettres étaient pleines, mais c'était bien la façon dont elle m'avait couvée auparavant qui portait maintenant ses fruits amers : j'étais mal à l'aise et malheureuse en compagnie des enfants blancs.

Bref, quand nous sortions en rangs d'oignon pour la promenade rituelle du dimanche après-midi, on me reléguait toujours en queue de la procession, avec pour seule compagne une bonne sœur morose qui se traînait à mes côtés. A force de souffrir en silence, je finis par m'inventer des frères pour moi toute seule. Parfois, ils étaient éleveurs de moutons, de grands et solides gaillards ; à d'autres moments, c'étaient des aristocrates anglais en exil et condamnés à mener une existence de parias en Australie, réglant leurs comptes à coups de revolver avec le chef de la police, à côté d'un *bilabong*.

En fait, c'étaient là les seuls représentants du sexe masculin que j'avais eu le droit de fréquenter, car Frances s'était toujours rigoureusement opposée à ce qu'il y ait un garçon dans mes relations. « Il faut avoir de la tenue, ma chérie. » Paroles fatales, trop fréquemment répétées, qui ne pouvaient mener qu'à un désastre.

La prohibition fut sans doute responsable de l'accroissement du nombre d'alcooliques en Amérique. Le jour de mon quatorzième anniversaire, je me découvris une passion pour un garçon que j'avais vu de loin : Bobby Myers, dont le père était « Bullet » Myers, l'ancien champion du monde de lutte, catégorie poids moyens. Pourtant, Bobby ne remarqua nullement ni ma présence ni, à plus forte raison, l'amour que je lui offrais. Cette idylle fantôme se prolongea jusqu'au jour où je m'aperçus qu'il avait déjà donné son cœur à une blonde grassouillette nommée Dessie, dont la minuscule cervelle était amplement compensée par la grosseur de sa poitrine. Je m'effondrai en apprenant la nouvelle et, au mépris de la règle inflexible que je m'étais tracée, je me confiai à Frances, qui se contenta de répéter, pour la vingtième fois peut-être : « Allons, un peu de tenue, ma chérie. » Mon seul regret était de ne pas avoir eu l'occasion d'en manquer.

Il ne me restait plus qu'une solution : me faire bonne sœur. Je consacrai donc l'argent de poche de la semaine à l'achat d'un rosaire aux grains de verre jaunes, et d'un crucifix doré. Pourtant, au grand soulagement de la mère supérieure, ce projet fut repoussé aux calendes grecques par des événements beaucoup plus importants : la Seconde Guerre mondiale venait d'éclater.

Une guerre lointaine

C'est à peine si la guerre effleura la Rhodésie. Les fermes, les mines et les usines de ce pays pouvaient produire pratiquement tout ce dont ses habitants avaient besoin. Les fermiers élevaient les bœufs, les vaches, la volaille, les cochons, les moutons et les chèvres, et avaient les aliments nécessaires pour les engraisser, ainsi que le maïs, le blé, les pommes de terre, les patates douces et toutes sortes de fruits. Il y avait de l'étain, de l'or, du charbon et de l'amiante dans les mines, des usines pour laminer l'acier doux et de grandes brasseries grâce auxquelles la bière pouvait encore couler à flots. On fabriquait également des meubles, des ustensiles de cuisine et de la poterie. Il y avait beaucoup de tabac de bonne qualité. Comme le pays ne dispose d'aucun accès à la mer, il fallait importer le poisson mais il en arrivait régulièrement par voie ferrée, du Cap, où il abondait, ou des ports de Lourenço Marques et de Beira au Mozambique.

Certes, l'essence était rationnée mais en s'arrangeant entre eux, la plupart des gens ne faisaient à pied que la distance séparant le portail de la porte d'entrée de leur maison. Évidemment, le seul rouge à lèvres que l'on trouvait venait d'Argentine, et il était exécrable, car il ne tenait pas; quant aux lames de rasoir, fabriquées elles aussi en Argentine, elles rasaient très mal. Les bas de soie faisaient défaut, mais on pouvait très bien s'en passer dans un pays qui connaissait le climat le plus doux de toute l'Afrique, au sud de l'équateur. C'était en fait notre seule privation et, avec le recul du temps, il est difficile de croire que le conflit le plus horrible et le plus sanglant de l'histoire de l'humanité ne nous ait pas affectés plus durement.

Toutefois, au bout de quelque temps, ses effets se firent sentir davantage. Les anciens enfants de chœur qui avaient servi la messe pour le père Kendall à l'église catholique, se muèrent, après avoir subi l'entraînement adéquat, en jeunes recrues pleines d'enthousiasme et partirent pour de lointains champs de bataille. La population de coloniaux était réduite et le nombre de noms qui apparaissaient sur la liste des victimes semblait supérieur à la proportion normale.

Je tentai de m'engager dans l'une des unités d'auxiliaires féminines mais l'officier recruteur ne voulut pas de moi quand il eut appris que j'avais quatorze ans. L'entrevue se serait certainement beaucoup mieux passée si je ne m'étais pas présentée en maillot de gymnaste.

A la fin de l'année 1940, l'argent de la bourse était épuisé mais Lance jouissait maintenant de ressources suffisantes, d'autant plus qu'il vendait à tour de bras tout le matériel minier qui lui tombait sous la main. Il m'envoya donc au couvent Loretto du Cap pour ma dernière année de collège. Cet ordre était particulièrement strict, et on isolait dans des chambres individuelles les élèves les plus âgées. Frances en fut ravie car cela m'épargnait la nécessité de fréquenter trop étroitement des enfants issus de milieux plus communs, dont l'accent sud-africain était encore pire que celui de la Rhodésie. Mais cela ne m'empêcha pas d'introduire clandestinement un cochon d'Inde dans ma chambre et de l'emmener à la chapelle un soir, dissimulé sur ma poitrine, sous ma tunique d'écolière. Le visage cramoisi de fureur, la mère supérieure me chassa du couvent.

Je refis les quatre jours de trajet en train jusqu'à Bulawayo. Une petite pluie était tombée sur le Karoo et le sol était recouvert de lis roses. Se frayant un chemin entre eux, d'une flaque d'eau à une autre, sur le sable étincelant, il y avait des troupeaux de springboks. Je regrettai amèrement de ne pas pouvoir descendre du train pour les accompagner et ne plus jamais revoir d'êtres humains.

La nuit tombée, je sortis sur la plate-forme d'observation au bout de mon wagon pour communier avec les étoiles d'un blanc de givre et regarder vaciller les flammes d'un feu de broussailles, très loin à l'horizon. A des centaines de kilomètres de là, derrière cet incendie, un petit garçon que je ne connaissais pas encore grandissait dans une petite ville proprette, sur les rives de la Great Fish River. Il avait vu des milliers de moutons appartenant à son oncle mourir des suites d'une sécheresse qui avait duré des années, et il lisait tout ce qui lui tombait sous la main à la bibliothèque de Cradock dont sa redoutable mère avait la charge. De temps à autre, il partait chasser les cobras jaunes qui se cachaient sous les cailloux des murets de granite entourant la ferme, en compagnie d'une jeune Hottentote qui lui servait de conseillère et de guide. Un jour, il trouva huit cobras. Il les cloua au sol avec une branche fourchue pour leur écraser la cervelle avec une pierre. Il rentra ensuite précipitamment à la ferme de son oncle et suspendit triomphalement les cadavres sur la barrière d'entrée. Quand son oncle revint de la ville — un trajet de cent vingt kilomètres qu'il faisait toutes les semaines pour aller chercher le courrier —, il administra au garçonnet une raclée magistrale pour le punir d'avoir risqué sa vie. Apparemment, cela ne servit à rien. Le garçon était déjà un homme.

Il s'appelait Richard Vendall Clark, et cela se passait longtemps avant que je ne le rencontre. Si je l'avais connu au bon moment, ma vie aurait peut-être pris une autre tournure. Mais ce n'est pas si sûr après tout, en toute franchise. Par réaction contre le long isolement que je venais de subir, j'étais devenue obstinée. Je ne voulais plus en faire qu'à ma tête.

La nouvelle recrue

Les océans étant maintenant infestés de sous-marins allemands, tous les voyages civils entre l'Afrique australe et l'Angleterre avaient été frappés d'interdiction. Pas question donc que j'aille terminer mes études en Grande-Bretagne. C'est la raison pour laquelle je retournai parfaire mon éducation auprès de Mrs. Spurr, qui fut ravie de cette solution, pendant toute la seconde moitié de l'année 1941. Elle me farcit le crâne avec beaucoup d'efficacité et je fus reçue dans un très bon rang à l'examen d'entrée à l'université. Je dois le reconnaître, j'appris la nouvelle de mon succès avec une certaine équanimité, tant il me paraissait naturel de faire des études supérieures. Il n'y avait là aucune vanité de ma part car je me rendais bien compte qu'il me fallait travailler avec acharnement — et sans déplaisir, il est vrai —, pour arriver à suivre dans les classes les plus avancées. Je n'avais qu'une idée très vague de ce que serait la vie à l'université, qui n'évoquait pour moi que des images de cloîtres, d'étudiants vêtus de toges et de professeurs hautains et lointains. Mais je savais que je voulais étudier la littérature anglaise.

Lance avait prévu de m'envoyer dans une faculté sud-africaine dès le début du nouveau trimestre, mais Frances avait une autre idée qui, une fois de plus, se révéla lourde de conséquences. Elle prétendit avoir entendu dire que toutes les étudiantes de première année devaient se faire raser les cheveux avant de s'exposer toutes nues au milieu du campus pour y subir toutes sortes de sévices sexuels. Aussi incroyable que cela puisse paraître, et bien qu'elle n'eût manifestement pas réussi à le convaincre, Lance finit par convenir que j'avais besoin d'un arrêt de six mois dans mes études afin de mieux me préparer à ces épreuves. En fait, la vérité était beaucoup plus terre à terre. Frances voulait me montrer à ses amies du foyer de la RAF où elle travaillait comme bénévole afin d'apporter sa contribution à l'effort de guerre.

Avec un manque de discernement stupéfiant, les ministères de l'Air de Grande-Bretagne et de Rhodésie avaient choisi le site de la foire agricole de Bulawayo pour en faire une base d'entraînement de la Royal Air Force. Avant la guerre, c'était sur ce terrain que l'on exposait les plus belles bêtes des fermes des environs avant de les envoyer à l'abattoir !...

Au début, la plupart des stagiaires étaient des Rhodésiens blancs, il y avait aussi quelques Sud-Africains et des jeunes gens venus tout spécialement de Grande-Bretagne. Par la suite, leurs rangs furent grossis par des pilotes d'une témérité extravagante : des Polonais, des Australiens et une poignée de Grecs.

La plupart des familles les plus huppées de la ville faisaient des pieds et des mains pour accueillir les stagiaires, ne serait-ce que pour leur offrir un bain chaud ou un repas appétissant. Naturellement, Frances ne voulut pas être en reste, et des semaines durant, notre salle de bain fut encombrée de chaussettes mouillées, de mégots de cigarettes entassés dans le porte-savon et de tasses de thé encore à moitié pleines.

Elle eut tout de même la sagesse de ne jamais inviter ses visiteurs à des repas en règle, car ses talents de cuisinière demeuraient incertains, mais les jeunes militaires appréciaient son thé, ses sandwiches, ses gâteaux succulents, et la possibilité de s'asseoir tranquillement dans la véranda pour prendre le soleil sans avoir sur le dos quelqu'un qui leur criait des ordres. Bien qu'il ne fût pas de nature très sociable, Lance se crut obligé de faire un effort pour les distraire mais il ne put compenser sa timidité excessive qu'en se lançant dans d'interminables récits de sa vie dans les tranchées pendant la Première Guerre mondiale, avec une profusion de détails que ses visiteurs ne voulaient sans doute pas entendre. En fait, d'une façon plus ou moins détournée, Lance devait s'efforcer de les rassurer mais au bout d'un moment les jeunes hommes cessèrent de venir et mon père en souffrit.

Et puis un jour, une fournée de nouvelles recrues arriva du Moyen-Orient et pendant que Frances distribuait un thé amer, longuement infusé dans un récipient en laiton, à la cantine, l'un des militaires vint la trouver pour lui parler. Il avait une voix haut perchée, mais il semblait cultivé, ce qui la désarma tout de suite.

Il s'appelait Robert Kay, il avait vingt-quatre ans, et il était beau garçon.

« C'est Laurence Olivier tout craché ! » s'écria-t-elle avec enthousiasme quand je rentrai à la maison après avoir une dernière fois pris le thé avec ma chère Mrs. Spurr. Toujours préoccupée de diplômes et de prix de littérature anglaise, je n'écoutais que d'une oreille, et la conclusion de Frances échappa à mon attention : « Ma chérie, il faut que tu le voies ! Je l'ai invité à prendre le thé chez nous. Cet après-midi ! »

Robert avait entrepris de charmer Frances et il me traita avec la condescendance d'un jeune aviateur raffiné qui veut se montrer poli envers une timide godiche de seize ans qui est encore suffisamment vieux jeu pour s'affubler d'un chapeau à la Scarlett O'Hara à l'intérieur de la maison. Personnellement, je vis en lui une sorte de beau ténébreux, qui s'ingéniait — hélas ! — à envelopper sa personne d'une aura mystérieuse. Il ne révéla que très peu de chose sur lui-même, mais nous apprit qu'il était le fils d'un colonel en retraite du régiment des Royal Norfolk et que sa mère était une Galloise que tout le monde appelait Toby. A aucun moment, il ne mentionna l'existence d'une épouse.

Il resta environ une heure et, la plupart du temps, il s'adressa à mon père, avec une certaine courtoisie me semblait-il. Je n'entendis pratiquement rien de leur conversation et suis donc incapable de savoir ce qu'ils se dirent cet après-midi-là. Lance détecta-t-il une note inquiétante d'ambivalence sexuelle dans les intonations suraiguës de la voix de Robert ? Ce dernier tira-t-il quelque gloire de ses bonnes fortunes, ce qui aurait été, aux yeux de Lance, la pire incongruité que l'on puisse imaginer ? Conformément à l'éducation qu'il avait reçue, un gentleman ne parlait jamais de femmes ou de religion.

On a bien du mal à imaginer aujourd'hui la rigueur des conventions sociales à cette époque, mais les colonies avaient une attitude encore plus inflexible que les milieux les plus collet monté de la métropole. Les divorcés étaient totalement exclus de la société des gens « civilisés », les mères célibataires se voyaient traiter à peine mieux que les prostituées et un homme qui, devant les dames, proférait un juron — même adouci par un euphémisme — devenait l'objet de commentaires furieux pendant des semaines.

Malgré l'insistance dont je fis preuve par la suite pour presser Lance d'expliquer sa réaction, il refusa tout net de discuter de la question. Toujours est-il que lorsque Robert eut quitté la maison, Lance le regarda descendre l'allée menant au portail, puis il se retourna vers ma mère interloquée pour dire d'une voix vibrante de fureur :

« *Je ne vois que la mort qui convienne à ce garçon !* »

« Celle-là, elle est à moi tout seul! »

« Si nous avons d'autres enfants, tu pourras les prendre, avait dit Lance à ma mère après ma naissance. Celle-là, elle est à moi tout seul! »

Lance était un homme curieux, impossible à comprendre pleinement. Il s'était construit une cage d'acier autour de lui, et de là, il toisait un monde qu'il méprisait et dont il se méfiait. C'était comme si le plus ascétique des anachorètes avait été obligé de quitter sa cellule dans le désert pour élire domicile à Babylone. Il n'avait pas d'amis, absolument aucun et il décourageait toutes les ouvertures, même les plus courtoises, qu'elles émanent de ses voisins ou de ses relations commerciales. Ce qu'il voulait, c'était la solitude et un refuge contre l'émotion, sans se rendre compte qu'il m'obligeait à partager sa prison. Il s'attendait bien à ce que je me marie un jour, je le savais, mais repoussait avec violence l'idée que quelqu'un pourrait me soustraire à son influence ou à son amour.

Et Robert? A sa manière, il avait en lui autant de contradictions que Lance. Il était certainement tout aussi égoïste mais, en plus, il aimait la compagnie et adorait focaliser l'attention sur sa personne. C'était aussi un coureur de jupons mais, en fait, il méprisait les femmes et il ne savait que faire de celles qu'il avait prises dans ses filets, sauf peut-être les épingler comme des papillons avec les autres pièces de sa collection. Évidemment, dans une communauté où la médiocrité était la vertu la plus appréciée, il ne manquait pas d'allure et de brillant. La majorité des hommes de Bulawayo avaient décidé de quitter la Grande-Bretagne parce qu'ils savaient qu'avec leurs talents limités d'employés de banque, d'avocats de seconde zone, de courtiers en assurance ou de métreurs, ils auraient à la colonie un niveau de vie très supérieur à celui qu'ils étaient en droit d'attendre dans la métropole. Et cela ne les rendait pas éblouissants. Quels qu'aient pu être ses défauts par ailleurs, Robert n'était pas ennuyeux. Mais il était également dangereux.

Vendredi

> « J'ai dansé un vendredi, quand le ciel devenait noir,
> C'est dur de danser avec le diable sur le dos. »
>
> SHAKER HYMN, paroles de Sydney Carter.

Moins de vingt-quatre heures plus tard, Lance avait contacté un détective privé de Londres pour lui demander de faire une enquête sur le passé de Robert. Le résultat ne fut pas encourageant. Bien que ses parents se fussent finalement mariés trois ans après sa naissance, Robert n'en avait pas moins été un enfant illégitime. Il avait quatorze ans lorsque la fortune de la famille Kay se trouva engloutie par le krach qui suivit la révélation des exactions commises par le fameux escroc britannique, Clarence Hattray, et ce choc s'était combiné avec une maladie des reins pour tuer le colonel. Il avait fallu retirer Robert du cours d'art dramatique Italia Conti, où il semblait être un élève plein d'avenir, et on lui trouva une place de commissionnaire à la Bourse de Londres. Incorporé au Royal Norfolk, il dut renoncer à son grade d'officier après qu'une âpre discussion l'eut opposé au colonel du régiment à propos de notes restées impayées au mess des officiers. C'est à peu près à cette époque qu'il avait rencontré et épousé une certaine Violet, qui travaillait dans une boîte de nuit du West End. Au bout de trois mois, Violet ayant compris que son mari était incapable de lui offrir les diamants et les chocolats fins dont elle était fort friande, elle le quitta pour retourner auprès de son ancien amant.

Robert résolut alors de s'engager dans les services de la police affectés à la Palestine, une organisation qui avait la réputation d'être particulièrement inflexible. Deux ans après le début de la guerre, il demanda à être muté dans la Royal Air Force, et arriva à Bulawayo.

« Un ami vraiment très peu recommandable pour votre fille », concluait le rapport. Lance replia soigneusement le document, le remit dans l'enveloppe et se leva, posant deux doigts sur le rebord de la table du petit déjeuner comme s'il avait besoin de recouvrer son équilibre.

« June ne reverra jamais ce jeune homme », dit-il d'une voix tranquille.

Naturellement, je l'ai revu. Défiant résolument l'interdiction, Frances s'arrangea pour que j'aille travailler avec elle à la cantine de la RAF, et chaque fois qu'elle voyait Robert, elle l'encourageait à venir auprès de nous. Et ce qui avait commencé au vu et au su de tous se termina dans la clandestinité.

Pendant seize ans, j'avais toujours suivi la même routine. Je travaillais assidûment des heures et des heures chaque jour, et en récompense on m'emmenait parfois au musée où l'on m'autorisait à dessiner les objets exposés. Comme je n'avais jamais eu la permission d'avoir des amis de mon âge, je n'avais jamais appris les règles du jeu, je n'avais aucune idée de la manière dont on devait se comporter avec les autres jeunes gens. Je prenais tout pour de l'argent comptant, beaucoup plus par ignorance que par une exceptionnelle noblesse de l'âme.

Je ne comprenais rien à ce qui m'arrivait. Tout ce que je savais, c'était qu'il me fallait, d'une manière ou d'une autre, échapper au despotisme de Lance, et je me jetai à corps perdu dans une liaison avec Robert, qui commença par une grossesse malencontreuse pour aboutir à un mariage orageux, ponctué de crises de larmes, qui allait durer vingt-cinq ans.

La cérémonie eut lieu dans un sinistre bureau d'état civil. Aucun de mes parents n'y assista. Il n'y eut pas de repas de noce ; pas le moindre semblant de lune de miel. Deux jours plus tard, je fus terrassée par une violente attaque de malaria et perdis l'enfant que j'attendais. Et ce fut le commencement de la fin de ma propre enfance.

Je n'avais pourtant pas encore appris à établir un lien entre la cause et l'effet, car six semaines plus tard, j'étais de nouveau enceinte ; mais cette fois j'allais le rester jusqu'au bout, pendant neuf mois.

« Ce sera une fille, dit la sage-femme. Je ne me trompe jamais. Les battements de son cœur sont les mêmes que les vôtres. »

Il y avait quatre jours que les douleurs avaient commencé, et la sage-femme, qui avait jusque-là affiché une impavidité exceptionnelle, commençait à se renfrogner.

« Je ne veux pas de fille, murmurai-je. Je veux un fils. Christopher Rupert. Il faut que ce soit un fils.

— Poussez, dit l'infirmière. La tête est en train d'apparaître. C'est pas trop tôt. »

Leslie Elizabeth naquit, je ne sais pourquoi je m'en souviens, le jour où l'île volcanique de Pantelleria tomba entre les mains des Alliés. J'avais dix-sept ans.

Il ne servirait à rien, maintenant, de remuer les cendres froides de cette période malheureuse. Trop de gens, encore vivants, risqueraient d'être inutilement blessés par un récit trop détaillé de certains événements. Il y a eu des torts de tous les côtés et on peut dire que dès le départ, les dés étaient pipés contre Robert et contre moi. Mais il demeure un fait incontestable : mon mari et mon père n'ont jamais cessé un seul instant de se détester, et moi, j'étais liée par un devoir de loyauté envers l'un et l'autre.

Far Lamorna

« Gardez-ça avec vous pour la nuit. »

Jack Hughes, le journaliste qui nous avait reçus chez lui, nous tendit un fusil. Comme Jack, l'arme avait connu des jours plus glorieux.

« Vous n'avez pas choisi le meilleur emplacement. A cause des léopards. Quand ils descendent des collines, ils viennent toujours de ce côté. Surtout pendant le premier quartier de la lune. »

Je regardai les ombres noires comme de l'encre formées par les arbres et les rochers. Suspendue au-dessus des crêtes de granite, il y avait une faucille argentée, et tandis que je l'examinais, paralysée par la peur, un long gémissement s'éleva des rochers, comme pour lancer un avertissement étrange et mystérieux vers le ciel nocturne : « Les léopards ! Attention aux léopards. »

C'est vraiment extraordinaire, me dis-je avec amertume. Je n'ai pas encore dix-neuf ans, j'ai vécu en ville pratiquement tout le temps. Je porte des chaussures à talons hauts, une robe jaune paille et des boucles d'oreilles en aigue-marine — des bijoux de famille ! Mais qu'est-ce que je fabrique, en pleine brousse, au cœur de la nuit, m'apprêtant à dormir dans une tente d'emprunt ? Cramponnée au mât central, j'essaie de maîtriser mes tremblements, pendant que Robert enfonce à coups de marteau les piquets dans la terre dure.

Dès qu'il a fini — pour les remerciements, je repasserai —, je me précipite dans cet abri précaire, abaisse tous les rabats pour boucher les trous de ventilation de mes mains encore tremblantes et empile toutes nos valises pour former une barricade que je crois dissuasive.

J'espère que Jack plaisantait ou en tout cas qu'il exagérait, que le hyrax qui a hurlé tout à l'heure se trompait, ou en mettant les choses au pire, que le léopart est tout petit.

Ce dernier souhait ne pouvait s'expliquer en fait que par une ignorance totale. Comme je l'appris plus tard, les jeunes léopards sont généralement accompagnés de leur mère.

Toute la nuit, nous avons suffoqué stoïquement dans la tente fermée et, le lendemain matin, nous ne nous sommes pas parlé pendant un bon moment.

Jack Hughes nous avait réveillés dès l'aube, criant que le soleil était levé et que nous devions nous lever nous aussi. « Vous voulez une tasse de café ? » Mal rasé, loqueteux, pas très grand et plutôt maigre, Jack avait d'étranges yeux bleus et une tignasse couleur de poussière.

Son accoutrement était vraiment étonnant : un balayeur de rues n'en aurait pas voulu pour un empire. Son chapeau de feutre au bord à demi déchiré était cabossé et maculé de taches de graisse, troué de brûlures de cigarettes, déshonoré par je ne sais quelles traces d'un séjour dans une étable ; son short kaki, élimé aux coutures, tenait par une ficelle. Un maillot de corps crasseux et sans manches était en partie recouvert par un pull-over gris qui avait depuis longtemps commencé à se détricoter aux manches. Il allait pieds nus dans des sandales à lanières, les ongles des orteils cassés.

Quant à la cabane en torchis dans laquelle il vivait, elle rivalisait pour la crasse avec ses vêtements sordides. L'intérieur était encombré d'énormes piles de journaux et de vieilles coupures de presse qui étaient stockées là depuis si longtemps que les couches inférieures avaient été réduites en confettis par les souris. Pas d'électricité, pas d'eau courante, pas de « commodités » ; pas même ce qu'il avait l'habitude d'appeler des « cagouinces de brousse ».

Un trésor, tout de même : une porcelaine géante, gravée sur toute sa surface de bas-reliefs représentant des scènes de la vie à la campagne au Japon, et qui servait de presse-papier pour contenir une pile de lettres, de factures, de mises en demeure auxquelles il n'avait pas daigné répondre.

Et pourtant... il possédait la terre, mille deux cents hectares de terre, et il élevait des vaches, des jersiaises de pure race, et des canards de Pékin qui logeaient dans un temple en belle pierre de granite au milieu duquel il avait détourné le cours de l'une des rares rivières qui sillonnent les Matopos. Et il écrivait, d'une belle écriture aux lettres bien moulées, et sa prose aurait pu le placer au sommet de sa profession. Elle ne l'a jamais fait, et je ne lui ai jamais demandé pourquoi.

Quand il eut fini son café, il poussa du pied une bûche dans les braises et cracha.

« Amenez-vous, les jeunots », dit-il.

Il nous amena jusqu'à une clôture en fil de fer barbelé tendue à la diable entre des poteaux en bois dur, taillés dans des mopanis pour qu'ils puissent résister aux termites.

« C'est la limite d'une ferme qui appartient à un officier en retraite, expliqua-t-il. Ce bout de terrain est séparé du reste par une chaîne de petits kopjes. Il ne l'a jamais utilisé et il pourra peut-être vous le céder pour pas cher, s'il est à court d'argent, ce qui est souvent le cas. Il n'y a que cent vingt hectares. »

J'évitai de regarder Robert. Pas question de vivre ici, à un endroit où les léopards descendaient des collines pendant le premier — ou n'importe quel autre — quartier de la lune. Et pourtant je le suivis quand il passa entre les fils de fer, et je continuai de le suivre jusqu'à l'endroit où la plaine descendait brusquement vers une longue vallée. Le paysage avait cette beauté un peu mièvre des décors typiquement africains, avec des ombres en lapis-lazuli. Nous étions en automne et l'herbe qui avait pris des tons jaune safran ondulait sous le vent venu des montagnes. Partout alentour dominait la chaîne granitique des Matopos, un pays primitif sillonné de kopjes et de crevasses, aux rochers abrupts couverts de lichens qui pouvaient prendre toutes les teintes, de l'aigue-marine au rouge écarlate, un pays peuplé de babouins et de porcs-épics, de tamanoirs, de chacals, de pythons des rochers et de serpents venimeux, de bousiers, d'abeilles sauvages et de petites araignées d'un rouge velouté qui sortaient après les premières pluies.

J'étais là, immobile, regardant cette vallée, lorsqu'un écureuil roux dévala le flanc d'un rocher voisin, s'arrêta et me fixa d'un œil étonné. Je le vois encore, ses yeux bruns et brillants, sa queue touffue, toute droite : mon premier ami dans les Matopos. Il vivait au milieu du chaos rocailleux près duquel nous avons édifié notre première demeure. J'avais réussi à établir une paix précaire entre Robert et mon père après la naissance de Leslie, et Lance, sans y croire vraiment, avait prêté les cent livres sterling dont nous avions besoin pour acheter la terre à l'officier en retraite. Nous avions baptisé notre domaine « Far Lamorna ».

Mais la guerre n'était toujours pas terminée et Robert n'avait que fort peu de temps de disponible entre les séances d'instruction. Il parvint tout de même à nous construire une cabane constituée d'une unique pièce. Après avoir réalisé une ossature avec des troncs de jeunes arbres, il avait bouché les interstices avec de l'argile, blanchie ensuite à la chaux. Le toit était en chaume : de la bonne herbe du veld. Il coula une chape en béton rouge en guise de plancher, et parvint à amadouer suffisamment Frances pour qu'elle nous couse des rideaux et un dessus-de-lit en perse indienne. Il ne se faisait en effet aucune illusion sur les talents de sa femme, qui dès qu'elle saisissait une aiguille finissait immanquablement par transformer ses doigts en passoire et répandre son sang sur tout le tissu.

J'adorais cette maisonnette. Elle sentait l'huile de lin brute et la fumée de bois, avec en plus l'odeur de la centaurée musquée que j'avais plantée sous la fenêtre et qui emplissait la pièce de son arôme sucré. Le liseron pourpre montait à quatre mètres de hauteur et recouvrait le plafond de ses trompettes écarlates et bleu électrique. J'achetai six perruches, douze poulettes rouges du Rhode Island et une lapine blanche qui allait bientôt avoir des petits. C'était là un embryon d'élevage intéressant bien qu'assez peu conventionnel pour une ferme.

La période d'instruction de Robert étant arrivée à son terme, il fut muté au Kenya, dans une unité d'entraînement opérationnelle. Et moi, je rentrai à Bulawayo où je travaillai pour Lance, car il ne voulait pas que je reste seule en pleine brousse. Il me demanda un jour, non sans ironie, ce que je comptais faire de ma ferme : récolter des rochers, peut-être, ou élever des hyrax pour en vendre les fourrures ?

« Des cochons, dis-je. J'en ai vu un tout noir. Superbe. Tu ne pourrais pas me faire une avance sur mon salaire pour que je l'achète ? »

Il me regarda interloqué. Je tentai de le rassurer.

« Je n'en prendrai qu'un. Je veux en acheter un tous les mois, comme ça, dès qu'ils auront des petits je vendrai les pourceaux.

— Bon Dieu ! » dit Lance. Ce fut la première et dernière fois que je l'entendis invoquer en vain le nom du Seigneur.

Tous mes week-ends, je les passais à Lamorna. Chaque samedi, avant le déjeuner, je partais avec Leslie et sa nounou dans la minuscule Austin 10, une voiture à deux places, avec un spider, que j'avais payée sept livres. Nous la bourrions de graines pour les volailles, d'engrais et de ciment ainsi que de lait en boîte et de citrouilles pour l'enfant. Il n'y avait jamais assez de place pour caser les citrouilles à l'intérieur, alors nous les attachions sur le toit. Il y en avait toujours qui tombaient pour exploser sur la route caillouteuse.

Comme notre terrain n'était pas bien enclos, les biches-cochons et les porcs-épics envahissaient mon petit jardin. Je replantais tout avec un soin méticuleux, à la grande joie des babouins chapardeurs qui infestaient les collines environnantes.

Les babouins vivent dans un environnement hostile, et dans une région où sévit la sécheresse comme les Matopos, leurs ennemis principaux étaient les fermiers qui tiraient impitoyablement sur eux afin de protéger leurs récoltes que ces singes pillaient sauvagement, arrachant tout ce qu'ils ne pouvaient pas manger. Outre les hommes, ils n'ont que deux autres ennemis jurés : les léopards et les gros pythons des rochers, les ginyambilas, qui montent dans les arbres afin de voler les petits babouins ou attendent qu'ils descendent pour aller boire. Ils forment des bandes anarchiques, qui peuvent regrouper jusqu'à deux cents unités et sèment la mort sur leur passage, pour le plaisir, détruisant tous les êtres jeunes et vulnérables qu'ils peuvent trouver, y compris mon petit épagneul cocker, qui avait commis la sottise de gambader, par jeu, dans le sillage de leur troupe. Nous avons trouvé la pauvre Wendy après trois jours de recherches, et enterré ce qui restait de son cadavre dépecé.

J'éprouvai un plaisir très mitigé quand Jack Hughes, voulant être aimable, m'offrit un babouin encore petit et seulement à demi apprivoisé. Au bout d'une semaine de bouderie, la bête à tête de chien mordit Tembo, mon cuisinier sexagénaire, au moment où celui-ci lui donnait à manger. Sans éprouver le moindre regret, je libérai l'animal de ses chaînes, pour qu'il puisse retourner aux kopjes de son enfance, espérant, un peu méchamment peut-être, qu'il fournirait à un léopard de rencontre un déjeuner aisément gagné.

A cette époque où le monde était parfois encore un peu innocent, les femmes blanches n'avaient pas besoin — même si elles vivaient seules dans une ferme isolée —, de recourir aux services de gardes armés. J'avais toujours un 22 long rifle chargé à côté de mon lit pour pouvoir me débarrasser d'un animal nocturne, et Tembo se faisait fort, avec l'aide de Tiye, l'adolescent qui s'occupait des poulets, de Sixpence, qui labourait la terre et semait les céréales, et de Seepho, qui s'occupait des deux cochons, de venir à bout de tout ce qui pourrait présenter un danger, à condition que ce ne fût pas un éléphant mâle en pleine crise de démence. Le vieux Kundachavey, le maçon tailleur de pierres qui avait combattu dans le détachement de Mpondo Nkomo (Cornes de la Vache) de Lobengula, et craignait encore de se servir de sa lance au cas où cela réveillerait en lui des souvenirs sanglants, s'armait d'une masse et dormait dans une hutte en herbes sèches à portée de voix de mon cottage. Je courais beaucoup moins de risques à Lamorna que dans n'importe quelle ville.

Le rire des sansonnets

Tembo m'apprenait la cuisine. L'art et la manière de tenir un intérieur n'avaient jamais été au programme de mes études, et lorsque j'avais quitté Mrs. Spurr, j'avais encore en moi l'écho de bien des théorèmes de géométrie, mais j'ignorais tout de la façon de préparer un plat, laver et repasser le linge et brancher les fils d'une prise électrique.

« Vous devriez acheter un fourneau, me dit un jour Tembo. Un petit fourneau de Douvres, plus il sera petit moins je passerai de temps à le nettoyer. En cette saison, je peux cuisiner dehors : il fait encore sec, mais quand la pluie viendra, elle éteindra le feu dès que je l'aurai allumé à l'extérieur. »

Il s'en alla et revint avec deux branches fourchues qu'il avait coupées sur un mopani, et une baguette en bois vert provenant d'un arbre à papier.

« Regardez, dit-il en embrochant adroitement un poulet sur la baguette ; comme le bois est vert, il ne va pas brûler complètement. Nous allons nous asseoir là et tourner lentement le poulet ; très lentement, au-dessus de ce petit feu, jusqu'au moment où les pattes se détacheront de la carcasse. Alors, nous pourrons le manger. »

Le foie de biche-cochon, il le faisait frire dans le beurre frais que je fabriquais moi-même, pour le laisser ensuite mijoter dans du lait concentré Nestlé mélangé à du jus d'orange. Les pintades sauvages, il les faisait braiser dans de la soupe au céleri en boîte ; les côtelettes de venaison, le francolin rôti et même la gelée claire obtenue en faisant bouillir des marulas bien mûrs, c'était également Tembo qui s'en chargeait.

« Ce fruit, m'expliqua-t-il en écumant adroitement la

mousse de la casserole où bouillonnaient les marulas couleur citron, contient ce qu'il faut pour faire le bonheur de tous. A l'intérieur, il y a un gros noyau, avec trois petits compartiments. Les babouins les brisent avec leurs dents pour manger l'amande sucrée qu'ils contiennent. Moi aussi, je les mange, ces amandes. Quand les noyaux sont vides, les enfants peuvent les enfiler pour confectionner des colliers. Quand la gelée est terminée, vous la mangez avec de la viande, et je m'en ferai aussi pour moi, aussitôt que j'aurai assez d'argent pour payer le sucre. Les éléphants aiment beaucoup ce fruit quand il est pourri et tombe à terre. Ils s'enivrent avec et ça les rend très dangereux. J'en ai vu qui trébuchaient et tombaient après avoir mangé des marulas. »

Mais il n'insista pas davantage. Il poussa un grognement et changea de sujet. Son nom, Tembo, signifiait « éléphant », et comme ces animaux étaient le totem de sa famille, il n'aimait pas manquer de respect à leur égard.

« Comment as-tu appris à faire la cuisine, Tembo ? lui demandai-je en essuyant distraitement mes doigts graisseux sur le fond de mon pantalon kaki.

— En mangeant », dit-il.

Nous étions assis sur des rondins, à côté du feu, en attendant que le poulet finisse de cuire. La lune était toute blanche dans le ciel du matin. Tembo leva les yeux vers elle.

« Ikwesi yena shaka lapana nyanga, dit-il. Les étourneaux rient. Ils se moquent de la lune.

— Ce qui veut dire ? »

Il poussa une série de gloussements ironiques.

« Je croyais que vous comprendriez. La lune, cette pauvre idiote, elle essaie de se cacher du soleil pendant la journée. Les gens font ça aussi. »

La magie des Matopos commençait à s'emparer de moi. Les glaciers de l'époque glaciaire n'avaient jamais atteint cette région mais les rochers semblaient avoir été rabotés par la glace, car c'est ainsi que les granits africains réagissent aux intempéries. On avait l'impression qu'une force gigantesque avait éparpillé ces énormes blocs de pierre au hasard pour ensuite, le calme revenu, les laisser sur place, lisses et glissants comme des montagnes de verre qui ne s'useraient que d'une manière infime au cours des millions d'années à venir. C'étaient les granits les plus vieux du monde. Les rochers avaient été généreusement empilés les uns sur les autres, et, quand il pleuvait, leurs flancs étaient semés de lichens bleus aux endroits où s'écoulaient les petits ruisselets qui allaient ensuite se perdre dans le sol sablonneux. C'était une symphonie de verts d'encre, d'indigo, d'ocre brûlée, parsemée çà et là du rouge éclatant des aloès sauvages. Et en été la chaleur montait de la terre en vagues chatoyantes.

Les Matopos exerçaient également une véritable fascination sur les hordes de jeunes archéologues qui venaient gratter la terre pour y trouver des pointes de flèche en pierre et pour photographier les personnages qui avaient été peints sur les parois rocheuses par les petits Boschimans qui ne survivaient plus maintenant que dans les légendes. Ils semblaient s'intéresser particulièrement à un certain rocher sur lequel un artiste oublié avait représenté des guerriers qui brandissaient des lances tout en copulant énergiquement, à la manière des chevaux, avec des femmes dessinées à grand renfort de détails encore plus réalistes.

Ce n'était pas le pays du lion, c'est pourquoi le léopard, avec son pelage brillant aux teintes vives, était le seigneur des Matopos. Il vivait dans les collines et se montrait beaucoup plus virulent que le léopard des plaines qui a une robe plus claire. Au coucher du soleil, il venait boire dans les flaques d'eau qui renvoyaient son image, aussi immobile qu'une peinture. La nuit, je l'entendais tousser dans le veld, et parfois retentissaient les aboiements des babouins alarmés qui avaient vu ou senti sa présence. L'hyrax au poil gris et soyeux poussait de petits cris de frayeur sur son passage et le francolin, cette boule grasse de plumes brunes, protestait dans les buissons.

Il y avait d'autres animaux encore : le chacal — timide, rouge, semblable à un renard — vivait sous les amoncellements de bois mort, et les vervets, ces singes à la face noire, se disputaient avec les babouins la possession des arbres, formant de longues guirlandes, la main dans la main, bien détachés sur le ciel éclairé par la lune.

L'oryctérope, que les Africains avaient baptisé « cheval de sorcière », creusait profondément dans la terre chaude et brune jusqu'à l'endroit où les fourmis blanches avaient percé leurs interminables galeries, et il passait sa longue langue collante d'avant en arrière, semant la destruction dans l'état socialiste de la fourmi.

Parfois, dès le lever du jour, des cochons sauvages venaient faire une descente dans le champ de maïs, suivis d'un porc-épic qui agitait ses piquants noir et blanc comme des dés dans un godet. Il y avait des lièvres roux dans les collines et des lièvres gris dans les plaines, proies idéales pour le ginyambila.

Un après-midi, j'eus l'impression que quelque chose n'allait pas. Tembo, Leslie et moi, nous nous étions promenés le long du coupe-feu qui longe la limite nord de notre terrain, sans aucune raison particulière, sinon que ce moment de la journée nous semblait plutôt agréable. Nous entendions le jacassement des francolins, qui s'interpellaient d'un buisson à un autre : j'espérais, comme d'habitude, voir les hérons garde-bœufs se détacher, tout blancs sur le ciel orageux, mais la saison n'était pas encore suffisamment avancée pour cela.

Parfois, ni Tembo ni moi n'avion besoin de nous parler. Il était né dans la brousse, et elle était devenue ma patrie d'adoption, nous avions l'un comme l'autre cet instinct vital qui nous avertit du danger. Le vieil homme s'était arrêté, frottant ses pieds nus dans la poussière jaune pâle. Ses yeux, comme les miens, fouillaient le fourré situé à vingt-cinq mètres devant nous. Je n'y avais rien remarqué dans la matinée, quand j'y étais allée seule, espérant découvrir quelque trésor pour mon jardin : peut-être des bulbes de lis hermanthus rouges, ou quelques violettes minuscules et dépourvues d'odeur. On distinguait mal les profondeurs du bosquet dissimulées derrière un paravent de lantaniers. A la chaleur de cet après-midi finissant, rien ne bougeait. On n'entendait plus aucun bruit, car les oiseaux eux-mêmes avaient déserté la place.

Je portais un vieux fusil, un Bonehill, que Robert avait acheté cinq livres à Jack Hughes un jour où ce dernier avait eu besoin d'argent. Sans un mot, Tembo me le prit des mains.

« Vous devriez arrêter d'essayer de tirer, siffla-t-il. Un de ces jours, vous allez blesser quelqu'un, et alors à nous les embêtements. Emmenez le bébé et rentrez à la maison. »

Mon estomac se noua. Je saisis la petite main collante de l'enfant et nous repartîmes le long du coupe-feu, prenant bien garde de ne pas courir. Au bout de vingt mètres, je sentis que Leslie commençait à se laisser traîner.

« Qu'est-ce qu'il y a? demanda-t-elle.
— Un léopard. Celui qui a tué deux des veaux de Ted Sankey le mois dernier. Tu vois duquel je veux parler. Nous l'avons entendu deux fois la semaine dernière, et encore cette nuit. Il est gros et vieux, et Tembo dit que sa robe s'est fanée pour prendre la couleur de la paille. »
Elle enfonça ses ongles dans la paume de ma main.
« Est-ce que les léopards mangent les gens?
— Certaines personnes. Surtout celles qui ne se lavent pas les dents deux fois par jour.
— Je me les suis lavées, protesta-t-elle. Même que j'ai pris ta brosse ce matin parce que j'ai perdu la mienne dans le bassin aux poissons. Est-ce que le léopard va te manger en premier, parce que tu es plus grande que moi?
— Probablement », dis-je en résistant avec peine à l'envie de courir.
Elle eut un large sourire.
« Ils sont gentils, les léopards », dit-elle.

Le café du matin et Tembo arrivèrent ensemble. Tembo avait l'air de mauvaise humeur.
« 'maGerimani est ici », annonça-t-il. 'maGerimani (Beaucoup d'Allemands) était le responsable des troupeaux de Ted Sankey. « Il dit que notre léopard est allé sur leur terrain hier soir et qu'il a encore tué deux veaux dans l'enclos. Il en a emporté un pour le manger et l'autre, il l'a laissé sur place. Le propriétaire exige une compensation. Cinq shillings. »
Je n'arrivais pas à me représenter Ted Sankey, mon charmant voisin né en Cornouailles, en train d'exiger cinq shillings pour le dédommager de la perte de deux veaux de pure race qui auraient été tués par *mon* léopard. Les léopards posaient un problème à tout le monde dans les Matopos, et il y en avait des légions. Il n'en demeurait pas moins que la plupart des fermiers préféraient généralement les laisser tranquilles, ne serait-ce que parce qu'ils étaient les seuls ennemis naturels des babouins, et il revenait infiniment moins cher de perdre un veau par-ci par-là que de subir les dégâts causés par les troupes de babouins dans les champs de maïs.
Pourtant, je savais que je n'avais rien à dire. Tembo avait monté la garde hier soir, pendant que moi je m'étais barricadée au logis avec Leslie.

« D'accord, soupirai-je. Pourquoi veux-tu ces cinq shillings ? »

Il sourit, sous l'effet d'un soulagement intense.

« Pour acheter du sucre. Les marulas sont mûrs. Deux shillings six de sucre pour six livres de marulas.

— Et 'maGerimani, qu'est-ce qu'il vient faire là-dedans ?

— Je lui dois les deux autres shillings six. Pour la bière. »

Mon fis, mon fils!

En août 1946, je dus avouer à Lance que j'étais de nouveau enceinte. La nouvelle ne lui causa aucun plaisir mais il se contenta de pousser un soupir, puis il me paya six mois de salaire en me recommandant de retourner dans cette ferme absurde pour y tricoter des bottillons.

J'étais heureuse de m'en aller, mais je ne m'attendais guère à toutes les calamités qui allaient s'abattre pendant l'été.

Avec la chaleur, les crevasses séparant les rochers devinrent de véritables nids où grouillaient toutes sortes de serpents venimeux, mais ce n'est que vers Noël que les dangers de la vie dans les Matopos se révélèrent dans toute leur ampleur, et j'étais alors enceinte de sept mois.

Sous les ordres de Tembo, qui s'était improvisé contremaître, deux chômeurs africains avaient été engagés pour nous construire une cuisine. Ils édifièrent une solide hutte en torchis avec un toit de chaume impeccable, dans laquelle prit place le petit fourneau en fonte que Tembo réclamait depuis si longtemps. Malheureusement, cette installation comportait un défaut : nous avions oublié de mettre un manchon en amiante autour du conduit métallique à l'endroit où il traversait le toit de chaume. En outre, la cuisine ne se trouvait qu'à quelques mètres du cottage, et du côté opposé au vent!

Pratiquement tout l'argent que m'avait donné Lance était passé à l'achat de vêtements pour l'enfant, et comme je ne travaillais plus, nous n'étions guère en fonds. En fait, notre menu du soir dépendait surtout du gibier que Robert avait réussi à tuer dans la journée. Un matin — le toit de chaume avait été terminé la veille au soir —, il prit le Bonehill pour se mettre en quête de francolins. Je décidai alors de donner aux poulets leur mélange habituel de graines de tournesol, de maïs écrasé et de graines dures que l'on appelait rapoko, tandis que Tembo préparait de l'encaustique dans une boîte toute cabossée. Il était passé maître dans l'art de faire briller les sols, avec une mixture à base de cirage rouge, de paraffine et de suif à bougies. Seulement, pour que le mélange soit bien homogène, il fallait le chauffer. Cette fois-là, au lieu de procéder à cette opération en plein air, il s'installa devant notre poêle de Douvres.

J'étais en train d'éparpiller à terre la dernière poignée de grains destinés aux poules quand j'entendis le rugissement soudain du chaume embrasé. Le toit de la cuisine brûlait d'un feu d'enfer et les gerbes d'herbe sèche enflammée, aspirées par l'appel d'air, tournoyaient furieusement dans le ciel. En moins de quelques secondes, le toit de chaume de notre cottage brûlait à son tour.

Il n'y avait pas grand-chose que nous puissions faire, mais nous commençâmes par libérer les perruches pour qu'elles ne rôtissent pas dans leurs cages. J'ouvris les portes grillagées et les petits oiseaux affolés prirent leur essor dans un miroitement d'émeraude et de bleu.

Ensuite, avec l'aide de Tembo, je me mis à sortir tout ce qui nous tombait sous la main avant que la charpente ne s'effondre dessus. A demi suffoquée par la fumée, je remarquai que le vieil homme rangeait soigneusement les guirlandes de Noël, les mettant hors de portée des flammes. Puis il saisit un saladier vert pâle, que j'aimais particulièrement, le remplit d'eau au récipient en toile que nous suspendions à un arbre, et essaya de jeter le tout en direction du toit. Le saladier retomba à terre dans un fracas de vaisselle brisée et tout le reste de la charpente le suivit.

Quand Robert rentra de la chasse une heure plus tard, il me trouva en train de fourrager dans les décombres d'un air découragé, tandis que Tembo pleurait, assis sur un rocher.

Robert fut très en colère, mais surtout parce que nous avions cassé le saladier.

Pendant un moment, nous vécûmes sous une tente d'emprunt. Puis ma mère vint nous rejoindre. Elle voulait camper tout un week-end. Après avoir déballé ses affaires, elle se mit à nettoyer son miroir à main avec de l'alcool à brûler, puis elle jeta le chiffon qu'elle avait utilisé sur un tas de feuilles sèches dont j'espérais faire du compost. Mais comme elle trouvait que cet amoncellement faisait désordre, elle craqua une allumette pour enflammer le chiffon. Toute la tente y passa, avec son contenu...

Frances alla conter l'histoire à Lance, avec force sanglots. Le lendemain, une camionnette arriva à Lamorna, avec une caravane d'occasion en remorque. Le conducteur décrocha la caravane et me tendit un reçu établi à mon nom ainsi qu'un bref message de Lance : « Ainsi tu vas au moins avoir un semblant de toit au-dessus de ta tête. »

Quand Lance était très en colère, il ne signait jamais ses lettres. Et celle-ci n'était pas signée...

Les pluies n'en finissaient pas d'arriver et comme leurs proies normales s'étaient dispersées pour trouver de l'eau, les léopards sévissaient particulièrement. Une semaine avant la date prévue pour la naissance du bébé, ils tuèrent mon petit ânon, Humar, qui venait chaque matin en trottinant jusqu'à la porte de la caravane pour attendre son biberon de lait. Il n'avait pas de mère pour le nourrir. Un cobra s'était occupé d'elle.

Robert, qui était sincèrement persuadé que les expériences de toutes sortes se révélaient toujours utiles, insista pour que je l'accompagne dans son opération de représailles. Il emprunta pour lui-même un très vieux fusil à Ted Sankey, un 303 antique et imprécis, et il me confia son couteau de chasse dont la lame mesurait vingt-trois centimètres de long.

« Si le léopard s'approche de toi, essaie de lui planter le couteau derrière son épaule gauche, me conjura-t-il. La gauche, surtout. Rappelle-toi bien. Le côté du cœur. Maintenant, on y va. »

Nous savions dans quelle anfractuosité l'un des mâles avait établi son repaire. Il en sortait parfois pour se mettre en quête d'une biche-cochon sans méfiance, mais ce jour-là il était au logis. Je m'assis sur un rocher qui faisait face au kopje en granit et l'observai qui prenait le soleil sur une corniche, pendant que Robert s'approchait de lui à pas de loup par-derrière. J'éprouvais un certain regret, car bien que vieux, ce léopard était encore une très belle bête.

C'était un après-midi très calme et le moindre bruit s'entendait de loin. Une branche sèche craqua sous le poids de Robert puis ce fut le cliquetis métallique du cran de sécurité. Le léopard avait entendu. Il y avait des années que les hommes le pourchassaient, il avait des plombs incrustés sous la peau de sa patte avant gauche. Il n'allait pas laisser passer une pareille occasion de régler ses comptes. Il se leva et agita la queue. Puis il tourna la tête et me regarda bien en face.

Il faisait plus de 33 degrés mais j'étais glacée. Je vous en prie, mon Dieu, pas maintenant. Non, surtout pas maintenant. Je ne sais pas me servir de ce couteau. Si vous me sauvez cette fois-ci, rien que celle-ci, je jure que je ne ferai jamais...

J'avais déjà formulé cette promesse tant de fois, pour une chose ou une autre, sans l'avoir jamais tenue, que je n'ai aucun moyen de savoir si Dieu me crut cette fois-là. En tout cas, cependant, le léopard se laissa glisser du haut du rocher, s'élança d'un bond superbe pour atterrir dans la vallée et passa devant moi d'un air indifférent, à vingt-cinq mètres de l'endroit où j'étais assise, tandis que le bébé que j'avais en moi protestait à grands coups de pied contre les contractions de mon estomac. Quand l'énorme et puissant animal arriva à ma hauteur, marchant avec grâce dans l'herbe haute, je serrai de toutes mes forces mes mains contre mon diaphragme, luttant contre une intense envie de vomir.

« Tu as de la chance, dit Robert avec entrain en venant me rejoindre. On n'a pas souvent l'occasion de voir des léopards en plein jour.

— Oui, dis-je en réprimant ma nausée. J'ai vraiment beaucoup de chance. »

Le lendemain était un dimanche. Avec d'infinies précautions, car il n'y avait plus beaucoup de place entre mon ventre et le volant, je parcourus en voiture les cinquante-trois kilomètres qui me séparaient de Bulawayo. J'étais encore toute retournée et je voulais me libérer de ma frayeur avec quelqu'un qui n'avait pas été là, qui n'avait pas vu le léopard assis sur le rocher, ni le couteau inutile que je tenais à la main.

Lance était assis dans la véranda, une chatte écaille-de-tortue allongée sur ses genoux. L'animal ouvrit ses yeux vert jade quand je montai les marches et s'en alla silencieusement, de son pas glissant, sans se retourner.

« Ne t'inquiète pas, dit Lance. Elle reviendra. Elle n'aime pas les nouvelles têtes, c'est tout. » Il se leva pour m'avancer une chaise. « Qu'est-ce qui t'arrive ? »

Je m'assis, lui pris la main et tout en jouant avec ses doigts je lui racontai tout, depuis les grosses mouches bleues qui avaient tournoyé autour de la carcasse de mon âne jusqu'à la branche qui avait craqué sous le pied de Robert, le déclic du cran de sûreté du fusil, la façon dont le soleil avait dessiné des taches de lumière sur la robe fauve du léopard, et le claquement soudain des ailes des cailles qui s'étaient élancées vers le ciel à mesure que le léopard progressait dans la longue vallée, me laissant en proie aux affres de la peur.

« Quand l'enfant doit-il naître exactement ? demanda-t-il, le visage impénétrable.

— La semaine prochaine. Il ne reste plus qu'une semaine.

— Une semaine. » Sa voix était dure. « *Une semaine !* Et il t'emmène chasser le léopard ! »

Il ne dit rien de plus, mais il se leva et entra dans sa chambre. Je l'entendis ouvrir la porte de son armoire. C'était là qu'il rangeait son revolver, un Webley 45. Il ouvrit son arme et j'entendis le cliquetis des cartouches dans la boîte en carton où il les avait gardées depuis la fin de la Première Guerre mondiale. Il y eut encore d'autres déclics et je compris qu'il était en train de charger son revolver. Quand il revint auprès de moi, il avait les mains vides. Il venait sans doute de mettre son arme dans un endroit où il le trouverait facilement s'il en avait besoin. C'est alors que je commençai à mesurer l'étendue de la haine qui opposait mon père à mon mari.

« Si ce salaud te fait encore courir le moindre risque, je le descends », dit Lance.

Mon fils naquit une semaine plus tard. Il avait les yeux bleus et les cheveux blonds. Nous décidâmes de l'appeler Robert Tristram, et Lance m'apporta des œillets roses parce que ce n'était pas la saison des roses. Il s'assit à côté du lit et me prit les mains qu'il garda contre son visage et je m'aperçus qu'il pleurait. Je versai des larmes, moi aussi, parce que j'avais un fils... un fils ! Il ne pouvait plus rien arriver de fâcheux. Je me suis demandé depuis si la mère d'Absalon avait éprouvé la même impression.

Pendant un moment, Robert avait travaillé pour un service gouvernemental qui se spécialisait dans la création de cités satellites destinées à loger les ouvriers africains travaillant dans les nouvelles usines. Il s'agissait de construire des maisons rudimentaires, le matériau principal étant constitué de plaques d'amiante. Robert, qui avait un esprit éminemment pratique, aimait beaucoup ce travail, mais il finit inévitablement par se quereller avec le contremaître responsable du projet et il fut renvoyé. Une fois de plus, je me retrouvais seule à travailler.

Lance entra dans une colère folle et je fus de nouveau prise entre deux feux : la fureur de mon père et le refus arrogant de Robert d'accepter toute forme de critique. Maintenant que mon mari était sans emploi, je ne pouvais plus rembourser l'argent que Lance nous avait prêté pour l'achat du coupé Chevrolet Imp qui était notre seul moyen de transport entre Lamorna et la ville. Excédé, Lance passa l'éponge sur notre dette — une fois de plus —, après une scène orageuse.

Ils ne cessaient l'un et l'autre d'exiger de moi une loyauté sans partage, et ne réussissaient, à eux deux, qu'à me déchirer davantage.

La femelle du coucou

« Si l'inquiétude parvenait à vous parer d'un semblant de modestie, vous charmeriez tout le monde. Je vous conjure de modérer les violentes impulsions de votre nature. Tous les efforts de votre esprit tendent à détruire. Alors que les autres bâtissent avec ardeur des édifices fragiles, vous vous employez à démolir leurs maisons à grands coups de pied et contractez une sorte d'aversion pour la tâche beaucoup plus honorable, utile et difficile de bien construire vous-même... De telles attaques sans cesse répétées ne sont-elles pas, à un certain degré, une forme de persécution ? »

Le révérend Sydney Smith
à Francis Jeffrey,
rédacteur en chef
de l'*Edinburgh Review*, vers 1802.

Quand la femelle du coucou expulse de son nid les petits de ses hôtes indésirables, elle agit conformément à un instinct de conservation ancestral, et non par méchanceté. Peut-être y a-t-il des gens qui sont comme cela.

Peu de temps après la naissance de Tristram, je commençai à détecter pour la première fois une contradiction apparemment étrange dans le caractère de mon mari. Cet homme était un novateur intuitif, un bâtisseur d'édifices de toutes sortes : maisons, granges, poulaillers, clôtures de barbelés, puits gainés de mortier, barrages en terre, toits en tuiles, âtres dallés de pierre. Rien ne le rebutait. Il pouvait se livrer à un travail de force pendant des heures sans jamais se plaindre, posant des briques ou du carrelage à la lueur d'une lampe à pétrole bien après la disparition des derniers rayons du soleil. Parfois, il avait les mains rongées par les brûlures du ciment.

Mais je découvris bientôt un autre aspect de sa personnalité. Avec les autres, il devenait un destructeur, un spoliateur, qui prenait un plaisir cruel à démolir toutes les petites satisfactions d'amour-propre que chacun s'accorde pour vivre confortablement avec soi-même. Cette attitude n'était guère appréciée, mais quand quelqu'un montrait que son orgueil était blessé, il se contentait de hausser les épaules en lançant, en guise d'excuse : « Simple plaisanterie ! Quand on a le sens de l'humour, on ne se refait pas. »

Pourtant, en un peu plus d'un quart de siècle, je ne l'ai pas entendu une seule fois se prendre lui-même pour cible de ses propres plaisanteries.

Mes cent vingt hectares de granit étaient coupés en deux par la vieille route de la mine de l'Antilope qui reliait Bulawayo au Limpopo, sur la frontière du Mozambique portugais. Seul le dixième environ de cette terre était cultivable, et avant de forer un puits dans la longue vallée qui s'étendait au pied de notre demeure, notre unique point d'eau avait été une source minuscule qui devenait un simple goutte à goutte en période de sécheresse. Il y avait une autre vallée, de l'autre côté de la route, séparée du reste du monde par des moignons rocheux, vestiges de ce qui avait été autrefois une imposante chaîne de montagnes.

Les fermiers des Matopos comptaient généralement qu'il leur fallait trois hectares pour un mouton et quatre pour une vache, et ils ne se trompaient guère. L'herbe rude qui poussait dans les *vleis* (prairies humides) n'était comestible que lorsqu'on avait brûlé celle qui restait, juste avant les pluies, et le bétail survivait en mangeant les feuilles des mopanis pendant l'été et tout ce qu'il pouvait grappiller des buissons épineux poussant sur les kopjes pendant l'hiver.

Parfois, quand les pluies avaient du retard, les vaches se précipitaient sur tout ce qui était vert et mouraient empoisonnées après avoir avalé les plantes grasses qui jaillissaient hors du sol en dépit de la sécheresse. Les bestiaux à longues cornes résistaient assez bien mais les fermiers sérieux, qui élevaient des bêtes de pure race, étaient obligés de compléter, toute l'année durant, les maigres nourritures naturelles par des aliments concentrés. La plupart des éleveurs recouraient au système baptisé « crème et cochon » : la bonne crème des jersiaises était expédiée à Bulawayo dans de gros camions-citernes, et le petit-lait qui restait servait à nourrir les cochons qui finiraient sous forme de bacon stocké dans les entrepôts réfrigérés de la Cold Storage Commission.

J'étais fière de mes quatre bœufs de trait et de mes sept vaches, mais le lait qu'elles me donnaient n'était pas suffisant pour permettre l'expédition de la crème ou l'élevage des cochons. C'est pourquoi je constituai un petit troupeau de moutons persans à tête noire auquel j'ajoutai deux cents poulets : un mélange de Light Sussex (des couveuses consciencieuses dont la chair était succulente), et d'Australops noires qui pondaient bien. Tous ces volatiles étaient enfermés la nuit, mais dans la journée, je les laissais en liberté dans le verger où ils pouvaient trouver leur pâture au pied des pêchers, tout en aérant et en enrichissant le sol. Ils aidaient aussi les genettes et les chacals du voisinage à éviter de mourir de faim, ce qui n'était pas exactement l'objectif auquel je les avais destinés.

Mais nous avions aussi un champ de deux hectares qui s'étendait, à l'horizontale, entre la maison et la route et, une fois que les bœufs eurent arraché les souches d'arbres et la broussaille, Robert l'entoura d'un grillage solide. C'est dans ce champ que nous fîmes pousser nos légumes, le blé, les pommes de terre, la luzerne pour les bêtes et les fraises pour notre table. Le sol était léger et sablonneux, de sorte que nos récoltes avaient besoin d'une irrigation constante pour ne pas mourir de soif, sauf l'année mémorable où les cataractes du ciel s'ouvrirent pour noyer plus d'un hectare de précieuses pommes de terre que nous nous apprêtions à récolter.

Il y avait dans les Matopos un arbre qui s'appelait le m'hlandlovu, ce qui veut dire « la feuille de l'éléphant », et qui au printemps donnait des touffes de fleurs jaunes dont le nectar attirait des hordes d'abeilles sauvages. Sous le coup d'une inspiration subite, Robert acheta à un apiculteur de Bulawayo plusieurs essaims d'abeilles dorées à cinq barres, une variété italienne, et les installa dans six ruches, à l'ombre d'un acajou sauvage dominant le barrage de terre qu'il avait édifié. Ses abeilles ne tardèrent pas à découvrir le m'hlandlovu, les fleurs blanches et âcres du *dombeya* et celles de la luzerne et, pendant un temps, le miel ainsi récolté fut la seule production rentable de la ferme.

Nous mettions beaucoup plus d'argent dans la terre que celle-ci ne nous en rapportait. En tout cas, nous avions au moins une profusion de légumes frais, de volailles bien tendres, de gros œufs bruns, toute la crème et tout le beurre dont nous pouvions avoir besoin et une viande de mouton au fumet délicat. Et nous pouvions avoir tout cela bien moins cher que si nous avions fait nos achats à la coopérative des fermiers de Bulawayo.

Rodger, alias Mzenge

Un dimanche, un bel Africain de haute taille au visage anguleux remonta le chemin sablé qui menait de la route jusqu'au cottage dévasté par l'incendie, et vint me demander du travail. Il était vêtu d'un short déchiré et d'un maillot de corps qui avait connu des jours meilleurs. On voyait aussi qu'il n'avait pas eu de repas en règle depuis bien longtemps.

J'allai trouver Tembo.

« Tu connais cet homme ?

– Oh, oui. Tout le monde connaît Rodger Mzenge Jackson Sibanda. Tout le monde. » Ménageant son effet, il ajouta, après un temps d'arrêt : « Même la police. »

« Revenez dimanche prochain, dis-je à l'étranger. Il faut que je réfléchisse. »

Je me rendis en voiture à Kezi, pour voir le commissaire du district dont Rodger était originaire. Il rit un long moment.

« Oui, je le connais, dit-il enfin. Tout le monde connaît Rodger alias Mzenge, alias Jackson Sibanda. C'est un meurtrier et un voleur. Il a purgé six mois de prison pour trafic d'ivoire. Il a écopé aussi d'une peine un peu plus longue pour avoir châtré l'amant de sa femme. L'homme en est mort. Une hémorragie. Le juge ne l'a pas condamné trop lourdement car, selon la loi tribale, on lui avait fait subir un grave affront. D'ailleurs, il s'était comporté en gentleman, n'ayant infligé aucun sévice à son épouse, à part les deux yeux au beurre blanc qu'il lui a donnés. Il est capable de vous voler jusqu'à votre dernier bouton, mais à part cela, il ne vous laissera jamais tomber. Je lui confierais ma vie, personnellement, mais mon argent, jamais. Vous comptez le prendre à votre service ?

— Oui. »

Rodger chantait en labourant la terre grasse. De temps à autre il s'interrompait pour lancer des imprécations à ses bêtes, d'un ton affectueux. Les grands bœufs tournaient vers lui leurs yeux placides, la sueur et la vapeur s'échappant de leurs corps, et ils broutaient délicatement les pousses d'herbes nouvelles chaque fois qu'il les autorisait à faire la pause. Ils laissaient tomber de gros tas de bouse qui fertilisaient le sol dans leur sillage.

« Hue donc, vaurien! Avance, vieux démon. Toi, là, avec tes gros sabots, prends ce coup de fouet! Et toi, le flemmard, tire plus fort, sinon je t'assomme! »

Jamroot, le plus vindicatif des deux, avait subi une castration incomplète, et il avait encore un de ses testicules, ce qui lui donnait un peu la hargne d'un taureau. Il relevait brusquement la tête pour la baisser ensuite, ses cornes allant se frotter à celles de White, mais les bêtes tiraient. Rodger adorait ses bœufs et ils travaillaient pour lui comme ils ne l'auraient fait pour personne. Le soc de la charrue tranchait la terre, une coupure bien nette qui laissait ouvertes de longues artères prêtes à accueillir les perles de la semence de blé.

Grâce aux mains noueuses de Rodger, le terrain qui s'étendait à plat devant ma ferme fut débarrassé de ses broussailles pour devenir un champ irréprochable qui bruissait de ses épis vert argent. Il récupérait les déjections des poulets et quand elles avaient suffisamment fermenté, il les enterrait dans le jardin et plantait des citrouilles, des courgettes d'un jaune vif, des haricots rouges et des choux coniques succulents.

Quand la récolte s'annonçait insuffisante, ou si des bestiaux s'aventuraient dans le potager en brisant la clôture, il n'hésitait jamais à en appeler aux dieux de sa tribu. Il attachait les feuilles de la *tigriada*, l'orchidée sauvage, aux poteaux du grillage afin d'empêcher la pluie de tomber tant qu'il n'avait pas fini sa journée de travail, et il faisait venir d'un lointain sorcier une poignée d'os de hyène, qu'il brûlait près du champ, pour décourager les esprits malins. Il ne voulut jamais m'autoriser à avoir des pintades, au cas où le cuisiner aurait provoqué le malin en brûlant accidentellement leurs plumes.

Notre maison définitive commençait aussi à prendre

forme. Robert avait façonné des briques avec l'argile locale pour les faire cuire dans des fours dont les bûches rougeoyaient pendant la nuit. Le grand bungalow blanc formait les trois côtés d'un carré, avec un patio au centre. Tout était conçu pour nous procurer fraîcheur et lumière ; les fenêtres étaient immenses et il n'y avait pas de plafond. Quand nous levions la tête nous apercevions à travers les lourdes poutres sombres le toit de chaume dans lequel nichaient les mulots et les geckos. Les geckos s'accrochaient aux murs avec leurs pattes minuscules garnies de ventouses et ils tuaient les insectes qui logeaient à l'angle des pignons. Les mulots faisaient leurs nids et volaient du grain dans la grande cuisine où nous emmagasinions la nourriture de la volaille.

Les oiseaux buvaient dans le bassin du patio et entraient et sortaient joyeusement par les fenêtres, sans nous accorder la moindre attention. Chaque matin, dès le lever du soleil, un tarier moqueur se perchait sur les poutres de la chambre à coucher et nous gratifiait de ses trilles acidulés comme du jus de citron. Quand on nous apportait le plateau du thé matinal, je brisais une mince tartine beurrée que j'éparpillais sur le sol. Il venait becqueter sa pitance, emportant quelques miettes dans son bec pour nourrir ses petits dans le kopje.

L'épreuve du feu

Un été, les pluies se firent longtemps attendre. L'implacable chaleur d'octobre brûla l'écorce de la terre, la transformant en une croûte d'herbe roussie et de lis desséchés. Chaque jour, des masses maussades de cumulus s'entassaient à l'horizon, en direction du nord, sans jamais laisser tomber la moindre humidité, et nous étions condamnés à regarder notre terre mourir lentement au soleil. Au pied de notre barrage, le niveau de l'eau diminuait à vue d'œil, et il finit par ne plus rester qu'une flaque boueuse. Déjà, notre puits de quatorze mètres de profondeur contenait à peine assez d'eau pour satisfaire nos besoins les plus urgents et nous devions faire tous les jours le trajet jusqu'à Bulawayo pour rapporter cent quatre-vingts litres d'eau, dans des fûts à essence, que nous allions remplir au réservoir de secours, près de l'hôtel de ville. Il nous aurait fallu plus de cinq cents litres pour maintenir notre bétail en vie, nos vaches n'avaient plus que la peau sur les os, et notre petit troupeau de moutons devait chaque jour monter plus haut dans les kopjes pour trouver les maigres touffes d'herbe rabougrie et les buissons squelettiques qui y restaient encore. Jusqu'aux œufs qui se desséchaient sous les poules couveuses car il n'y avait pas suffisamment d'humidité dans l'atmosphère pour leur permettre d'éclore.

Et puis éclatèrent les feux de brousse. Ils se ruèrent sur nous de toutes parts, laissant des hectares et des hectares de terre calcinée dans leur sillage. Comme notre maison avait un toit de chaume, il nous fallut nous battre pour la préserver. Sans eau, nous devions étouffer les flammes à l'aide de seaux de sable et en éteindre les langues de feu avec les rares branches d'arbres qui avaient encore des feuilles. Cette fois, il n'était pas question d'allumer un contre-feu, comme Lance me l'avait appris, car il n'y avait pas assez d'espace pour cela. Nous vivions l'Apocalypse en Afrique, la fureur des brasiers qui allumaient des arbres entiers, envoyant en l'air d'énormes spirales de braises incandescentes.

Mais nous n'avions pas encore vu le pire. Je descendis un soir vers l'appentis au toit d'herbe séchée et me mis en devoir de nettoyer une robe de soie dans une bassine pleine de benzine. Soudain, Jenny, la bonne qui s'occupait des enfants, entra, une lampe à pétrole allumée à la main. « Madame! » cria-t-elle. Il y eut une effroyable explosion. Mes cheveux et mes vêtements en feu, je me précipitai au-dehors. Robert m'attrapa par les épaules et me jeta sur le sol, me faisant rouler sans cesse dans le sable jusqu'à ce qu'il eût étouffé toutes les flammes. L'appentis avait pris feu. Je me levai à grand-peine et c'est alors que Jenny poussa de nouveau un grand cri en me montrant Robert du doigt.

On aurait pu croire qu'il avait été écorché vif. Ne sachant pas qu'il y avait de la benzine dans la cuvette, il l'avait ramassée pour essayer de la jeter dans l'embrasure de la porte. Il fut immédiatement transformé en torche vivante. Et l'ambulance mit quatre heures pour arriver jusqu'à nous!

Il passa six semaines à l'hôpital général de Bulawayo, avec des brûlures au troisième degré sur la poitrine, les bras et les jambes. Reginald Standish White, dont le fils avait subi de graves brûlures dans la RAF pendant la guerre, s'occupa lui-même de Robert et assura son rétablissement, mais si les plaies furent cicatrisées, les traumatismes psychologiques subsistèrent longtemps. Robert demeura convaincu que les taches rosâtres qu'il avait aux mollets et aux bras lui donnaient l'apparence d'un lépreux.

A la fin novembre, les pluies n'étaient toujours pas tombées. La saison des labours était venue, mais les graines ne pouvaient pas germer. Il nous fallut engraisser les vaches et les moutons avec du fourrage mais le coût de cette opération grevait lourdement notre budget. Je fus donc obligée de partir travailler dans un cabinet de comptables à Bulawayo, pour tenter de rétablir nos finances. Quand Lance l'apprit, il m'offrit de reprendre mon ancien emploi dans sa firme, avec un salaire considérablement augmenté.

Dingo, mon épagneul roux, faisait le trajet avec moi, et il prenait très au sérieux son rôle de chien de garde. Tous les directeurs de mines qui venaient nous rendre visite étaient examinés avec le plus grand soin et recevaient soit un amical va-et-vient de la queue s'ils plaisaient à l'animal, soit un grognement hostile dans le cas contraire. Heureusement pour la conduite de nos affaires, la plupart d'entre eux passaient l'examen avec succès et au bout d'un moment, ses nouveaux amis prirent l'habitude de lui apporter des cadeaux, des os à mâcher ou peut-être une ou deux livres de viande bien faisandée, de la biche-cochon le plus souvent, enveloppée dans les feuilles ensanglantées des derniers numéros du mensuel publié par les mines locales. C'est ainsi que les choses se passaient en Rhodésie à l'époque.

Chaque soir, dès que j'entendais cinq heures sonner au beffroi de la place du marché, je remettais la housse sur ma machine à écrire et me ruais vers ma voiture pour rouler à tombeau ouvert jusqu'au réservoir le plus proche ; je remplissais mes fûts et rentrais en toute hâte au logis pour donner à boire à mes bêtes. J'éprouvais un certain soulagement en voyant les vaches au pelage velouté enfoncer avec gratitude leur museau dans les seaux d'eau fraîche, buvant comme si elles n'allaient jamais s'arrêter ; et j'octroyais toujours une ration supplémentaire à la jersiaise qui allait mettre bas avant Noël. Le veau qu'elle avait dans le ventre lui assenait déjà force coups de tête et de pied, et j'implorais le ciel pour qu'il y eût une bonne herbe bien grasse dans les prairies et un lait bien crémeux au moment où il verrait le jour.

Un matin, le chef du kraal le plus proche, situé dans la réserve tribale voisine, vint nous voir. Il se racla les pieds dans la poussière, hésitant à solliciter notre aide, et ses yeux fixèrent obstinément le grand dwala au dos de baleine qui se dressait à l'autre bout de la vallée. Ce matin-là, de très bonne heure, nous avions, Rodger et moi, observé un couple de corbeaux qui, tout en faisant leur nid, attaquaient en piqué un léopard femelle et ses deux petits qui cheminaient sur la crête de cette longue colline.

Rodger avait poussé un grognement puis craché pardessus son épaule pour conjurer le mauvais sort.

« Très inquiétant, tout cela, marmonna-t-il. Une *ingwe*, c'est déjà un problème. Mais quand elle est avec des petits, c'est trois fois plus embêtant. Nous allons bientôt avoir besoin de cette colline.

— Pour quoi faire, Rodger? »

Il hésita. Il allait devoir me révéler un secret tribal, un de ces secrets que l'on ne partage généralement pas avec les Blancs, qui sont trop incrédules. Mais moi, dans un sens, j'étais une amie : je lui avais donné du travail au moment où il en avait eu besoin et sans lui poser de questions stupides.

« C'est là qu'habite Chaminooka, dit-il enfin. Là et dans bien d'autres endroits, mais surtout là. C'est sa montagne. »

Chaminooka était le dieu de la Pluie.

Le chef du village ne tenait pas en place. Il aspira l'air entre ses dents et parla à Robert.

« Si la pluie ne vient pas cette semaine, tout notre bétail va mourir, et nous serons obligés d'aller à la ville pour y chercher du travail. Je vous en prie, *Inkose*, autorisez nos femmes à traverser vos terres et à danser pour la pluie. Nos femmes seulement. Nous autres, nous n'avons pas le droit de regarder.

— Vous êtes les bienvenus, traversez nos terres, *m'dala* (père), répondit Robert. Nous aussi, nous avons besoin de la pluie. Nous ne pouvons plus acheter de fourrage.

— Père des peuples. Inkosiami! »

Le vieux chef tendit ses deux mains, la paume ouverte formant une coupe, ce curieux geste de remerciement utilisé par les 'Ndebele étant destiné à montrer que le don fait par Robert était trop grand pour tenir dans une seule main.

« Porte-toi bien, Inkosiami! »

Je me demandai, et ce n'était pas la première fois, pourquoi Robert réussissait toujours à établir de meilleures relations avec les Africains qu'avec les Blancs.

Les roulements du tambour commencèrent ce soir-là. Sans jamais s'arrêter, les tambours du village produisaient les rythmes antiques de l'Afrique, qui ressemblaient à un gigantesque battement de cœur. Ils sonnaient pour plaire à Chaminooka, pour que la pluie tombe enfin, un murmure assourdi, d'abord comme le crépitement des gouttes d'eau qui s'écrasent sur la terre sèche, puis un fracas retentissant comme celui du tonnerre. Les villageoises tapaient des pieds, se contorsionnaient, couvertes de sueur dans la chaleur étouffante de la nuit, psalmodiant continuellement à des niveaux sonores différents.

« Cette nuit, nous battons le tambour pour te dire que demain nos tambours te demanderont la pluie. Écoute-nous, Chaminooka, et reste dans la montagne. Demain, nous t'enverrons nos femmes les plus belles et les plus grasses, elles danseront pour la pluie. Il faut que tu sois là, Chaminooka, quand nos femmes danseront. »

Leslie connaissait assez le sindebele pour comprendre les paroles. Elle leva la main pour tirer impérieusement la manche déchirée de Rodger.

« Pourquoi les femmes grasses seulement ? » demanda-t-elle.

Rodger abaissa vers elle un regard sévère.

« Quand une vache maigre a-t-elle jamais donné des veaux bien gras ? Maintenant, laisse-moi tranquille. Moi aussi, il faut que je pense à la pluie. »

Nous battons pour la pluie, disaient les tambours. Toute la nuit, les tambours battirent dans les villages, jusqu'au moment où le ciel prit une teinte d'un vert de jade, annonçant une fois de plus une journée sèche, où la pluie ferait désespérément défaut.

Au début de la matinée, les femmes arrivèrent, timidement, comme un troupeau de guibs noirs ; elles avaient sur tout le corps des taches de peinture blanche, pour symboliser la pluie qui n'était pas tombée. Toutes portaient sur la tête une calebasse ou une marmite en terre cuite, pleine de bière indigène qui exhalait une odeur sucrée avec son écume qui débordait du récipient et ruisselait en une traînée mousseuse sur les peaux brunes. L'une d'elles tenait une assiette en fer-blanc, toute gluante d'un rayon de miel de la saison dernière qui était déjà en train de noircir.

Je demandai si je pouvais acheter un peu de miel pour mes enfants mais la femme éclata de rire en secouant la tête.

« Tout est pour Chaminooka. C'est pour lui rappeler qu'il n'y a pas d'eau pour les abeilles, et qu'elles n'ont pas pu faire de miel cette année. Parce que toutes les fleurs sont mortes sur le dombeya, il n'y a pas de miel maintenant, non, pas de *nucé* pour ton fils. »

Une autre femme portait un lièvre mort, au pelage gris et doux. Je savais que les villageois manquaient cruellement de viande mais là encore, ce lièvre était pour Chaminooka. S'il ne pleuvait pas, il n'y aurait plus jamais de jeunes lièvres.

Pitoyables offrandes rabougries ! Une branche sèche de dombeya, la mère du miel sauvage. Boutons roses de lis du vlei, morts avant d'avoir pu s'épanouir. Œufs desséchés, Le fœtus d'une biche-cochon, mort-né avant-terme parce que la mère, complètement déshydratée, n'avait pas pu le garder. Telle était l'image pathétique d'un peuple qui voulait plaire au dieu capricieux sur sa montagne de verre.

La modeste rangée de femmes serpentait lentement au fond de la vallée calcinée, marchant là où les feux de brousse avaient sévi, sous un ciel enfiévré, malade de l'absence de nuages. Je les regardai escalader la colline, douloureusement, parce que le granite brûlant boursouflait leurs pieds nus. Elles disparurent de l'autre côté de la crête, là où Rodger et moi avions vu le léopard femelle et ses deux petits. Nous avions parlé de Chaminooka, que le roi Lobengula, dans une soudaine crise de jalousie, avait tué il y a bien, bien longtemps.

Le dieu de la Pluie

Quand j'ai écrit cette légende pour la première fois, il y a trente ans, elle était peuplée de héros mystiques noirs qui devenaient des dieux en colère et s'assenaient de grands coups de baguette magique. Mais il faut laisser tout cela de côté. Voici donc l'histoire telle que je l'ai apprise, bribe par bribe, de la bouche de Rodger, de Tembo et du vieux Kundachavey, qui avait combattu avec les *impi* de Lobengula.

Chaminooka était un chef de la tribu des Manicas, dont le territoire s'étendait sur les hauteurs brumeuses de la Rhodésie, aux confins de l'Afrique orientale portugaise, connue alors sous le nom de Mozambique. Ce chef avait la réputation d'être doté de pouvoirs surnaturels : quand la contrée avait besoin de pluie, il urinait sur un carré de citrouilles pour faire savoir au Vent du Nord qu'il n'y avait plus d'eau pour les récoltes. Généralement, il s'arrangeait pour que cette petite cérémonie coïncide avec le premier orage sec de la saison : de cette manière, les dieux n'avaient aucune raison de s'arroger le mérite de la fin de la sécheresse, qui survenait généralement quelques jours plus tard.

Lobengula, qui avait succédé à M'zilikazi à la dignité de chef des Matabele, conçut une certaine jalousie à l'égard de cet enviable talent. Il ordonna donc à ses *impi* d'attaquer les Manicas, d'exproprier leurs terres et si possible de déterminer s'il y avait quelque chose de véridique dans ce vaudou faiseur de pluie. Les Manicas, qui se battaient sur leur propre territoire, vinrent promptement à bout des envahisseurs, et Lobengula, qui était loin d'être un sot, demanda aussitôt la cessation des combats, tout en continuant secrètement de concocter des poisons dans ses chaudrons.

Il organisa un grand festin, pour sceller la réconciliation entre les deux peuples, offrant surtout des bœufs que ses hommes avaient volés et de grandes cuves bouillonnantes de bière maison qui avait été fortement additionnée de poisons végétaux trouvés dans la brousse. Mais Chaminooka, qui connaissait bien son hôte, eut la sagesse de s'enfoncer deux doigts dans la gorge pour vomir la bière mortelle avant qu'elle n'ait eu le temps de produire son effet, remarquant, non sans motif, qu'il « voyait du sang dans les yeux des *impi* ».

Si Chaminooka en était resté là, le cours de l'histoire — et peut-être le climat de la Rhodésie ? — aurait été profondément modifié. En fait, il alla clamer à qui voulait bien l'entendre qu'il connaissait une méthode infaillible pour se débarrasser d'un ennemi : il suffisait de le transpercer avec une tige de jonc préalablement enduite d'un poison obtenu à partir de la chrysalide d'un scarabée venimeux qui se terrait dans les sables du désert de Kalahari. Lorsque Lobengula apprit la nouvelle, il réagit avec promptitude. Il envoya quelques-uns de ses hommes de confiance dans la brousse, les chargeant de solliciter l'aide du Kung Bushman, en recourant à la force si c'était nécessaire, afin de se procurer une quantité suffisante de larves. On chuchotait alors que la punition prévue en cas d'échec serait la mort par castration lente, opérée avant que le coupable ne soit jeté du haut d'une falaise. On peut supposer que Lobengula avait une grande autorité sur ses sujets car la plupart de ses courtisans sortirent indemnes de cette aventure, à l'exception de ceux qui avaient voulu expérimenter sur eux-mêmes les effets de cet intéressant insecte.

Comme beaucoup d'Africains, Chaminooka adorait les enfants. C'est pourquoi il accueillit à bras ouverts le petit garçon tout nu qui s'avançait vers lui pour montrer au chef son nouveau javelot, qu'il avait fabriqué avec une tige de jonc trouvée dans le village cet après-midi-là. Par jeu, l'enfant lança le javelot vers la poitrine de Chaminooka. Une estafilade avec la pointe acérée, il n'en fallait pas davantage. Pourtant, avant de mourir, Chaminooka eut la présence d'esprit de lancer un appel à ses dieux, les conjurant de détourner toutes les pluies à venir vers le nord, sur le territoire des Mashonas, afin que s'installe sur le territoire des Matabele une sécheresse à laquelle on ne pourrait mettre fin qu'en offrant généreusement du bétail aux Manicas, ou, à défaut, en obligeant les belles de la tribu à exécuter d'énergiques danses d'apaisement.

C'étaient justement ces danses que les femmes, qui se dépouillaient maintenant de leurs vêtements derrière la crête de la colline, s'apprêtaient à offrir à la divinité.

Soudain, j'entendis les premières paroles de la chanson : « Salut, Chaminooka ! Salut, Chaminooka ! Envoie la pluie, envoie la pluie, envoie la pluie ! » La mélopée grave et monotone descendait le versant de la colline.

Je n'avais appris que fort peu de chose sur le rituel proprement dit, sauf que les femmes dansaient nues pour plaire au dieu. Elles vidaient sur des rochers la bière de leurs gourdes, qui s'écoulait en un ruisseau brun avec un bruit de sifflement, pour se dessécher sur le granit brûlant.

« Bois la bière, Chaminooka, et pisse-nous la pluie ! Danse avec nous, Chaminooka, et bois la bière pour nous donner la pluie ! » Et ainsi de suite. Finalement, une fois le soleil couché, les femmes rentrèrent au logis, passant devant nous en silence, trop lasses pour prononcer la moindre parole.

Ce soir-là, je me suis assise près de la fenêtre ouverte, un livre à la main. Tandis que je lisais, la flamme de la bougie qui éclairait ma page a tremblé, dansé, et s'est inclinée vers moi. Un léger souffle d'air frais pénétrait dans la pièce surchauffée, et Robert, qui était assis à la table, releva la tête.

« Le vent a tourné, dit-il. Il se met à souffler du nord. »

Il se leva et vint se poster à côté de moi devant la fenêtre. Dingo, les pattes sur la tablette, flairait l'air. Le fugitif espoir que la flamme de la bougie avait fait naître était si fragile que nous osions à peine en parler.

Nous sommes sortis. Au-dessus de nous, le ciel était clair et étoilé, mais au fond, vers le nord, il y avait un bloc compact et noir qui s'élargissait et remontait vers nous lentement, en poussant devant lui des champignons de cumulus qui se brisaient et s'effrangeaient sur les bords, donnant naissance à d'autres nuages, des nuages d'orage qui s'étalaient dans la nuit oppressante, là où dormait le dieu de la Pluie, qui dans le sommeil de l'ivresse ronflait avec un bruit de tonnerre.

La plupart des coloniaux finissent toujours par intégrer les croyances des gens avec lesquels ils vivent. Robert dit :

« Si la première pluie tombe cette nuit, ça veut dire que la saison sera bonne. »

Mais il se souvint qu'une telle remarque pouvait empêcher la magie d'opérer. Il se hâta d'ajouter, d'une voix forte :

« Mais il ne pleuvra pas. Ces nuages seront tous partis demain matin.

— Non, bien sûr, m'empressai-je de confirmer. Il ne pleuvra pas. »

Persuadée qu'un soupçon de magie européenne ne pouvait pas empêcher le rituel d'opérer, je heurtai de mes phalanges l'encadrement de la porte. « Touchons du bois ! »

Nous sommes rentrés à la maison, laissant toutes les portes et toutes les fenêtres grandes ouvertes. Et puis, je me suis souvenue que les léopards ne partageaient peut-être pas nos superstitions. J'ai attrapé Dingo pour l'enfermer dans la cuisine.

Chaminooka s'est éveillé en sursaut à minuit. Près de mon lit, les rideaux se mettent à voler et quelque chose de froid et de dur, comme une poignée de petits cailloux me fouette le visage. Aussitôt après, un fracas assourdissant secoue la maison. Je saute à bas du lit. Le gong de cuivre, dans le patio, fait entendre des tintements farouches, mais les arbres me cachent l'orage et je me précipite dans la cour. Un rugissement s'élève sur la plaine, comme si un mur d'eau s'avançait vers moi. Et c'est bel et bien un mur d'eau. Il me saisit, là, toute seule en plein vent et je ris, trempée jusqu'aux os, le déluge froid traverse mon pyjama. C'est la pluie de Chaminooka, ce dieu béni de la montagne de verre.

La pluie bienfaisante s'étale sur la maison, traverse d'un bond le patio, au galop, comme un cheval qui rentre à l'écurie ; elle cravache le jardin, dévale les rochers et fonce vers la montagne pour laver les ruisseaux de bière séchée. Elle siffle dans les acajous puis s'élargit là-bas, sur les Matopos, et transforme la nuit en un flot gigantesque.

Cette année-là, il y eut au sud des influences d'une espèce plus pernicieuse. Nous étions en 1948 et le Parti nationaliste du Dr Daniel Malan, qui avait soutenu avec ferveur l'idéologie nazie pendant la guerre, infligea une défaite inattendue au gouvernement marginalement plus libéral du maréchal Jan Christiaan Smuts, et commença à instaurer l'apartheid. Les Rhodésiens furent scandalisés, car ils s'étaient battus aux côtés des soldats sud-africains, participant aux campagnes les plus meurtrières des deux guerres. Ils méprisaient les « Nats », surtout composés d'Afrikaners, et les films montrant les atrocités commises à Belsen et Buchenwald ne firent que renforcer leur dégoût.

Pourtant, sans jamais l'avouer, un grand nombre de Blancs avaient du mal à montrer leur désaccord avec le principe de la division raciale et la plupart d'entre eux étaient horrifiés à l'idée que les Africains pourraient un jour bénéficier des mêmes droits qu'eux.

On était encore loin, après tout, de l'époque où leur tolérance allait être soumise à l'épreuve des faits.

Les flibustiers

En 1951, quelqu'un — j'ai oublié qui —, décida de solliciter la gloire internationale et opéra l'étonnant choix de Bulawayo comme site de son entreprise. Il réussit, je ne sais comment, à persuader les autorités administratives et commerciales de la ville d'organiser l'Exposition du centenaire de l'Afrique centrale et de la Rhodésie.

Ainsi que tout le monde aurait dû s'en aviser, ce n'était pas une bonne idée. Une exposition agricole, d'accord. Une fête de l'Empire, avec défilé de chars, peut-être. Mais pas une foire internationale !

Pourtant, un mélange de cupidité et de folie gagna peu à peu les habitants de la ville et une fois que l'événement eut été officiellement annoncé, ce trou perdu et somnolent, oublié par le reste de l'Empire, commença à attirer un remarquable assortiment d'aventuriers, d'escrocs, d'aristocrates de pacotille qui comptaient bien tirer quelques dividendes de la naïveté des autochtones.

Certes, il y avait au sein de ce milieu interlope une poignée de gens qui commençaient à s'ennuyer dans cette étouffante atmosphère provinciale et qui trouvaient pesant le régime politique sans cesse plus autoritaire qui sévissait en Afrique du Sud. Sans doute se disaient-ils que cette exposition allait insuffler une vigueur nouvelle à la vie culturelle et intellectuelle. Un espoir bien vain. Certains restèrent jusqu'au départ du dernier visiteur de sang royal, puis ils s'empressèrent de disparaître.

Parmi les premiers aventuriers qui arrivèrent dans la ville se trouvait la baronne Renada, venue de Roumanie, qui n'était ni baronne ni roumaine, et qui changeait de titre et de nationalité chaque fois qu'une crise éclatait en Europe.

Quand je la vis pour la première fois, elle était française jusqu'au bout des ongles, avec ses « Zut, alors! » qu'elle semait à tous vents. Le consul de France ne s'y trompa d'ailleurs pas et au cours des années suivantes, elle devint successivement italienne, espagnole et, l'espace d'un bref laps de temps, une Russe blanche qui avait fui les bolcheviques. Quand éclata la tragique révolution de 1956, elle s'était métamorphosée en une Hongroise bouleversée et elle avait des corsages abondamment brodés pour le prouver. Malgré tout, cette femme avait un cœur d'or, elle était généreuse et seulement très légèrement lesbienne.

Renada fut suivie de près par Barri, alias la marquise le Juge de Segrais, née en Afrique du Sud sous le nom d'Elizabeth Shaw. Barri avait de limpides yeux émeraude et un beau visage obsédant, légèrement égaré. Les calypsos qu'elle chantait en s'accompagnant à la guitare étaient eux aussi beaux, obsédants et légèrement déments, mais moins que son fils Jason, un méchant garnement qui, à deux ans, avait tout d'un Caligula en herbe. Il n'allait jamais nulle part sans son garde du corps personnel, un Nigérien taillé en athlète qui avait un jour étranglé un léopard de ses mains nues mais que les sautes d'humeur de son petit tyran de maître réduisaient souvent à une incohérence sanglotante. Dieu seul peut savoir comment Barri avait découvert cet homme, et il était fort inconvenant de poser la question. Elle prétendait avoir traversé seule le canal de Mozambique à bord d'un voilier, chassé à pied au Kenya et appris ses calypsos auprès d'une vieille tenancière de bordel à Trinidad; pourtant, quand on lui demandait des détails un peu précis sur telle ou telle période de sa vie, les yeux émeraude se détournaient et elle murmurait : « Ne me parlez plus; je fais mon yoga. »

Ses amants — et ils étaient légion —, se reconnaissaient toujours au sparadrap qui ornait l'intérieur de leur poignet; cette vagabonde à la beauté irrésistible insistait pour opérer un mélange des sangs, car c'était une recette infaillible pour une lubricité débridée. Barri n'était pas marquise, mais contrairement à Renada elle avait au moins pris la peine de faire quelques recherches sur l'histoire du Juge de Segrais, de sorte que ses prétentions ne manquaient pas de consistance.

A cette époque, l'âme de ces milieux brillants et peu

formalistes n'était autre qu'un commissaire-priseur local, qui se peignait les ongles en rose et se teignait les cheveux d'un noir de jais. Il s'était également fait construire une belle maison de pierre à plusieurs étages qui dominait le grand réservoir, d'où le faubourg de Hillside, où mes parents habitaient, tirait son eau. Avec cette eau venaient de généreuses quantités de parasites de la bilharziose et des blocs compacts d'œufs de grenouille qui bouchaient les canalisations mais on considérait ces désagréments comme un modique prix à payer en échange du privilège d'habiter « sur le Hill » (la colline).

Jay, le commissaire-priseur en question, adorait donner des soirées et il mesurait l'étendue de son succès au comportement de ses invités : plus il était excentrique, mieux cela valait. Il rassemblait autour de lui les esprits les plus audacieux, comme un aimant attire la limaille de fer. La meilleure de ses prises, au moment de l'exposition, fut un aventurier de trente-huit ans d'une beauté stupéfiante, un certain Terrence Oliver, qui avait les manières d'un duc et la moralité d'un marchand de voitures d'occasion spécialisé dans les affaires les plus louches. Il s'était fait expulser d'Afrique du Sud, après avoir purgé une peine de prison pour avoir tenté à lui tout seul de mettre fin au monopole de l'extraction des diamants détenu par la De Beers Consolidated Mines.

En quête de moyens de subsistance moins risqués, Terrence exploita l'un de ses talents les plus évidents pour en faire un passe-temps rentable : il devint un gigolo semi-professionnel. Grâce à son physique irrésistible et à une vigueur sexuelle inépuisable, les femmes qu'il avait escroquées continuaient encore de l'adorer longtemps après qu'il avait disparu avec le magot. Quand je le rencontrai à Londres, quelques années plus tard, il tentait de se dépêtrer des bras d'une princesse asiatique qui lui avait confié les joyaux de la couronne sans prendre la peine d'en informer leurs gardiens. Rubis, saphirs, émeraudes, turquoises et péridots, taillés ou non, tout avait été englouti dans le coffre mural de Terrence qu'il avait dissimulé derrière un portrait assez peu conformiste de Tristan et Yseult.

Il n'y avait à Bulawayo qu'un seul hôtel de classe internationale : le Victoria, un édifice de douze étages qui fut terminé juste à temps pour l'exposition. Il avait été construit dans le seul but d'acculer à la ruine un hôtelier outrecuidant qui avait eu l'audace d'insulter la femme d'un millionnaire, lequel possédait la dernière mine d'or privée de l'Afrique australe.

La femme en question s'appelait Mrs. Little. La famille Little avait l'habitude de passer ses vacances dans la brousse, à la recherche de gisements aurifères. Un après-midi, ils arrivèrent à Bulawayo au volant d'une vieille Land Rover surchargée de bagages, couverts de poussière, suants, fatigués, vêtus de tenues kaki crasseuses et accompagnés d'un bambin surexcité. Le Grand Hôtel étant plein, ils descendirent au Royal, où Mrs. Little demanda un verre de lait pour l'enfant. Le directeur fit une moue méprisante et déclara qu'il dirigeait un hôtel et non une crèche. Mrs. Little lui décocha alors une réplique que les clients mécontents d'un hôtel rêvent de pouvoir lancer, dans tous les pays du monde :

« Très bien, dit-elle d'un ton doucereux, je vais donc devoir vous amener à changer de métier. »

Dans la semaine qui suivit, elle avait contacté un architecte et, moyennant plusieurs millions de livres, le Victoria fut construit. Il ne lui fallut pas longtemps pour couler le Royal.

La jeunesse dorée, comme nous nous appelions avec une certaine complaisance au début des années cinquante, fréquentait le bar du Victoria, le soir, après le travail; et parfois le chef de cuisine, Luis Corbis, nous chantait des chansons, accompagné à la guitare par Barri. Mais c'était au Grand Bar and Grill que le groupe se retrouvait, à l'heure du déjeuner, le samedi. C'était le plus élégant des cocktail-bars de la ville, un établissement plutôt chic, dont le comptoir était surmonté d'une gravure représentant une brunette aux seins nus à cheval sur un coq qui roulait de grands yeux effarés. Cet humour sexuellement explicite ne manquait pas d'audace, dans une communauté étroitement puritaine. Il inspirait chez les « intellectuels » de la brousse maintes plaisanteries tout à fait dépourvues de drôlerie.

Je connaissais la plupart des habitués mais un jour je remarquai un nouveau venu. C'était un homme de haute taille, qui avait un peu plus de trente-cinq ans, des épaules robustes, des cheveux blond-roux, courts et bouclés, une moustache de militaire et des yeux d'un bleu incroyable. Quelqu'un nous présenta : « Alex Munro a un oncle qui est baronnet mais attention, il ne voyage jamais sans sa femme ni sa maîtresse », ha-ha ! C'est là qu'il fallait rire. Pas très drôle d'ailleurs.

Alex était si séduisant qu'il fut vite adopté par la bande du Grand Bar and Grill, mais malgré tous les agréments que l'on tirait de sa compagnie il subsistait toujours à son sujet des questions embarrassantes qui ne trouvaient jamais de réponses. Alex restait particulièrement évasif sur les trois années qui avaient précédé son arrivée à Bulawayo. Il prétendait les avoir passées au sein de la police palestinienne, mais aucun des anciens membres de la PP résidant actuellement à Bulawayo — y compris Robert —, n'avait entendu parler de lui. Il n'avait que des connaissances très vagues sur la géographie du Moyen-Orient, et l'arabe qu'il parlait se limitait à quelques obscénités archiconnues. Quand on lui demandait comment il gagnait sa vie, il répondait, sur le mode plaisant, qu'il était inapte au travail ; et inapte au travail il le demeura jusqu'au jour où le fisc lui tomba dessus pour un impôt impayé et l'obligea à travailler dans ses services comme comptable pour se libérer de sa dette.

Sans doute à cause des tensions croissantes entre mon mari et mon père, mon ménage manifestait de dangereux risques de rupture. Je ne me confiais à personne mais Alex ne tarda pas à jauger la situation. Il ne me fit pas d'avances à proprement parler mais il passa une grande partie de son temps à Far Lamorna. Je me méfiais totalement de lui mais j'étais heureuse de son amitié. Alex, un être charmant, sardonique, inconstant, qui riait de tout et surtout de lui-même.

Richard

En automne, cette année-là, une amie me donna une petite figurine en porcelaine blanche que je posai innocemment sur ma table de toilette sans m'inquiéter de savoir qui était ce personnage. Je ne tardai guère à le découvrir. Il s'agissait de Kuan-Yin, déesse de la Fertilité de la Chine antique, et un mois plus tard, à ma grande consternation, je constatai une fois de plus que j'étais enceinte.

J'ai balancé Kuan-Yin dans le vivier et naturellement les poissons-moustiques japonais se sont mis à proliférer à un tel rythme que Rodger s'est trouvé à même d'accroître sensiblement ses revenus en les récupérant par seaux entiers pour les vendre à des animaliers.

Mais ce fut là le seul aspect comique de l'affaire. La libération des mœurs ne se profilait pas encore à l'horizon, loin s'en faut, et comme la Rhodésie se cramponnait farouchement aux règles sociales et morales de l'Angleterre de 1930, il n'existait aucun moyen d'interrompre ma grossesse en toute légalité. Pourtant la naissance d'un troisième enfant allait presque immanquablement me contraindre à abandonner mon emploi de secrétaire comptable dans la société de matériel mécanique où travaillait Lance ; or il n'y avait que mon salaire pour permettre à notre ferme, et à notre famille, de continuer à subsister.

La rage au cœur, désespérée, je n'avais personne à qui me confier. Bien qu'il fût devenu rigoureusement agnostique, Lance persistait à considérer que l'avortement était un meurtre, uniquement un meurtre. Un jour, je me rendis au Grand Bar and Grill à la recherche d'une compagnie sans prétention.

Assis sur un tabouret, près du guichet de service du bar,

un homme que je n'avais encore jamais vu chantait d'une voix de baryton tirant sur le grave. Ce n'était pas le genre de chose qu'on avait l'habitude d'entendre au Grand. Je m'arrêtai dans l'embrasure de la porte pour écouter. Les paroles, acceptables alors, scandaleuses aujourd'hui, n'étaient autres que :

Les négros travaillent tous sur le Mississippi,
Les négros travaillent tous pendant que les Blancs s'amusent...

Quand la chanson fut terminée, j'aperçus Alex Munro à l'autre bout du comptoir. J'allai le rejoindre.

« Qu'est-ce qui t'arrive ? me demanda-t-il après m'avoir commandé à boire. Tu as un problème, hein ? »

Regardant fixement mon verre, je lui expliquai la situation.

« Alex, si j'ai cet enfant maintenant, je perds mon emploi. Nous n'aurons plus un sou et il faudra vendre Lamorna. Qu'est-ce que je fais ? »

Il réfléchit une minute ou deux, passant distraitement un doigt sur le bord de son verre.

« Il y a deux possibilités, dit-il enfin. Ou bien tu cesses de te torturer et tu le gardes. Ou alors tu vas trouver un avorteur clandestin et tu lui paies cent livres en échange du privilège de pouvoir te massacrer. »

Une fille que nous connaissions était morte de septicémie un mois plus tôt et la femme qui avait manipulé l'aiguille à tricoter avait fui le pays pour échapper aux poursuites.

Robert était assis sur l'une des banquettes. Il me fit signe de venir le rejoindre.

« Tu m'as l'air très copine avec Belles Bacchantes, dit-il d'un ton dépourvu d'aménité. De quoi parliez-vous donc de si intéressant ?

— De sexe.

— Oh, fit-il en haussant les épaules. C'est tout ? »

L'homme, qui avait fini sa chanson, avait salué gracieusement d'un signe de la tête pour remercier les quelques consommateurs qui l'avaient applaudi ; il leva un doigt pour appeler une serveuse. Ce faisant, il croisa mon regard, le soutint un moment, esquissa un large sourire et inclina le buste avec courtoisie. Quelques minutes plus tard, sans qu'il ait effectivement lancé une invitation, nous partagions la même table et il commandait à boire. C'était un homme corpulent, à peu près de mon âge et qui n'avait pratiquement aucune ride sauf là où il plissait les yeux quand il était au soleil. Il paraissait parfaitement détendu, mais cette euphorie ne semblait pas provoquée par l'alcool qu'il avait déjà ingurgité à en croire l'addition impressionnante que la serveuse apporta avec les consommations.

« Clark, dit-il. Je m'appelle Richard Clark, rédacteur en chef de l'estimée *Bulawayo Chronicle*. Et je sais qui vous êtes. Vous êtes June Kay, une respectable mère de famille de cette paroisse, et je suis ravi de faire votre connaissance, car j'ai un faible pour les femmes rousses. »

Pendant une heure, il me maintint dans une hilarité incessante en me racontant une série d'histoires invraisemblables sur sa vie — je devais m'apercevoir par la suite qu'elles étaient presque toutes vraies —, puis il décida que le moment était venu de se lancer dans une interprétation de *Chu Chin Chow*. Les gens s'arrêtèrent de boire pour l'écouter et, derrière le comptoir, Mary, dont les cheveux teints en roux avaient une apparence de tôle ondulée, poussa un grognement méprisant. Mais Richard avait le cœur en fête, car, comme il l'annonça, l'Unique Amour de sa Vie venait de renouer leurs fiançailles rompues. Il refusait donc de se laisser décourager. Il chanta alors *Qui a tué le rouge-gorge?* mais en zoulou.

Une semaine plus tard, il était installé dans la plus confortable des chambres d'amis de Far Lamorna.

En fait, notre amitié avait été avivée par un accident.

Nous étions un samedi soir, et nous avions invité un bon nombre d'amis, mais Richard avait dû travailler tard et s'était trouvé dans l'impossibilité de nous rejoindre avant une heure avancée. Dès que l'encre fut sèche, il enfila soigneusement son smoking blanc et s'engagea à pleins gaz sur la route minière de la Vieille Antilope, juché sur sa moto, une Norton de 350 centimètres cubes. A cette époque-là, la plupart des routes de campagne n'étaient que partiellement goudronnées et ne comportaient que deux bandes de roulement parallèles. Pourtant, en l'honneur de la prochaine visite de la reine mère Elisabeth et de la princesse Margaret, qui devaient assister à la Grande Exposition, les autorités locales avaient réussi, je ne sais comment, à trouver les fonds nécessaires pour goudronner complètement un tronçon de quatre cents mètres environ, afin de permettre aux personnalités royales de rencontrer sans trop de cahots une délégation de chefs africains.

A cet endroit précis, la route décrivait un brusque virage qui était bordé de chaque côté par une rangée serrée de mopanis. En accélérant à la sortie du village, Richard aperçut un gros animal allongé en travers de la route, devant lui, qui se chauffait le ventre sur le goudron. Comme la bête tournait la tête en direction du phare de la moto, il vit que ses yeux étaient d'un vert émeraude éclatant. Le pelage était tacheté. C'était un léopard de fort belle taille.

Richard avait deux solutions, dont aucune n'était vraiment satisfaisante. Il pouvait passer devant la bête, et risquer qu'elle lui saute à la gorge, ou faire une embardée pour la contourner par-derrière, ce qui pouvait l'inciter à se retourner brusquement pour l'attaquer dans le dos. Plus par instinct que par habileté tactique, il opta pour la deuxième solution et, accélérant au maximum, il passa à quelques centimètres de la queue du léopard. Regardant par-dessus son épaule, il poussa un cri de triomphe et s'engagea dans un second virage sans s'apercevoir qu'une vache était en train de traverser la route, à quelques mètres de sa roue avant. Quand il la vit, il était trop tard; il tenta désespérément un dérapage sur le côté mais la machine heurta l'animal de plein fouet. La vache disparut sur la gauche pendant que Richard faisait des tonneaux sur la droite.

Il avait atterri au milieu d'une touffe de buissons. Il se releva en chancelant. Sa veste en peau de requin vierge était en lambeaux, ses chaussures en cuir verni avaient perdu leur lustre et des plaques de peau avaient été arrachées de ses mains, de ses coudes, de ses genoux et de sa fesse droite. Pourtant la Norton était demeurée plus ou moins intacte et le phare avant fonctionnait encore : il put donc constater que la vache avait survécu au choc, et même qu'il s'agissait en fait d'un taureau qui se ruait dans sa direction. Posant une seule fesse sur la selle de son engin, il quitta les lieux aussi vite que le lui permettaient ses blessures...

Le reste du trajet fut lent et douloureux et quand il arriva enfin à Lamorna, un peu après dix heures, Robert lui-même fut choqué par son langage. J'emmenai bien vite Richard dans la salle de bains et lui lavait tout ce qu'il me permit de toucher avec de l'eau chaude et du désinfectant. Ses vêtements, ce qu'il en restait du moins, étaient enduits d'une épaisse couche de boue et de cambouis. Je n'avais à lui offrir, dans toute la maison, que l'un des sarongs sur lesquels j'avais jeté mon dévolu pour venir à bout de ma troisième grossesse. Il était bien trop court pour Richard, mais nous réussîmes à lui cacher les épaules avec une serviette en cachemire.

Malheureusement la baronne Renada était à l'époque dans une phase marquée par le scoutisme et ne cessait de s'acharner sur les nœuds pour les dénouer, en particulier ceux qui retenaient les sarongs à la taille. En désespoir de cause, je versai une bonne dose de cognac dans son septième gin tonic, et elle resta sur le carreau, complètement groggy.

La porte de la chambre de Richard ne fermait jamais complètement. Dingo s'en était aperçu, ainsi que mes sept autres épagneuls. Il faut tout de même dire à leur actif qu'ils avaient le bon goût d'attendre que Richard ait soufflé sa bougie et commencé à respirer régulièrement pour entrer tous à pas de loup, conduits par Bess, l'aînée de la tribu : Dingo, Tony, Honey, Jasper, Susannah, Sherry et Spider s'installaient alors avec précaution sur son corps, tandis que Bess s'arrogeait le droit de dormir sur l'oreiller resté libre.

« Je dois le reconnaître, concéda Richard au matin d'une nuit plutôt agitée au cours de laquelle les huit épagneuls s'étaient soudain mis dans la tête qu'il y avait des souris dans l'armoire. Je dois le reconnaître... elle réussit au moins à empêcher les autres de se coucher sur ma figure. »

Il y avait parfois d'autres diversions inattendues. Richard fut éveillé une nuit par le faisceau lumineux de la grosse torche qui était braquée en plein sur ses yeux. C'était Robert qui la tenait ; nu comme un ver, il avait un fusil dans l'autre main. Il n'avait pas mis son dentier.

« Voyons, calme-toi, le conjura Richard, envahi par une sueur froide. Je ne l'ai pas touchée. Je te le jure. Même pas avec le petit doigt. »

Robert brandissait toujours l'arme à feu.

« Y a un sld d'lpad qui rde prs des vô, lança-t-il avec véhémence. Fô k'tu vène mdé.

— Je te le jure. June et moi on est seulement de bons copains, c'est tout! insista Richard. On pourrait pas discuter de ça en gentlemen?

— Y a un sld d'lpad qui rde prs des VÔ! hurla Robert en s'efforçant d'être un peu plus clair cette fois. Fô k'tu vène mdé à lui fcasser les noix. »

Une mort bien nette, passe encore. Mais vivre sans ses noix, c'était tout autre chose. Face à une telle perspective, me dit Richard par la suite, il attrapa la pauvre Bess et tenta de se protéger derrière elle.

« Tu ne vas tout de même pas tirer sur un pauvre petit chien innocent », dit-il derrière le rempart de ce pelage épais.

Robert poussa un juron, posa le fusil contre le mur et disparut.

Avant que Richard ait eu le temps de caler l'armoire contre la porte, mon mari était de retour, toujours aussi peu vêtu mais avec son dentier bien en place.

« Il y a un salaud de léopard qui rôde auprès des veaux, cria-t-il. Il faut que tu viennes m'aider à le descendre. »

En fin de compte, le léopard allait garder ses noix et continuer un bon moment à semer la mort autour de lui.

Ces chers bambocheurs

Quelques jours avant l'ouverture de la grande exposition, Richard fut pris d'une idée subite. L'embryonnaire Club de la Presse de Bulawayo se devait d'inviter la reine mère et la princesse Margaret à une soirée sans prétention, à Lamorna, pour les remercier de la patience avec laquelle elles auraient supporté les exigences des reporters et des photographes. Si tout s'était passé comme prévu, je suis certaine que les deux Altesses royales s'y seraient beaucoup plus amusées qu'à n'importe quelle réception officielle.

Qui suggéra le premier que la petite fête devrait avoir lieu tout au bout de notre terrain, au sommet d'un éperon rocheux auquel on ne pouvait accéder qu'après avoir grimpé dans la broussaille, le long d'un sentier particulièrement glissant? Je ne m'en souviens pas exactement, mais c'était probablement Richard. Il était alors — et il est toujours —, un royaliste romanesque, enclin à négliger toutes les petites difficultés qui risquaient de compromettre le succès de sa Grande Idée.

De toute manière, je ne fis absolument rien pour le dissuader. Bien au contraire. Plus je réfléchissais à ce projet, plus il me paraissait judicieux. Les visiteuses royales s'ennuieraient à mourir en présence de ces notables qui allaient défiler interminablement devant elles et nous étions convaincus qu'elles seraient enchantées de passer une soirée avec les bohèmes de la brousse, dans un cadre authentiquement africain, si différent de ce qu'elles pouvaient rencontrer à Buckingham.

Notre intention était tout à fait désintéressée, et bien qu'il m'arrive parfois de rêver au jour où je serai investie d'une distinction honorifique, le but de tous ceux qui étaient impliqués dans ce projet était de permettre à nos distinguées visiteuses de passer une soirée mémorable. D'ailleurs, si seulement la moitié de ce qu'on a pu écrire à leur sujet est vrai, elles seraient probablement convenues que nous n'étions animés que de bonnes intentions et se seraient très volontiers prêtées à nos divertissements.

Quels innocents nous étions tous! Si nous avions seulement pris la peine de réfléchir une fraction de seconde, nous nous serions aperçus que dès l'instant où elles auraient été mises au courant de notre projet, les autorités nous auraient jetés à bas des marches du palais du gouverneur, à moins qu'elles ne nous aient expédiés à la prison locale. Mais à entendre Richard, Leurs Altesses et leur entourage seraient ravis de cette invitation à faire une cinquantaine de kilomètres par la route jusqu'à Far Lamorna, pour ensuite se secouer les entrailles sur le chemin cahoteux menant à l'éperon rocheux avant d'entreprendre la dernière étape sur le sentier glissant qui escaladait la pente. Nous allions mitonner de grandes casserolées de soupe, rôtir des chevreuils entiers sur des feux étincelants, et boire en abondance, sous le regard des étoiles, au son des tambours des 'Ndebele qui battraient leurs rythmes ancestraux.

Je reste persuadée que nous aurions peut-être eu une chance de parvenir à nos fins, si un ou deux journalistes timorés n'avaient suggéré — pour ne pas dire exigé — que nous procédions d'abord à un essai.

Il y a deux choses dont il faut bien se souvenir à propos du Bulawayo de cette époque reculée. D'abord, que le comportement social y était à peu près le même que celui de l'Angleterre suburbaine du début des années vingt. Les femmes portaient encore un chapeau et des gants, ainsi que des dessous très prudes, et elles gardaient les lèvres pincées en permanence. Elles épousaient des hommes qu'elles menaient par le bout du nez et qui se livraient à un tas de jeux sportifs pour se purger de leurs pensées impures. Deuxièmement, l'alcool était étonnamment bon marché et un grand nombre d'hommes, parmi les plus jeunes, avaient pris l'habitude d'arroser le fait qu'ils avaient survécu à la guerre et se soûlaient dès que l'occasion s'en présentait.

Notre erreur a été de tenter de combiner ces deux éléments.

Les journalistes les plus jeunes — hommes et femmes —,

formaient une équipe joyeusement anarchique de professionnels habitués à travailler comme des forcenés, chose qui est passée de mode aujourd'hui. C'étaient aussi des buveurs hors pair. Le bruit courait qu'ils se livraient à des batailles rangées dans les couloirs du *Chronicle*, à coups de pistolet à eau, quand ce n'était pas avec les seaux à incendie, noyant complètement tout l'étage du service de la rédaction. Ils faisaient partir d'énormes pétards pour animer les soirées quand les nouvelles tardaient à arriver ou ne présentaient que peu d'intérêt. On vit même un membre important de l'équipe rédactionnelle danser seul sur le toit à deux heures du matin : il était nu comme la main.

La direction et les cadres ignoraient tout de ces pratiques ou, s'ils les connaissaient, ils fermaient les yeux dans la mesure où les éditions sortaient à temps. Mais il fallait bien les inviter aussi à cette soirée d'essai. De même que leurs épouses.

En fait, ce qui a tout gâché, c'est que des gens qui n'avaient pas été invités sont venus quand même. Les journalistes, qui risquaient de perdre leur emploi, auraient sans doute fait preuve d'un minimum de retenue, mais les resquilleurs qui comptaient dans leur nombre les ivrognes les plus notoires de la ville n'avaient aucune raison de s'imposer la moindre inhibition. De toute manière, une fois le processus engagé, les choses allèrent beaucoup trop vite pour qu'il fût possible d'apporter les remèdes nécessaires.

Notre soirée d'essai aurait donc lieu un samedi soir, et le monticule choisi se trouvait à environ huit cents mètres de la maison, de l'autre côté de la route qui coupait notre terrain. Deux longues tables, juchées sur des tréteaux, des chaises de camping et la vaisselle supplémentaire avaient été louées chez un traiteur de Bulawayo, mais comme le camion de livraison les avait déchargées en vrac sur le bord de la route, il avait fallu les transporter sur les lieux dans un chariot tiré par des bœufs.

Le mercredi précédant les festivités, j'entrepris la gigantesque tâche d'apporter les meubles, la coutellerie, les lanternes, les nappes et les tapis, plus tout le matériel de cuisine dont nous allions avoir besoin sur le rocher. Robert se mit à l'ouvrage lui aussi et abattit deux oréotragues que l'on servirait comme plat de résistance, tandis que Richard et son ami Luis, du Victoria, composaient le menu.

Le grand jour arriva enfin, et Richard supervisa la cuisson des oréotragues, les arrosant d'un mélange d'huile d'olive, de vinaigre au piment, d'herbes aromatiques et de vin, tandis que les deux bêtes tournaient lentement audessus d'une épaisse couche de braises incandescentes. Luis, pendant ce temps, s'affairait auprès de deux énormes soupières remplies d'une appétissante sauce à la crème d'un velouté irréprochable, relevée de quelques gousses d'ail et parfaite pour accompagner la venaison rôtie à la broche. Il y avait des pommes de terre nichées sous la cendre, des coupes pleines d'amuse-gueule et de salade, et du pain tout frais en quantité, accompagné de beurre que nous avions fait nous-mêmes la veille.

Sur les deux grandes tables, nous avions disposé les bouteilles d'alcool, les shakers et deux récipients pleins de glaçons. Il y avait aussi trois grands barils de bière fournis par quelqu'un qui travaillait dans une brasserie et qui voulait nous témoigner sa reconnaissance pour une invitation à une soirée que les éléments les plus turbulents de Bulawayo n'hésitaient pas à qualifier de « la bamboula de l'année ». Ce n'était pas exactement l'image que nous avions voulu donner à notre petite fête mais le flot s'était mis en marche et rien ne pouvait plus l'endiguer.

Tout alla très bien au début. Quand le crépuscule commença à estomper les contours du kopje et des rochers, nous allumâmes les lampes à pétrole et craquâmes une allumette pour enflammer les trois énormes piles de bois sec qui avaient été amenées sur place par les bœufs patients de Rodger. Les flammes jaillirent à une grande hauteur, projetant sur la surface des trois monolithes ovoïdes qui se dressaient à l'extrémité de l'éperon les ombres dansantes des invités. Les rayures de lichen écarlate qui en striaient les flancs ressemblaient à du sang qui aurait coulé d'un autel après un sacrifice. Au premier plan, les musiciens 'ndebele, renommés pour leur talent dans toute l'Afrique australe, tournaient la partie creuse de leurs tambours vers le feu et commençaient à échauffer la mince peau qui les recouvrait en les frottant avec leurs mains.

Cette tribu descendait des Matabele, et des Zoulous avant eux, mais les caractéristiques belliqueuses de ces deux nations avaient disparu, pour laisser la place à des gens jovials et travailleurs qui riaient facilement, buvaient en abondance et acceptaient de s'échiner pour les fermiers blancs, quand ils ne cultivaient pas leur propre carré de citrouilles ou ne s'adonnaient pas à un jeu compliqué, à base d'osselets, à l'ombre chiche des acajous à graines rouges. Mais quand ils avaient des tambours à portée de la main, ils se métamorphosaient et devenaient des hommes obsédés par les rythmes d'une Afrique dont le passé se perdait dans la nuit des temps.

Ce soir-là, les joueurs de tambour s'étaient dévêtus jusqu'à la ceinture et leurs torses luisaient sous l'effet de l'huile et de la sueur provoquée par la chaleur du feu. Bientôt, çà et là, un homme se mit à tapoter, légèrement d'abord, pour tester l'instrument, s'assurer que la peau était bien tendue, s'arrêtant parfois pour la frotter de nouveau, penché en avant comme pour entendre un message : le martèlement de la pluie sur le sol parcheminé ; les pieds des impies, morts depuis longtemps, frappant la poussière ; la chaleur sensuelle, et les contorsions de la danse de la fertilité ; les meuglements du bétail volé, que l'on pousse la nuit hors du kraal de l'ennemi. Et puis soudain, ils se mirent tous à jouer, un roulement sauvage et compliqué, ponctué par les frappements de la paume sur la peau tendue et vibrante.

A leur corps défendant, les premiers des invités officiels commençaient à être vraiment impressionnés. Bien qu'il eût peiné pendant des heures sur le libellé des invitations, Richard avait oublié de mentionner qu'il n'y aurait aucune cérémonie, que la soirée se passerait en pleine nature, de sorte qu'un certain nombre de convives avaient cru bon de s'habiller comme pour aller à un dîner en ville où ils se seraient trouvés entre gens du meilleur monde. Le Tout-Bulawayo, en quelque sorte. Serrant les dents, ils souriaient avec indulgence, d'autant plus que la chère était succulente et les vins euphorisants. Ils finirent même par se déboutonner un peu.

C'est alors que la joyeuse bande de fêtards, conduite par la baronne Renada, fit irruption dans la clairière. Tous se ruèrent sur les victuailles en poussant des hurlements de joie. Entre deux bouchées, ils engloutissaient des rasades de vin et multipliaient les avances auprès des invités respectables qui observaient la réserve la plus rigoureuse.

Et Renada se mit à danser.

J'avais oublié que sa spécialité, en de semblables occasions, consistait à s'envelopper de peaux de bêtes, après s'être dévêtue complètement, puis à virevolter frénétiquement au rythme des tambours, tout en jetant ses fourrures une à une, avec la plus gracieuse nonchalance. Au moment même où le haut fonctionnaire chargé de l'organisation des divertissements offerts à Leurs Altesses arrivait avec son épouse, Renada tournoyait violemment à la lueur du brasier, et dans un dernier soubresaut, la peau de léopard qui lui ceignait les reins glissa de sur ses fesses nues. Elle saisit alors les deux peaux de chacal qui lui couvraient plus ou moins les seins et les jeta en direction du personnage.

« Mes nichons ! cria-t-elle joyeusement. Regarde comme ils remuent, mes nichons ! »

Robert, qui se relaxait confortablement adossé à un rocher, ouvrit soudain les yeux en grand, pressentant un désastre. Il saisit une couverture et emmena Renada en toute hâte dans un endroit plus discret.

Là-dessus, toutes les épouses scandalisées se précipitèrent sur leurs maris extasiés et les emmenèrent dans la nuit, sans prendre le temps de remercier leurs hôtes. Les journalistes les plus arrivistes les suivirent, en souriant pour s'excuser, tandis que leurs femmes ou leurs compagnes, choquées elles aussi, les entraînaient hors de ce lieu de perdition. Les fiancées, dont la plupart s'étaient assuré la fidélité de leur promis en leur faisant miroiter les perspectives de délices futures (« Quand nous serons mariés, mon chéri »), étaient les plus révoltées. Tandis que tous ces gens respectables redescendaient d'un pas mal assuré le sentier caillouteux, les tambours se mirent à battre de plus belle et les indigènes entonnèrent un chant tout à fait explicite sur les rites tribaux concernant la fertilité.

« Et voilà comment on ruine une carrière prometteuse, observa Richard avec philosophie, tout en regardant les derniers invités disparaître dans la nuit. Bon, bah maintenant, nous allons pouvoir commencer à nous amuser. »

Et en effet, c'est à ce moment précis que la soirée commença vraiment à se dégeler. Comme s'ils étaient possédés du démon, les joueurs de tambour accélérèrent encore le rythme et les fracassantes cadences retentirent, reprises en écho par les rochers jusqu'au fond des crevasses du kopje. Des hordes de chauves-souris, attirées par la perspective d'un repas facile, accoururent pour pourchasser les myriades d'insectes qui voltigeaient à la lueur du brasier.

Renada, sentant confusément que le dernier élément contraignant nous avait quittés, émergea des vapeurs de l'alcool et fondit, avec un instinct infaillible, sur le célibataire le plus guindé de toute la compagnie, un expert-comptable fraîchement débarqué d'Isleworth, dans la banlieue de Londres. Elle l'enveloppa comme un python s'enroule autour d'un lapin hypnotisé et l'entraîna dans son repaire.

Quelque part, dans la nuit, j'entendais la voix musicale de Barri qui psalmodiait le chant de la Lorelei pour deux jeunes pilotes de la RAF qu'elle enchaînait à leur destin. La femme de l'un d'eux dormait à même le sol, la tête reposant sur un nid de fourmis.

Peu après, les tambours cessèrent soudain de battre, observant un silence hostile. Robert alla voir ce qui se passait.

« Quelqu'un, expliqua-t-il d'une voix acide, leur a donné du gin sec. »

Il avait été prévu que nous leur fournirions la nourriture et la bière, mais nous avions prévenu tous ceux que nous avions pu contacter qu'il était hors de question de leur donner de l'alcool pur, qu'ils étaient incapables de supporter. Ce n'est que plus tard, beaucoup plus tard, que nous parvînmes à convaincre le suspect numéro un de passer aux aveux.

« Mes agneaux, je leur ai seulement refilé quelques gouttes de gin, plaida Renada. Trois bouteilles, pas plus. Ils étaient tellement bien lancés, et il y en avait des quantités. Par contre, je ne sais pas qui leur a donné les deux autres bouteilles que vous avez trouvées. »

Nous n'avons non plus jamais su ce qu'elle avait fait du jouvenceau, son numéro de séduction terminé. En tout cas, personne ne le revit à Bulawayo.

Quant à Richard, je ne le retrouvai que le lendemain matin. Une fois les indigènes partis, Luis était allé chercher sa guitare, et ils avaient chanté tous les deux pour un petit groupe de filles subjuguées et de garçons qui l'étaient beaucoup moins, jusqu'au moment où les lampes à pétrole et les feux s'éteignirent, faute de combustible. De toute façon, il s'était mis à pleuvoir. J'allai donc chercher une lampe torche et raccompagnai les invités à leurs automobiles.

Longtemps après le lever du soleil, je conduisis un petit groupe de journaliers sur les lieux pour dégager les vestiges de la fête. Ce fut une tâche peu joyeuse et fatigante, car j'avais l'impression que ma tête avait doublé de volume et tous les accessoires utilisés pendant la soirée avaient été éparpillés sur plusieurs dizaines de mètres à la ronde. Je trouvai un amoncellement de tapis et de peaux d'hyrax à l'entrée d'une petite grotte, et c'est seulement une fois que j'eus commencé à les enlever que je découvris Richard. Il dormait du sommeil du juste sous cet abri de fortune, bras et jambes emmêlés avec ceux de deux filles qui n'étaient guère vêtues.

L'une, une brunette sud-africaine qui avait un emploi de secrétaire chez un avoué local et que j'avais toujours considérée comme une insupportable pimbêche, s'extirpa aussitôt et partit en courant pour trouver un refuge dans un bosquet tout proche. L'autre, une effrontée surnommée Gros Tétons pour deux raisons évidentes, fut beaucoup moins gênée de se trouver ainsi placée dans une situation pour le moins compromettante, mais je savais déjà qu'elle avait conçu une certaine tendresse pour Richard, qu'elle avait poursuivi avec une assiduité obstinée depuis que son ami attitré avait décidé d'aller respirer à Johannesburg un air plus salubre pendant que la police se renseignait sur un ou deux aspects peu orthodoxes de ses activités commerciales.

Richard n'avait d'ailleurs rien fait pour la décourager, jusqu'au moment où je crus bon de le prévenir, en sirotant l'apéritif du déjeuner, que ledit petit ami était d'une jalousie maladive et avait toujours un 38 Smith and Wesson dans la boîte à gants de sa voiture.

C'était d'ailleurs tout à fait vraisemblable.

Finalement, donc, la reine mère et la princesse Margaret ne vinrent jamais honorer Far Lamorna de leur présence. Dommage. Elles s'y seraient sans doute beaucoup amusées.

Au lieu de cela, elles furent escortées à une cérémonie qui se déroula devant les bureaux du commissaire du district, sur les flancs des Matopos, où tous les chefs de la tribu furent contraints de s'envelopper dans des couvertures de flanelle rouge et de se coiffer du casque colonial blanc — tous à l'exception d'un vénérable et courageux vieillard qui arbora l'attribut royal constitué d'une peau de léopard au-dessus de l'abominable manteau écarlate fourni par une administration vigilante afin de dissimuler ses haillons aux yeux de Leurs Altesses.

Les oiseaux de lune

« Pourquoi *Vendall* Clark ? » demandai-je un soir à Richard, intriguée par ce nom insolite.

Il éclata de rire.

« Ma mère a toujours prétendu que c'était dû à une erreur sur mon certificat de naissance. Personnellement, je crois que c'était une erreur de sa vie amoureuse. »

Nous étions assis dans le salon, au clair de lune, passant des disques 78-tours sur un vieux phono à manivelle. Je n'étais pas très heureuse parce qu'il quittait Bulawayo.

« Tu es vraiment obligé de partir ?

— Je ne suis pas obligé. Je *veux* partir. Voyons, j'ai là un emploi de seconde zone, dans un bureau miteux. La presse date du temps des dinosaures et la seule manière de faire des photos, c'est de verser du métal fondu dans un moule en papier mâché. Et au fond de la cour par-dessus le marché. Et puis je n'apprends rien, ici.

— Mais pourquoi la Rhodésie du Nord ?

— Premier arrêt sur la route de Londres. »

Il partit un mois plus tard. Je le regardai franchir le portail, juché sur sa moto. Je n'allais pas le revoir avant quatre ans.

Ce soir-là, je pris la carabine de calibre 22 et descendis dans la vallée pour atteindre les limites de la propriété de Ted Sankey. La clôture de fils de fer barbelés était distendue là où les bêtes étaient venues piétiner et je la franchis sans la moindre difficulté. J'aimais beaucoup le vieux Cornouaillais, et il ne se formalisait jamais de mes incursions chez lui : je ne tirais pas de coups de feu, je laissais les troupeaux tranquilles et je n'allumais pas des incendies en jetant des mégots mal éteints n'importe où.

« Je suis un oiseau de lune acharné, m'avait dit Ted un jour. Je ne plante jamais quand la lune est sur son déclin, les semences n'apprécient pas. Elles font un mauvais départ. Je plante quand la lune croît, et tout pousse très bien. La terre connaît les lois de la nature. »

Ted Sankey lui aussi les connaissait bien. C'est lui qui élevait les meilleures bêtes pour la boucherie, et il n'y avait pas de meilleur maïs que le sien dans toute la région.

L'endroit où je me dirigeais se situait dans la vallée, c'était mon second refuge, après le Rocher. Je ne pouvais pas aller sur le Rocher dans la journée, car il était essentiel que je m'y rende en secret, et je ne pouvais pas me réfugier sur le rocher du Duiker — celui vers lequel je me dirigeais maintenant —, quand il faisait nuit. Il y avait des léopards dans les petites grottes, en haut du kopje, et encore ils étaient moins dangereux que les vipères tachetées qui infestaient, la nuit, le pied des collines.

Je nouai la bretelle du fusil à un bout de corde et escaladai la pente avec beaucoup de difficulté, car j'étais maintenant enceinte de plus de neuf mois. Il prenait bien son temps, le petit garnement! Je traînai le fusil derrière moi et allai m'asseoir en tailleur au sommet, contemplant le soleil couchant dont les ultimes lueurs recouvraient les crêtes granitiques d'un manteau d'or pourpre, avant que ne tombent les longues ombres pour la dernière fois ce soir-là. Les oiseaux « Va-t'en » arrivèrent. J'attendais qu'ils annoncent de leur cri aigu que les duikers, ou biches-cochons, descendaient boire. Le « Va-t'en » est un laurie de teinte grise, le membre le plus terne d'un clan aux vives couleurs et il lance un appel strident dès que quelque chose remue, qu'il s'agisse d'un serpent, d'un daim, d'un léopard ou d'un homme. Bigrement gênant quand vous chassez, mais très utile quand le danger se trouve derrière vous.

Je les voyais sautiller dans les branches d'un buisson ardent, avec la gaucherie que l'on constate chez certains perroquets, puis ils se mirent enfin à crier. Un duiker mâle apparut, de son pas tranquille, puis ce fut une femelle, avec un faon nerveux sur ses talons. Ils burent dans une petite flaque d'eau qui ne s'asséchait jamais, au pied du rocher. La mère et l'enfant partirent soudain au galop, sous le coup d'une frayeur subite, puis revinrent d'un air anxieux, la biche jetant de fréquents regards en arrière, les oreilles dressées, attentive au moindre bruit insolite. Le mâle s'écarta de la flaque d'eau puis resta un moment immobile, et ils s'en allèrent tous les trois, par où ils étaient venus, longeant un sillon peu profond qui coupait à travers les rochers. J'attendis, espérant une autre visite, mais rien ne vint.

C'était l'heure de partir. Prenant appui sur la paume de mes mains, je me soulevai au-dessus du sol tiède et une onde douloureuse me parcourut le haut du ventre. « Ah, oui ! lançai-je d'une voix sonore. Il serait bien temps. Il y a quinze jours que tu devrais être né. »

Quand j'atteignis le centre de la vallée, une troupe d'oiseaux se réfugia dans un bosquet. Des sporophiles, à voir la façon dont ils volaient. Je m'étais attardée plus longtemps que je ne l'avais prévu et la lune se levait déjà, mais je voulais voir ce qu'étaient ces oiseaux, j'avais besoin de percevoir quelque chose de beau, qui allait m'occuper l'esprit pendant la nuit. Je me glissai à pas de loup jusqu'au bord du bosquet et risquai un œil à l'intérieur. C'étaient de minuscules bengalis à la gorge turquoise, blottis, épaule contre épaule, sur une branche verte ; une rangée de petits oiseaux qui se cachaient de la lune.

Le lendemain au petit matin, mon second fils, Olivier, naquit.

A cette époque-là, il n'était pas question d'autoriser les mères à se précipiter au balcon de Balmoral avec un petit prince né la veille dans les bras. Dix jours à l'hôpital, c'était la norme, surtout si le bébé était un garçon : il lui fallait du temps pour se remettre de la circoncision du huitième jour. Quand je ramenai mon enfant au logis, Rodger attendait au haut du perron pour nous accueillir. Il m'adressa un bref hochement de tête, puis il joignit les paumes de ses mains et plia un genou.

« Inkosiami ! dit-il d'un ton pénétré de vénération à l'adresse de la petite crevette qui se tortillait dans mes bras. Inkosiami ! Le Grand Maître ! »

Je retirai le châle qui cachait le visage d'Olivier.

« Il n'est pas très beau », dis-je.

Rodger poussa un grognement.

« Il a un joli nez, dit-il. Vos autres enfants sont beaux, mais celui-ci vous ressemble. Ce n'est pas grave. Il sera peut-être intelligent. »

Les hommes de la race de Rodger n'avaient que faire des femmes de petite taille. Il me regarda d'un œil critique, observant ma réaction puis son visage se fendit en un large sourire.

« Quand il marchera, moi, Rodger, je lui apprendrai à prendre au piège les amaTendele (les pintades), dans la ferme d'Inkos Sankey. Il a plus de volailles que nous, et comme je serai avec votre enfant, il ne pourra pas faire trop d'histoires s'il nous prend sur le fait. Mais ce soir, je donne une petite fête. Il y a trois jours que nous faisons de la bière spécialement pour ça. Je dois beaucoup d'argent pour le rapoko que nous avons utilisé. Cette soirée sera donnée en l'honneur de l'enfant nouveau. Comme vous êtes sa mère, vous souhaiterez peut-être l'honorer vous aussi en payant les boissons que je vais servir. »

Un homme de son époque

Finalement, Rodger et ses amis furent les seuls à fêter le retour du bébé. Robert n'avait jamais été du genre à jouer les pères radieux, à arpenter nerveusement la salle d'attente, à offrir des cigares ou à aller ensuite se soûler avec ses amis pour arroser avec attendrissement la naissance de l'enfant tant attendu. Comme il était athée et que j'avais renié farouchement la foi catholique, il n'y eut pas de baptême.

Robert considérait les naissances d'un point de vue strictement matériel. Elles survenaient de temps à autre, interrompant le rythme normal des jours, mais comme il n'était que brièvement impliqué dans la procréation, il considérait que l'arrivée du bébé ne le concernait aucunement. Il ne lui serait jamais venu à l'idée de se lever la nuit pour calmer un nourrisson en pleurs, et la simple perspective de changer une couche lui aurait flanqué la nausée. Tant que les enfants n'étaient pas capables de se tenir assis à table, leurs repas devaient se dérouler hors de portée de ses yeux et de ses oreilles. Cela valait mieux pour tout le monde.

A cette époque, je m'imaginais que tous les maris se comportaient ainsi, et il faut reconnaître que l'on était alors encore loin de voir des pères attentionnés et actifs qui assistaient aux séances prénatales et tenaient la main de leur compagne pendant qu'elle était torturée par les contractions. En 1952, on aurait considéré un homme qui se serait ainsi impliqué dans les préliminaires à la naissance comme un pervers, ou au mieux, un phénomène à montrer dans les foires. Mais Robert, lui, portait au paroxysme cette attitude d'indifférence hautaine. Les choses auraient pu se passer autrement si sa propre enfance avait été moins agitée mais il avait grandi sans connaître l'existence d'une famille normale et rien ne s'était produit par la suite qui eût pu modifier son détachement serein à l'égard des sensibilités et des besoins d'autrui.

Grâce au recul du temps, j'ai enfin réussi à déterminer la raison profonde de ce comportement : il jouait un rôle. En le contraignant brusquement à abandonner ses études théâtrales pour en faire un simple garçon de courses, on avait ruiné tous ses espoirs de devenir acteur, et après cela, rien n'avait jamais répondu à ses attentes.

En somme, Robert avait probablement toujours voulu devenir comédien et rien ni personne ne pourrait jamais l'empêcher d'y parvenir. Il était tour à tour « Robert le Soldat », « Robert l'Aviateur », « Robert le Libertin », « Robert le Seigneur des Arpents Rocheux », « Robert l'homme d'Action », « Robert le Grand Chasseur Blanc », et toujours, « Robert le Joyeux Lothario », la vedette sur laquelle se concentraient tous les projecteurs. Ces rôles, il faut bien le reconnaître, il les jouait très bien ; en tout cas, il en était lui-même satisfait. Il n'y a que dans la peau du dernier personnage qu'il manquait de conviction.

Et pour ses aventures avec les femmes, il manquait totalement de discrétion.

Jenny, la bonne d'enfant, m'attendait dans le vestibule quand j'ai ramené Olivier à la maison. Je le lui ai tendu et elle l'a emporté dans la chambre d'amis qui allait faire office de nursery. Le lit où Richard avait dormi y était encore installé, et Jenny ne fut pas assez rapide pour cacher le foulard qui avait été posé sur l'oreiller.

« Il est à qui, ce foulard? »

Jenny était profondément embarrassée, et pendant quelques instants, elle ne sut que répondre. Elle finit par dire, dans un souffle :

« Miss Carol. Mais Monsieur m'a bien recommandé de ne rien vous dire. C'était seulement pour deux nuits et... oh, madame, je vous en prie... »

Je restai figée sur place. « Miss Carol », c'était Mrs. Venables, la femme d'un bookmaker à la sauvette. Lui, c'était un voyeur, et elle une nymphomane qui se spécialisait dans les dîners où le port des vêtements était facultatif. Elle avait rarement autre chose sur elle que des bracelets d'esclave. Elle racontait toujours à qui voulait bien l'écouter qu'elle avait besoin de changer d'amant chaque semaine au moins, sinon elle avait la figure qui se couvrait de boutons. Manifestement, elle était venue à Lamorna pour se soigner la peau.

J'entendais un enregistrement du *Messie* de Haendel qui venait de la salle de bain. Je savais donc où trouver Robert. C'était cette musique qui l'accompagnait dans ses ablutions. Je n'ai jamais su pourquoi.

Il m'adressa un large sourire, du fond de la baignoire. Un sourire édenté, comme d'habitude. Il enlevait toujours son dentier pour être plus à l'aise, et cela me donnait chaque fois le frisson. Pendant son service dans la RAF, il avait contracté une stomatite de Vincent et le dentiste de la base l'avait guéri en lui arrachant toutes les dents, les remplaçant par un râtelier en ivoire. Robert ne cessait de se plaindre que cela lui faisait mal mais il ne pensait jamais à s'en faire faire un autre, si bien qu'il ne mettait celui-là que dans les grandes occasions, ou quand il se lançait dans une nouvelle aventure féminine.

« Salut, dit-il en se levant pour attraper une serviette. Comment va le marmot?

— Très bien. Comment va Carol? »

Il fronça les sourcils et me tourna le dos en s'essuyant.

« Je suppose que c'est cette connasse de Jenny qui t'a mise au courant? me demanda-t-il par-dessus son épaule. Je vais la foutre à la porte, celle-là, dès que je serai habillé.

— Il n'en est pas question. C'est moi qui l'ai engagée et c'est moi qui la paie! Mais ce que je voudrais bien savoir, c'est pourquoi tu n'emmènes pas cette souillon dans un hôtel où on n'est pas trop regardant pour la clientèle.

— Oh, merde! Essaie pour une fois de voir les choses en face, bordel! cria-t-il. Tu veux quand même pas que je vive comme un moine, non? Tu sais très bien que je ne couche plus avec toi, t'es pas mon type. D'abord, j'aurais jamais dû t'épouser. Je me demande vraiment ce qui m'a pris.

— C'est peut-être parce que tu étais amoureux de l'argent de Lance », dis-je avec amertume.

Je m'élançai hors de la salle de bain pour me réfugier dans la grande chambre que nous partagions toujours. Pendant un long moment, je restai devant la fenêtre ouverte, contemplant le jardin qui cuisait à petit feu sous la chaleur.

Et alors, que faire? Sans Robert pour m'aider dans les gros travaux à la ferme, je ne pouvais espérer garder Far Lamorna. Et Lamorna, c'était ma vie, Lamorna qui était aussi profondément enraciné en moi que les racines de ce figuier sauvage qui s'insinuaient dans les moindres fissures du granite. Quoi que fît Robert, même si je souffrais le martyre, je devais tenir. Puisqu'il était impossible pour une femme de se tirer d'affaire toute seule dans cette société patriarcale, je n'avais absolument pas le choix.

Au bout d'un long moment, je sentis la main légère de Jenny sur mon bras.

« Madame, je vous en prie, ne pleurez pas comme ça. Votre lait va surir, et c'est l'heure de nourrir le bébé. »

Les dernières gouttes de vin

Avant qu'Olivier ait un mois, j'avais repris le travail, mais pas avec mon père. Je savais que je n'étais pas assez forte, je risquais de m'effondrer en sa présence, d'aller pleurer sur son épaule pour lui raconter tous mes malheurs. Or je voulais qu'il continue de croire que j'étais courageuse, adulte et capable de mener ma barque toute seule.

Il y avait des factures urgentes à payer, plus de trois cents livres pour les marchands de matériaux : le ciment et les poutres que Robert avait achetés pour le petit magasin qu'il avait décidé de construire; plusieurs centaines de livres pour les fourrages et une somme rondelette pour la nouvelle caméra de Robert, une Hasselblad. Je sollicitai un emploi dans une agence de publicité, bien que n'ayant pas la moindre notion de ce que l'on pouvait attendre de moi. Doreen Mullins, avec qui j'avais eu l'entretien préliminaire, était une femme d'une grande vitalité et d'une immense séduction, avec un sens de l'humour qui ne manquait pas d'une certaine perversité. Elle me considéra un moment, séparée de moi par un bureau encombré de documents.

« J'ai entendu parler de vous, dit-elle. Il paraît que vous êtes capable de réussir tout ce que vous décidez d'entreprendre. C'est vrai ?

— Non », avouai-je.

Elle rit.

« Dans ce cas, je vous embauche. Espérons que nous n'allons pas nous décevoir mutuellement. »

Je travaillai pour Doreen pendant six semaines, six semaines de bonheur. Et puis, surprise, on m'offrit de vendre toute la publicité figurant dans les brochures éditées à l'occasion de l'Exposition du Centenaire. Les conditions étaient d'une incroyable générosité. « Vous payez vous-même vos frais, mais vous gardez vingt-cinq pour cent des recettes brutes », m'avait dit Norman Yule, du Comité de l'Exposition.

En ce temps-là, peu de sociétés, même les plus importantes, passaient par l'intermédiaire des agences, et la vente d'espaces publicitaires en était encore à ses balbutiements. Il fallait faire du porte-à-porte, comme les marchands d'aspirateurs ambulants.

Aussi triste que cela puisse paraître, les organisateurs de cette Exposition contre nature étaient mus pas l'espoir de décrocher un titre de Chevalier, ou en tout cas une médaille de l'Ordre de l'Empire britannique. Si elle connut un échec aussi retentissant, c'est en partie parce qu'on avait décidé qu'elle se déroulerait pendant les semaines les plus froides de l'année, à l'époque où le « M'Kaza » soufflait en permanence du sud-est, et où le climat, excellent durant toutes les autres périodes, se révélait le plus médiocre. Les panneaux publicitaires se couchaient sous les rafales et les stands du grand hall étaient constamment envahis par la poussière. Tous les pavillons importants avaient été édifiés à partir d'éléments préfabriqués en amiante, et comme on n'avait rien fait pour installer un système de chauffage satisfaisant, les visiteurs qui se trouvaient dans les halls d'exposition ou dans le vaste auditorium se gelaient aux accents de la ravissante musique d'*Aïda*, exécutée par l'opéra de Covent Garden. Il en allait de même dans le prestigieux night-club du Carrousel, où le parquet en verre multicolore, joliment éclairé par en dessous, se transformait en patinoire.

Mais là où les choses prenaient l'allure d'un véritable désastre, c'était dans la Cité du Centenaire, que les brochures des agences de voyage sud-africaines avaient présentée à grand renfort de publicité comme une résidence de grand luxe, conçue pour loger le flot de touristes qui ne pouvait manquer d'envahir la Rhodésie. Heureusement, juste avant que les entrepreneurs n'aient apporté la touche finale aux blocs sanitaires, l'un des plus avisés des membres du comité décida de procéder à une ultime inspection de ces installations.

Le site qui avait été choisi pour cette Cité du Centenaire n'était autre qu'un terrain d'aviation abandonné qui, une fois la guerre finie, avait été promptement investi par des colonies prolifiques de rats, de campagnols, de cafards et de mille-pattes. On avait fourré des vieux journaux dans les brèches de trente centimètres de large qui béaient entre le sommet des murs et les toits des préfabriqués, afin de les garantir des vents coulis.

« Deux cent cinquante livres! hurlait Norman Yule. Deux cent cinquante livres si vous me sortez une brochure annonçant qu'eu égard à l'abondance des réservations, il a été décidé de renoncer au label "grand luxe", afin que la Cité du Centenaire soit considérée comme une résidence confortable, sans plus. Dites ce que vous voudrez, mais il faut que cette brochure de remplacement sorte d'ici mardi prochain, sinon nous sommes fichus. »

Je fus sans doute l'une des très rares personnes qui tirèrent quelque amusement de cette exposition : je sortis leur brochure dans les délais exigés, généreusement illustrée de photographies représentant des femmes aux formes rebondies, chaussées de sandales et perchées sur les tabourets de l'unique cocktail-bar de la Cité du Centenaire.

Norman paya sans discuter, m'accordant une prime spéciale pour les photos. J'eus même droit à un supplément de 2 500 livres pour la vente d'espaces publicitaires dans les programmes. Pour réaliser ces transactions, je devais parfois aller jusque dans le Copper Belt, en Rhodésie du Nord, comme on disait alors, ou à Johannesburg et dans les ports d'Afrique du Sud comme Le Cap ou Durban. J'engageai donc un chauffeur africain, un homme jovial qui m'emmenait où je voulais mais qui insistait pour que nous ayons un revolver dans la boîte à gants « pour le cas où nous ferions de mauvaises rencontres ». C'était vraiment le bagne, mais cela me permit de financer les travaux d'achèvement de Far Lamorna.

Au cours de cette période frénétique, je ne vis mes enfants que de temps à autre, et mon mari encore moins souvent. Leslie logeait chez mes parents pendant la semaine, ce qui lui permettait d'aller à une école élémentaire catholique à quelques pas de là, à Hillside. Frances était ravie de cet arrangement et Lance haussait les épaules d'un air résigné. Il se rendait bien compte que je ne pouvais pas abandonner cet emploi ni laisser la ferme pour m'installer à Bulawayo, tant que mes enfants n'étaient pas en âge d'aller au collège.

Tristram me manquait beaucoup. Il avait cinq ans et était encore trop jeune pour fréquenter l'école primaire privée de Rhodes Estate, une excellente institution qui se trouvait à vingt kilomètres à peine de Lamorna, dans les Matopos. Tristram avait un caractère joyeux, un sens de l'aventure très développé, un talent naissant pour le dessin animalier, une vive imagination... et un amour très relatif de la vérité. Je savais qu'il avait une peur bleue de son père, et tandis que s'élargissait le fossé qui me séparait de Robert, mon jeune fils et moi sentions que nous nous rapprochions sans cesse l'un de l'autre. Les rares fois où je passais au logis, je devais à tout instant rester en alerte pour le protéger des accès de fureur tyrannique de mon mari, qui entrait dans de violentes colères pour des motifs insignifiants, comme une traînée de mousse de savon renversée accidentellement sur le sol de la salle de bain.

Olivier avait commencé à marcher et ne ressemblait plus à une crevette que l'on vient de peler. Jenny me donnait fréquemment de ses nouvelles, m'écrivant des lettres bourrées de fautes d'orthographe, laborieusement rédigées sur du papier réglé de lignes vertes. Un jour, elle ajouta timidement ce post-scriptum : « Je vais vous dire la vérité, madame, je ne vois vraiment pas comment ça a pu arriver, parce que nous ne nous sommes vus qu'une fois. » Elle était enceinte.

En fin de compte, mes longues absences de Lamorna ne me tourmentaient pas outre mesure. Au moins, je faisais le nécessaire pour que toute ma famille ait un toit. Il fallait bien que quelqu'un s'en charge.

Quand l'exposition ferma enfin ses portes, je me remis avec diligence à la vente d'espaces publicitaires pour des foires agricoles locales, sur des menus de restaurants. Je louai aussi une pièce dans un vieil immeuble de pierre qui avait été autrefois le siège social du responsable des achats de la Consolidated Goldfields, et j'y installai mon propre cabinet de comptabilité. Je n'eus qu'un seul client, un maçon afrikaner, un petit homme charmant qui ne réussit jamais à trouver de l'argent pour me payer.

Les aigrefins et les imposteurs, qui avaient été attirés à Bulawayo par les alléchantes perspectives qu'offrait l'Exposition, s'en allaient maintenant à la recherche de nouvelles brebis à tondre, et il flottait dans la ville un relent de champagne éventé. Barri, la prétendue marquise le Juge de Segrais, versa une larme en me disant au revoir. Un an plus tard, j'allais trouver, tout à fait par hasard, un exemplaire de son livre, *Le papillon noir*. Le glas funèbre commençait déjà à y retentir. « Je sais que je vais mourir jeune, avait-elle écrit. Je suis maudite par la légende. Le papillon noir est sorti de la mer et il s'est posé sur moi. »

Je ne devais jamais la revoir; elle est morte jeune, en effet, le sourire aux lèvres, dans les bras de son cinquième mari, le poète Phil Allen. Je pleure encore sa mort.

Le seul chevalier d'industrie qui resta à Bulawayo après avoir survécu à la débandade déclenchée par la fin de cette invraisemblable Exposition du Centenaire fut Alex Munro, et il vint nous voir à Lamorna très souvent — beaucoup trop au gré de Robert.

Dans la plupart des cas, les Rhodésiens blancs ignoraient ce qui se passait loin de leurs frontières, et ils avaient accepté avec sérénité la vague d'indépendance qui avait déferlé en Asie Mineure et en Extrême-Orient après la Seconde Guerre mondiale. Mais la guerre de Corée, au début des années cinquante, provoqua des effets directs sur leur économie, car elle fut à l'origine de l'augmentation des prix de matières premières que les deux Rhodésies produisaient en abondance : cuivre, charbon, amiante, minerais de chrome et de fer, étain de première qualité et or. Pourtant, un événement vint perturber pour la première fois le petit train-train de leur existence : l'élection de Kwame Nkrumah au poste de Premier ministre de la Gold Coast en 1952, puis de nouveau en 1957, ce pays ayant alors été rebaptisé Ghana.

C'était la première fois qu'un État d'Afrique noire accédait à l'indépendance et cela ne manquait pas d'inquiéter les Blancs de Rhodésie. J'aimerais pouvoir affirmer que j'eus alors assez de clairvoyance pour prévoir ce qui allait se passer dans le reste de l'Afrique, mais il n'en fut rien. Comme beaucoup de gens, je pressentais vaguement que nous arriverions d'une façon ou d'une autre à une espèce de cohabitation avec la majorité de la population. C'est une illusion qui se dissipa très vite après la constitution du premier Parlement de la nouvelle fédération de Rhodésie et du Nyasaland, en 1954, où l'atmosphère dominante fut marquée par une acrimonie incessante.

Les vents nouveaux de la politique m'effleuraient à peine, tandis que je regardais Lamorna s'épanouir. Nous n'avions pratiquement que des meubles d'époque, glanés çà et là dans les salles des ventes, et les dressoirs scintillaient de cuivre, d'argent et d'étain, de cristaux de Venise rouges et d'ivoires aux teintes crème. Il y avait des tapis persans étalés sur les parquets cirés et certaines des chambres avaient des peaux d'hyrax en guise de rideaux. La cuisine carrelée de blanc fleurait bon le pain d'épice et les herbes aromatiques. Dans la salle de bains aux faïences bleues, un aquarium de poissons tropicaux servait de fenêtre. La maison regorgeait de bibelots, de fusils, de livres, de disques, d'invités, d'enfants, avec toute une tribu d'épagneuls-cockers dirigée par Dingo, le capricieux chien roux.

Les abeilles avaient élu domicile dans les ruches blanches au-dessus du barrage, barbouillées de jaune par le pollen de l'aloès sauvage, et toute la journée retentissait leur bourdonnement grave tandis qu'elles s'affairaient sur les riches rayons, à l'intérieur. Nous achetions des vaches, des veaux naissaient, des poules gloussaient anxieusement, surveillant leurs couvées de poussins dodus. La vieille Zenda, cette vache rousse sans cornes et néanmoins vicieuse, essaya de tuer Robert, un jour où il s'approchait trop près de son veau, et le jeune poulain de Lulu, notre jument brune, prit la dangereuse habitude de se cabrer et de ruer.

La jolie Leslie apprit à monter la pouliche alezane, Julia. Susannah, la mère de Dingo, mit bas d'autres petits. Rodger m'apporta un jeune hyrax, un céphalophe à demi apprivoisé et encore un autre singe, indésirable lui aussi. Molly, la lapine blanche, nous surprit tous en mettant bas une portée de petits au pelage abricot : elle s'était échappée de son enclos en creusant un tunnel pour aller fauter avec un lapin sauvage roux.

Une nuit, Jenny fut soudain prise de contractions qui se prolongèrent pendant une demi-heure, et je l'accouchai de son fils à la lueur de la bougie. L'enfant, d'un blond platiné, avait été conçu par un jeune Sud-Africain qui avait travaillé pendant quelques jours pour les Ponts et Chaussées, coulant le béton sur la route qui passait devant notre portail et rejoignait la lointaine vallée du Limpopo.

Tris faillit bien se tuer et faire sauter la maison en remplissant avec des détonateurs de son père un arrosoir en fer qu'il se mit ensuite à secouer violemment. Quant à Olivier, il ingurgita une demi-livre de graines pour oiseaux et trois cubes de bleu pour la lessive, et régurgita le tout sur sa barboteuse neuve. Robert dressa une clôture autour de la ferme pour empêcher le bétail de s'échapper et installa un générateur pour nous donner le courant électrique.

Un couple d'hirondelles striées bâtit un nid de boue, en forme de cornue, sous le chaume de la véranda, et un jour, une femelle chacal efflanquée, avec deux petits sur ses talons, vint boire auprès du barrage. Les feuilles du bananier bruissaient au vent et les pêchers cassaient leurs branches sous le poids des fruits. Et moi, j'étais heureuse, heureuse, heureuse.

Mais ce n'était pas le cas de Robert.

La cible

Un soir de fin novembre, un violent orage tropical venu du nord se déchaîna sur la région, et en moins de quelques minutes tous les caniveaux de la ville se mirent à déverser des torrents d'eau tumultueuse. J'avais travaillé plus tard que prévu et je voulais maintenant me dépêcher de rentrer à Lamorna avant que l'un ou l'autre de nos ruisselets se mette à déborder.

Je partis au volant de la petite Morris, traversant à toute vitesse les profondes flaques qui barraient la route, et je finis par noyer le delco. La voiture hésita, toussa et refusa d'aller plus loin. C'était la panne. Tous les garages de Bulawayo fermaient leurs portes dès cinq heures, je n'avais donc plus aucun espoir de regagner mes pénates ce soir-là. Je m'engageai sous la pluie, la mort dans l'âme, en quête d'une cabine téléphonique.

« Mais oui, bien sûr, je viens te chercher, dit Frances avec entrain. Mais surtout, essaie de ne pas trop te mouiller, ma chérie. »

J'avais tout du furet que l'on a sauvé de la noyade. Frances finit par arriver, au volant de sa vieille Willys toute déglinguée, et me dit, de l'air de quelqu'un qui vient recueillir un orphelin de huit ans, que je pourrais m'installer dans mon ancienne chambre pour la nuit. Et elle avait fait des caramels.

Je dormis d'un sommeil agité, perturbé par les sons et lumières de l'orage, et je venais de m'assoupir pour de bon quand je fus éveillée par une succession de bruits secs qui n'avaient aucun rapport avec le tonnerre. Il faisait jour et je dus plisser les yeux pour me protéger des rayons du soleil qui pénétraient à travers les rideaux de la chambre. De nouveau la pétarade. On aurait dit des coups de feu. Des coups de feu ?

Je ne prends même pas le temps d'enfiler un peignoir. La chambre de Lance communique avec la mienne et tout en la traversant, je remarque que la porte de son armoire est ouverte. Le revolver de service, un Webley 45, n'est pas sur son étagère habituelle, je me suis arrêtée un moment pour vérifier, malade d'appréhension. Dans les premiers temps avec Robert, il y avait eu des jours où je redoutais que Lance, si on le poussait à bout, abatte Robert à coups de feu et se suicide ensuite. Par la suite, cette crainte s'était apaisée, car Robert ne m'accompagnait pratiquement jamais au cours des visites, de plus en plus espacées d'ailleurs, que je rendais à mes parents. Mais comme je ne voulais pas de tragédie, je m'arrangeais, chaque fois que l'occasion s'en présentait, pour aller discrètement m'assurer que le pistolet était bien à sa place.

Maintenant, il a disparu. Il ne me reste plus qu'à espérer que Lance l'a pris, comme cela lui arrive parfois, pour chasser les chiens errants qui attaquent ses chats.

Lance est debout, en pyjama, au fond du jardin, le revolver à la main. Devant lui, une plaque de fer-blanc, grossièrement découpée pour représenter la silhouette d'un homme, est clouée à un arbre. Un travail qui a dû lui prendre des heures !

Il se retourne vers moi pour me fixer de ses yeux qui ressemblent à des pierres froides et bleues.

« Je l'ai eu au corps à chaque fois », dit-il avec le plus grand calme. On sent qu'il est parfaitement maître de lui. Sa voix est glacée.

Je sais sur qui il tire, ce que représente la silhouette qu'il a prise pour cible. Je retourne vers la maison en frissonnant. A mi-chemin, je passe devant un mimosa solitaire sous lequel j'avais, à l'âge de douze ans, aménagé mon petit jardin personnel. La bordure de pierre qui le délimitait est encore là, en partie dissimulée par des ibéris roses qui ont poussé tout seuls.

J'ai pénétré à l'intérieur du cercle, je me suis appuyé la joue contre l'écorce rugueuse de l'arbre, et j'ai vomi.

La mort du chef

Il fallait vraiment que je sois folle, ou aveugle, ou les deux, car même après cette sinistre mise en scène, j'ai continué de m'efforcer de ne point penser à cette haine totale et destructrice qui opposait Lance à Robert. Leur aversion mutuelle ne cessait de se renforcer d'elle-même : Lance détestait les gens et Robert ne parvenait jamais, quelle que fût la situation, à admettre qu'il pouvait être dans son tort.

Un soir où Robert, fait rarissime, m'avait accompagnée chez mes parents à Hillside, une querelle éclata entre mon père et lui. Le prétexte était futile : il s'agissait de la façon dont il fallait s'y prendre pour dresser des chevaux, un sujet auquel Lance prétendait que Robert ne connaissait rien. Avant que j'aie eu le temps d'intervenir, la dispute avait dégénéré en un affrontement d'une intensité horrifiante.

Lance intima à Robert l'ordre de quitter la maison, et Robert refusa de partir. Mon père téléphona à la police locale. Au comble de l'embarras, un jeune agent arriva sur sa motocyclette, pénétra dans la véranda et sortit son carnet de la poche de poitrine de sa tunique. Puis il me regarda d'un air suppliant.

Je tentai de mettre de l'ordre dans mes pensées mais sans y parvenir : j'en avais plus qu'assez de toujours jouer le rôle de conciliatrice, de servir constamment de tampon entre eux deux, alors qu'ils se souciaient comme d'une guigne de mes propres sentiments tandis qu'ils donnaient libre cours à leur agressivité venimeuse et primitive.

« Qu'ils vident leur querelle eux-mêmes, me dis-je. Ils n'ont qu'à régler le problème à leur façon, pour le meilleur ou pour le pire. »

Et ce fut pour le pire.

Ils partirent comme des furies vers le portail et je vis Robert lever le poing. Il lança d'une voix étranglée par la haine :

« Je vous maudis. Oui, je vous maudis, nom de Dieu! Puissiez-vous mourir, seul comme un chien! »

Et Lance mourut tout seul, en effet. Pendant la nuit. Foudroyé par une crise cardiaque.

Nous avons appris la nouvelle le lendemain matin. Leslie a pleuré mais sans bruit, comme le font la plupart des enfants. De grosses larmes jaillissaient de ses yeux vert olive et coulaient silencieusement sur ses joues.

« Ce n'est pas juste, dit-elle enfin. C'était un homme bon. Il nous aidait toujours. Qu'allons-nous faire maintenant?

— Je ne sais pas, ma chérie. Je n'en sais absolument rien. »

Elle se pencha soudain en avant et m'embrassa, très fort, sur la joue. Pour autant que je me souvienne, ce fut la dernière fois qu'elle fit cela.

Leslie n'avait jamais été une enfant démonstrative. Elle était courageuse, indépendante et souvent prompte à tourner les événements à son propre avantage. Elle adorait les chevaux et s'attendrissait jusqu'aux larmes pour les animaux. La seule personne qu'elle aimait vraiment, c'était ma mère. Au cours des ans, j'avais vu l'enfant se détacher lentement de moi mais Frances avait tellement peu de joies dans son existence que je ne fis rien pour éloigner Leslie de sa grand-mère. D'ailleurs, je ne suis pas du genre à solliciter l'affection de qui que ce soit. Surtout pas de ma propre fille.

On m'a demandé un jour pourquoi je continuais de partager l'existence de Robert, après ce qui s'était passé chez mes parents. Et je n'ai su que répondre. A cause des trois enfants? Non. Je me serais mieux débrouillée avec eux si je n'avais pas eu aussi à entretenir Robert. Parce que Lance m'avait dit que le lien qui nous unissait était sacré? « Le mariage, c'est pour la vie. Pour toujours, toujours... » Une fois mort, Lance était un alibi trop facile. Finalement, sans doute la réponse se trouve-t-elle dans cet élément destructeur, anesthésiant et inévitable, qui désintègre tant de vies. L'habitude.

Lance avait détesté Robert dès le début mais je mesurai combien Robert haïssait mon père en retour quand je compris que cette haine ne s'était pas éteinte longtemps après la mort de mon père. Tout se passait comme si Robert sentait sur lui une menace d'outre-tombe. Bien que consciente de la persistance de cet antagonisme, je n'en fus pas moins étonnée par la dernière péripétie de cette tragédie. De nombreuses années plus tard, alors que Robert et moi avions fini par liquider nos intérêts financiers communs en Rhodésie, il m'écrivit en Angleterre pour me demander l'autorisation d'exhumer le corps de Lance pour le faire incinérer.

« Je veux être quitte avec lui », m'écrivait-il, comme s'il avait besoin des flammes pour effacer les dernières traces d'un ennemi qu'il avait craint autant que haï.

Je répondis que je m'opposais formellement à cette sinistre suggestion et inclus une lettre à ses avocats pour confirmer mon refus. Je ne suis pas certaine que la lettre reçue par les avocats soit celle que j'avais écrite, car Robert avait toujours su imiter ma signature, si bien qu'aujourd'hui rien ne me prouve que le corps de Lance repose encore dans un coin paisible du cimetière de Bulawayo, avec ses médailles militaires épinglées au suaire et la couronne de roses rouges que j'avais déposée sur le dessus du cercueil achevant doucement de s'effriter dans la terre qui le recouvre.

Un signe dans le ciel

C'est le lendemain des obsèques de Lance que surgirent des difficultés nouvelles; et le premier problème était de taille. Le testament stipulait en effet que la part possédée par Lance dans la firme de constructions mécaniques me revenait de droit. Ian, le directeur que Lance avait embauché après le départ de Ronnie Napier, fut scandalisé à l'idée de travailler pour une femme et il le déclara sans ambages. C'était un mauvais coup, que je n'avais pas prévu. Pourtant, je marquai tout de même un point, indirectement. Comme il sortait du bureau d'un air très digne, il heurta du pied Dingo, qui le mordit aussitôt à la jambe.

Mais la fidélité de Dingo ne suffisait pas à dissimuler le fait que je me trouvais maintenant dans une position très inconfortable. Pour commencer, je n'étais pas ingénieur ; je ne connaissais pas la différence entre un ampère et un volt... Heureusement, j'avais tout de même deux qualités à mon actif : pendant les quelques années où j'avais travaillé pour mon père, j'avais appris à me familiariser avec ses méthodes commerciales et à tenir ses livres de comptes. Je savais aussi à quoi ressemblaient les rails de glissement, quelles mines utilisaient encore les bocards datant de Mathusalem et où acheter les arbres à came qui leur convenaient.

Et la grande majorité des clients de Lance me connaissaient. Et Robert? Robert avait des dons indiscutables pour le bricolage, mais il ne connaissait rien à l'électromécanique.

J'avais besoin de temps et de solitude pour faire le point, c'est pourquoi je me rendis au Rocher cette nuit-là. La lune jetait un éclat argenté sur le granite et transformait les feuilles d'aloès en lances étincelantes. Sur la colline de Chaminooka, un hyrax lança une sorte d'interrogation : il avait vu un serpent, sans doute ; en tout cas, il ne s'agissait pas d'un léopard. Je percevais l'infinie susurrement des termites travaillant dans le noir. Et je me souvins du bruit des pas de Lance quand il avait arpenté de long en large la véranda du 111 Jameson Street. Il avait résolu des problèmes autrement difficiles que celui qui se posait à moi maintenant.

C'est le tabernacle qui allait me donner un élément de réponse. Le choix, en somme, se ramenait à deux possibilités. Ou bien je me contentais de régler les affaires courantes en attendant de revendre mes actions, ou alors je faisais un réel effort pour gérer l'agence principale, ce qui m'amenait à engager un ingénieur qualifié qui accepterait de travailler pour une femme, ou de se faire mordre par un chien.

Finalement, j'allais assez rapidement prendre la décision qui s'imposait.

Le lendemain matin, dix minutes après mon arrivée au bureau, le téléphone sonnait. Le responsable des achats de Kamativi voulait un moteur Crompton Parkinson de 40 chevaux, deux jeux de balais collecteurs et quinze plaques de pointage de 20.32 × 10.16. Je me rendis à l'entrepôt avec la vieille Studebaker de Lance, passai trois heures à chercher ce qu'il me fallait, emballai le moteur dans une caisse, aidée par des employés africains, et fis charger le tout dans le fourgon à bagages du train de voyageurs parce que la mine avait un besoin urgent de ce matériel. J'avais donné l'ordre au bureau qu'on me transmette les messages téléphoniques au magasin, et, à midi, j'avais vendu deux moteurs de 15 chevaux, une tonne et demie de coins en fer et vingt-cinq boîtes d'agrafes pour transporteurs à courroie.

Maintenant, je n'avais plus le choix. Il me fallait embaucher un ingénieur qui serait approuvé par les grands patrons de la maison mère. Grâce à l'aide de l'un des meilleurs amis de Lance, je trouvai Hedley Duncan. Certes, la perspective de travailler avec une femme ne l'enthousiasmait pas outre mesure, mais il avait besoin d'un emploi bien rétribué. Pourtant, la bataille était loin d'être gagnée.

La maison mère n'était autre que l'agence Crompton Parkinson et elle hésitait à reconduire le contrat. Il me fallait donc avant tout me rendre à Londres pour tenter de convaincre les grands patrons, mais je n'avais pas sur mon compte en banque la somme nécessaire pour couvrir le prix du voyage en avion car je venais d'investir tous les capitaux disponibles dans l'achat de cent tonnes de longerons et de plaques en acier doux que je savais pouvoir revendre facilement.

Il n'y avait pas de temps à perdre. Ian s'était empressé de fonder sa propre entreprise et faisait maintenant des pieds et des mains pour gagner la confiance de CromPark.

Je possédais une superbe bague à nid de diamants qui avait appartenu à ma grand-mère, mais comme Cecil John Rhodes avait interdit aux prêteurs sur gages d'accrocher leur enseigne sur le territoire de la Rhodésie, il n'y avait pas moyen de l'utiliser pour obtenir un prêt. Je restai un long moment, assise à ma coiffeuse, tournant et retournant le bijou entre mes doigts. Un rayon de soleil faisait de petits arcs-en-ciel en se reflétant sur les diamants.

« Il me faudrait un signe », dis-je à haute voix, à la cantonade. Je levai alors les yeux vers le soleil levant et m'aperçus qu'il y avait bel et bien un signe, une étoile qui brillait en plein jour. C'était en fait la planète Vénus, qui est parfois visible au petit matin dans l'hémisphère austral, et j'avais entendu dire qu'elle portait chance à ceux qui la voyaient.

J'enfilai la plus belle de mes robes, de la soie sauvage d'un vert argenté, coupée sur un modèle créé par Jacques Fath, et me rendis au siège de l'agence de voyages Allen, Wack et Shepherd.

« Ma chère madame Kay, soupira le directeur après avoir écouté mon histoire jusqu'au bout, vous êtes ici dans une agence de voyages et non chez des bijoutiers ou des prêteurs sur gages. Il m'est absolument impossible de vous avancer le prix d'un billet aller et retour pour Londres en échange d'une bague. Je ne sais même pas combien elle vaut.

— Vous pourriez garder la bague dans votre coffre jusqu'à mon retour et me faire crédit en attendant, insistai-je avec obstination. Je vous promets de vous rembourser dès que j'aurai l'argent. De toute façon, vous pourrez toujours la vendre à Forbes, le bijoutier. Il est écossais mais il vous en donnera un bon prix. »

Le directeur de l'agence Allen, Wack et Shepherd était écossais lui aussi. Un coup de chance! Il éclata de rire.

« J'aime votre impertinence, petite madame. Mais gardez la bague. Elle est probablement plus en sécurité avec vous que dans notre chambre forte qui a été fracturée le mois dernier. Vous aurez votre billet. Et je vous souhaite bonne chance auprès de vos patrons. S'ils ont un tant soit peu de bon sens, ils reconduiront le contrat. »

Les os brisés

Je fis la connaissance des hommes qui dirigeaient la Crompton Parkinson : Douglas Graham et J.B. Scott, et les trouvai fort sympathiques. Mais la sympathie, même réciproque, ce n'est pas suffisant pour que l'on vous confie la direction d'une succursale importante, surtout si vous êtes une femme qui n'a pas encore atteint la trentaine et qui essaie de se faire une place au sein d'un environnement inexorablement masculin, dans un pays riche en minéraux où la CromPark savait que son matériel se vendait déjà sans grand effort. Mais cette agence constituait toute la chair, le cœur et les artères de mon héritage; et c'était plus qu'un héritage, c'était un mémorial à toutes les années que Lance avait passées à s'échiner et à suer sang et eau. Il fallait que je gagne.

Au cours de notre première rencontre à Londres, j'exposai mes projets aux deux hommes et leur parlai du nouvel ingénieur que j'avais engagé. Je leur dis aussi que One-Stamp Wilson abandonnait les arbres à came pour se lancer dans les moteurs électriques et que Sam Bruton était tombé sur le filon principal près de QueQue et allait avoir rapidement besoin de moteurs de 20 chevaux. Ils m'écoutèrent tous les deux avec beaucoup de courtoisie mais refusèrent de s'engager davantage. Je partis, la mort dans l'âme.

Le lendemain matin, Douglas Graham me téléphonait. « On déjeune au Café Royal? »

Je ne me rappelle pas ce que nous avons mangé, mais le vin était remarquable. Avant qu'il m'ait complètement tourné la tête, je me suis arrêtée de boire et je suis restée à jouer avec mon verre car je sentais que mon hôte était en train de me jauger.

« Votre père a fait un travail splendide pendant de nombreuses années. Mais pouvez-vous me donner une bonne raison, une seule, qui puisse me convaincre de vous confier notre succursale ?

— Je suis la fille de mon père. »

Il laissa échapper son souffle en un long soupir. Puis, d'une manière tout à fait inattendue, il se mit à rire.

« J'aurais dû me douter que vous abattriez tout de suite votre carte maîtresse », dit-il.

Deux jours plus tard, une lettre recommandée arriva chez ma tante, à la maison de Holland Park où je logeais. J'y trouvai le contrat pour la succursale. Je m'assis sur mon lit encore en désordre et sanglotai de soulagement.

Il n'était nul besoin maintenant de rentrer précipitamment en Afrique. La vie était redevenue passionnante, après de trop nombreuses années de vaches maigres, mais j'avais le sentiment que cela me ferait peut-être du bien d'amasser quelques souvenirs heureux d'une vie dépourvue de complications, des souvenirs qui me permettraient d'affronter les années à venir.

« *Prochain arrêt : Londres* », avait dit Richard avant de partir vers le nord. Il avait depuis longtemps secoué de ses bottes la poussière rouge brique de la Rhodésie du Nord pour s'embarquer dans un avion à destination de Londres.

Je passai au crible toutes ses lettres, vérifiai les différentes adresses qu'il avait données pour faire suivre son courrier et où il n'habitait plus maintenant, donnai d'innombrables coups de fil et finis par le dénicher au *Daily Telegraph* qui était alors le journal le mieux fait de Grande-Bretagne. Il occupait les fonctions de secrétaire de la rédaction.

Nous avons passé ensemble tout le temps que nous avions de disponible, étant donné les astreintes de son métier et mon emploi du temps très chargé. Un jour, nous avons été surpris par un orage soudain, tout à fait imprévu en ce milieu du mois de mai. Dédaignant de nous mettre à l'abri, nous avons marché dans les rues de Londres, la main dans la main, trempés jusqu'aux os et riant au souvenir des centaines d'orages que nous avions partagés en Afrique.

Un autre jour, nous avons pris une vedette à l'embarcadère de Westminster pour aller au Royal Naval College et au musée de Greenwich, où nous sommes restés pétrifiés d'étonnement devant le minuscule uniforme de Nelson. Nous avons visité le pub favori du Dr Johnson, le Old Cheshire Cheese, pour y manger le fameux pâté en croûte fourré au bœuf et aux rognons, accompagné de bière blonde légère. Et nous nous sommes fait admettre dans des petits clubs louches de Chelsea et avons fini par retrouver Terrence Oliver dans le cadre raffiné du Caprice : comme tant d'autres *condottieri* qui avaient convergé sur Bulawayo pour l'Exposition, il avait été rejeté par le flot sur les rivages de l'Angleterre.

Mais je ne pouvais pas prolonger mon séjour indéfiniment. J'avais réussi à ajouter une seconde corde à mon arc en décrochant le droit de représenter une société spécialisée dans la fabrication d'attaches de courroies pour tapis roulants, et je retins ma place sur un vol qui me ramènerait en Afrique le mercredi d'après le long week-end de Pentecôte.

Pour finir le séjour en beauté, mon cousin Michael suggéra de m'emmener en voiture à Salisbury, dans le Wiltshire, pour visiter la grande cathédrale. L'imposante Aston Martin dans laquelle nous avions pris place était conduite par un superbe colonel en retraite aux cheveux argentés, qui avait encore l'assurance et l'allure impeccable conférés par une longue carrière dans l'armée des Indes. Je ne sais par quel hasard je me mis à regarder la vitre juste à ce moment-là, mais je vis, quelques secondes avant le choc, la voiture qui allait nous heurter. Un choc violent. L'Aston Martin fit un tête-à-queue puis se mit à rouler sur elle-même avant d'aller s'écraser contre un réverbère en fonte.

Je ne puis me rappeler comment je suis sortie de la voiture car les deux portières étaient bloquées. Je crois que quelqu'un est venu me libérer de ma prison. Je me souviens d'avoir dit : « Ça va aller, ça va aller », à mainte et mainte reprise. « Voyez-vous, dis-je à l'inconnu qui était assis à côté de moi sur le rebord du trottoir, les bras passés autour de mes épaules, il faut que je prenne l'avion pour l'Afrique mercredi. » Il me regarda et bougea ma tête légèrement pour qu'elle vienne reposer sur son avant-bras gauche. Il n'avait pas l'air de penser que j'irais en quelque endroit que ce soit le mercredi suivant. Je tentai de me lever et perdis connaissance sous l'effet de la douleur : j'avais le bassin fracturé.

« Votre ami est ici, me dit l'infirmière avec un large sourire. Mr. Clark. Vous vous rappelez? Vous nous avez demandé de le faire venir. »

Je ne me souvenais de rien. Il y avait beaucoup de trous noirs dans ma mémoire.

Richard entra. Il réussit à trouver ma main au milieu d'un enchevêtrement de tubes et de sacs de sable qui avaient été utilisés pour me maintenir immobile.

« J'ai télégraphié à Robert, dit-il. Il devrait être ici.

— Mais nous n'avons pas les moyens de payer un deuxième billet », protestai-je faiblement avant de sombrer à nouveau dans une inconscience provoquée par la douleur et la péthidine.

Ce n'est que plusieurs années plus tard qu'il me rapporta la question que j'avais formulée ensuite dans un état de semi-conscience : « Pourquoi es-tu le seul homme que j'ai bien connu qui ne m'ait jamais fait du plat? »

Une fois la période critique terminée, on m'installa dans une clinique privée tenue par des religieuses catholiques. La première personne qui m'y rendit visite arriva pendant l'heure de la sieste et s'annonça en produisant plusieurs sons tremblotants avec un cor de chasse imité de l'ancien. Je m'aperçus également que Robert portait un chapeau melon d'occasion qu'il avait acheté chez le même brocanteur que l'instrument de cuivre. Sa présence n'éveilla guère de sympathie auprès de la religieuse.

Ce n'est qu'à la mi-juillet que mon bassin fut suffisamment racommodé pour me permettre de rentrer en Afrique. Il fallait marcher avec précaution, mais enfin je marchais.

Quand j'arrivai à Far Lamorna, je constatai qu'il y régnait une atmosphère désagréable. Après la mise en vente de la vieille maison de Hillside, Frances était venue s'installer dans notre chambre d'amis, où Richard avait dormi autrefois sous un édredon de cockers. A peu près au même moment, Toby, la mère de Robert, quittait l'Angleterre pour rejoindre son fils. Cet arrangement n'était pas fait pour nous apporter la tranquillité.

Toby considérait son fils avec un mélange d'anxiété hargneuse et de profonde suspicion. Ayant dû libérer Robert des liens qui le rattachaient à sa première femme — une certaine Violet, qui n'avait pas froid aux yeux —, elle était doublement furieuse qu'il se soit marié avec moi et ne se donnait nullement la peine de dissimuler l'antipathie que je lui inspirais. Elle voulait toujours goûter le thé que je servais à son fils, craignant sans doute que je n'y aie versé quelque poison. Pire encore, s'il nous arrivait de dormir encore après neuf heures du matin, elle n'hésitait pas à envahir notre chambre, sans prévenir, pour le réveiller et s'assurer qu'il n'était pas mort pendant son sommeil.

Ma mère avait également la manie de s'introduire dans notre chambre pour un oui ou pour un non. Évidemment, je n'avais pas fait l'amour avec Robert depuis la nuit où Olivier avait été conçu, près de quatre ans plus tôt, mais nous partagions toujours la chambre en L construite en des jours plus heureux et je ne tenais pas à crier sur les toits que les félicités conjugales ne faisaient plus partie de mon existence. Frances ayant surgi plus d'une demi-douzaine de fois dans notre intimité, je pris l'habitude de fermer la porte au verrou mais cela ne l'empêcha pas de tambouriner aux vitres en criant d'une voix stridente que nous n'avions pas le droit de lui interdire l'entrée de notre chambre. Je ne sais ce qu'elle espérait y voir, des ébats amoureux dans toute leur bestialité, peut-être. En tout cas, s'il y avait quelque chose qui pouvait nous inciter, Robert et moi, à poursuivre la vie commune, ce n'était pas le genre d'existence que nous menions à ce moment-là.

J'examinai la situation. Pour l'instant, ma position dans le groupe Crompton Parkinson était bien assurée, mais cela ne suffisait pas pour me garantir des revenus satisfaisants. Je fis procéder à un relevé très précis des opérations commerciales réalisées par Lance de son vivant afin de voir quels articles risquaient de me procurer les meilleurs profits. Il m'apparut clairement que les mines réclamaient des plaques et des longerons en acier doux. Je contactai donc un grossiste particulièrement perspicace pour lui demander d'établir les prévisions du marché. Ses prix étaient raisonnables et il respectait toujours les délais de livraison. Dès le milieu de l'année 1956, j'avais doublé le volume de mes ventes d'acier. Avec une joie triomphante, j'en commandai davantage. Et puis, tout d'un coup, l'appétit des industriels pour l'acier se trouva rassasié. Les contrecoups de la débâcle de Suez commencèrent à entamer la prospérité que la Rhodésie avait connue après la guerre. Encombrée par des stocks dont personne ne voulait, je dus les vendre moins cher que je ne les avais achetés.

Durant la période de préparation à l'invasion franco-anglaise qui avait suivi la nationalisation du canal de Suez par Nasser, les industriels du monde entier avaient constitué des stocks considérables pour pallier la pénurie que risquait de provoquer la nécessité de faire un long détour par le cap de Bonne-Espérance. Une fois le premier mouvement de panique passé, ils s'aperçurent que la fermeture du canal n'affectait pas vraiment le volume de leurs exportations, et le commerce reprit normalement. Seulement, en ce qui me concernait, le problème venait de ce que mes clients se mettaient désormais à utiliser leurs propres stocks d'acier, et ils cessaient de passer de nouvelles commandes. Le banquier, lui, cessa de me sourire.

Au début de l'année 1957, un autre coup me fut porté. CromPark m'écrivit pour m'avertir que la société avait décidé d'installer ses bureaux en Rhodésie. On me remerciait d'avoir si bien défendu les intérêts de la succursale et je me voyais offrir une remise dérisoire de dix pour cent pour tout ce que je leur achèterais à l'avenir. Ma carrière de chef d'entreprise venait de toucher à son terme.

« Vends l'usine maintenant, tant que tu le peux encore, avant que les prix ne tombent encore davantage, me conseilla Robert d'une voix dure. Une société plus importante peut absorber la perte et réaliser tout de même un bénéfice. Toi, tu ne le peux pas. »

Je finis par trouver un acheteur. Il me paya un prix ridiculement bas et mit à la porte tout le personnel africain, y compris les employés qui avaient travaillé pour Lance pendant plus de vingt-cinq ans. Mais je ne pouvais qu'accepter cette offre, personne d'autre n'était intéressé par l'affaire. Une fois le marché conclu, j'investis l'argent dans un immeuble résidentiel. Il y avait pénurie de logements à Bulawayo, cette opération paraissait donc rentable. Mais une amertume indicible m'emplissait le cœur. Je ne parvenais pas à chasser de ma mémoire les visages ulcérés de Charlie et de Tom, ces pauvres vieux qui s'étaient imaginés que la fille de Lance allait leur permettre de rester dans une société pour laquelle ils avaient travaillé depuis leur plus jeune âge.

La fuite au Kenya

Un soir Robert s'était assis sous la lampe à butane pour lire un vieux numéro du *Surplus Register*, un journal curieux, publié à Londres et spécialisé dans les annonces pour des articles d'une utilité évidente : un lot de masques à gaz de la dernière guerre, par exemple. Dans ce numéro particulier, les pages réservées aux surplus militaires contenaient une offre de cinq véhicules amphibies, des DUKW qui avaient été utilisés pour décharger des hommes et des munitions, faisant la navette entre les bateaux et les plages de débarquement.

« 275 livres chacun. Pièces de rechange disponibles! C'est formidable! Je vais télégraphier à tes transporteurs pour leur dire de nous en acheter un. Nous pourrons le faire réviser en détail en Angleterre, l'équiper d'un jeu de roues de secours et de pièces de rechange et nous le faire envoyer ici au début de l'année prochaine. On l'aménagera en véhicule de safari et une fois la ferme vendue, on pourra aller se balader un peu en Afrique. Par la suite, rien ne nous empêchera de remonter jusqu'à la Méditerranée, pour rentrer en Angleterre. »

Je restai sans voix. Évidemment, on percevait déjà en Rhodésie les premiers signes d'une agitation politique prochaine. La communauté blanche, pressentant la fin de l'Empire, commençait à s'inquiéter pour l'avenir. Quant aux Africains, ils créaient une certaine agitation pour mettre fin à un régime de discrimination raciale à peine moins restrictif que celui qui sévissait en Afrique du Sud.

Maintenant qu'il y avait moins de demande pour les produits exportés par la Rhodésie, un certain malaise s'était installé et le marché des biens immobiliers commençait à fléchir sérieusement, surtout en ce qui concernait les propriétés rurales, mais il n'y avait encore rien de dramatique.

« Doux Jésus ! Je n'ai jamais rien entendu d'aussi ridicule de toute mon existence ! dis-je d'une voix incrédule. Je veux garder ma ferme. Je veux garder mes poulets, mes vaches et mes moutons, et les eucalyptus que je viens de planter. Je n'ai rien à foutre d'une caravane pourrie qui fait eau de toutes parts. Je n'ai aucune envie de vivre comme une romanichelle. »

Robert replia avec un soin tout à fait superflu le numéro du *Surplus Register* et le posa sur le gazon desséché, à côté de sa chaise.

« Écoute... », dit-il.

Je reconnaissais bien le ton de sa voix et le sens véritable de ce « Écoute » agacé et mordant. J'avais gaspillé ma salive. Quand Robert avait décidé quelque chose, il fonçait tête baissée, sans rien voir ni entendre. Pourtant, en cette occasion, il fit au moins un petit effort pour me convaincre en objectant, non sans astuce, que ces quelques années de safari me fourniraient toute la matière dont je pourrais avoir besoin pour le livre de voyage que je voulais écrire.

Dernière touche au tableau, ce qui restait de notre mariage sombra à tout jamais.

Mon château de cartes était en train de s'écrouler. La ferme, qui pendant quatorze ans avait été ma principale raison de vivre, fut mise en vente.

Richard m'avait écrit pour me dire qu'il était marié.

Mon mari était amoureux d'une autre femme. Et cette fois, c'était sérieux.

Elle s'appelait Shirley et travaillait à l'hôpital comme infirmière. Pendant plusieurs semaines elle avait souvent figuré parmi nos invités du week-end, visage nouveau dans la foule de gens qui rappliquaient à Lamorna, attirés par la bonne chère et les vins généreux. Elle était séduisante, ouverte et bien élevée et je l'avais trouvée sympathique — du moins jusqu'au jour où elle disparut avec Robert pour aller passer le week-end à l'hôtel des Chutes de Victoria. Quand il revint, je lui demandai, sans ambages, ce que signifiait cette escapade et il me répondit, sans ambages, qu'il avait l'intention de l'épouser. Cette décision menaçait non seulement mon destin tout entier mais également l'avenir des trois enfants.

Je ne pouvais plus courir auprès de Lance pour lui demander conseil, c'est pourquoi je fis la seule démarche qui me vint à l'esprit : je me rendis au Rocher. Mais mon tabernacle resta vide et silencieux. Peut-être l'esprit qui s'y trouvait avait-il déserté les lieux, maintenant que je m'en allais.

Au bout d'un moment, je m'allongeai sur le versant tiède, les mains jointes derrière la nuque. C'était une nuit sans nuage et le ciel scintillait d'étoiles. La Voie lactée apparaissait comme un voile lumineux et un engoulevent flûtait dans les buissons. Quelque part dans les ténèbres de la longue vallée, un hibou ulula et une étoile tomba. Était-ce la mienne ?

J'y suis restée longtemps, sur mon Rocher, essayant de clarifier des problèmes que je ne pouvais résoudre. Seize ans de mariage, même si je n'avais pas connu un bonheur sans mélange, ça ne pouvait pas se rayer d'un trait de plume, mais je savais jusqu'où Robert était capable de pousser son entêtement.

Lui, il disait qu'il avait de « la suite dans les idées », et se moquait éperdument des dégâts qu'il pouvait causer en piétinant la sensibilité d'autrui.

Certes, Far Lamorna n'était pas, ne pourrait jamais être un investissement rentable. Si nous avions pu tenir, c'était grâce aux apports provenant de l'usine de matériel électrique. Or nous ne pouvions même plus compter là-dessus, désormais. Robert ne demandait pas mieux que de travailler, et même de travailler dur, tant qu'il faisait ce qui lui plaisait et qu'il n'avait pas à attendre de salaire à la fin du mois.

Je m'efforçais de ne point penser au mariage de Richard. Nous n'avions jamais fait l'amour ensemble ; en fait il ne m'avait jamais seulement embrassée, sauf pour Noël ou mon anniversaire ou pour me dire au revoir. Et pourtant, j'étais en proie à une jalousie féroce, irrationnelle.

Au matin, j'avais pris ma décision. Tris se plaisait beaucoup au pensionnat de l'école élémentaire privée de Rhodes Estate et je ne voulais pas perturber sa scolarité, mais je pouvais partir au Kenya en emmenant Olivier. Avec le temps, Robert se lasserait peut-être de Shirley. Ce ne serait pas la première fois qu'il laisserait tomber sa dulcinée au bout de quelques mois de folles — et onéreuses — amours.

J'avais au Kenya des amis que j'adorais : Annie et Louis van de Wiele. Louis était un ingénieur naval qui jouissait d'une réputation considérable car il avait inventé un système de pilotage automatique. Il avait fait avec Annie le tour du monde sur leur ketch, après quoi elle avait écrit *The West in My Eyes*, le meilleur livre de la décennie sur la navigation de plaisance. Elle avait un don extraordinaire pour la cuisine, avec elle un morceau de viande de dernière catégorie avait le même goût que du faisan rôti.

Je lui ai écrit une lettre et aussitôt elle m'a envoyé un télégramme : « Qu'est-ce que tu attends? Viens tout de suite. »

Robert, qui tenait toujours à se ménager une porte de sortie, est venu nous accompagner, Olivier et moi, à l'aéroport.

Les van de Wiele demeuraient sur le versant des collines d'Aberdare, après les Chutes de Thompson. Dans l'air limpide, le mont Kenya sommeillait sous sa calotte de neige. La maison était construite comme une case en rondins traditionnelle avec un toit composé de lattes, sans plafond, et ne comportait pas de portes intérieures, de sorte que chaque pièce donnait directement dans la pièce voisine. Seule la chambre d'amis, située à l'arrière, avait une entrée indépendante. C'est là qu'ils m'ont installée avec Olivier. Il y avait une affiche de corrida espagnole, représentant une femme revêtue d'une robe jaune tourbillonnante — elle devait danser le flamenco. Une courtepointe en patchwork recouvrait le lit.

Quand j'eus couché mon petit garçon, il serra contre lui son ours en peluche pour lui faire pousser son cri et j'entendis Annie rire de l'autre côté de la mince cloison. L'air avait la pureté de la glace et la nuit sentait le cèdre, l'herbe fraîche et, curieusement, la capucine. Un hyrax arboricole lançait de longs cris insolents, quelque part dans la forêt, et là-haut sur une crête un léopard multipliait ses grognements sourds.

Cette nuit-là, j'ai rêvé de Lance. Un rêve qui m'a laissé une impression étrange, presque surnaturelle. Ça a commencé par le son d'une voix désincarnée qui, peu à peu, prenait la forme d'un être humain dans la brume qui l'enveloppait. Maintenant je voyais Lance très distinctement et je lui tendais les mains mais lui ne faisait aucun effort pour les prendre. Des larmes brûlantes coulaient sur mes joues tandis que je lui exposai mes problèmes. Je parlais d'une voix entrecoupée, mais je n'avais pas peur car j'étais certaine qu'il me comprendrait.

« Est-ce que ça va s'arranger ? demandai-je, espérant qu'il allait me rassurer.

— Oui », dit-il. Mais il avait l'air hésitant. « En ce moment tu es à la croisée des chemins, mais tu vas poursuivre ta route, une route qui va te mener à une gloire terrible. »

La silhouette commençait à s'estomper et je lançai d'une voix suppliante :

« Je t'en prie, ne t'en va pas. Reste avec moi, pour l'amour du Ciel. »

Je m'éveillai alors et fixai d'un œil anxieux la chambre éclairée par la lune, espérant peut-être le trouver encore auprès de moi. Olivier dormait toujours d'un sommeil paisible à mes côtés, dans le grand lit double, mais le reste de la pièce était vide.

Une gloire terrible ? C'était une expression bien étrange qui ne me serait jamais venue normalement à l'esprit. Je ne voyais pas ce qu'elle voulait dire, et je ne le sais toujours pas. Peut-être ne s'agissait-il que d'un fil unique détaché du tissu immatériel du rêve. Lance n'est jamais revenu pour me l'expliquer.

Hector l'Écossais

Nous étions installées, Annie et moi, dans la véranda d'une voisine, un après-midi, attendant que celle-ci revienne d'une chasse au buffle qui avait commencé longtemps avant l'aube. Elle avait invité chez elle un Écossais d'une trentaine d'années, extrêmement séduisant. Il était libre de toute attache familiale, et moi aussi, pratiquement. Nous avions dansé ensemble au cours d'une party, un soir, sur la musique de *Blue-berry Hill* égrenée par un phono à manivelle, et nous étions tombés amoureux l'un de l'autre.

Naturellement, Hector et moi, nous avons su dès le début qu'il n'était pas question de mariage entre nous. Nos styles de vie étaient trop différents et j'aurais été une belle-fille beaucoup trop fantaisiste et indépendante, que ses parents, très stricts et autoritaires, n'auraient jamais supportée. Mais nous nous sommes suffisamment aimés pour garder le contact par-delà les océans une fois qu'il eut regagné son Écosse natale, et j'ai été assez stupide pour conserver les lettres qu'il m'a envoyées au lieu de les brûler aussitôt. Incurablement romanesque comme le sont certaines femmes, j'avais caché ses missives sous plusieurs épaisseurs de lingerie en soie, dans le tiroir de ma coiffeuse, et six ans plus tard, Robert allait les y trouver. Il agita joyeusement devant moi le petit paquet entouré d'un ruban et me menaça d'envoyer le tout à des journaux londoniens si je ne consentais pas à faire un effort financier en sa faveur.

« Combien veux-tu ? » demandai-je, malade d'appréhension et de dégoût.

Hector venait de se marier et je savais que je ne pourrais jamais ternir notre brève et honnête idylle en vendant notre histoire à un journal spécialisé dans les scandales mondains.

« Eh bien, voyons.... Tu pourrais mettre la moitié de l'immeuble à mon nom ? Ça n'a rien d'exagéré si tu veux épargner à ton précieux Hector le douteux honneur de voir son nom dans les manchettes. Et tu te rends compte de l'effet produit sur sa jeune épouse, avec un nom comme le sien ? »

Je voyais très bien, c'est pourquoi je m'exécutai. Sans le dire à Hector. Et s'il lui arrive jamais de lire ces lignes, qu'il sache bien que sa dette a été effacée par le temps.

Mais j'étais encore loin de vivre cette pénible scène, et pour le moment j'avais l'impression réconfortante que ma vie était en train de reprendre forme. La voisine d'Annie, qui avait invité Hector, se préparait à partir en Europe pour y passer de longues vacances et il n'y avait personne pour rester à la ferme pendant son absence. Son contremaître kikuyu pouvait s'occuper des terres et du bétail, car il espérait en hériter une fois que les Blancs seraient chassés d'Afrique. Mais le souvenir des atrocités des Mau Mau était encore présent dans les esprits de tous les colons européens, c'est pourquoi elle me demanda si je voulais bien veiller sur Wild Olive jusqu'à son retour.

« Si vous vous y plaisez, nous pourrons peut-être prendre des dispositions définitives quand nous rentrerons », ajouta-t-elle.

Cette perspective semblait offrir toute une série de nouveaux débouchés, dans un pays qui me fascinait, avec des amis fidèles dans le voisinage immédiat. Et surtout, cet arrangement allait m'épargner les déchirements d'un divorce qui apparaissait maintenant inévitable.

J'ai acheté une Ford d'occasion, une camionnette qui avait plus de rouille que de peinture, et je me suis mise à étudier le swahili : vingt mots par leçon, que je gravais dans ma mémoire chaque matin en parcourant à pied le chemin qui menait de Wild Olive à la maison d'Annie, où je prenais mon petit déjeuner. Comme par magie, tout semblait devoir s'arranger au mieux. Et puis la fourgonnette postale m'apporta un télégramme de Robert.

Le texte était impératif. Il fallait que je rentre immédiatement en Rhodésie, sinon — la formulation ne manqua pas de m'inquiéter —, il ne répondait pas des conséquences. Rien ne laissait présager la nature de ces conséquences. Le lendemain, je reçus une lettre de mon avocat, un ami de très longue date. Il disait que l'état de mes affaires lui inspirait les inquiétudes les plus vives, et il ne parlait pas seulement des problèmes domestiques.

Je n'avais plus qu'une solution : rentrer. Je revendis la Ford jaune, à perte, fis mes valises et pris un avion pour le sud. De toutes mes forces, je m'empêchai de me dire qu'en partant aussi précipitamment, je trahissais la confiance qu'avait placée en moi ma bienfaitrice. En fait, celle-ci ne me l'a jamais pardonné, et je la comprends parfaitement. Une fois de plus, j'aurais dû faire marcher ma cervelle au lieu de suivre les impulsions de mon cœur.

Robert n'était pas venu m'attendre à l'aéroport et quand il partit un peu plus tard pour Durban chercher le DUKW que l'on nous avait expédié sur le pont d'un cargo, je ne l'accompagnai pas non plus. Le lendemain de son départ, j'allai chercher notre courrier au bureau de poste. Une des enveloppes avait pour en-tête l'adresse d'une agence de voyages et je l'ouvris aussitôt. Elle contenait un billet aller et retour de Bulawayo à Durban établi au nom de Shirley mais débité sur mon compte en banque.

J'allai directement à l'hôpital où elle travaillait. Elle avait fait le service de nuit mais je trouvai le numéro de sa chambre et n'hésitai pas à la réveiller.

Je lui ai tendu le billet sans dire un mot, et je l'ai laissée cuire dans son jus.

Une semaine plus tard, Robert a ramené de Durban l'encombrant véhicule. Shirley n'était pas avec lui mais il avait accroché son ours en peluche au pare-brise en guise de mascotte. Je savais qu'il passerait par Francistown et je m'y étais rendue pour l'y attendre, espérant stupidement qu'il serait revenu à de meilleurs sentiments à mon égard. Il m'annonça sans ménagements qu'il n'avait aucunement l'intention de rentrer à Lamorna pour la nuit. Il irait d'abord à Bulawayo, où Shirley et ses amis avaient organisé une petite soirée pour l'accueillir. Il mit le moteur en route et partit.

Mais le destin résout parfois les problèmes avec une certaine perversité et il n'y eut pas de divorce cette fois-là, car Shirley épousa, de la manière la plus inattendue, le petit homme aux mollets de coq avec lequel elle avait trompé Robert dès le début. Robert en conçut un dépit qui confina à la démence et c'est sur moi qu'il déchargea sa fureur et son humiliation. Du coup, je me mis à souffrir d'un ulcère à l'estomac qui me donnait l'impression qu'on m'avait fait éclater le diaphragme avec du sable brûlant.

Et pourquoi avait-il fallu que je rentre si vite ? Robert ne voulut pas répondre à mes questions angoissées quand j'eus enfin réussi à me retrouver seule avec lui et, comme j'insistais, il finit par prétendre que la maison était hantée. Il parla vaguement de « difficultés », qu'il se garda bien de préciser puis se réfugia derrière un mur de silence. Il me fallut du temps pour comprendre qu'après son échec auprès de Shirley, il avait soudain eu peur que je refuse de financer son projet de safari. Voilà à quoi se résumait cette fameuse crise !

Leslie ignorait la liaison de son père avec l'infirmière, mais elle l'avait vu tous les jours passer devant son école quand il se rendait à l'hôpital, et ses amies se moquaient d'elle parce qu'il ne s'était pas arrêté une seule fois pour lui parler. Et maintenant, elle le boudait, blessée dans son affection et pleine de rancune. Mais je ne voulais pas noircir davantage l'image de son père à ses yeux, c'est pourquoi je me gardai bien de lui faire remarquer que bien peu d'hommes, courant à un rendez-vous secret avec leur maîtresse, se seraient arrêtés pour faire un brin de causette avec leur fille dans une cour d'école.

Une fois l'idylle arrivée à son terme, Leslie ne revint aucunement à de meilleurs sentiments. Elle avait maintenant quinze ans, c'était presque une femme. Une nuit, elle mit tout ce qu'elle possédait dans une valise, embrassa son chien, et quitta la maison. Un camion qui passait la prit en stop et elle alla droit chez les parents de sa meilleure amie à Bulawayo. Et elle y est restée pendant trois ans.

Je ne crois pas qu'il soit possible d'imposer vraiment sa volonté aux enfants, et certains experts en sont maintenant arrivés à la conclusion que les jeunes ont besoin qu'on leur laisse la bride sur le cou une fois que la puberté a fait sentir ses effets. Il en est de même avec les lionceaux et les petits des hyènes, des renards, des rouges-gorges, des saumons et des civelles, ces insaisissables poissons de la mer des Sargasses ; ce qui est certain, c'est que chez tous les prédateurs, les jeunes quittent le territoire des parents aussitôt que le terrain de chasse devient trop petit pour satisfaire un appétit et une conscience de soi qui ne cessent de s'affirmer.

En fait, c'est quand elle était encore très jeune que j'avais perdu Leslie, bien avant la séparation finale. Je ne pense pas qu'elle m'ait jamais aimée. J'avais déserté l'Église catholique quand l'évêque, le révérendissime père Ignatius, avait refusé de bénir mon mariage avec Robert parce qu'il était divorcé. Frances, plus fervente que jamais dans sa foi, car son mari et sa fille avaient tous les deux renié la leur, avait à tout prix voulu au moins sauver l'âme de sa petite-fille de la damnation éternelle.

« Tes parents ne sont pas mariés aux yeux du Seigneur, murmurait-elle sournoisement à l'enfant. Un mariage civil n'a aucune valeur, tu es donc une enfant illégitime. Il faudra que tu pries très fort, mon pauvre agneau. Prie le Seigneur qu'Il te libère du stigmate de ta naissance. »

Leslie avait prié et la fissure qu'il y avait eu entre nous s'était élargie pour devenir un gouffre sans fond.

Quand la ferme eut été mise en vente, ma mère et ma belle-mère partirent chacune de leur côté.

Toby retourna bien vite à Chester, près de la frontière galloise, et recommença la longue querelle qui l'opposait depuis longtemps à sa sœur aînée. Frances partit pour Londres, décidée à se marier avec un ancien petit ami qu'elle n'avait pas vu depuis l'âge de quatorze ans. Hélas! le mariage se révéla hors de question. Le physique avantageux du jeune Oscar avait disparu depuis belle lurette, et il avait maintenant le charme insaisissable d'un rat sur le retour. Pour ne rien arranger, Frances s'aperçut qu'il n'était qu'un triste sire, dont l'unique préoccupation était de s'approprier le magot de la veuve.

Alex Munro, le dernier représentant de la jeunesse dorée, vint passer avec nous notre dernier mois à Far Lamorna. Ce fut loin d'être un bonheur sans mélange. Robert avait tout laissé à l'abandon pendant mon absence. Les murs avaient besoin d'être repeints; les toiles d'araignée pendaient au plafond. Les petits lézards tachetés chassaient toujours les mouches dans les recoins sombres mais le nid que les hirondelles du Cap avaient bâti dans la véranda avait été détruit, et la rose blanche ne fleurissait plus dans le patio.

Le soir précédant notre départ, Alex me prit par les épaules.

« Je t'aime, dit-il. Mais tu ne veux pas te marier avec moi, j'espère ?

— Non », mentis-je. J'étais si malheureuse que j'aurais épousé Lucifer en personne.

Il parut soulagé.

« Tant mieux, dit-il, sincère pour une fois. Mais tu mérites beaucoup mieux que ce soudard. Suis mon conseil, Petite Fleur, va-t'en. Repars à zéro. Trouve-toi un homme qui se soucie vraiment de savoir si tu vis ou si tu meurs. »

La route poussiéreuse

La vente de Lamorna avait un avant-goût de mort. C'était beaucoup plus qu'un foyer que j'abandonnais. Cette ferme avait été une manière de vivre qui se suffisait à elle-même. Il y a maintenant un quart de siècle que le DUKW en a franchi la barrière pour la dernière fois, mais je peux encore fermer les yeux et voir Rodger debout dans l'allée : il agite le bras pour nous dire au revoir, les yeux pleins de larmes.

C'était la saison des labours, l'époque de l'année qui ramène les ruraux africains à la matrice de leur pays. On dirait qu'ils sentent de loin les bœufs du village natal et se rappellent où le soc de l'an passé a été caché dans le chaume de la hutte. Ils laissent filer entre leurs doigts le souvenir des semences fraîches, semblables à des perles, entendent l'aboiement accueillant des lévriers bâtards jaunes, et attendent avec impatience que leur soit payé le salaire de leur dernière semaine. Ils hument l'air, espérant la venue prochaine de la pluie des éléphants et ils partent un matin, marchant à grands pas sur les routes de campagne, ou à bord de camions bourrés de marchandises, s'ils ont eu de la chance ; ils n'ont plus qu'une seule idée, comme des chevaux qui sentent l'écurie.

Je savais pourquoi Rodger n'était pas de bonne humeur ce matin-là. Nous avions pris du retard, et lui aurait dû partir une semaine plus tôt. Mais il était resté, par fidélité à notre égard, et dans l'émotion de notre départ, toutes ses réticences avaient fondu. Il nous avait toujours appelés Inkosi et Inkosikasi durant les longues années où il était resté à notre service. Il s'était posté à côté de la grille de fer et, quand le DUKW s'arrêta à sa hauteur, il saisit la main de Robert.

« Au revoir, Kay, dit-il d'une voix brisée. Au revoir Kay. Ne m'oubliez pas. Vous êtes mon père. »

Il avait vingt ans de plus que Robert.

Ensuite, il se tourna vers moi.

« Au revoir, ma chérie. Au revoir ma chérie. Il ne faut pas pleurer. » Du dos de la main, il essuya ses yeux ruisselants de larmes. « Le vieux Rodger reviendra auprès de vous un jour. Au revoir, ma chérie. »

Il resta à nous regarder jusqu'au moment où le DUKW disparut dans le premier virage. Me penchant par la vitre ouverte, je le vis qui disait encore : « Au revoir, Kay ! Au revoir, ma chérie ! » à mainte et mainte reprise.

Avions-nous fait preuve de paternalisme ? Si c'est le cas, je n'en éprouve aucun sentiment de culpabilité. Les hystériques de l'ère postcoloniale pourront bien vitupérer tout leur soûl cette condescendance colonialiste. Ce qui est sûr, c'est que je l'aimais, ce vieux Rodger, et je n'ai pas l'intention de tricher avec mes souvenirs pour faire plaisir aux moralistes de la dernière heure.

Le DUKW *Shaka le Zoulou*

Robert ne lisait jamais rien d'autre que des ouvrages d'histoire ou d'archéologie et il s'intéressait particulièrement à la destinée qu'avait connu Shaka, le « Napoléon noir », qui, vers la fin du XVIIIe siècle avait rassemblé une légion de tribus disparates en une nation toute puissante, celle des Zoulous. C'est pourquoi il baptisa le DUKW *Shaka le Zoulou*.

Shaka le Zoulou était un véhicule fort peu maniable, d'un peu plus de dix mètres de long sur quatre de large, avec une charge utile de deux tonnes et demie de fret ; il pouvait transporter vingt-cinq hommes sur la terre ferme ou cinquante sur l'eau, et nous aurions beaucoup mieux fait de le laisser rouiller au milieu des autres surplus du ministère de la Défense plutôt que de le faire bourlinguer pendant huit années dans les marécages et les déserts. Comme transporteur de troupes, comme véhicule d'assaut amphibie, il avait joué son rôle avec noblesse ; tout pouvait même nous laisser croire qu'il avait servi avec honneur lors des débarquements en Normandie. En Afrique, ce n'était plus qu'un tacot qui nous coûtait les yeux de la tête.

D'abord, son moteur, un General Motors de 104 chevaux et six cylindres, engloutissait le carburant à raison de 28 litres aux cent kilomètres sur une route bien plate, chose rarissime en ces contrées, et ce chiffre montait à un ahurissant 90 litres aux cent dans le sable lourd — qui, lui, existait à profusion. L'engin était équipé d'un treuil électrique, monté à l'arrière, et d'un câble en acier de cent mètres de long qui pouvait résister à une traction de cinq tonnes. Il avait une hélice, commandée grâce à un levier situé dans le poste de pilotage, une boîte à six vitesses, et un générateur d'air comprimé. Il était peint en vert camouflage et pesait un peu plus de sept tonnes, à vide.

Comme nous avions prévu de nous enfoncer à l'intérieur du continent, il nous fallait emporter tout ce dont nous risquions d'avoir besoin : caisse à outils bien remplie, jeu de roues de secours, nourriture en conserves, batteries de torches électriques, aspirine et trousse FitzSimmons complète contre les morsures de serpents. Mais avant de nous embarquer trop loin des endroits « civilisés », pourvus de garages susceptibles d'opérer les réparations nécessaires, il fallait tester les possibilités réelles de l'engin sur terre et sur l'eau, c'est pourquoi nous avons passé notre première nuit dans la brousse, pas très loin de Far Lamorna.

Les parois lambrissées de l'habitacle de 2,5 sur 3,6 mètres avaient été peintes en blanc et il y avait des tapis sur le sol, un tapis persan et une peau de guépard montée sur feutre noir. Les deux couchettes, style bateau, étaient recouvertes de fourrures gris argenté d'hyrax. Ce n'était pas invivable, d'accord, mais il fallait comparer avec ce que nous venions de brader : une demeure merveilleuse, originale et superbement aménagée au milieu d'un terrain de cent vingt hectares de granite précambrien, une roche formée à partir des entrailles en fusion d'une planète toute neuve, il y a plus de quatre milliards et demi d'années, des milliers de siècles avant que les premiers lichens primitifs commencent à tenter de s'accrocher sur la rude surface grise.

Une tête, celle de Kisi, surgit au-dessus du grillage rigide, aux mailles en forme de losanges, qui a été installée entre la cabine et le poste de pilotage. Kisi, c'est mon cuisinier; avec son visage tout frais, il vient de la tribu de 'Ndebele qui vit dans la partie sud de la Rhodésie. Il a remplacé Tembo quand le vieil homme a décidé de se retirer dans son kraal natal, pour rester un moment au soleil, avant de mourir. Quand je l'ai engagé, il m'a dit fièrement qu'il était né le 25 décembre et qu'on l'avait appelé Kisi parce que sa mère ne pouvait pas prononcer « Christmas ». On l'avait envoyé à une école de la mission, où il était devenu à demi chrétien, et il parlait anglais chaque fois que l'occasion s'en présentait. Il avait un goût immodéré pour le beau sexe et ses talents pour la cuisine étaient tout à fait acceptables.

Je vois tout de suite qu'il y a quelque chose qui le

tracasse. Il me fixe, de l'autre bout de la cabine, et je distingue le blanc de ses yeux. Il n'est pas heureux.

« Pour le dîner? » grogne-t-il du ton de quelqu'un qui espère que ses problèmes disparaîtront s'il cesse d'y penser. Une pluie fine a commencé à tomber et le bois est probablement mouillé.

Le cuisinier vient tout droit de son village où il a passé un mois de congé et il n'était pas là quand on a équipé l'intérieur de la cabine du DUKW.

« Tu ferais mieux de t'approcher », dis-je tout en hochant la tête en direction du réchaud à pétrole à quatre feux, pourvu d'un rail de protection pour empêcher les casseroles de tomber. Il y a aussi un four, de trente centimètres sur trente. « Voici ta nouvelle cuisine. Grande, hein? »

Au comble du désespoir, il me regarde et je sais pourquoi il souffre, et je sympathise avec lui. Nous regrettons tous les deux la splendeur perdue de notre royale cuisinière Aga.

« *Hau!* » L'anglais appris à la mission lui a fait défaut et il s'est réfugié dans le mot sindebele qui exprime tout, depuis le simple désarroi, jusqu'à la colère la plus intense. « Je ne peux pas faire la cuisine sur *ce truc*, c'est trop petit, beaucoup trop... » Il hésite, il cherche les mots précis. « C'est trop travail avec mauvais feu. »

Il roule les yeux, remarque le minuscule réfrigérateur branché sur batteries, et le placard avec ses sachets de soupe déshydratée, les pois secs, le café en poudre, les haricots en conserve, le corned beef, et plusieurs boîtes d'une marque particulièrement détestable de harengs à la sauce tomate. Il continue d'inspecter le reste de la cabine, ouvrant les placards au hasard : une garde-robe contenant huit cintres et un râtelier à fusils; un second placard, pour les chemises et les sous-vêtements, en haut duquel s'ouvre un tiroir contenant des couteaux et une cuvette en émail; une rangée de crochets pour chopes à bière, des cruches à vin en étain et des tasses à café en plastique d'un rouge luisant. Quand il arrive à l'extrémité arrière, il marque un temps d'arrêt et pousse une série de gloussements approbateurs en voyant les occupants d'une caisse en bois, recouverte sur un côté par une paroi grillagée.

« Les douze plus belles poules! s'exclame-t-il avec un sourire radieux. Pas de *madoda*[1]?

1. Littéralement, un mâle. Ici, un coq.

— Nous en achèterons un plus tard », promets-je en m'asseyant sur la couchette inférieure, sans réveiller Olivier qui vient de s'endormir. « Mais nous avons besoin d'œufs, en ce moment, pas de poussins ! »

Il approuve d'un signe de tête.

« Qu'est-ce qu'il y a sous les poules, dans le... ? »

Il ne connaît pas le mot soute. Je le lui dis.

« 680 litres d'essence et un réservoir plus petit pour l'eau potable. Le générateur pour charger les grosses batteries est derrière les poules. Tout le reste est à l'avant. »

Les lits de camp, les bâches de protection, le matériel de camping, les moustiquaires, les couvertures de rechange, les rouleaux de corde et plusieurs valises contenant le reliquat de nos vêtements civilisés, tout cela a été entassé dans la soute avant, que traverse le tuyau d'échappement. A aucun moment, dans le manuel d'instructions, on ne nous signale que le tuyau d'échappement du DUKW chauffe rapidement au rouge quand l'engin se déplace. Mais nous nous en apercevrons tout seuls. Plus tard.

Kisi pousse un nouveau soupir et sort les mains, paumes vers le haut, par une des fenêtres latérales. Au bout d'un moment il les rentre et essuie ostensiblement les gouttes de pluie sur le fond de son pantalon. Son air navré me va droit au cœur.

« Écoute, promets-je, je vais t'allumer le réchaud si tu me trouves les casseroles. Elles sont quelque part, dans l'un des placards. J'ai fait hier soir un risotto au poulet que je gardais pour demain, parce que ce sera notre première journée sur la route. Mais nous pouvons aussi bien le manger aujourd'hui. Tu le trouveras dans le réfrigérateur. Et pour l'amour du ciel, donne à manger aux chiens et aide-moi à les faire monter à bord. Cet endroit ne me plaît pas du tout. Je suis sûre qu'il y a des léopards dans le coin. »

Nous n'étions qu'à trois kilomètres de Far Lamorna. Je me demandai soudain, le cœur serré, si mon vieux Rodger n'était pas en train de noyer son chagrin dans l'alcool.

Kisi descendit du véhicule, clapant de la langue d'un air désapprobateur, et revint, serrant dans sa main une boîte d'allumettes. Olivier, réveillé à demi, lâcha son ours en peluche. Les doigts de sa main droite se déplièrent, révélant une grosse noix d'acajou rouge et noir, un souvenir de dernière minute qu'il avait attrapé dans l'arbre abritant les ruches au-dessus du barrage, près de la maison qu'il avait adorée. Il avait six ans et demi, bientôt sept, et je savais qu'il aurait dû être à l'école.

« Je vous en prie, mon Dieu, pas tout de suite. Laissez-le-moi encore un peu. Il est trop jeune pour qu'on le lance dans les turbulences du système scolaire. Je peux lui en apprendre plus que ce qu'on lui enseignera au cours des deux premières années d'école, de toute façon, et au moins il ne connaîtra pas les brimades et les humiliations. »

On avait achevé de bourrer les placards à provisions avec les quelques livres que j'avais réussi à emporter, pris dans l'énorme bibliothèque qui garnissait la moitié du salon à Lamorna : Steinbeck, Somerset Maugham, Hemingway, un volume des œuvres complètes de James Thurber, dix centimètres d'épaisseur, Saki, Damon, Runyon, l'édition définitive des poèmes de Kipling, le *Hassan* de Flecker, le *Thesaurus* de Roget, trois ouvrages de références sur la faune africaine locale, un guide illustré d'André Simon sur les champignons comestibles, l'*Encyclopédie gastronomique* et un exemplaire fatigué de *Cyrano de Bergerac*, sur lequel Robert avait inscrit mon nom, et son amour, il y avait de cela très, très longtemps.

Le seul espace libre restant dans la cabine se trouvait sur le couvercle en bois que l'on pouvait rabattre pour cacher la bassine. Kisi s'en servit comme d'une table et y disposa fourchettes et couteaux, puis enleva les couteaux et les remplaça par des cuillers pour le risotto. Il trouva la tasse d'Olivier, ornée du dessin de Pigling Bland, de Beatrix Potter, et y versa du lait froid. Puis, il remit ce lait dans une casserole, à grands gestes nerveux, prenant bien son temps pour se calmer. Il avait l'air de se plaire autant dans sa « cuisine » qu'au purgatoire, s'il se fiait du moins à la description que lui en avaient faite les prêtres de la mission catholique.

Manifestement, la perspective de manger du risotto ne l'enchantait guère.

« Et toi, tu as ce qu'il te faut pour ton repas ? » demandai-je.

Il hésita un moment puis commença à se frotter une narine, inévitable prélude à un mensonge bien plausible.

« *Hau!* Le chien m'a volé toute ma viande ! »

Je connaissais le nom du « chien » en question. C'était

Élizabeth Pakati, la compagne de Kisi, qu'il avait laissée aux bons soins de Rodger. Mais je n'allais pas retourner le couteau dans la plaie en une telle nuit. Il accepta sans se faire prier une grosse boîte de corned beef.

L'une des poules s'était pris les griffes dans le grillage et poussait des gloussements irrités, gonflant ses plumes. Au-dehors, il avait commencé à pleuvoir pour de bon.

Premier sang

Il nous a fallu deux jours pour atteindre les chutes Victoria, après avoir traversé, à bord de *Shaka le Zoulou*, la réserve de gibier de Wankie, ce qui n'a sans doute pas manqué de valoir une crise cardiaque au chef des gardes-chasse ni de provoquer une certaine agitation chez les éléphants déjà enclins à la mauvaise humeur. Je connaissais bien la région et aurais aimé m'y attarder un peu plus longtemps, mais Robert était pressé tout à coup, il fallait toujours se dépêcher. Il passa devant l'hôtel des Chutes et se dirigea droit sur le Zambèze.

Pendant trois jours, nous avons campé sur l'une des nombreuses îles qui parsèment le cours du fleuve, au-dessus des gorges où l'eau se précipite à grand fracas dans la cataracte du Diable, roule à gros bouillons en se frottant violemment aux parois rocheuses – et – spectacle presque incongru –, s'élève de nouveau en formant de multiples arcs-en-ciel.

Et puis, à la fin septembre, nous sommes repartis pour une laborieuse remontée du Chobe.

A son extrémité ouest, le Chobe s'engage dans un chenal connu sous le nom de Selenida Spillway, avant de rejoindre les eaux de l'Okavango, qui s'écoulent vers le sud. A l'est, il se jette dans le Zambèze, après le canal de Kasaya, qui a une longueur d'une vingtaine de kilomètres, et les eaux mêlées se précipitent dans le gouffre des chutes Victoria, là où les lobélies sauvages s'accrochent à la paroi rocheuse, balayée par les eaux. Le tumulte est tel qu'il est impossible de s'entendre parler.

Le Kasaya est l'un des rares canaux artificiels existant

dans le réseau aquatique extraordinairement complexe qui quadrille le nord-ouest du Bechuanaland. C'est également le cours d'eau le plus dangereux que l'on puisse trouver aux franges du delta de l'Okavango.

Cet étroit chenal, qui a été creusé à travers une région marécageuse où sévit la malaria, a une profondeur moyenne de cinq mètres environ et un fond extrêmement spongieux. Il est parcouru par un courant de trois nœuds et par des bandes nomades d'hippopotames particulièrement vicieux qui détiennent tous les records africains pour leur propension à écorner les canots en bois et à trucider les pêcheurs locaux. L'eau s'écoule en bouillonnant à travers les roseaux, l'herbe des marais et les papyrus de près de six mètres de haut qui se rejoignent en l'air et interdisent l'accès à la lumière du soleil. L'air grouille de moustiques, une algue filiforme tenace s'enroule et s'entortille autour des hélices et peut étouffer en quelques secondes le moteur d'un hors-bord. Les racines boursouflées de l'herbe des marais sont recouvertes de sangsues visqueuses. Cet endroit est également infesté de crocodiles.

Certes, on y trouve une profusion d'oiseaux de toutes sortes, mais après avoir passé deux heures et demie pour remonter laborieusement le courant sur vingt kilomètres, le visage et les bras constellés des taches rouge vif faites par les piqûres de moustiques, j'avais cessé de m'intéresser aux minuscules martins-pêcheurs qui semblaient parés de joyaux, aux gullinules d'un violet iridescent et aux vols bruissants des oiseaux aquatiques. Le Kasaya avait des relents d'enfer et nous n'avons pas tardé à savoir pourquoi.

Comme nous émergions à l'air libre, sur le Chobe, nous vîmes se diriger vers nous un canot creusé dans un tronc d'arbre que faisaient avancer avec de longues perches des Africains du service des barges, situé en amont. Au fond de leur embarcation, il y avait une flaque d'eau et de sang dans laquelle gisait un homme horriblement mutilé. L'un de ses bras avait été arraché, il avait les côtes écrasées et sa cuisse gauche n'était plus qu'une masse de chair déchiquetée.

« Un hippopotame, expliqua sobrement l'homme de barre. Cet homme réparait ses filets de pêche, debout dans la rivière. L'hippopotame est arrivé par-derrière et l'a mordu. Je crois qu'il va mourir. »

Il enfonça sa perche dans l'eau, imité par son équipage, et se retourna vers nous pour crier :

« L'hippopotame est mort, lui aussi. Notre morena l'a abattu à coups de fusil. La viande est bonne. »

En effet, elle était bonne, cette viande, accompagnée d'une poignée de légumes frais provenant du jardin bien enclos de l'officier des barges. J'avais accepté sans la moindre hésitation le quartier de viande sanguinolente qu'il m'avait offert. Il n'y avait pas de boucher à quatre-vingts kilomètres à la ronde et j'avais pas mal de bouches à nourrir. Il fallait profiter de toutes les occasions ou se résigner à souffrir de la faim.

Le *Loxodonta Africana* n'est pas mon animal favori. Ces énormes éléphants d'Afrique sont imprévisibles et d'une sauvagerie foncière, et bien avant cette excursion sur le Chobe j'avais eu beaucoup trop d'échos de leur propension à la barbarie la plus gratuite pour être à l'aise en leur compagnie. Ce qui se passa en ce torride vendredi 13 octobre — une date prédestinée ! —, ne fit que renforcer encore mon désir instinctif de laisser entre eux et moi le maximum de territoire africain.

Nous avions hissé le DUKW hors de l'eau, à l'aide de notre treuil, et nous roulions sur la vieille route des Chasseurs en direction de Kachikau. C'est là que s'étaient rencontrés des hommes comme Selous et Gordon Cumming, qui avaient suivi cet itinéraire en emportant un nombre non négligeable d'espèces disparues, le couagga, par exemple. Cette région était d'une grande laideur, avec sa couleur mate de bronze à canon, et l'étroite piste en terre battue était bordée de chaque côté par des rangs serrés de *moselesele*, des ronciers suffisamment coriaces pour empêcher des tanks Sherman de s'y frayer un chemin.

Après avoir atteint le sommet d'une crête, nous commençons à descendre l'autre versant. Devant nous, garé sur l'une des branches de la piste qui s'est divisée en deux pour contourner un arbre, il y a un fourgon Bedford de deux tonnes. Le chauffeur, un Blanc, et deux de ses employés africains, sont debout sur le côté. Nous conformant aux règles du savoir-vivre dans la brousse, nous nous arrêtons pour parler un moment.

« Jack Chase, dit l'homme coiffé d'un casque colonial. Je suis venu par ici pour éclairer ma religion à propos d'un éléphant solitaire. Vous avez intérêt à rester là où vous êtes un petit bout de temps, jusqu'à ce que toute cette bande se soit éloignée. Regardez ça. »

Le ravin qui s'étirait au bas de la côte fourmillait d'une masse d'éléphants. J'essayai de les compter mais, une fois arrivée à deux cents, je renonçai à poursuivre.

Soudain le troupeau se scinda, et le groupe principal s'engagea pesamment vers l'aval, longeant de près le cours de la rivière. Un noyau de femelles accompagnées de leurs petits fermaient la marche, projetant dans leur bouche un puissant jet d'eau ou le propulsant en fines gouttelettes derrière leur dos.

« Vous pouvez y aller maintenant, dit Jack. Ils ne devraient plus vous ennuyer. Bonne route ! Et arrêtez-vous à mi-côte si vous voulez prendre des photos. Je vous rejoindrai dans un moment, mais rappelez-vous que je ne pourrai pas vous contourner avec ma fourgonnette en cas de problème. » Il se tourna vers moi. « Il se pourrait que nous bivouaquions ensemble. »

Une fois le ravin franchi, j'allai m'installer avec Olivier sur le pont arrière du DUKW. Robert était assis au volant, le moteur tournant au ralenti. Jack nous avait rejoints ; il arrêta son véhicule derrière nous. Juste à ce moment, le troupeau quitta la rive et se dirigea vers la route.

Les femelles d'éléphants qui ont leurs petits à côté d'elles ont la réputation d'être très dangereuses et, tout en les regardant, j'entendis une petite sonnette d'alarme qui tintait au fond de mon cerveau. Ç'aurait dû être une sirène, comme pour annoncer un raid aérien !

Le troupeau se regroupa puis s'élança en avant : les femelles, les éléphanteaux et un mâle solitaire. Quelques-unes des mères levèrent leur trompe en l'air, et leurs vastes oreilles se mirent à battre, ce qui était un bien mauvais présage. Soudain l'une d'elles se mit à barrir, un long hurlement, qu'elle répéta plusieurs fois. Elle se détacha très vite, avec colère, avec cette démarche magnifique des éléphants qui ressemble à une série de pas de danse un peu raides et qui devient une véritable charge avant que vous ayez le temps de dire ouf.

Elle fonçait à toute vitesse sur la piste, avec un élan tel que, même si elle l'avait voulu, elle aurait été incapable de s'arrêter avant de heurter le Bedford.

Le fusil de Robert, un Holland and Holland .465 à double

canon et à la crosse gravée de motifs en or, était encore dans son étui de cuir châtain, maintenu fermé par un ruban et portant le sceau de cire rouge apposé par les services gouvernementaux, mais je n'avais pas tardé à me retrouver dans la cabine, tentant d'arracher les attaches qui résistaient à mes efforts. Efforts bien inutiles! Même si, par quelque miracle, le fusil avait été chargé, il aurait encore été trop tard. Je voyais le reste du troupeau qui courait derrière la femelle furieuse, et j'eus alors la certitude que nous allions connaître l'enfer d'un instant à l'autre.

Une détonation retentit soudain et une balle à ogive renforcée, tirée par le Gibbs 500 de Jack, vint se loger presque à bout portant au milieu du front de l'animal. Le coup classique de la boîte crânienne. La bête s'écroula, à six mètres de Jack, ployant d'abord les genoux puis basculant sur le côté droit, juste avant que sa trompe ne vienne tomber dans la poussière.

Quelques secondes plus tôt j'avais crié à Robert, qui était toujours au volant, de démarrer mais j'avais eu l'impression qu'il s'était écoulé une éternité avant qu'il perçoive le son de ma voix, étouffée par le vacarme du moteur. Enfin, je sentis que le DUKW bondissait en avant et je me cramponnai à la garde-robe tout en regardant d'un œil effaré la scène qui se déroulait, au milieu d'un nuage de poussière, à quelques mètres derrière nous, et qui me faisait l'effet d'un rêve macabre aux horreurs multiples et floues.

Trois des compagnes de la femelle morte s'efforçaient de la remettre sur ses pieds, levant son corps avec toute la puissance de leurs têtes, de leurs trompes et de leurs défenses. Deux fois elles réussirent à lui faire prendre une position assise et deux fois elle s'affaissa de nouveau. Et puis, chose incroyable, elle se retrouva debout, archi-morte mais maintenue en position verticale par ses compagnes qui la soutenaient. Pétrifiée d'étonnement, je les regardai l'emmener, le derrière en l'air, à l'écart de la route.

Mais le drame n'était pas terminé. Dominant les barrissements et les cris aigus du troupeau, le hurlement strident d'un homme retentit soudain, l'un des employés de Jack, une jeune Africain dont c'était le premier safari. Il courait sur la route, tentant désespérément de rattraper le DUKW. La vue de cet homme produisit un effet instantané sur les éléphants que la mort de leur compagne avait rendus furieux et pris de frénésie à l'idée que leurs petits pouvaient être en danger.

L'une des énormes bêtes, qui s'était tenue jusque-là à l'écart des autres, pivota soudain sur elle-même, en poussant un glapissement furibond. Elle émergea du nuage de poussière, mais j'eus beau hurler qu'il fallait accélérer, ni Jack, ni Robert ne parurent s'aviser de l'imminence du péril. Certes, Robert roulait aussi vite que le lui permettait le revêtement de cette piste rudimentaire, et tandis que *Shaka le Zoulou* avançait en cahotant d'un nid-de-poule à un autre, l'homme auquel Jack avait confié une carabine et qui était debout à l'arrière du Bedford, dans notre sillage, se mit à tambouriner sur le toit du véhicule pour donner l'alerte.

Le Bedford bondit en avant avec une telle brusquerie que je crus qu'il allait nous heurter par l'arrière, puis deux des Africains se penchèrent par-dessus la ridelle et hissèrent à bord leur camarade épouvanté. Et là-bas, loin maintenant, je voyais le trio compact des éléphants avec la femelle morte toujours debout. Mais nous parvînmes au sommet d'une autre côte et les arbres et la crête les dissimulèrent à ma vue.

La route des Chasseurs luisait d'un blanc de craie aux dernières clartés du jour, sous un ciel que les pluies menaçantes teintaient d'un bleu d'encre. Au moment où nous nous apprêtions à monter les tentes, l'orage éclata au-dessus de nous; on aurait dit une pluie de pièces de monnaie toutes neuves, à la lumière des phares. L'eau était chaude, elle tombait en abondance, et lavait le veld de toute sa poussière, et aussi de ses empreintes. Au matin la brousse exhalerait ces senteurs pénétrantes que seule peut donner la pluie toute fraîche, et on pourrait y déceler de nouvelles traces, là où les rôdeurs nocturnes avaient imprimé l'histoire de leur passage sur le sol mouillé. L'ennui, c'est que les empreintes laissées par les éléphants allaient être, elles aussi, effacées par l'orage de sorte que, s'il fallait retrouver leur piste, la tâche serait à la fois difficile et dangereuse dans les broussailles épaisses.

Tout me plaisait dans ces campements en pleine brousse : l'odeur des lampes à pétrole que l'on venait d'allumer, les perles étincelantes constellant la toile des vaches à eau et le goût à peine perceptible de fumée que je décèle immanquablement dans cette eau; le parfum sec, blanc, spécial, des moustiquaires; le sifflement assourdi de la grosse bouilloire qui oscille, accrochée à son trépied au-dessus du feu de bois.

Olivier avait mis son pyjama et sa robe de chambre. Il me prit la main et la serra soudain. Je le regardai pour voir quel effet cette journée avait produit sur lui et il m'adressa un sourire rapide et timide, les yeux agrandis comme ceux d'un hibou par l'excitation et la peur. Je me rendis compte, de nouveau et avec une souffrance encore plus vive, que les événements de l'après-midi avaient démontré de façon irréfutable que nous ne devions pas le garder avec nous bien longtemps. Moi qui m'étais imaginé, trop légèrement, que nous partions pour de longues vacances sous la toile, je voyais maintenant que notre entreprise risquait d'être beaucoup plus périlleuse que prévu. Mais, pour ne rien changer à mes habitudes, je préférai me cacher la tête dans le sable.

« J'aurai peut-être besoin de votre DUKW tout à l'heure, dit Jack tandis que nous buvions le café du matin. Il va falloir dégager cette carcasse de la piste. Ils n'ont pas dû l'emmener à plus d'un mètre ou deux. »

Mais si. Ils l'avaient emportée jusqu'au bord de la rivière, à plus de cent mètres de l'endroit où Jack avait tué la bête. Et elle était tombée trois fois encore avant que ses compagnes se décident enfin à l'abandonner, comprenant que ce n'était plus qu'un cadavre. Le sang qui s'écoulait de la blessure mortelle au cerveau s'égouttait encore au bout de la trompe et, spectacle surprenant, une nuée de papillons roses s'était posée au sommet de sa patte de devant gauche. Jack se pencha et chassa les insectes d'un revers de la main.

« Elle était déjà blessée, dit-il. C'est pour ça qu'elle a chargé. »

Il sortit un couteau de sa gaine et l'enfonça profondément dans la chair de l'éléphant, à la recherche d'une balle qu'il finit par trouver.

« Une 303, dit-il avec colère après l'avoir sortie. Trop bas pour atteindre le cœur. Ça remonte à peu près à trois semaines. Salauds de braconniers! Mais pourquoi a-t-il fallu qu'ils s'en prennent à une femelle, nom de Dieu?

Avec l'ivoire qu'elle avait on n'aurait même pas pu faire une boule de billard.

— Pourquoi les autres l'ont-elles portée? demandai-je tout en me doutant de la réponse.

— Réfléchissez. Elles croyaient que leur compagne était seulement blessée et voulaient l'emmener auprès de l'eau pour la ranimer. Ils sont comme ça les éléphants. L'erreur que font la plupart des gens, c'est de ne pas croire ce qu'on leur dit à propos de ces animaux. »

Dans le courant de la journée, Jack partit pour Francistown et nous continuâmes notre route vers Kasane. Aucun de nous ne le savait alors, mais ce coup de feu tiré sur un éléphant blessé allait nous créer des ennuis pendant huit longues années. Cet incident faillit enrayer nos efforts pour sauver de l'anéantissement la faune du protectorat, et finalement il provoqua, pour Robert, l'annulation de sa licence de safari qui aurait pourtant été le seul moyen de subsistance qu'il fût jamais capable d'accepter.

Désastre à la une

Je m'étais aventurée sur la piste sablonneuse qui descendait au Chobe, et arrivée à peu près à mi-parcours, j'entendis Kisi qui tambourinait de toutes ses forces sur le toit du DUKW, le signal dont nous étions convenus pour avertir d'un danger. Robert était à quelques mètres devant moi, occupé à régler le téléobjectif de son appareil photo sur un majestueux éléphant mâle qui buvait paisiblement l'eau de la rivière. Il se retourna d'un air furieux et commença à dire : « Mais enfin, bord... » mais son expression changea soudain et il cria : « Oh, merde ! », partant en courant vers le haut de la pente. Je le suivis le plus vite que je pus.

Des dizaines et des dizaines d'éléphants tournaient en rond dans la brousse, de chaque côté de *Shaka le Zoulou*, et pour couronner le tout, un mince panache de fumée grise s'échappait de la soute avant du véhicule. Le DUKW était en feu, et il transportait plus de quatre cent cinquante litres d'essence.

Je grimpai à bord, agrippant la barre métallique qui encerclait la passerelle, tandis que Robert mettait le contact pour le couper brusquement aussitôt après. Kisi, le visage décomposé, tremblait de frayeur, et il articula quelques paroles à peine compréhensibles où je crus reconnaître : « Trop d'éléphants, et beaucoup trop près ! » C'était là une vérité indiscutable, mais les éléphants ne constituaient pas le plus grand de nos périls. N'empêche qu'ils étaient trop rapprochés pour que nous risquions de mettre Olivier et les chiens en dehors du DUKW.

Quand je pénétrai dans la cabine, je constatai qu'il y régnait une chaleur phénoménale, et chaque surface était trop brûlante pour qu'on puisse la toucher. Négligence impardonnable, aucun d'entre nous n'avait pris la peine de vérifier l'état des extincteurs et nous découvrions maintenant qu'ils avaient tous les deux été littéralement soudés à leurs supports par la boue solidifiée des nids construits par les mouches maçonnes. Il fallut les extraire de leur gangue à grands coups de clé à molette et Robert s'en empara enfin pour se hisser ensuite sur le pont avant. Mais aussitôt qu'il eut soulevé le panneau fermant la soute, les flammes jaillirent vers lui.

Les deux malheureux cylindres de pyrène ne produisirent guère d'effet sur les feux de joie qui dévoraient les lits de camp, le linge non repassé et les sacs de farine ; en revanche ce que réussirent à faire les deux extincteurs, ce fut à emplir la cabine de pilotage de nuages pestilentiels de tétrachlorure de carbone. Autrement dit, nous ne pouvions plus nous mettre au volant pour redémarrer le moteur, ce qui nous aurait pourtant été bien utile pour dissiper la fumée qui s'accumulait dans la soute.

Mais Kisi ayant fini par recouvrer son sang-froid, il passait à l'action, emplissant tous les seaux disponibles et la baratte à beurre de neuf litres avec l'eau de la pompe du pont arrière. Il traversa la cabine en courant, éclaboussant tout sur son passage. Il y eut un sifflement furieux quand Robert versa le premier seau dans la soute et un nuage de vapeur d'eau et de cendre très fine s'éleva soudain, dégageant une odeur de corde calcinée. J'attrapai la baratte des mains de Kisi et me précipitai vers l'avant, mais les armatures métalliques du pont fondirent les semelles de mes tennis. Je passai la baratte à Robert puis me hissai sur le toit de toile de la cabine de pilotage, suffoquant à cause de la fumée et étourdie par la douleur que me causaient mes pieds boursouflés.

Soudain, tout mouvement cessa. Je fus prise de peur. Kisi parut vidé de toute énergie. Les mains pendantes, le souffle court, il annonça d'une voix lasse :

« Y a pu d'eau. »

Mais s'il n'y avait plus d'eau, il n'y avait plus de feu non plus. La vapeur sortait toujours mais de flammes, point.

C'est alors que je me souvins d'Olivier. Je plongeai dans la cabine et, pendant un moment, je ne vis aucun signe de sa présence. Puis j'aperçus le bout de deux petits pieds pas très propres qui émergeaient sous le couvre-lit en peau d'hyrax posé sur la couchette supérieure. Quant aux chiens, ils s'étaient réfugiés sur le pont arrière pour se blottir contre la caisse aux poules, le plus loin possible du feu.

Et les éléphants! Où étaient les éléphants? Nous avions complètement oublié cette menace, dans la panique déclenchée par l'incendie; vaguement, je me rappelai qu'en principe ces animaux ont peur du feu. Je me penchai par la portière. A cent mètres de là, juste à la lisière des bosquets, le derrière d'une femelle qui avait son petit dans son sillage disparaissait à la suite de tout le troupeau qui descendait tranquillement vers la rivière. Les buissons qui nous entouraient étaient d'un calme étrange jusqu'au moment où un barbet entra soudain en action, égrenant les signaux des fortes chaleurs, une série de notes qui ressemblaient aux tintements d'une minuscule enclume.

J'ôtai mes tennis pour mettre des sandales, en grimaçant de douleur. Mes ampoules commençaient à crever. Olivier tendit la main vers moi et me tira doucement les cheveux, dans un geste taquin. Non, me dis-je, la mort dans l'âme, ce n'est pas la vie qui convient pour un enfant. Il allait falloir le mettre avec son frère. Il avait risqué la mort, une mort horrible, due aux monstrueux rêves d'aventure de son père. Nous aurions tous pu périr.

J'allai en boitillant vers l'avant pour constater les dégâts. Le tuyau d'échappement qui traversait la soute était encore brûlant par endroits, chauffé au rouge par la trop longue distance que nous avions parcourue à petite vitesse sur un sable mou et lourd dans lequel le véhicule s'était enfoncé jusqu'aux moyeux. J'examinai l'intérieur calciné. L'un des lits de camp, éjecté par une secousse particulièrement violente, était tombé sur le tuyau et avait fini par s'embraser, mettant le feu au matériel qui se trouvait à proximité.

Notre seule consolation, c'était que les fabricants de ce véhicule avaient placé les réservoirs d'essence à l'arrière. Dans mon désarroi, j'aurais été bien heureuse de voir ce maudit engin entre les mâchoires d'une machine à broyer la ferraille.

Pourtant, le moteur a démarré en douceur et Robert a amené le DUKW au bord du Chobe où nous avons pu remplir les réservoirs d'une eau encore légèrement boueuse après le passage des éléphants sur les hauts-fonds. Cela valait tout de même mieux que de ne pas avoir d'eau du tout.

Quand nous avons enfin atteint Kasane, il faisait noir, nous étions fatigués et couverts d'un mélange de cendres, de sueur et de poussière. Mais nous n'étions pas au bout de nos malheurs. Robert ôta le panneau qui fermait la soute pour que nous puissions nettoyer l'intérieur, et pendant qu'il était parti emprunter un tuyau, Olivier grimpa sur le capot et tomba dans le vide, la tête la première. Quand je réussis enfin à l'en sortir, il était ensanglanté ; il avait le nez qui saignait et le cuir chevelu ouvert jusqu'à l'os.

Nous nous aperçûmes alors que notre trousse à pharmacie ne comportait pas de fil pour recoudre les blessures. Robert saupoudra la plaie de poudre antibiotique et en rapprocha les bords avec des bandes d'élastoplast. Ensuite nous enveloppâmes dans des couvertures l'enfant qui grelottait et je le pris sur mes genoux pour lui faire avaler quelques cuillerées de lait chaud, jusqu'à ce que ses pieds et ses mains retrouvent un peu de chaleur et que la couleur revienne sur ses joues. Comme je le déposais sur sa couchette, il ouvrit tout grands les yeux et me réclama une histoire.

Moi, je me disais que des histoires, on en avait eu plus que notre compte au cours de ces derniers jours.

« Oh, par pitié, Olivier ! Ce soir ? Bon, quel genre d'histoire te ferait plaisir ?

— Une histoire d'éléphants », dit-il.

Notre premier safari était terminé, mais sur le trajet, nous avions attrapé sans nous en apercevoir un bacille particulièrement virulent, et l'infection se développa rapidement. Comme on aurait pu s'y attendre, quand nous avons ramené le DUKW à Bulawayo, nous ne sommes pas passés inaperçus et les journalistes locaux nous sont tombés dessus sans tarder pour que nous leur fassions une conférence de presse improvisée. En toute innocence, je leur racontai l'histoire de l'éléphant mort, décrivant le cortège funèbre, et le *Bulawayo Chronicle* publia en première page un article à sensation accompagné de photographies.

Ce compte rendu suscita la réprobation d'un fonctionnaire très imbu de sa petite personne, qui travaillait au service du Gibier de la Rhodésie ; il décida, sans se donner la moindre peine de vérifier, que nous avions dû importuner délibérément ce malheureux animal pour qu'il soit amené à nous charger ainsi. Il ne prit aucune mesure officielle à notre encontre, mais il colporta son histoire dans tous les services gouvernementaux de la Rhodésie du Nord et du Sud, et du Bechuanaland. Comme aucune plainte n'avait été formulée, il nous fut impossible de réfuter l'accusation et ce fut le commencement d'une longue campagne de harcèlements officiels qui se prolongea jusqu'au moment où Robert fut contraint de quitter le Protectorat, treize ans plus tard.

A l'aventure dans l'arrière-pays

« *Deux mois*, avait promis Robert quand il avait décidé que nous ferions une visite d'adieu à l'une des dernières régions vraiment perdues et oubliées de l'Afrique centrale. Deux mois, rien que deux mois, et après nous remontons avec le DUKW directement jusqu'au Caire, pour rentrer en Angleterre. Je te le promets.

— C'est une promesse de politicien ?

— Non. Une promesse très sérieuse. Nous allons jeter un rapide coup d'œil aux marécages de l'Okavango et après je te ramène en Grande-Bretagne. C'est juré. »

Il avait déployé tout son charme, ce qui était rare chez lui, et cela signifiait indubitablement qu'il voulait quelque chose très fort et qu'il était prêt à mentir pour l'obtenir. Le safari dans le Chobe avait déjà pris un mois et je ne voyais pas comment nous pouvions espérer traverser le désert du Kalahari, cette célèbre terre de la soif, et avoir encore le temps, en quatre petites semaines, d'explorer un delta très mal connu et dont aucune carte n'avait été dressée. Et pourtant... il y avait mon livre !

Le désir d'écrire s'était développé en moi presque dès l'instant où j'avais été capable d'assembler les lettres en syllabes et, à six ans, je composais un flot continu de poèmes consacrés surtout aux merles — une préfiguration de mon intérêt grandissant pour les animaux —, et à la réincarnation, qui me permettait de m'évader dans un monde où les enfants avaient le droit de jouer ensemble.

Deux années plus tard, j'écrivais des histoires d'animaux pour le *Chronicle*. Par la suite, cet intérêt déboucha sur la fascination qu'exerçait sur moi le folklore africain quand je restais des heures à écouter les indigènes de Far Lamorna.

Ils me parlèrent de Tokoloshe, le nain diabolique qui vivait dans les rivières et à qui l'on imputait toujours toutes les naissances illégitimes dans les villages situés au bord de l'eau. J'appris aussi l'existence de la chouette *izizi*, aux oreilles de chat, dont le cri mélancolique annonçait la mort ; de la cruelle sorcière qui obligeait son mari à boire son propre sang tandis qu'il agonisait, pour que son âme puisse accéder au Lekhututu, ce grand calao terrestre noir du sud, et immortaliser pour l'éternité le son de sa note semblable à un roulement de tambour.

C'est au cours de cette deuxième incursion dans les fins fonds du pays, voyageant de jour et écrivant la nuit, que je commençai à rédiger un compte rendu quotidien et intégral ; je ne me contentais pas de rapporter les menus incidents de chaque jour, je notais aussi les sons, les couleurs, les odeurs, décrivant les paysages et le visage anonyme du pêcheur qui avait lancé ses lignes dans la rivière et s'était fait attaquer, sans raison apparente, par un hippopotame solitaire.

C'est à partir de ces notes que mon premier livre, *Okavango*, commença lentement à prendre forme.

Je tirais quelque réconfort de l'idée que, si la terre n'était pas soudain détruite par quelque soudaine catastrophe, l'Angleterre serait encore là quand j'aurais fini d'écrire cet ouvrage. Il serait alors temps de mettre le cap sur le pays et les amis que je désirais tant revoir.

En 1958, on savait fort peu de chose sur la région qui s'étendait au nord-ouest du protectorat du Bechuanaland[1], là où l'Okavango, dévalant de sa ligne de partage des eaux dans les montagnes fraîches et escarpées de l'Angola, se déploie en éventail pour former un immense delta sur les flancs arides du désert de Kalahari. Cette eau ne réussira jamais à atteindre la mer, et elle est d'une grande limpidité jusqu'à une profondeur de cinq mètres, au-dessus d'un socle de sable blanc et salé. Il y avait là autrefois une vaste mer intérieure, mais le sel qu'elle contenait est depuis très longtemps absorbé par le sable si bien que les eaux sont douces, aussi douces que l'eau de pluie.

Ce territoire appartenait, et appartient toujours, à la tribu des Batauana, dont le centre administratif était situé à

1. Devenu le Botswana.

Maun, un village de maisons aux murs de clayonnage revêtu de boue d'argile, sur la bordure ouest d'un extraordinaire labyrinthe de cours d'eau, de lagons, de marais et de terres inondables, saupoudré d'innombrables îles que recouvrent d'épaisses forêts.

Nous savions déjà tout cela quand nous nous embarquâmes vers cette région, mais nous n'en savions guère plus. Même la carte d'état-major que nous nous étions procurée ne pouvait nous renseigner, car elle était constellée de fleurs de lis qui, d'après la légende, représentaient les marais.

Avant de partir, nous avons procédé à nos préparatifs pendant quatre mois, installés à bord de *Shaka le Zoulou*, que nous avions garé dans un jardin — spectacle incongru ! — derrière la maison d'un ami. Et puis, le samedi 14 février 1959 — le jour de la Saint-Valentin — Robert amena le massif DUKW sur la grand-route et je le suivis au volant d'un gros break, un Humber Super-Snipe, qui avait été fabriqué tout spécialement pour la Anglo-Iranian Oil Company et qu'on avait, je ne sais pourquoi, acheminé en Rhodésie, avec un compteur affichant zéro kilomètre.

Olivier avait rejoint son frère à l'école élémentaire privée de Rhodes et je m'étais arrangée avec le directeur ; cet excellent homme me les amènerait tous les deux à notre camp à la fin du trimestre.

Mais les vacances de Pâques étaient encore loin, en cette matinée ensoleillée de février et, Kisi mis à part, je me retrouvais de nouveau seule avec Robert.

Notre-Dame-du-Désert

« ... un désert désolé qui s'étend d'est en ouest
Où les mirages amoncelés prennent corps,
sous la lumière torride et blanche. »

Rudyard KIPLING, *Jobson's Amen.*

Assise sur le bord du lit de camp, je regardais les petites gouttes de pluie qui rebondissaient comme des globules de mercure argenté sur la bâche de toile bien tendue. Le ciel était blanc, balayé par une turbulence grise. Au-dessus de moi, un caméléon progressait laborieusement sur une branche, en quête d'un insecte attardé. Il atteignit un lambeau d'écorce et, marquant un temps d'arrêt, il changea de couleur, passant du vert feuille au marron tacheté.

Je me trouvais en terrain familier. Je savais que bientôt les galagos viendraient, légers comme l'air, soyeux et délicats, avec leurs yeux rubis vifs et mobiles. C'étaient des *Senegalensis*, de minuscules lémuriens qui avaient élu domicile dans les bosquets de mimosas.

Le soleil allait bientôt se coucher et la petite ville frontière de Plumtree se trouvait derrière nous. De même que tout ce qui ressemblait à une route goudronnée, car le tarmac s'arrêtait brusquement du côté rhodésien de la rivière Ramaquabane. En quelques mètres, le revêtement disparaissait pour laisser la place à une longue succession de nids-de-poule bordés de pierres en calcaire acérées, pour aboutir enfin à de courtes ondulations — la fameuse tôle ondulée — et à des sables mouvants.

Les seaux de toile qui pendaient aux rétroviseurs du DUKW étaient recouverts d'une épaisse couche de poussière rouge, et un sable fin et pénétrant jaillissait des roues, emplissant la cabine d'un nuage suffocant. Au bout de vingt-cinq kilomètres et après trois crevaisons, nous avions renoncé à prolonger ce cauchemar et décidé de monter le camp pour la nuit.

A la fin des années cinquante, le Bechuanaland était

encore un pays d'une grande pauvreté, car les prospecteurs professionnels de la De Beers n'avaient pas encore découvert les gisements de diamants qui allaient ensuite transformer son économie. A cette époque-là, le sol était trop épuisé pour que l'on puisse en tirer des récoltes satisfaisantes et l'élevage du bétail était limité par les sécheresses incessantes, les ravages de l'omniprésente mouche tsé-tsé et les épidémies permanentes de fièvre aphteuse. Il n'y avait aucune industrie digne de ce nom et aucun moyen de payer l'entretien des routes. Cette pauvreté généralisée se reflétait dans l'état de délabrement des villes du Protectorat dont Francistown était la première, et la dernière, sur la piste qui menait au delta de l'Okavango, à cinq cents kilomètres de là.

Francistown n'était pas une ville très attrayante. Son unique rue n'était guère qu'une piste grossière recouverte d'un mélange de gravier et de sable. Les deux hôtels délabrés, dont les ouvertures étaient masquées par des moustiquaires épaisses, donnaient directement sur la voie ferrée. Quelques boutiques rudimentaires offraient à une clientèle peu exigeante les grosses marmites montées sur trois pieds dans lesquelles on fait la cuisine sur toute l'étendue du territoire africain, et aussi de la farine, du pétrole brut, un drap épais aux couleurs vives, un choix fort limité de conserves en boîtes ou en bocaux de verre, et fort peu d'autres choses.

Sur les trottoirs en terre battue, devant les boutiques, des femmes africaines vendaient des cacahuètes, et quelques paniers de fabrication locale d'une qualité plus que douteuse. Des badauds vêtus de haillons erraient dans les rues, et des enfants au ventre gonflé comme un ballon quémandaient des pièces de monnaie d'une voix plaintive.

Pendant onze mois de l'année, il régnait une chaleur aveuglante : pas un seul arbre, d'un bout à l'autre de la ville, pour offrir la moindre parcelle d'ombre.

Et pourtant, en dépit de l'ennui profond qui se dégageait de ce petit poste frontière, j'emportai un souvenir d'une beauté sublime qui resta dans ma mémoire fort longtemps après que j'eus secoué de mes chaussures les derniers grains de poussière glanés à Francistown. L'école locale s'appelait Notre-Dame-du-Désert.

Le soir de notre première journée, après notre passage à

Francistown, nous avions parcouru tout juste cent kilomètres, en sept heures d'une conduite particulièrement éprouvante. La route de Maun n'était rien d'autre en fait que deux ornières parallèles qui nous emmenaient vers le nord-ouest : cinq cents kilomètres à travers une région semi-désertique, deux ornières de soixante centimètres de profondeur qui sillonnaient le sable nous indiquant que c'était là le chemin le plus court entre un semblant de civilisation et un territoire que personne ne connaissait, dont on savait uniquement qu'il se trouvait aux confins d'une vaste zone marécageuse où sévissait la malaria et où l'on pourrait découvrir la capitale, écrasée de soleil, d'une tribu de chasseurs africains. C'étaient les Batauana qui, autrefois, avaient fini par dénicher dans ce même désert un passage qui leur avait permis, grâce à un processus pacifique de conquête, de prendre le contrôle d'une région qui, jusqu'alors, avait appartenu aux Bayei.

Une poussière blanche comme du sel s'envolait des dunes mouvantes, traversant sans cesse la piste pour se disperser dans le vent brûlant et se reformer un peu plus loin avec une impitoyable monotonie. Malgré la fraîcheur relative du couchant, le thermomètre marquait 43° à l'ombre.

« Il va y avoir des animaux », me répétais-je amèrement, me remémorant l'élan d'enthousiasme romantique qui avait si efficacement neutralisé ma première objection à cette seconde expédition dans l'Afrique profonde. « Il y aura des animaux en abondance et une population humaine dont la densité n'est que d'une personne aux cinq kilomètres carrés. »

Nous voyagions maintenant depuis trois sinistres journées et, jusqu'à présent, je n'avais vu ni le poil ni la plume du moindre animal, à l'exception du spectacle déprimant offert par une vache morte depuis longtemps et plus ou moins momifiée. J'allais donc vivre dans un pays où il y aurait un cinquième de personne par kilomètre carré, ce qui en soi était déjà un miracle étant donné le vide absolu des terres que nous avions traversées. Il fallait d'ailleurs reconnaître qu'un animal assez audacieux pour vivre dans ces parages devrait avoir un organisme apte à se nourrir du sable des dunes et à boire l'eau des mirages.

Nous avons tout de même fini par atteindre un baobab solitaire, et nous avons planté notre tente sous son ombre.

Tout autour de nous, le désert aveuglant étalait ses sables desséchés, une étendue désolée d'une aridité écrasante. Notre petit feu de camp pétillait dans la nuit vide et, au-dessus de nous, les étoiles étincelaient dans un ciel qui n'était ni bleu ni entièrement noir mais possédait en fait la couleur et la profondeur de l'infini.

Un chacal — où donc parvenait-il à trouver à manger par ici ? — aboya au loin et un scorpion traversa en zigzaguant la bâche étalée à mes pieds ; une vie chétive dans une terre sans vie.

Endolorie, épuisée, j'écoutais le silence, essayant d'imaginer ce qui s'était passé sur cette piste autrefois, quand une colonne confuse et désespérée d'hommes, de femmes et d'enfants s'en allait vers les terres riches en gibier qu'elle croyait pouvoir trouver plus loin. Ils avaient emboîté le pas à leur chef Tauana, pour fuir les guerres fratricides du pays des Bamangwato, et il les emmenait vers le sud, dans ces solitudes sauvages, à la recherche d'un delta légendaire. Comment son peuple transportait-il l'eau ? Dans des outres, dans les coquilles des œufs d'autruche, comme les Bushmen du Kalahari, dans des vessies de chèvres ? Leurs maigres réserves leur avaient-elles suffi pour atteindre ces marécages inconnus et enchantés, l'endroit où le chef avait rêvé de bâtir son avenir ? Et combien de fugitifs avaient survécu pour fonder la tribu des Batauana, les *Enfants du Petit Lion* ?

Des oies sauvages traversèrent la lune, très haut dans le ciel, en caquetant. Elles aussi, elles cherchaient l'eau des marais.

Nous sommes sortis du désert deux nuits plus tard et avec un instinct aiguisé par la longue sécheresse, j'ai senti la présence de l'eau longtemps avant de l'avoir vue.

Shaka le Zoulou, escorté par le break, pénétra dans une vallée peu profonde où l'air était pur et frais. Les silhouettes des arbres défilaient de chaque côté de la piste et on apercevait leurs reflets fugitifs dans l'eau noire. Il était trop tard pour entreprendre quoi que ce soit, sauf monter la tente et se mettre au lit.

J'ai dormi jusqu'au moment où les oiseaux et un singe qui jacassaient m'ont tirée de mon sommeil. Nous étions dans la vallée du Thamalakane, sur la bordure orientale du delta de l'Okavango, un endroit où une eau bleue et sauvage bruisse en longeant les forêts épaisses, avec des lagons paisibles sur lesquels flotte la dentelle nacrée des nénuphars.

« Matlapanen, dit un Africain en nous saluant. Le camp de Morena Wilmot. C'est celui qui tue les crocodiles. C'est un bon campement. Beaucoup de poissons. »

Il cracha dans la poussière et poursuivit son chemin sans autre commentaire.

« Il crache pour tuer le mauvais sort, expliqua Kisi. Il a parlé en bien des poissons alors maintenant il faut qu'il crache pour montrer qu'ils ne sont rien, sinon ils vont tous partir. »

Vingt-neuf chiens et environ cinq cents Africains curieux sont arrivés avec le soleil. Si mes calculs étaient corrects, nous étions accueillis par la totalité de la population humaine d'un territoire de deux mille cinq cents kilomètres carrés. La foule s'agglutine autour du DUKW en criant, montrant du doigt et clapant de la langue d'un air incrédule. Je me suis habillée avec beaucoup de précautions, sous les couvertures, au grand ravissement de la quarantaine d'enfants qui s'étaient chamaillés au milieu de la phalange de leurs aînés ; tous se demandaient visiblement comment j'allais pouvoir enfiler mes vêtements tout en maintenant la moustiquaire sur le côté avec mes dents.

A midi, Robert partit à Maun, au volant du Humber, afin de se présenter au commissaire du district, un fonctionnaire qui, à cette époque, était investi de pouvoirs considérables dans pratiquement tous les domaines. Il emporta avec lui une liste d'achats que je lui avais dressée : pain, beurre, lait, du bon steak dans le filet, pommes de terre, oignons, oranges et tout autre fruit frais qu'il pourrait trouver. Quand il revint à Matlapanen, il était d'une humeur massacrante. Le CD avait appris, par une note discrète émanant du service du Gibier, que Robert était un spécialiste des voies de fait contre les éléphants sans défense, un individu dont il fallait se méfier. L'entrevue s'était déroulée sans aucune cordialité.

« Et la ville proprement dite, comment elle est ? » lui demandai-je, m'efforçant d'oublier que cette hostilité officielle risquait de rendre extrêmement désagréable notre séjour dans ce pays de Cocagne.

« Une vraie métropole, aboya-t-il. Le genre de ville qui va te plaire. Tu auras le coup de foudre. »

Il me tendit alors un carton contenant deux boîtes de lait concentré Nestlé, un pot de saindoux, trois boîtes de maquereaux marinés et un sachet de soupe déshydratée à la tomate.

« C'est tout? demandai-je en fixant un regard incrédule sur ce pitoyable butin. Pas de pain? »

De la poche de son pantalon, il sortit une boîte de levure.

« Il ne leur restait plus que ça. Il faudra que tu apprennes à cuire le pain. Il y a une recette sur l'étiquette. »

L'après-midi, je me rendis à mon tour au village. Je voulais me rendre compte par moi-même.

« Où elle est, la grand-rue? demandai-je en passant devant les pompes à essence, à côté d'un petit cimetière à demi caché par une rangée de laiterons vénéneux.

— On est dessus. Et le plus beau, c'est qu'elle s'arrête là. Tu ne t'en es peut-être pas aperçue mais en fait nous venons de traverser Maun. L'hôtel Riley et le magasin, il n'y a rien d'autre. Si je suis venu jusque-là, c'est parce que je me suis dit que tu voudrais peut-être voir à quoi ça ressemble quand on vient du nord. » Il fit un brusque écart, évitant de justesse un couple d'ânes en rut. Le mâle était un gros animal, avec des rayures sombres sur les flancs, encore un bâtard de l'une des vingtaines de juments qui avaient frayé avec des zèbres sauvages. « Prends le volant, si tu veux pousser plus loin tes investigations. Moi, je vais boire un pot à l'hôtel. »

Francistown était déjà un trou complètement perdu mais je ne tardai pas à m'apercevoir que toute ressemblance entre Maun et une communauté humaine normale était purement fortuite. La petite localité à partir de laquelle la régente Batauana, Mohumogadi Elizabeth Pulane Moremi, titulaire de l'ordre le plus prestigieux de l'Empire britannique, administrait ses cinquante mille sujets était surtout constituée de poussière, de chèvres, de haies de laiterons et d'ânes manifestement enclins à la lubricité. Ce n'était rien d'autre qu'un avant-poste, aux confins du désert, totalement dépourvu d'atmosphère et de charme. Les rues qui serpentaient entre les rares bungalows de modeste apparence, loués par les Européens, étaient recouvertes sur quinze centimètres de sable du Kalahari et des chiens squelettiques dormaient, harcelés par des essaims de mouches bleues.

Il n'y avait pas de banque à Maun, pas de boulangerie, ni de salon de coiffure, ni de cinéma, ni de fleuriste, et pas de ligne de chemin de fer. Il n'y avait même pas de ligne téléphonique pour relier le village au reste du monde. Un pionnier d'une éternité folle avait tenté d'en installer une un jour, mais les éléphants étaient venus se frotter contre les poteaux, les brisant si souvent que les ingénieurs avaient fini par refuser d'en mettre d'autres à la place; quant aux poteaux qui avaient résisté aux éléphants, les termites étaient venus en manger la partie enfoncée dans le sable.

En cas d'urgence véritable, si le camion qui livrait la bière n'était pas passé, par exemple, on pouvait transmettre des messages à Francistown par la radio de la police. Sans ce lien tenu avec la civilisation, Maun aurait disparu et personne ne se serait aperçu de sa disparition.

Mais bien sûr, il y avait l'hôtel Riley, le centre de la vie sociale. Il paraît que cet établissement a été restauré depuis, mais en 1959 le plâtre s'effritait sur les murs lépreux, d'un vert arsenic, les fauteuils grinçaient en exhalant des nuages de poussière et d'insectes, et les bords de toutes les tables étaient calcinés par d'innombrables brûlures de cigarettes. Une pancarte délabrée clouée sur un morceau de bois près d'une plate-bande de lis Saint-Jacques qui n'avaient jamais fleuri recommandait stupidement : « Prière de marcher sur le jardin. » La piscine contenait quelques pouces d'eau stagnante, des feuilles pourries et des souris noyées.

Après une heure de bien décevantes explorations, j'eus la surprise de découvrir que le village contenait deux écoles, l'une pour les enfants blancs, l'autre pour les enfants noirs. Il y avait même un minuscule bureau de poste, mais les services qu'il rendait auraient aisément pu être surpassés par ceux d'un pigeon voyageur en mue. Le petit hôpital était bien équipé, ce qui eut le don de me surprendre. Il est vrai qu'il ne manquait pas de clients, étant donné le nombre de maladies dignes de l'Ancien Testament qui sévissaient en permanence dans la région : la peste bubonique et la rage, sans oublier la malaria, la tuberculose, la maladie du sommeil et les maladies vénériennes; tous ces maux étaient plus répandus que le banal rhume, de même que la teigne tonsurante, la douve du foie, l'ankylostome et l'ophtalmie. Pour compléter la liste de ces afflictions bibliques, il y avait enfin la lèpre.

En revanche, cette région de marécages n'était nullement affectée par un fléau qui sévit généralement dans tous les pays d'Afrique : la bilharziose, cette maladie parasitaire provoquée par un vert trématode que l'on trouve en Afrique et au Moyen-Orient. L'eau provenant des hautèurs de l'Angola était douce et claire, on pouvait la boire sans danger, même sans la faire bouillir, et elle laissait votre peau et vos cheveux d'une propreté irréprochable ; un vrai plaisir de les toucher ! Un Gange africain, en somme, et d'une pureté miraculeuse.

Quelques instants plus tard, je m'installai dans le salon de l'hôtel, sirotant de la bière tiède et me demandant ce que je fichais dans ce bled, alors que j'avais de si bons amis au Kenya, chez qui j'aurais pu mener une existence confortable. Quelqu'un avait oublié un exemplaire bien fatigué de *Baby Doll*, sur un coin de table et j'ouvris le livre au hasard. « *Tu avais promis à mon papa que tu prendrais bien soin de moi.* » Inutile de parler ainsi à Robert, il n'avait jamais rien promis de semblable. D'ailleurs, s'il l'avait fait, Lance ne l'aurait pas cru.

L'île

Ce qu'il y avait de vraiment beau à Maun, c'était le Thamalakane, et c'est sur cette rivière que je choisis de m'installer. Notre premier campement, près des cabanes de pêcheurs, à Matlapanen, manquait totalement de charme et présentait l'immense inconvénient d'être le point de mire des indigènes qui accouraient par dizaines aussi bien le jour que la nuit, pour se mettre en rond autour de nous et nous dévisager avec une curiosité effrontée. Ils se précipitaient parfois pour ramasser un mégot, mais le plus souvent, ils se contentaient de regarder. Comme il était impensable d'aller vivre à Maun, nous avons décidé de nous mettre en quête d'une île susceptible de nous accueillir. Et nous avons fini par en dénicher une, à treize kilomètres en amont du village. Les Blancs n'avaient pas le droit de posséder de la terre au N'gamiland, mais Mohumogadi Moremi, la régente de la reine, nous donna la permission d'y camper sans même payer la moindre redevance.

Pendant deux mois de l'année, le nombre d'îles était peu élevé car le niveau de l'eau était si bas qu on pouvait aller pratiquement partout à pied sec. Mais une fois que les crues d'hiver commençaient à affluer d'Angola, notre domaine commençait à se rétrécir pour ne plus former qu'un rectangle de trois kilomètres sur un et demi, et un ruban d'eau argentée recouvrait la route qui, par temps sec, menait au pont fournissant le seul lien entre Maun et le reste de l'univers. A nos pieds, le courant rapide du Thamalakane projetait les lis contre la rive. Derrière nous, la forêt s'étalait, humide et verte, dégringolant vers le bord de l'eau.

Il y avait dans cette forêt une clairière naturelle, particulièrement agréable parce que bien ombragée et pas trop éloignée de la rivière. C'est là que nous avons monté nos tentes, mais une fois que *Shaka le Zoulou* eut été tiré au sec à côté d'elles — une tâche que nous n'avons pu mener à bien qu'après avoir passé des heures et des heures à tourner la manivelle du treuil, un travail éreintant ponctué de maints échanges orduriers —, il nous a bien fallu nous rendre à l'évidence : nous étions pratiquement bloqués sur cette île. Le seul moyen de nous rendre à Maun était de descendre la rivière à la nage sur quatre cents mètres, en louvoyant au milieu des crocodiles que les crues avaient apportés avec elles, récupérer le Humber que nous avions laissé à Matlapanen et rouler jusqu'à l'épicerie pour y faire les courses. Au retour, il n'y avait plus qu'à remonter le courant à la nage avec le panier à provisions sur la tête ! Cet arrangement discutable présentait un inconvénient majeur : je n'avais jamais appris à nager. (Frances avait fait des pieds et des mains pour m'en empêcher.) Nous avions donc besoin d'un bateau. Robert est retourné à Bulawayo pour en acheter un.

Il est revenu avec un élégant cinq mètres tout blanc en fibre de verre, attaché au toit du Humber. Je l'ai baptisé *Scarabée d'Eau* et je l'ai adoré. N'empêche que ce fut l'achat le plus malencontreux que nous ayons jamais fait.

Il faut du temps pour se faire un chez-soi quand on n'a rien d'autre à sa disposition que sept arbres et un coin de sable, mais en moins de trois semaines, le camp était devenu habitable. Kisi avait fait la connaissance d'une fille (une fois de plus !) dont le frère avait un ami qui avait rencontré un homme dont le père construisait très bien les cases, et tout ce petit monde-là était à la recherche d'un emploi. Les hommes coupaient le bambou pour les murs et les femmes allaient chercher les hautes herbes pour le toit. Habituée aux cabanes des Matopos, qui avaient des murs en clayonnage revêtus de boue, je ne comprenais pas pourquoi ici il nous fallait ces frêles tiges de bambou. J'ai posé la question à Kisi.

Il poussa un soupir.

« Parce que, expliqua-t-il patiemment, ce camp est *trop beaucoup* chaud. Le vent ne passe pas à travers la boue séchée, mais il peut traverser le bambou. Et puis, on peut pas faire de la boue avec du sable, et il n'y a que du sable ici. »

Les frères, les amis, les pères et les oncles de l'amie de Kisi ont donc envahi le camp sur lequel ont bientôt tourbillonné les senteurs d'herbe fraîchement coupée et les odeurs de la fumée du bois que l'on brûlait pour faire la cuisine. Aussitôt que la première hutte a été terminée, Kisi l'a annexée pour y installer ses marmites, affichant par la suite une fierté insupportable à l'égard de son nouveau domaine. Il ne laissait jamais les enfants en franchir le seuil, ce dont je ne pouvais le blâmer, mais il laissait en permanence une cuvette d'eau fraîche près de la porte pour que je puisse me laver les mains avant de souiller ses précieux ustensiles.

La seconde hutte servit de magasin pour entreposer les barils d'essence, les sacs de grain pour les poules, les bâches de rechange, les outils pour les voitures, les pelles, les pioches, un robuste râteau pour lisser le sable à l'intérieur des tentes, les pièges à souris, les seaux et une importante provision de magazines où abondaient les publicités pour les vêtements de ski et les délicates chaussures italiennes.

La troisième et dernière hutte dominait la rivière ; elle allait devenir mon bureau. J'avais commencé le manuscrit d'*Okavango* et je fis valoir avec force que j'avais besoin de tranquillité, ce qui n'était qu'en partie vrai. Ce qu'il me fallait, en fait, c'était un équivalent du Rocher, et il n'y avait que là que je pouvais espérer trouver quelque chose de semblable. C'est pourquoi j'y installai mon lit, chipai une table pliante et une chaise de toile dans la grande tente, étalai des peaux de bêtes sur le sol, épinglai aux murs les dessins d'animaux que j'avais exécutés moi-même et disposai les quelques bibelots que j'avais réussi à emporter de Far Lamorna.

Le premier invité qui s'imposa d'office dans mon antre fut le bull-terrier que je chérissais entre tous, une chienne baptisée Catherine mais que j'appelais Cats. Elle se creusa à coups de griffes un petit creux bien net dans le sol bien ratissé, se nicha à l'intérieur et injuria grossièrement Dingo quand celui-ci risqua un nez inquisiteur dans l'embrasure de la porte. Cats fut bientôt rejointe par six poules, qui de leurs gloussements farouches marquèrent leur détermination à pondre leurs œufs dans la corbeille à papier. Naturellement, Robert, les enfants et Kisi finirent eux aussi par envahir ma cellule; Kisi entra, portant un plateau de vaisselle et de couverts et m'ordonna de sortir pour pouvoir mettre la table du déjeuner.

Fronçant le nez, il déclarait d'un ton sentencieux :

« Monsieur Robert et vos enfants disent qu'ils ne veulent plus manger devant la tente. C'est *trop beaucoup* agréable ici. »

« Dis donc, tu pourrais pas enlever cette chaise? Il faut que j'installe une ampoule électrique, comme ça on sera pas obligés de s'éclairer à la bougie pendant le repas. »

Robert laissa tomber sur le bureau un sac plein d'outils et demanda d'un ton bourru à Kisi de sortir les fils pour aller les brancher sur la batterie du DUKW.

La petite main moite d'Olivier s'insinua dans la mienne.

« C'est bien, ici, soupira-t-il avec la désarmante innocence d'un séraphin déchu. Je pourrai dormir sur ton canapé? »

Il s'interrompit et leva les yeux vers moi pour voir l'effet produit. Se rendant compte que le sirop ne marchait pas, il décida de recourir au chantage.

« Si tu m'obliges à dormir dans la tente, alors les serpents viendront, dit-il avec fermeté. Et tu le regretteras.

— C'est toi qui vas le regretter si tu ne sors pas immédiatement. Il y en a déjà des serpents, ici. Regarde, tu le vois le python qui s'est niché dans le chaume? »

Il battit en retraite, hurlant de terreur.

« Je pourrai apporter mes livres et mes affaires chez toi, maman? Et il faut que je fasse une place pour ma genette dans ce coin. »

Tris donnait l'impression d'avoir toujours un stock d'animaux à demi apprivoisés blottis sur sa poitrine, sous sa chemise.

Et voilà, c'est reparti, me dis-je la mort dans l'âme. En quelques jours, mon refuge va se retrouver envahi par les fusils, les disques, les boîtes en carton pleines d'œufs, les chaussures sales d'Olivier. Autant leur abandonner la place dès maintenant et retourner taper mon manuscrit dans le DUKW. Pour être juste, ils me laissaient disposer librement de mon antre quand ils allaient au bain, aux toilettes ou à la pêche. Dans la journée, les oiseaux rouges entraient sous le chaume, des écureuils venaient inspecter la machine à écrire et les geckos chassaient les mouches au-dessus de ma tête. La nuit, la clarté de la lune pénétrait entre les tiges de bambou des murs et faisait des dessins en forme de damier sur le sol. Les lucioles désertaient l'herbe fraîche de la rive pour affluer dans la cabane par milliers.

Nous ne disposions pas de matériel de plomberie pour installer l'eau courante, c'est pourquoi il fallait emplir notre baignoire — un minuscule bac en toile tenu par un cadre de bois et reposant sur le sol — avec des seaux galvanisés chauffés sur des feux de bois en plein air. Quant aux toilettes, situées à une trentaine de mètres des cabanes, en partant vers la forêt, c'était tout simplement un trou circulaire surmonté par un siège en planches on ne peut plus rudimentaire. C'était l'endroit idéal pour rencontrer, à la bonne franquette, d'énormes araignées et toutes sortes de serpents venimeux, surtout la nuit, quand les piles de la torche éclairaient à peine mieux qu'un ver luisant.

Nous avons construit un enclos pour les poules. Les volatiles dotés de suffisamment de bon sens pour rester à l'intérieur ne couraient guère de risque, sauf quand les singes du coin, les maudits vervets, brisaient le grillage pour y pénétrer et commençaient à se lancer des œufs ou à bombarder les poules. Mais celles qui préféraient aller se nicher dans les buissons devenaient immédiatement la proie de tous les rôdeurs de l'île : genettes, éperviers, hiboux et autres varans.

Les poules du New Hampshire sont souvent des mères indignes qui n'aiment guère couver, c'est pourquoi je gardais deux vieilles shenzi (poules de la brousse) pour prendre le relais. Tondelayo, la shenzi brune, une ancienne de Lamorna, était très vieille ; elle s'acquittait avec conscience et efficacité de ses fonctions de couveuse et élevait treize poussins dodus du New Hampshire chaque fois. Les poulettes à qui elle permettait d'éclore étaient réservées à l'accroissement de notre basse-cour mais les jeunes coqs, on les engraissait pour la table.

Kisi m'a fait un jardin et il l'a entouré avec du grillage pour le protéger des guibs. Étant donné la chaleur et l'humidité ambiantes, les graines mettaient généralement moins de trois jours pour germer, puis les tiges s'élançaient à dix centimètres de hauteur, comme des haricots, avant de jaunir et de mourir jusqu'à la racine. Je conclus qu'il n'y avait pas assez d'azote dans la mince couche de terre végétale et mis du sulfate d'ammoniaque importé de Bulawayo à un prix exorbitant. Les plants de tomates montèrent à trois mètres de hauteur et produisirent chacun deux tomates de la taille d'un petit pois. Ce que les singes ne volaient pas, les oiseaux le mangeaient ; il fallait vraiment qu'ils meurent de faim pour se donner tant de peine !

Je demandai à Kisi comment il s'y prenait pour avoir des légumes.

« Je me sers des vôtres, avoua-t-il d'un ton désarmant. Les légumes secs que vous achetez en paquets, au magasin. Et Maritsasi m'en apporte. Elle est *beaucoup très* habile. Elle apporte des feuilles. »

Il hésitait, ne sachant pas très bien comment décrire des épinards sauvages à quelqu'un qui était manifestement assez stupide pour ne pas avoir remarqué une denrée qu'on lui avait servie si longtemps.

« Des feuilles, précisa-t-il avec un geste évasif, pour... la cuisine. »

Maritsasi, la jeune fille qui avait tant d'amis spécialisés dans la construction des huttes, était la « régulière » de Kisi. Moyennant une livre de sucre et une grande barre de savon Sunlight, elle m'initia, avec force gloussements, à l'art de faire bouillir des racines de nénuphars et me montra où l'on pouvait trouver de minuscules prunes acides et des dattes de rivière qui avaient un goût et une consistance de sciure de bois légèrement sucrée. Après moins d'une semaine de ce régime spartiate, je me mis à saliver à la simple évocation d'une boîte d'un kilo de pêches du Cap baignant dans un sirop onctueux.

Nous avions tout de même deux bonnes raisons de nous réjouir. Sauf à la saison du frai, époque où les brèmes femelles ont tendance à garder leurs petits dans la gueule et à refuser tous les appâts, nous pouvions nous livrer à des pêches véritablement miraculeuses. Et ensuite, il y avait dans la région de superbes volatiles — pigeons verts, oies et canards sauvages, pintades, sarcelles et francolins —, qui nous fournissaient presque gratuitement un gibier de premier choix.

Les *makoros* (canots creusés dans des troncs d'arbres) descendaient la rivière, venant de Lagxana (prononcez Lagonna) Sasunda, bourrés presque à ras bord de fagots de roseau mais transportant aussi des lanières de viande desséchée : buffle et impala, ainsi que des peaux de loutre, de lion, de léopard et de *lechwe* (antilope) ; des tapis confectionnés à partir des pelages teints en mauve des *tsessebe* (sorte d'antilope), et des barbeaux et des brèmes capturés dans les pièges et enfilés par les ouïes sur des bâtons d'écorce.

Les hommes de la rivière étaient profondément superstitieux. Notre campement était leur premier arrêt avant Maun, et ils étaient prêts à vendre pratiquement toute leur cargaison à un prix modique, espérant que cela leur porterait chance pour le reste de la journée. Ils commençaient par nous proposer une peau d'impala ou un fouet en peau d'hippopotame ; une fois ce premier marché conclu, ils sortaient ce dont nous avions vraiment besoin : gibier à plume et chapelets de poissons. Le prix courant était cinq pence pour une pintade, quatre pour un canard noir, une sarcelle ou un francolin, trois pence pour quatre brèmes — si elles étaient vraiment belles.

Pourtant nos conditions de vie sur l'île n'étaient pas idéales, loin s'en faut. D'abord à cause du climat qui présentait des écarts de température considérables. En été, le thermomètre pouvait monter à 42° mais en hiver un vent glacial venu du désert nous cinglait la peau avec le sable qu'il charriait. Chaque matin, la laiche était blanchie par les cristaux de givre et nous nous blottissions près du feu de camp, frissonnant sous nos pull-overs. Et puis, tout d'un coup, le froid s'en allait et la chaleur s'abattait de nouveau sur nous comme une chape de plomb. Et c'était une chaleur qui ondoyait en vagues vivantes sur toute la région, faisant naître des nuages laiteux, ces cumulus maudits du beau temps en Afrique, qui ne donnent jamais de pluie.

La terre se desséchait comme un vieux parchemin et l'argile qui bordait les mares sans cesse rétrécies se contorsionnait en ondulations brunes et serrées. Sous cette croûte dure se nichait le poisson, les barbeaux qui s'étaient enterrés avant que l'eau perfide ne se soit complètement évaporée. Ils survivaient dans cette boue durcie, dans un curieux état de semi-hibernation, jusqu'à ce que les mares se remplissent de nouveau.

Octobre était le « mois du suicide » ; car alors rien n'avait plus aucune importance, sauf le prochain plongeon dans la rivière ou le verre de boisson fraîche qu'on allait bientôt avaler. Les vêtements kaki que nous avions sur nous étaient en permanence tachés de noir par notre sueur, nous avions les yeux endoloris par cet éclat inexorable du soleil, et nous savions qu'il n'y avait rien à faire pour échapper à ce supplice. Les caractères s'exacerbaient et les incidents les plus futiles provoquaient des querelles sanguinaires.

Et puis, un beau matin, on entendait la triple note haute et claire du sifflement d'un oiseau. Le gobe-mouches de paradis aux couleurs de cuivre était arrivé, annonçant la pluie de l'éléphant. Les premiers orages précoces éclataient. Ce n'était pas encore la pluie régulière et battante de la vraie saison humide, mais des colonnes d'eau qui s'abattaient d'un ciel zébré d'éclairs de cobalt. Dès Noël, nous étions bloqués dans un torrent écumant qui transformait rapidement notre île desséchée en une jungle luxuriante et verte. Dans une explosion de pousses nouvelles, la forêt marchait sur nous, impitoyablement. Les plantes grimpantes insinuaient leurs tentacules à travers les ouvertures de mon petit bureau ; les lis des marécages, rayés de rose, surgissaient du sol en terre battue de la cuisine de Kisi, et des serpents s'étiraient en travers des sentiers, gorgés de venin, prêts à frapper.

Le sol se tapissait de champignons de toutes sortes, depuis les minuscules cônes que les premiers colons du Cap faisaient bouillir pour fabriquer de l'encre, jusqu'aux monstres mesurant soixante centimètres de diamètre qui ne poussaient que sur les fourmilières et dont le goût ressemblait à celui d'un chou légèrement sucré.

Les singes s'avéraient en l'occurrence particulièrement utiles car ils n'avaient pas leurs pareils pour distinguer les espèces vénéneuses des espèces comestibles. Ceux qu'ils mangeaient, nous les mangions aussi, y compris les petits velus, avec leur encre, car ils étaient savoureux en dépit de leur vilain aspect.

Du moins avions-nous dans ce camp de l'ombre à profusion et tout le bois dont nous pouvions avoir besoin, ainsi que de l'eau en abondance. Les pires rigueurs de notre isolement volontaire se trouvaient parfois illuminées par des moments d'une beauté fulgurante. Un jour, au coucher du soleil, alors que je pêchais la brème au lancer à l'endroit où le Boro mêle ses eaux claires à celles du Thamalakane, un couple de loutres sauvages vint s'ébattre autour du bateau, aussi déterminé que moi à profiter de l'heure propice. J'adorais aussi l'odeur et les crépitements du feu de bois la nuit, le spectacle de la lune cuivrée qui se levait de l'autre côté de la rivière, inondant les marécages de sa clarté, et celui des vautours qui, avant le lever du soleil, striaient de leurs ailes rugueuses le ciel orange de l'aube. Mais ce que j'aimais par-dessus tout, c'étaient les animaux sauvages de l'île : en fait, c'était à cause d'eux que je n'éprouvais plus le besoin de repartir.

Au crépuscule, les galops minuscules et fragiles descendaient des arbres, pour se mettre en quête des insectes. Un aulacode de la taille d'un épagneul avait élu domicile dans les roseaux humides, sous mon bureau, et les arbres étaient toujours peuplés par une horde jacassante de petits écureuils jaunes, qui venaient voler les fruits à grand bruit mais avaient la bonne idée de vous prévenir de l'approche des serpents.

Parfois je parcourais l'île la nuit, une torche à la main, et je voyais le reflet des yeux rouges des lièvres sauteurs, ces étranges rongeurs qui vivent dans le sol et ressemblent à des kangourous-rats. Un jour, un porc-épic s'est éloigné de moi avec de grands airs de dignité offensée, et une autre fois, j'ai surpris toute une famille d'oryctéropes très occupée à dévorer les champignons que les singes avaient négligé d'emporter.

La nuit, je restais éveillée sur mon lit de camp, écoutant les bruits complexes des marais, où se mêlaient les coassements aigus d'innombrables grenouilles des laiches, les pépiements des chauves-souris chiroptères, les craquètements des cigales et le bourdonnement ténu des moustiques, semblable à la plainte d'un violon. Parfois s'élevaient le gazouillement fluide de l'engoulevent, le battement d'ailes des jeunes hibous bruns, ou le lent bruissement des roseaux quand les barbeaux remontaient à la surface pour trouver leur nourriture. Mais le son que je voulais vraiment entendre, qui me faisait tendre l'oreille des heures durant, c'était l'aboiement du guib du Chobe.

Le guib est la plus belle de toutes les antilopes africaines malgré sa taille modeste, comparable à celle d'un berger d'Alsace ; on dirait qu'il a été modelé avec la porcelaine la plus pure ; son pelage, roux et fourni, est tacheté de blanc comme la robe du chital indien.

Les guibs aiment la solitude, ils vivent au sein de petits groupes familiaux dans la forêt ; timides, ils préfèrent qu'on ne les voie pas. Quand je suis arrivée sur l'île, il y en avait trois, le mâle, sa femelle et leur petit. J'ai suivi la trace des sabots du petit dans la terre mouillée jusqu'au bord de la rivière, et j'ai observé avec ravissement toutes les phases de sa croissance, voyant le faon aux longues jambes, pas plus grand qu'un lapin monté sur des échasses, devenir une créature de rêve, toute de cuivre sombre parsemé de flocons de neige, avec les cornes acérées qui commençaient à poindre. Pour moi, il incarnait la quintessence de la beauté suprême et indomptée que l'on pouvait trouver sur l'île.

Et mon seul regret, c'est d'avoir un jour mentionné son existence.

Les chasseurs de crocodiles

Une nuit où je travaillais dans la cabine du DUKW, j'entendis le halètement d'un moteur de hors-bord et le bruit d'un canot qui remontait la rivière à grande vitesse. Les remous firent balancer *Shaka le Zoulou* et un paquet d'agrafes tomba à terre. Je poussai un juron. Des visiteurs à cette heure de la nuit ? Il devait être près de onze heures et je n'avais même pas réussi encore à rédiger la moitié du carnet de bord quotidien.

Le canot décrivit un arc de cercle et quelqu'un lança un cordage à bord du DUKW. Une main agrippa le plat-bord et un inconnu se hissa à bord. C'était un Blanc, bien que le soleil eût tanné sa peau, lui conférant un teint de cuivre pâle. De taille légèrement au-dessous de la moyenne, il avait des membres effilés, des cheveux bruns bouclés, et des yeux d'une couleur indécise mi-bleu ciel, mi-noisette ; il portait la chemise et le short kaki de règle dans les marais. Il me tendit la main.

« Wilmot, annonça-t-il avec un fort accent sud-africain. Bobbie Wilmot. Vous avez vu le camp que j'ai établi pour la chasse aux crocodiles, là-bas à Matlapanen. Mon père et moi, nous revenons d'un voyage sur le Gomoti, et je me suis dit que je pourrais venir vous saluer. Excusez l'heure tardive, mais j'ai vu de la lumière. » Il rit, comme pour s'excuser. « On perd vite la notion du temps, par ici. »

A en juger par la façon dont il s'exprimait, il y avait fort longtemps qu'il n'avait pas adressé la parole à une femme blanche. Mais j'avais déjà entendu parler de lui et surtout de son père. Cronje Wilmot avait survécu à d'innombrables accès de malaria, à une attaque de peste bubonique, contre laquelle il s'était battu seul dans une hutte lointaine et solitaire, et aux sauvages mutilations infligées par un lion blessé qu'il avait suivi dans les longues herbes. Ce naturaliste de grand talent avait réussi à identifier le petit scarabée venimeux dont la nymphe fournit aux Boschimans du Kalahari le poison mortel dont ils enduisent leurs flèches et contre lequel on ne connaît aucun antidote.

Cronje avait maintenant dépassé largement la soixantaine mais il poursuivait avec la même ardeur que son fils ses activités de chasseur. Les Africains le comparaient à un marabout à cause de sa démarche raide et de ses cheveux blancs. Bobbie et lui détenaient la concession de la chasse aux crocodiles dans toute la région des marécages.

Nous avons fini par faire équipage avec eux, sans que cela soit décidé systématiquement, dans la mesure où nous faisons la route ensemble si le hasard voulait que nous allions dans la même direction. Notre premier safari commun nous emmena sur le chenal de Savuti, un cours d'eau dangereux, hérissé de troncs de mopanis durcis par le feu et acérés comme des poignards, vestiges d'un incendie de brousse, qui s'étaient trouvés submergés quand la rivière avait modifié son cours.

La chasse aux crocodiles est une activité purement nocturne pour laquelle les conditions climatiques et les phases de la lune jouent un rôle considérable. L'idéal, c'est une nuit bien noire, car les crocodiles ont une vue perçante et ils s'enfoncent sous l'eau très longtemps avant qu'un bateau n'ait eu le temps de les approcher. Le *Niloticus* — c'est le nom que lui donnent les savants — a des yeux pourvus de doubles paupières et la membrane intérieure se ferme dès l'instant où l'animal s'immerge, si bien qu'il est alors impossible de détecter sa présence. Il faut aussi que le temps soit calme car si la surface de l'eau est agitée par le vent, le crocodile reste obstinément au fond.

Par nuit calme et sans lune, il faut donc balayer la surface de l'eau avec la lampe de proue et une fois que vous avez détecté le reflet sinistre de ses yeux rouges, vous lancez le bateau vers lui, aussi vite que le moteur hors-bord peut le permettre, en visant la boîte crânienne avant qu'il ait eu le temps de se cacher sous l'eau. Ce qui n'est pas aussi facile que ça en a l'air. L'ennui, c'est qu'il faut se trouver à un ou deux mètres de la proie, cinquante centimètres serait l'idéal, pour avoir la moindre chance de succès car il faut que la balle pénètre en un point bien précis, au sommet de la tête.

Si vous avez eu la chance de toucher cette cible minuscule, vous n'avez plus qu'à agripper le crocodile avec une gaffe avant qu'il ne coule, et l'amener à bord. Le dernier travail, d'une importance vitale d'ailleurs, consiste à lui trancher l'épine dorsale avec une hache.

Le problème vient de ce que le *Niloticus* a un pouvoir de récupération stupéfiant, même quand il a reçu à bout portant une balle tirée par un fusil de fort calibre, et si l'on n'a pas réussi à lui fracasser la boîte crânienne, il a cette déroutante habitude de revenir à la vie plusieurs heures après qu'on l'a cru mort.

Sur un plan plus matériel, un tir précis est essentiel si l'on veut éviter de gâcher la peau de l'abdomen qui est la seule partie dont on puisse tirer quelque argent quand on vend sa dépouille.

La chasse aux crocodiles était une occupation qui m'emplissait de peur et de dégoût, et pourtant, il n'y avait pas moyen d'y échapper. En premier lieu, je ne voulais pas donner à Robert l'occasion de m'accuser de lâcheté. En outre, nous avions grand besoin de ressources supplémentaires pour compléter les droits d'auteur que je pouvais toucher. Les safaris constituent un divertissement coûteux et notre capital fondait lentement mais sûrement.

En fait, mon principal problème venait du fait que je n'avais pas les muscles suffisants pour bien remplir mon rôle d'assistante auprès d'un chasseur de crocodiles, il m'aurait fallu la carrure d'un lanceur de poids soviétique et j'étais petite et menue. Mais je serrais les dents, inspirais profondément et me lançais à fond, bille en tête.

Les canots utilisés par les Wilmot étaient de robustes embarcations en métal et en bois de charpente. A côté d'eux, le *Scarabée d'Eau* avait bien l'air de ce qu'il était : un bateau de plaisance pour les promenades du dimanche après-midi qui n'aurait jamais dû avoir à affronter les tâches périlleuses qui nous attendaient dans les marécages. Pourtant, nous sommes montés à bord à la tombée de la nuit, et juste avant minuit, nous avons atteint un plan d'eau qui, pour la première fois, semblait débarrassé de ces horribles troncs de mopanis. Nous étions à bonne distance des berges. Robert a chargé le Mannlicher 40/06 et l'un des pilotes de l'équipe des Wilmot a pris la barre. Mettant pleins gaz, il lance le bateau en avant. Quelques secondes plus tard, une violente secousse se produit, suivie d'un craquement déchirant : Bobbie disparaît dans l'eau, après avoir fait un vol plané au-dessus des bossoirs, tenant toujours le fusil dans sa main, et moi, je me retrouve les quatre fers en l'air au fond du canot tandis que des torrents d'eau glacée déferlent sur moi.

Je cherche désespérément mon fusil, l'esprit peuplé d'images d'hippopotames. Robert, arrivé au-dessus de moi, a le réflexe de boucher avec un coussin la fente qui s'est ouverte dans les flancs du *Water Beetle*. Pourtant, le bateau continue de se remplir et notre situation empire d'une seconde à l'autre. A notre droite, des roseaux épais bordent une berge indécise, encombrée d'une végétation flottante où il serait impossible de prendre pied. A gauche, mais beaucoup plus loin, la splendide forêt descend jusqu'au bord de l'eau.

Bobbie est revenu au bateau à la nage ; il jette son fusil à l'intérieur et s'apprête à se hisser à bord. Il a déjà la moitié du corps par-dessus la rambarde quand notre pilote met de nouveau les gaz à fond et nous voilà partis ventre à terre vers la forêt. Trois secondes après avoir atteint la rive, le *Water Beetle* s'enfonçait lentement pour se poser sur le limon qui tapissait les hauts-fonds.

Quelqu'un me tendit la main et je mis pied sur la berge. Bobbie fit remarquer d'un ton acide que la fibre de verre était plus qu'inutile dans un tel environnement, concluant que notre seul espoir était de tuer un buffle afin de récupérer sa peau et d'en envelopper la coque du bateau pour le rendre de nouveau étanche. Malheureusement, nos fusils étaient rendus inutilisables par la boue qui les recouvrait et nous étions loin de notre base dans une région fort giboyeuse que même les Bushmen de Masarwa n'atteignaient jamais. Nous étions trempés et nous avions froid ; nos couvertures étaient parties à la dérive et nous avions très peu de nourriture car cette expédition n'était pas censée durer très longtemps.

Il nous restait pourtant une ressource. Suivant l'exemple de Bobbie, j'avais pris l'habitude d'emporter quelques allumettes et une partie du frottoir de la boîte dans un flacon bouché hermétiquement. Celles de Bobbie se trouvaient au fond mais les miennes étaient dans la poche de ma chemise. Nous avons donc empilé des morceaux de bois rejetés par le flot pour allumer un feu gigantesque. Par un coup de chance extraordinaire nous avons même pu récupérer nos couvertures, et deux heures plus tard elles étaient suffisamment sèches pour que nous puissions nous en envelopper pour dormir.

Deux fois, durant la nuit, je me suis réveillée pour regarder l'équipe de chasseurs africains attiser le feu, envoyant des étincelles vers le ciel noir comme de l'encre, où elles semblaient se confondre pendant un instant avec les étoiles. Même à cette heure où les parfums restent en suspens, la nature qui nous entourait avait une odeur aussi douce que celle d'une cour de ferme. Je sombrai de nouveau dans le sommeil, rêvant que j'étais rentrée à Far Lamorna, et m'éveillai juste avant l'aube pour entendre le meuglement des bestiaux.

Des bestiaux? Nous avions établi notre campement à proximité d'une piste suivie par le gibier, et les meuglements provenaient d'un troupeau de buffles qui allaient maintenant vers la rivière. Heureusement, nous n'étions pas directement sur leur passage mais j'entendais les dents des animaux qui coupaient l'herbe paisiblement et l'appel insistant des petits dont les mères s'étaient éloignées un instant. Cette scène innocente me donnait l'impression d'être à l'aube de l'histoire du monde. Tout mon environnement semblait avoir revêtu une clarté étrange, comme l'air après la pluie, comme si tous les spectacles et tous les sons s'enregistraient à jamais dans ma mémoire.

Dans les buissons au-dessus de nous, une colombe roucoula, monotone et plaintive, et un scarabée se fraya un chemin sur les feuilles sèches, à mes pieds. Et puis, tout à coup, ces petits bruits familiers furent dominés par la détonation sèche d'un fusil. Le troupeau s'égailla au galop, mais l'un des animaux poussa un mugissement, à deux reprises, un cri désespéré, puis il resta inerte.

Manifestement, Bobbie avait nettoyé son fusil. Il revint au camp avec son Mannlicher, criant des ordres en tswana, la langue des Batauana. Les chasseurs de crocodiles rejetèrent loin d'eux leurs minces couvertures grises, se mirent debout, prirent leurs couteaux et disparurent dans la forêt.

Bobbie remplit à la rivière une bouilloire en fer-blanc et

la disposa au-dessus de ce qui restait du feu. Puis il tira une bûche vers lui et s'assit.

« Bon sang, fit-il, je boirais bien une tasse de café. Quelle saloperie de nuit ! Ils vont récupérer la peau de ce buffle et nous en envelopperons la coque du bateau. Tu veux du foie de buffle pour le petit déjeuner, June ? Il y a du sel dans la boîte à bouffe, mais il faudra manger avec les doigts. Tout le matériel est parti au fond. »

Les chasseurs revenaient en riant. L'un d'eux portait la peau d'un jeune buffle sur son épaule tandis que les autres brandissaient des quartiers de viande, les rognons, le foie, la langue. Le sang tombait sur leurs pieds nus, et la piste était maculée de flaques rouges. Mais nous avions à manger pour trois jours.

Bobbie et Robert ont disposé la peau autour de la coque et nous sommes rentrés doucement au camp, un peu tristes mais sans avoir vraiment tiré la leçon qui s'imposait. Le *Scarabée d'Eau* allait rester jusqu'au bout une calamité flottante.

Le delta

Peu à peu, grâce aux patientes explications de Bobbie Wilmot, les petites fleurs de lis qui constellaient notre carte du delta de l'Okavango se transformaient en une réalité tangible : 18 000 kilomètres carrés sillonnés en tous sens par un étrange réseau liquide.

Pour se faire une idée de la région, il suffit de mettre la paume de la main sur une table, les doigts écartés au maximum. Du coude jusqu'au poignet, on a l'Okavango qui dévale des montagnes de l'Angola, où il tombe plus de six mètres d'eau chaque année. Les marais proprement dits commencent à l'endroit où le fleuve pénètre dans le Protectorat, au Mohembo, et se déverse comme un torrent entre les tiges serrées des papyrus, formant ainsi un chenal violent, incommode, incroyable, que personne n'a jamais pu pénétrer. (Au Mohembo, presque toute la faune a été exterminée, seuls survivent les hippopotames nomades et les crocodiles.)

Quand il s'assagit enfin, l'énorme volume d'eau se disperse sur les régions semi-désertiques environnantes, pour former les doigts de la main, et ces rivières sont finalement réunies à la base du triangle pour être canalisées par une crête calcaire qui les achemine vers leur cours définitif en direction du lac Dow.

Ce qui complique le tableau, c'est que l'eau angolaise peut mettre six mois pour atteindre l'extrémité orientale des marécages, si bien que finalement le niveau des rivières est à son maximum pendant la saison sèche. Ensuite, quand les pluies tombent sur le delta en novembre, alors que les forêts ont ôté leur parure jaune et brun pour prendre les mille nuances du vert, les rivières baissent de nouveau et les modestes précipitations qui affectent le désert ne peuvent pas faire grand-chose pour rétablir le niveau.

Bien que les cours d'eau principaux s'écoulent généralement vers le sud-est, il peut arriver que l'un ou l'autre des chenaux qui les relient entre eux décide de changer de direction ou de se tarir complètement. C'est le cas du Mokhokhelo. Pendant la plus grande partie de l'année, ce n'est qu'un lit de sable sec, jonché de moules d'eau douce à la coquille nacrée, s'étirant entre le Chitabe et le Kwaii. Si par hasard les roseaux se sont suffisamment développés pour ériger une sorte de barrage sur le Kwaii, ils bloquent le flot venu d'Angola et le détournent vers le Chitabe qui se remplit le premier, alimentant le Mokhokhelo qui se met à couler vers le nord-ouest. Un mois plus tard, cependant, le courant peut s'inverser complètement si les hippopotames ont réussi à briser le barrage qui empêchait l'eau de s'engouffrer dans le Kwaii.

Un soir, je me suis trouvée avec Robert sur un lagon isolé d'où s'écoulaient cinq cours d'eau alors qu'aucune rivière ne semblait venir de l'extérieur pour les alimenter. Nous nous sommes dit alors que si quelqu'un finissait un jour par établir une carte précise de la région des marécages, ce ne serait sûrement pas nous.

Il n'en demeure pas moins qu'au cours des deux premières années que nous avons passées dans le delta, nous sommes parvenus à connaître la plupart des rivières.

Le Monachira est d'une beauté stupéfiante. Des lis d'un rouge flamboyant (*Hermanthus*) tapissent ses îles solitaires ; l'ibis des bois vient s'y reproduire et le guêpier carmin y fait étape dans sa longue migration vers le sud. L'une de ces îles revêt d'ailleurs à mes yeux une signification toute particulière.

Sur les vastes plaines bien dégagées du Kunaragha, à l'ouest de Maun, la rivière traverse une mer de lis d'un rose surprenant, chaque automne, et j'ai vu des zèbres trotter au milieu d'eux, suivis par un renard aux oreilles de chauve-souris. Aucun peintre n'a jamais eu une palette capable de reproduire ces couleurs. J'ai également aperçu un léopard, dressé sur une fourmilière, tournant le dos au soleil levant, la poitrine encore maculée du sang de l'animal qu'il venait de tuer. Pourtant, en dépit de sa beauté, je n'ai jamais aimé cet endroit.

Les éléphants viennent cueillir les noix de coco mûrissant sur les palmiers qui se dressent sur les rives du Gomoti aux eaux étincelantes, et des grenouilles de laiche, pâles et minuscules, avec leurs pattes vermillon, ont élu domicile au milieu des roseaux bruissants du Boro.

Le Savuti murmure pour lui seul, entre les troncs détrempés d'une forêt qui s'est noyée dans ses eaux ; le Zibaleanga — Petits doigts de l'Eau — retentit du vacarme des hippopotames.

Le Thamalakane, la rivière des lis, passait devant notre île pour être ensuite enjambé par un pont de bois délabré d'un charme surprenant, puis par un autre, d'une laideur tout aussi surprenante ; mais nous n'avons jamais dit ce que nous pensions du second car les habitants de Maun étaient très fiers de leur pont moderne, solidement construit en béton. En outre le beau sable blanc qui s'étendait sous son arche était un endroit idéal pour y déposer les ordures.

Le Botletle n'est en fait qu'une extension du Thamalakane, mais en s'orientant vers l'est, la rivière changeait totalement de caractère. Le cadre devenait sinistre avec cet alignement de roches dolomitiques brunes qui se dressaient dans le désert jusqu'au lac Dow, et on y trouvait d'énormes crocodiles. Dans les broussailles à épines des berges sablonneuses, les pies-grièches à la gorge écarlate empalaient méthodiquement des insectes vivants pour garnir leur garde-manger. Les meutes de hyènes ratissaient la région, semant la terreur alentour. Disons aussi que le Botletle a bien failli nous tuer tous les deux, quand nous sommes allés chasser sur ses eaux en 1960.

Mais c'est la rivière Kwaii qui est l'héroïne de cette histoire. Le Kwaii, c'est l'Afrique à l'état pur, il a pris huit années de ma vie, il a englouti tout mon capital et finalement, il a détruit mon ménage une seconde fois et d'une manière définitive.

Les jeunes lions

Jack Chase demeurait loin de Francistown, le long de la ligne de chemin de fer, dans le village de Mahalapye où il possédait une charmante petite auberge. Je ne l'avais pas revu depuis qu'il avait abattu l'éléphant près du Chobe, mais j'avais eu par « le téléphone arabe » quelques échos de la vie assez peu conventionnelle qu'il menait alors. Il affectionnait particulièrement les plaisanteries d'un goût douteux, et j'aimais assez la façon dont il avait accueilli un touriste jobard.

« Monsieur, avait dit le touriste qui voulait causer un moment, vous avez là une très belle tête de lion, au-dessus du comptoir.

— En effet, avait répondu Jack avec une grande amabilité. Mais il faudrait que vous voyiez son postérieur, de l'autre côté du mur, dans la salle à manger. Il est encore plus gros. »

Une fois rentré à Mahalapye, après ce malheureux safari du Chobe, Jack découvrit qu'un couple de lions avait pénétré, en poursuivant des gnous migrateurs, dans la zone dont il était responsable, et c'est alors que la lionne avait mis bas ses petits. La période de gestation est de cent huit jours, ce qui est court pour un animal aussi gros. Toujours est-il que les gnous partirent une nuit à la recherche de nouvelles pâtures, mais comme la lionne ne pouvait plus se déplacer, le couple de fauves resta sur place et se mit à décimer le bétail pour pallier l'absence de sa proie naturelle.

Au bout de trois semaines, les lions avaient tué dix-sept bêtes et les éleveurs africains envoyèrent une délégation auprès de Jack pour solliciter son aide. Jack suivit les traces laissées dans le sable fin du Kalahari sur une vingtaine de kilomètres, sans jamais apercevoir les prédateurs ni même, chose plus étrange encore, le moindre vestige de leur tanière.

A la nuit tombée, Jack rentra au logis sans se rendre compte qu'il aurait pu trouver la clé de l'énigme à cinquante mètres de l'endroit où il avait interrompu ses recherches.

Mais il y retourna le lendemain avant l'aube, et cette fois il *sentit* le lion. Il connaissait suffisamment ces animaux pour s'attendre à une charge et quand celle-ci se produisit, il abattit d'une balle en plein crâne le gros lion à crinière noire. Il aperçut alors la lionne qui s'esquivait derrière les arbres et se demanda pourquoi elle n'attaquait pas, comme l'avait fait le mâle.

Il s'accroupit pour examiner la bête morte et eut la surprise de constater qu'elle était dans un état pitoyable. Mais il n'y avait pas de vieilles blessures ni de traces de carie. Pourquoi donc avaient-ils laissé sur place les cadavres des bestiaux, pratiquement sans y toucher? Y avait-il des lionceaux?

Convaincu que ce devait être le cas, il fouilla les buissons et finit par découvrir quatre petits lions, un mâle et trois femelles, blottis l'un contre l'autre dans une clairière derrière les fourrés. A l'approche de Jack, ils descendirent d'un pas mal assuré du haut de la fourmilière où ils étaient couchés et s'arrêtèrent à ses pieds.

« Ils n'avaient que la peau et les os, me dit-il, tandis que nous étions accoudés à la clôture entourant le champ de foire de Francistown. Je n'avais plus qu'une chose à faire : les emmailloter dans la Land Rover et les ramener avec moi au logis.

— Que s'était-il passé, à ton avis? » demandai-je en essayant de décrocher les griffes du mâle qui s'étaient prises dans mon pantalon fraîchement repassé.

Jack m'expliqua alors que la lionne, se rendant compte qu'elle n'avait pas assez de lait et que sa progéniture risquait de mourir, avait été contrainte d'aller massacrer le bétail dans des kraals situés à trente ou quarante kilomètres de l'endroit où elle avait mis bas, faute de pouvoir trouver de la nourriture plus près. Fou d'anxiété, le couple était trop inquiet pour se nourrir avant de regagner sa tanière et n'avait pas eu non plus la force de traîner sur de telles distances la viande qu'il aurait voulu rapporter et qu'il était également incapable de régurgiter.

« Et celle-là, c'était la plus petite des quatre », dit-il en prenant le menton d'une jeune lionne pour lui faire lever la gueule vers nous. Elle avait de beaux yeux obliques, d'une nuance or foncé avec des taches brunes. « J'ai vendu les deux autres femelles mais celle-ci avait encore besoin qu'on s'occupe d'elle. »

Il vit mon expression et éclata de rire.

« Bon sang, dès qu'on fait appel à ton bon cœur, tu te fais avoir tout de suite, June. Comment tu vas l'appeler ?

— Chink. »

J'ai acheté Chink et son frère Cubby pour vingt-cinq livres, parce que Jack dit qu'ils étaient inséparables et qu'ils avaient besoin qu'on prenne bien soin d'eux. J'étais descendue à l'hôtel Tati, au centre-ville. Je les ai donc emmenés avec moi pour les enfermer dans ma chambre.

Le lendemain, l'hôtelier m'a mise à la porte, bien que je l'eusse dédommagé pour les couvertures déchirées et les pansements dont il avait fallu recouvrir les égratignures sur les jambes du maître d'hôtel. J'offris même d'acheter des draps neufs, car je soupçonnais que les taches faites par l'urine de mes protégés ne partiraient jamais.

S'efforçant de garder son calme, il me dit d'un ton glacial de ne pas m'inquiéter pour les draps car il avait l'intention de les faire encadrer en guise de souvenirs. Mais il tenait à ce que je fasse sortir immédiatement ces deux bestioles. Il me demanda également de prévenir Mr. Chase qu'il pouvait régler sa note de bar par chèque ; et il était prié d'aller désormais consommer ailleurs.

« La prochaine fois, ce sera des hyènes, fit-il d'une voix sifflante. L'établissement dont j'ai la responsabilité est un hôtel, ce n'est pas le zoo de Regent's Park. »

Tandis qu'on me sortait mes bagages, Chink lui agrippa la cheville avec sa patte de devant et détricota adroitement une partie de sa chaussette.

Les faibles doivent mourir

> « N'importe quel imbécile peut dompter un lion... Seul un imbécile s'y risquera. »
>
> Carl FISCHER, propriétaire de cirque.

L'arrivée des lionceaux marqua le début d'une longue carrière : celle de mère adoptive d'une série d'orphelins de la brousse, qui finirent tous par mourir ou par mordre les gens.

Je vais peut-être — et même certainement — scandaliser les milliers de bonnes âmes qui ont sangloté en voyant tous ces films sur les animaux sauvages, mais je suis intimement persuadée qu'il faut avoir une bonne dose de stupidité, d'égoïsme et finalement de cruauté, pour élever dans un environnement artificiel de jeunes animaux sauvages, afin de prolonger une vie qui aurait tourné court s'ils étaient restés livrés à eux-mêmes dans la nature. Dans la jungle, les faibles meurent, ils *doivent* mourir, afin de préserver la force de l'espèce.

Malgré cela, si je me retrouvais de nouveau dans la même situation, en présence d'un jeune fauve vulnérable qui risque la mort parce qu'il n'a personne pour s'occuper de lui, je referais exactement ce que j'ai fait autrefois : je mettrais tout en œuvre pour qu'il atteigne l'âge adulte en espérant que, rien que pour cette fois, les dieux agiraient en ma faveur. Sans ignorer que je n'avais aucune chance : il n'y a jamais eu de logique dans l'amour.

Les lionceaux pouvaient se déplacer librement dans le camp; je ne les enchaînais pas, je ne les mettais jamais en cage, si bien qu'ils se retrouvaient dans le meilleur cadre de vie naturelle que je pouvais leur procurer. En regardant la façon dont ils se comportaient, j'en ai appris beaucoup sur les lions.

Quand ils ne sont pas en train de chasser — une occupation à laquelle ils se livrent le plus rarement possible —, les lions aiment rester sans rien faire. Ils demeurent allongés pour manger et pour boire, et si vous les emmenez en promenade, ils se laissent tomber, les membres écartés, dès qu'ils trouvent un coin ombragé sur leur chemin. Si la chasse a été bonne, le lion moyen est plus que satisfait de rester dix-huit heures sur vingt-quatre couché sur le dos, les pattes en l'air.

Quand il est mouillé, le lion devient vite insupportable. Ce lionceau enjôleur qui sort de son bain va se rouler en tous sens dans l'herbe brûlée, s'enduisant le corps d'une suie bien noire, puis il va aller s'abattre dans le camp, comme une véritable tornade, entraînant le linge qui sèche sur le fil, renversant la table du déjeuner, dépeçant les oreillers pour en faire voler les plumes. Et finalement, il va prouver l'amour débordant que vous lui inspirez en essayant d'arracher avec ses griffes la chemise que vous avez sur le dos. Le lionceau est maintenant bien sec, alors il s'endort.

Il faut tout de même reconnaître que son comportement est toujours prévisible. Le léopard est sournois, comme tous les félins, mais le lion ne peut pas mentir car il est incapable de dissimuler ses yeux. Les léopards aiment la solitude ; le lion, avec son instinct grégaire, est beaucoup plus proche du chien, d'autant que, pour une raison obscure, il semble haïr tous les animaux de la famille du chat : il ferait n'importe quoi pour les massacrer.

Nous avons appris tout cela, et bien d'autres choses encore, sur les lions. Mais l'erreur que nous avons commise dès le début, c'est de n'avoir tenu aucun compte de la règle édictée par ce grand spécialiste des fauves qu'était Carl Fischer. Il avait secoué la tête en voyant mes acquisitions, me lançant un avertissement tout particulier à propos de Chink :

« Il faut vous en débarrasser, sinon elle va gâter le caractère de son frère. Donnez-la à un zoo avant qu'il ne soit trop tard. »

Hélas, on ne fait pas toujours ce qu'on veut avec les lionceaux ; c'est comme pour les hommes. Finalement, c'est Chink que nous avons été obligés de garder.

Maritsasi va avoir un bébé...

« Madame. »

Kisi se frotte un côté du nez avec son index et il dessine avec son gros orteil une vague forme dans la poussière.

« Je souhaite rentrer chez moi, en Rhodésie. Demain.

— *Demain !* »

Les bras m'en tombent. Sans Kisi, les enfants vont envahir la cuisine ; finis les repas bien réglés, les pains craquants et odorants. J'ai déjà bien assez de travail par ailleurs sans avoir à m'occuper de la cuisine par-dessus le marché ! Nous allons tous mourir de faim. Je lui dis tout cela.

Il reste imperturbable, les yeux fixant obstinément les hautes branches d'un arbre. Manifestement, le message ne passe pas.

Veut-il de l'argent ? Est-il malade ? Quelqu'un lui cherche-t-il des ennuis ?

Cette fois mes paroles ont porté. Oui, beaucoup d'ennuis. La régente de la reine lui a fait savoir qu'elle veut lui parler, et il soupçonne qu'elle a l'intention de le jeter en prison.

Mais c'est épouvantable ! Qu'a-t-il donc fait ?

Lui, il n'a rien fait du tout. En tout cas, il n'est pas seul en cause. C'est la faute de la fille.

« Maritsasi s'est arrangée pour se faire un bébé », dit-il évasivement, et comme il n'est pas un Batauana, la régente a dit qu'il fallait qu'il paie pour l'enfant, jusqu'à sa mort. Cette perspective est vraiment trop épouvantable. Il craque et fond en larmes.

Je lui dis que je vais intercéder pour lui auprès de la régente et le voilà suffisamment réconforté pour se préparer une tasse de thé. Pendant qu'il se console en la dégustant, la dernière fournée de pain se carbonise complètement.

J'avais déjà rencontré la régente de la reine — qui préférait qu'on l'appelle simplement Mrs. Moremi — aux premiers temps de notre séjour au N'gamiland. C'était une petite femme, un peu boulotte, peut-être, qui portait des robes en coton imprimé sans prétention et une écharpe sur la tête. Mais sa simplicité s'arrêtait là. Derrière le sourire aimable et la voix douce se cachaient une volonté de fer et un esprit aussi tranchant qu'un scalpel.

Elle était au courant de tout ce qui se passait dans sa province, sur et entre les draps, et si un événement provoquait sa colère, elle était prompte à traduire l'offenseur en justice. L'opération était menée en douceur, avec le moins de bruit possible; Mrs. Moremi agissait par l'intermédiaire du Kgotla, ce parlement de la tribu constitué par les anciens que l'on avait élus.

Elle avait un assistant, un bon géant grisonnant nommé Badirwan Sekao. C'était lui qui tirait les ficelles au Kgotla, mais le cerveau qui donnait les ordres, c'était la petite femme au visage poupin et aux yeux noisette.

Un matin, Elizabeth m'avait invitée à venir prendre le thé avec elle. C'est une bonne qui nous servit, et la régente m'offrit des biscuits en s'excusant de ne pas avoir de gâteau à me proposer.

« J'en aurais bien fait un », dit-elle en souriant, mais j'ai peu de temps en ce moment, depuis que Letsholathebe est parti en Angleterre.

Letsholathebe était son fils aîné, qui lui succéderait un jour, et il étudiait la sociologie à Southend-on-Sea, en Essex, écrivant à sa mère des lettres où il disait son regret de ne plus avoir le soleil et la liberté et de devoir subir la grisaille qui sévissait en Angleterre.

« Vous non plus, vous n'avez guère de loisirs, June, à ce que j'ai entendu dire, avec tout ce temps que vous passez à écrire et à vous occuper des jeunes animaux. Voyons, dites-moi, ma maison vous plaît-elle? »

Le bungalow blanc, bien net, était confortable et sans prétention, aussi simple que Mohumogadi Elizabeth Pulane Moremi, OBE[1], elle-même.

1. Officer of the Order of the British Empire (*N.d.T.*).

« Je vous demanderai deux choses, dit-elle, alors que je prenais congé près du portail en bois. Je crois que vous êtes un peu artiste, et je n'ai pas de tableaux. Pourriez-vous m'en faire un ? Enfin, la deuxième chose, c'est que je n'ai pas de tomates. Pourriez-vous me donner quelques-unes des vôtres ? A moins que les singes ne vous les mangent une fois de plus.

— Je suis tout à fait d'accord, madame, mais comment avez-vous su cela, au juste ? »

Seuls Kisi et moi-même savions que la bande de vervets avait ravagé mon plant de tomates. De toute façon, il était du sud de la Rhodésie et ne parlait que le sindebele. Les rares mots de tswana que Maritsasi lui avait appris ne pouvaient concerner en rien les productions de mon potager.

Elle rit en voyant l'expression de mon visage.

« J'ai beaucoup d'oreilles, dit-elle. Au revoir, June. Il faudra que nous nous revoyions quand nous aurons un peu plus de temps l'une et l'autre. Vous m'êtes très sympathique. »

Je l'aimais bien, moi aussi. C'était une reine Victoria noire.

Maintenant que nous nous voyions pour la seconde fois, j'espérais qu'elle m'aimait assez pour pardonner à mon cuisinier.

Assise toute droite dans son petit bureau, elle écoutait patiemment la plaidoirie que j'avais préparée pour défendre Kisi. Il y avait une petite ride entre ses sourcils.

« Voyons, June, dit-elle lorsque j'eus terminé mon exposé, nous ne parlons pas du bébé de Maritsasi. Je ne savais même pas que Maritsasi attendait un bébé. Pas encore, du moins. Nous parlons du bébé de Gutwano. Gutwano, c'est bien votre blanchisseuse, n'est-ce pas ? »

Déconcertée, je hochai affirmativement la tête.

« Oui, madame, mais ce n'est pas Gutwano que Kisi fréquente. C'est Maritsasi...

— Kisi a peut-être plusieurs... fiancées, fit la régente d'une voix sèche. Et peut-être que s'il veut rentrer si vite en Rhodésie, ce n'est pas par crainte que je le mette en prison, mais parce qu'il ne tient pas — l'ombre d'un sourire se dessina alors aux commissures de ses lèvres —, à ce que

Maritsasi, ou l'un des membres mâles de sa famille, apprenne qu'il a fait l'amour avec Gutwano. Je connais bien la famille de Maritsasi. Ces gens détestent que des étrangers se conduisent mal avec les femmes de leur clan, et ils peuvent se montrer très brutaux à l'occasion. Mais revenons à Gutwano. Badirwan m'a dit qu'il peut planer un certain doute sur la paternité de son bébé. Je ne vais pas mettre Kisi en prison mais il devra apporter sa contribution aux frais entraînés par la naissance de ce bébé, dans la mesure où il figure parmi les pères possibles. Je crois que quinze livres seraient une somme raisonnable. Vous pourrez garder votre cuisinier, June. »

Elle fut soudain prise d'un petit rire. Elle reprit :

« Je crois aussi que ce serait une bonne idée de l'envoyer voir l'officier vétérinaire pour qu'il lui fasse subir quelques petites... transformations. »

Il dut se passer environ dix-huit mois avant que je m'avise un jour que Maritsasi n'avait pas encore accouché de ce malencontreux bébé, mais je me dis que Kisi ne tenait sans doute pas à ce que la question arrive sur le tapis, de sorte que j'évitai de lui en parler.

Le Boschiman de la Rivière Noire

Cet été-là, nous avons pris à notre service un guide à temps partiel, un Boschiman svelte, au nez de vautour et au comportement imprévisible. Il s'appelait Kweri et il travaillait quand il en avait envie, pas toujours, donc, aux moments où nous avions besoin de lui.

Kweri était le chef du village de Zankuio, un petit campement de chasseurs qui se trouvait dans les fins fonds du Mopani, entre Maun et la vallée du Kwaii. Ces régions lointaines du Protectorat étaient généralement très mal informées mais les bruits les plus fantaisistes y couraient en permanence, si bien que les réputations y bénéficiaient d'enjolivures qui ne faisaient qu'ajouter à leur intérêt.

Au sujet de Kweri, tout le monde s'accordait à dire qu'ils étaient une sorte de Robin des Bois noir : un homme courageux mais un coquin qui vous aurait volé des munitions pour aller braconner la girafe — laquelle était classée gibier royal — et vous aurait ensuite sauvé la vie, sans en avoir l'air, en risquant sa propre peau, refusant modestement d'être récompensé pour cet acte de bravoure.

Kweri ne fit rien pour ternir cette image lumineuse. Il m'assura avec une sincérité désarmante que sa mère avait été tuée par un lion, un mangeur d'hommes — ce qui aurait fait d'elle un cas unique sur le territoire du Bechuanaland. Il me décrivit ensuite la manière dont il avait suivi la trace du fauve, lui transperçant le cœur avec son poignard, *alors qu'il était encore couché sur ce qui restait du cadavre de sa mère !* J'ai déjà dit que les lions sont paresseux, mais à ce point-là !

Kweri était un conteur de grand talent et ses yeux ne déviaient jamais d'un pouce tandis qu'il dévidait son histoire, mais son gros orteil droit semblait doté d'une vie propre, traçant des dessins compliqués dans le sable.

A la fin de l'automne, Bobbie Wilmot nous demanda de l'accompagner dans la Dépression de Mababe, où il voulait aller chasser. D'habitude, nous prenions Kweri en passant dans son village de Zankuio mais ce matin-là, nous le rencontrâmes en chemin. Il nous attendait à l'endroit où la route qui longeait les cabanes des pêcheurs de Matlapanen obliquait à l'intérieur en direction de la lointaine vallée du Kwaii. Il était venu à Maun pour vendre des peaux, nous dit-il, et pour acheter du sucre et faire réparer le soc de la meilleure de ses charrues.

Or, le village de Kweri se trouvait au cœur de la zone infestée par la mouche tsé-tsé et il n'y avait pas de bœufs, ni par conséquent de charrues. Je me contentai d'attendre la suite sans rien dire.

« Il y a un homme qui est malade, murmura-t-il après une interminable pause. Il a pris un léopard, une femelle, dans un de ses pièges, mais avant qu'il ait eu le temps de la tuer, elle l'a blessé grièvement. Si on ne fait rien, il va mourir.

— Mais pour l'amour du Ciel, Kweri, je ne suis pas docteur, protestai-je. Va à l'hôpital. Demande King. »

Kweri secoua vigoureusement la tête.

« J'y suis déjà allé, avant l'aube. Le docteur n'est pas là. Je n'ai pu voir qu'une infirmière qui ne veut pas venir. Zankuio est très loin. »

Beaucoup trop loin, pensai-je, tandis que le break avançait pesamment dans les sables. Il était midi et il faisait une chaleur torride mais j'avais remonté toutes les vitres pour éviter les essaims de mouches tsé-tsé. Kweri était resté silencieux pendant une heure, plongé dans ses pensées, mais soudain il toussa pour annoncer qu'il allait parler.

« Le père du jeune homme a envoyé chercher le sorcier, dit-il. Il est peut-être déjà arrivé. Le léopard n'avait aucune raison d'attaquer comme il l'a fait, surtout que le garçon avait pris beaucoup de précautions en s'approchant de lui. C'est sûrement un de ses ennemis qui lui a jeté un sort. Maintenant, il n'y a que la magie qui pourra le remettre sur pied.

— Dans ces conditions, pourquoi as-tu besoin de moi ? »

Kweri toussa de nouveau.

« Deux précautions valent mieux qu'une », dit-il en haussant les épaules.

Il voulait mettre tous les atouts dans son jeu. C'était de bonne guerre. Mais je ne voyais pas pourquoi il ne comprenait pas qu'une bête qui avait passé la nuit à souffrir horriblement, la patte coincée entre les mâchoires d'un piège, ait manifesté quelque agressivité à la première occasion.

Les mains du jeune homme avaient été profondément lacérées mais Robert, arrivé avant moi, avait réussi à recoudre les plaies correctement lorsque nous le rejoignîmes sur les lieux. En plus de ses blessures, le malheureux avait le corps terriblement émacié et il crachait le sang. C'était la tuberculose, ce fléau qui décime ceux qui dorment dans des huttes dépourvues de fenêtres, à la fumée des feux qui se consument lentement la nuit.

J'aimais bien Zankuio. Les cases étaient isolées, recouvertes d'un toit de chaume irréprochable et ombragées par de grands mopanis qui portaient encore leur feuillage d'été. Des empreintes de branchages montraient que le sable venait d'être balayé et quelques poulets étiques mais au plumage étincelant s'affairaient autour d'une marmite contenant les restes d'un porridge à la farine de maïs. Un chien jaune se gratta, bâilla et se rendormit, et une fille à la poitrine nue m'offrit timidement une pastèque encore verte.

Je lui payai la somme demandée : un shilling, bien que ce fût le double du prix courant, et la voilà qui eut, tout d'un coup, un geste que je n'avais pas prévu : elle me prit la main pour la maintenir contre son visage. Il ne pouvait s'agir d'un simple signe d'affection!

Kisi lui parla en sasarwa et je saisis le mot « tau », le seul que je connaissais dans ce vocabulaire fait de coups de langue et de grognements, un mot qui d'ailleurs avait été emprunté au tswana. Tau, lion.

« Comment s'appelle-t-elle? »

Kisi se mit à émettre une série de gloussements hilares.

« *Hau!* Je ne peux pas le dire. Ces gens parlent avec la langue très haut dans la bouche. Son nom, c'est quelque chose comme Ix. Elle veut vous parler de la fois où elle a failli être dévorée par un lion. »

Kisi me traduisit son histoire. Quand elle était toute petite — « pas plus grande que ça » —, un soir où elle s'était endormie près du feu allumé par son père, dans ce même village, un lion avait surgi des ténèbres et lui avait pris la tête dans sa gueule. Ses cris de douleur avaient éveillé son frère, qui n'avait lui-même vécu que dix saisons sèches.

« Mais il était courageux, assura-t-elle à Kisi d'un ton solennel. Il saisit une bûche enflammée dans le feu et la plaqua sur la gueule du lion. Encore maintenant je me souviens de l'odeur de fourrure brûlée. Le lion a lâché prise et il s'est enfui en courant dans la nuit. Regardez, j'ai encore les cicatrices. »

Elle avait en effet des marques profondes sur les tempes et sur les joues.

« Et alors ?

— Alors j'ai été malade très longtemps, et mon père a cru que j'allais mourir. Le sorcier est venu, mais sa magie n'a pas réussi à améliorer mon état. C'est seulement quand le docteur blanc venu de Maun m'a donné des médicaments forts que ça a commencé à aller mieux. »

Je regardai Kweri qui détourna les yeux vers l'un des poulets.

« D'après le commissaire du district, il n'y a pas de mangeurs d'hommes dans le Protectorat, rappelai-je à Kisi.

— Mais le lion ne l'a pas mangée, expliqua-t-il patiemment, du ton de quelqu'un qui veut instruire un enfant indécrottable. Il voulait seulement le faire. »

Un enfant courut jusqu'à Ix et s'accrocha à la courte jupe en peau de bête qui constituait son unique vêtement. Ix me montra son ventre.

« C'est mon enfant. »

Il s'écoula un an avant que je revoie Ix ou son enfant. Le safari dans la Dépression de Mababe avait alors déclenché une série d'événements extraordinaires, inquiétants et profondément fâcheux.

Le goût du danger

Il y a quelques années, aux États-Unis, un dompteur de cirque nommé Ruben Castang prétendait qu'il pouvait communiquer directement avec les animaux. Sa capacité de lire les pensées des bêtes, de deviner ce qu'elles disaient, et de leur faire comprendre ce qu'il voulait qu'elles entendent n'était pas unique, mais l'étendue de ses talents était vraiment exceptionnelle.

Un soir, pourtant, il se trouva soudain débordé : un tigre et un ours s'étaient mis à se battre à mort dans la cage où il avait pris place. Il fit quelques pas en arrière et cria à l'un des gardiens de lui apporter un gros morceau de foie cru. Puis il approcha sa tête au plus près de l'oreille du tigre et poussa un rugissement pour le défier au combat. Comme le fauve, hors de lui, pivotait pour le mettre en pièces, Castang lui jeta le morceau de viande entre les mâchoires, et le combat fut terminé.

Je rapporte cet incroyable incident pour montrer ce qui peut arriver, dans les cas extrêmes, quand les êtres humains s'investissent trop profondément dans leurs rapports avec les bêtes sauvages, pour mieux les dompter, pour faire de meilleures chasses ou simplement parce qu'ils ressentent le besoin impérieux de s'identifier à elles. Il existe un autre exemple, plus récent, et tragique, celui de Diane Fossey qui, dans son obsession à vivre en compagnie des paisibles gorilles de montagne du Rwanda, avait fini par ignorer tout contact avec les humains sans scrupules, ce qui lui valut de se faire assassiner.

Quand on en vient à se passionner pour une espèce aussi noble et aussi belle que celle du lion, l'intérêt même passager que l'on éprouve pour son comportement social peut mener à des conséquences imprévues et effrayantes.

Le frisson du danger a toujours été un stimulant puissant et j'avais depuis longtemps remarqué que Robert éprouvait un plaisir particulier à prendre des risques que rien ne justifiait. Il se mit à communiquer par des cris avec les lions sauvages. La première fois que cela se produisit, ce fut au cours du safari dans la Dépression de Mababe.

Une fois sortis de Zankuio, nous avons quitté la piste menant vers la vallée du Kwaii pour filer vers le nord, en direction de la Dépression de Mababe. Il nous a fallu longtemps pour trouver de l'eau et nous avons fini par établir un campement improvisé, tard dans la soirée, près d'une flaque boueuse qui passait pour une source d'eau potable.

En plein cœur de la nuit, je me réveillai soudain, en proie à un inexplicable sentiment de malaise. Très bas, près de l'horizon, à l'ouest, la lune cuivrée se profilait dans une brume de poussière et de fumée. Quelque part, dans le noir, j'entendais les piétinements et les grognements des gnous et les chamailleries insensées des chacals à dos noir.

Kweri se leva, jeta quelques bûches sur le feu et se rallongea sur sa couverture.

A la question que je lui lançai alors, il répondit :

« Tau. Un lion. »

Je restai encore un moment étendue sur le dos, savourant l'obscurité vivante qui m'entourait. C'est en de semblables nuits, quand la lune était dans son dernier quartier, que l'on pouvait effectivement sentir l'odeur des lions, et je n'avais pas besoin d'entendre les gémissements inquiets de la hyène pour savoir qu'il y en avait dans les parages. Un instant plus tard s'éleva un son nouveau : le meuglement frénétique, angoissé, d'un jeune gnou.

« Ce sont des hyènes. » Bobbie Wilmot avait bondi sur ses pieds avant que je n'aie eu le temps de comprendre ce qui se passait. « Elles sont en train de dépecer ce jeune gnou. »

Bobbie, Robert et moi, nous montons dans la cabine du gros camion des Wilmot. Le sol a été complètement labouré par des phacochères qui fouillaient la terre, et tandis que le véhicule avance en cahotant sur la surface inégale, les phares font apparaître une galaxie d'yeux de gnous, alignés comme un bracelet de perles bleues et vertes le long des fourrés lointains. Aucune trace du jeune gnou, mais quatre hyènes détalent soudain.

« Attendez, dit Bobbie d'un air sombre. Ces salopes vont nous dire où il se trouve. Elles ne l'ont pas abandonné pour bien longtemps. »

Il serre le frein à main mais laisse le moteur tourner.

Les hyènes se regroupent, font volte-face et nous jettent un regard furibond, puis l'une d'elles s'élance en avant. Quelques secondes plus tard, elles sont toutes tête baissée dans l'herbe, occupées à déchirer quelque chose, en poussant des glapissements hideux. Bobbie embraie et le camion bondit. Les hyènes battent en retraite.

Nous voyons le jeune gnou, maintenant : il respire encore.

Bobbie pousse un juron obscène, met pied à terre et court vers le petit animal. Je le vois qui enfonce, d'un geste précis, son long couteau de chasse à la base du crâne. Puis il plonge la lame dans la terre et s'essuie les mains dans l'herbe, pour enlever le sang.

« Ce malheureux avait été blessé d'une balle dans une patte de derrière, nous dit-il en réintégrant la cabine. Il ne pouvait plus suivre le reste du troupeau. Je ne vous raconte pas ce que les hyènes lui ont fait. On va quand même rester ici un moment. Pour voir ce qui va se passer. J'ai comme l'impression que la séance n'est pas terminée. Regardez. »

La rangée d'yeux de gnous montait et descendait tour à tour. Les bêtes, prises de peur, s'apprêtaient à fuir. Soudain, une paire d'yeux émeraude scintilla, l'espace d'un instant, et disparut. Un lion? Une lionne solitaire. Elle partit en bondissant vers un bouquet d'arbres.

Nous sommes retournés au camp pour changer de véhicule. Le Humber avait un projecteur puissant monté sur le toit. Pendant notre absence, la lionne était revenue. Nous la vîmes qui s'était accroupie au-dessus du cadavre. En entendant le break, elle s'immobilisa et à la vive clarté du projecteur, nous pouvions la voir nettement pour la première fois. C'était une bête superbe, très grande pour une lionne, et son pelage luisait comme de la soie dorée.

Elle avait l'air troublé, indécis. Ce n'était pas elle qui avait tué cette proie et elle le savait. Elle l'avait volée aux hyènes qui étaient encore là, hargneuses et agitées, au bord du cercle de lumière. Pourtant, elle était trop affamée pour s'en inquiéter.

Le Humber était muni d'un toit ouvrant en toile, et je me mis debout à l'arrière pour manipuler le projecteur. Soudain, j'entendis la portière du passager s'ouvrir. Robert descendait.

« Non ! » murmurai-je, mais il secoua la tête avec impatience et partit lentement en direction de la lionne. Il n'était pas armé.

« Je t'en prie, dis-je à Bobbie à voix basse, couvre-le avec le fusil. »

Il resta un moment sans répondre, puis il dit, doucement :

« Désolé, June. Je n'en ai pas. Nous avons laissé tous les fusils au camp. »

Le démonte-pneu en acier gisait au-dessus de la boîte à outils. Il le saisit et le lança dans l'herbe.

« Prends ça avec toi. »

Robert hocha la tête et le ramassa.

Pendant trois quarts d'heure, j'ai regardé avec une fascination horrifiée le jeu muet et dangereux qui se déroulait dans l'arène formée par le cercle lumineux que projetait la lampe. Robert et la lionne se marquaient l'un l'autre comme des joueurs adverses. Quand il avançait vers le cadavre, elle s'éloignait puis, son courage revenu, elle pivotait brusquement et reprenait le terrain perdu.

Jusqu'alors, Robert était resté silencieux mais au bout d'un moment, il se mit à lui « parler », avec les inflexions graves et caressantes qu'il utilisait lorsqu'il s'adressait à nos lionceaux. Parfois, la grosse lionne grognait doucement, pour lui répondre, et deux fois elle poussa ce cri strident que Chink proférait pour manifester sa colère quand on l'empêchait de faire ce qu'elle voulait.

Soudain, elle commença à s'éloigner, mais elle refit volte-face, d'une manière tout à fait imprévue. Robert recula, sans hâte, tâtant du pied le sol derrière lui. Elle flaira le jeune gnou, releva la tête et regarda Robert bien en face. Pendant un moment, aucun d'eux ne bougea, puis elle agita la queue, poussa un grognement et s'écarta. Robert marcha vers le cadavre et quand la lionne se remit à revenir vers lui, il resta sur ses positions.

Une hyène poussa un long cri hystérique, et traversa en trottinant le cercle de lumière.

La lionne agita la queue une seconde fois et je vis sa tête

s'incliner légèrement sur le côté. Je reconnus l'annonce d'un danger. Sa patience était maintenant à bout. La mienne aussi. Je saisis à tâtons la barre du toit du Humber et m'apprêtai à réintégrer la banquette avant pour appuyer sur le klaxon aussi fort et aussi longtemps qu'il le faudrait pour que le cadavre de Robert n'aille pas rejoindre celui du jeune gnou. Bobbie me prit alors l'épaule et la lionne décida de mettre un terme à l'incident. Elle se redressa et commença à s'éloigner tranquillement, s'engageant sans hâte sur une colline en pente douce qui dominait de sa faible hauteur le lieu du carnage.

Robert arrondit ses mains en porte-voix autour de sa bouche et poussa un rugissement.

Il eut immédiatement une réponse, un grognement sourd, venu de la nuit. Un second animal se manifesta à son tour, puis un troisième, un quatrième, un cinquième. Le reste de la bande s'approchait rapidement.

Robert revint au Humber et s'assit sur le pare-chocs avant. La lionne le regarda battre en retraite, puis elle retourna auprès du cadavre du jeune gnou, le saisit entre ses mâchoires et l'entraîna dans les hautes herbes.

Je ne sais plus ce que j'ai dit ou fait, toujours est-il que Bobbie Wilmot m'obligea à lâcher le projecteur pour m'amener doucement vers le côté du véhicule.

« Ne t'inquiète pas, dit-il en m'aidant à descendre. Il n'est pas le seul. Moi aussi, j'aime flirter avec le danger. Cela met un peu de piment dans l'existence.

— Ou dans la mort ? » dis-je sèchement.

Il rit.

« N'essaie pas de l'en empêcher. Tu ne le pourras pas. Personne ne le pourra. C'est dans sa nature. »

C'était aussi dans la nature de Bobbie Wilmot. En tout cas, lui, il a fini par flirter une fois de trop.

Le 13 octobre

Le 13 octobre, c'est l'anniversaire d'une journée marquée par la malchance. C'est en effet le 13 octobre, il y a juste un an de cela, que Jack Chase a tué, dans le Chobe, l'éléphant blessé, compromettant ainsi de façon irrémédiable la réputation de Robert auprès du département du Gibier ; nous sommes maintenant revenus au camp, entre deux safaris.

Cubby a pris l'habitude de tuer les poulets, en dépit de tous nos efforts pour l'en décourager, et vers minuit, je suis constamment réveillée par les cris effrayés des volatiles que le lionceau vient prendre sur leur perchoir. Normalement, c'est Robert ou moi qui réglons le problème mais cette nuit-là nous sommes tous les deux épuisés d'avoir passé la journée à tenter de dépanner le DUKW. Robert a donc crié à Kisi d'enchaîner Cubby jusqu'au matin.

Nous n'avons jamais su exactement ce qui s'est passé. Peut-être Kisi était-il encore à moitié endormi, peut-être Cubby a-t-il voulu se rebiffer dans le noir, en tout cas, Kisi a assené au petit lion un grand coup de bâton qui lui a brisé les reins.

Comme Kisi n'apportait pas le plateau de thé ou de café matinal, je me suis levée pour partir à sa recherche. Je n'ai pas eu loin à aller. Il était assis au bord de la rivière, les yeux pleins de larmes, et Cubby gisait à côté de lui, respirant à peine. Même si nous avions eu l'équipement nécessaire, une opération immédiate n'aurait pu sauver le malheureux animal. Nous ne pouvions rien faire d'autre que de le regarder agoniser. Vers midi, il était manifestement près de s'éteindre. Il leva légèrement la tête et me regarda, puis il étendit les pattes et réussit, je ne sais comment, à gagner en titubant le bord de l'eau. Il s'allongea alors sur la berge, l'air heureux, et mourut.

Nous l'avons enterré dans la forêt, près de l'endroit où il dormait avec Chink dans la journée. Ensuite, nous avons tout remballé pour aller nous installer de l'autre côté de la rivière, dans les cabanes de pêcheurs de Bobbie Wilmot, à Matlapanen.

Il m'a fallu un mois pour supporter de nouveau l'idée de retourner dans l'île.

Foxy

Sur tous les jeunes animaux sauvages que j'ai essayé d'élever au cours de ces huit années passées dans le delta, trois seulement ont échappé à une mort tragique. L'un était un petit singe vervet, le deuxième un lionceau nommé Obéron, qui resta résolument sauvage et finit par aller rejoindre ses congénères, et le troisième un chacal à dos noir. C'était une femelle timide, rousse, ressemblant à un renard, une créature attachée beaucoup plus à la forêt et à la nuit qu'elle ne le fut jamais à ma propre personne.

Sa mère avait été prise dans un piège à mâchoires d'acier et assommée à mort pour une fourrure qui avait dû se vendre deux shillings à un marchand de Maun. Des deux petits que le chasseur sortit du terrier, un seul survécut au trajet jusqu'au village : une femelle à la fine ossature, avec une petite frimousse pointue et une épaisse fourrure rousse sur laquelle la selle noire, caractéristique de la race, commençait seulement à se dessiner. Je l'achetai pour quelques pence et la ramenai avec moi dans l'île.

Bien que j'aie été la seule personne qu'elle n'a jamais essayé d'attaquer, Foxy ne s'est jamais beaucoup attachée à moi car elle était déjà trop vieille quand je l'ai eue, pour pouvoir s'apprivoiser. Parfois, quand je lui avais donné à manger, elle sautait sur mes genoux et fourrait son museau dans mes cheveux, mais ces petits gestes affectueux étaient rares. Pourtant, elle m'a appris sur son espèce des choses peu connues, en particulier dans le domaine de l'alimentation.

Beaucoup de gens s'imaginent, non sans raison, que les carnivores se nourrissent exclusivement de viande, mais en fait il en existe très peu qui aient un régime aussi limité. J'ai vu par exemple le cas d'une civette qui venait au camp toutes les nuits pour manger de la bouillie de maïs dans les marmites. Les renards à oreilles de chauve-souris sont très friands de fruits et les ratels complètent leur menu habituel à base de miel et de larves d'abeilles avec de la viande, des serpents et des fruits. Ma petite genette adorait le fromage et le raisin. Nos lions mangeaient de l'herbe — oui, ils la mangeaient vraiment, et plus elle était verte plus ils l'aimaient.

Foxy était la plus vorace de tous. Elle déterrait pour les manger les racines des arbres et se régalait de prunes sauvages, d'épis de maïs, de sauterelles, de pain rassis, de bonbons, et à ma grande fureur, des oiseaux de la basse-cour.

Au bout de six mois, alors qu'elle n'avait pas encore atteint l'âge adulte, je remarquai qu'elle se montrait de plus en plus rétive. Elle avait toujours eu tendance à partir un peu à l'aventure pendant la nuit, mais maintenant, elle s'absentait chaque fois plus longtemps. Elle obéissait à l'appel de la forêt et comme je lui avais toujours laissé sa liberté d'action, je ne fis aucun effort pour la retenir auprès de moi. Quand elle serait prête à affronter le monde extérieur, elle me quitterait, mais en attendant ce jour, j'étais heureuse de jouer auprès d'elle le rôle de mère adoptive en échange d'une affection accordée bien à regret.

Un soir où je la ramenais au camp après m'être promenée avec elle dans les bois, elle accéléra l'allure et partit devant. Nous nous étions éloignées un peu plus que d'habitude, mais je suppose que ses excursions nocturnes l'avaient souvent conduite à l'endroit où nous étions arrivées, car elle avait manifestement l'air de se trouver dans un lieu familier. Je la perdis de vue dans les hautes herbes mais réussis à la suivre grâce à l'empreinte légère laissée par ses pas. Pourtant, je finis par perdre sa trace car elle avait obliqué dans un petit ruisseau qui allait s'enfoncer dans des buissons épais, hérissés de ronces. Je l'appelai à plusieurs reprises mais comme elle ne répondait pas je rentrai au camp sans elle.

Quand fut venue l'heure de donner la pâtée aux chiens, elle n'était toujours pas rentrée, contrairement à son habitude, mais juste avant l'aube je sentis qu'elle sautait doucement sur mon lit. Son petit corps était trempé par la rosée.

Elle s'allongea en travers de ma gorge et je sentis qu'il se dégageait d'elle une odeur étrange, douceâtre, presque malsaine. Je portai la main à son museau et vis qu'il y avait du sang dessus. Avait-elle encore tué des poulets? Non, tous les poulets étaient intacts, confirma Kisi d'un air hargneux car Foxy n'était pas parmi ses favoris. J'inspectai son corps avec soin mais ne vis pas de blessure. Elle semblait avoir l'estomac plein et une somnolence béate s'était emparée d'elle. Elle avait tué en pleine nature pour la première fois.

Nous avions atteint l'instant crucial, le moment était venu pour elle de quitter la liberté que je lui avais offerte dans le camp pour affronter l'existence beaucoup plus impitoyable qu'elle avait choisie elle-même. Foxy comprenait cela tout aussi bien que moi.

Quand elle se réveilla, après avoir digéré, elle était inquiète et nerveuse. Au lieu de passer la journée pelotonnée sous mon lit comme elle l'avait toujours fait, elle ne cessa de me suivre partout, d'un air anxieux, sautant sur mes genoux quand je m'asseyais et fourrant son museau dans mes cheveux.

Je l'emmenai, le soir venu, au bord de l'eau pour qu'elle s'amuse à déterrer les racines, son jeu favori, mais son agitation s'accrut encore et elle jetait sans cesse derrière elle des regards rapides en direction des fourrés où elle avait disparu la veille. Comme j'avais attrapé une brème avec la ligne légère que j'utilisais pour pêcher, elle flaira avec une indifférence totale le poisson qui se débattait à mes pieds. Puis elle me poussa le coude, l'œil anxieux.

Je savais ce qu'elle voulait.

Ensemble, nous sommes de nouveau parties dans la forêt. Elle est restée tout près de moi jusqu'au moment où nous avons atteint la clairière, de l'autre côté des figuiers, et elle est partie au petit trot, les oreilles dressées en avant, la queue basse. Je l'ai appelée. Elle a hésité, s'est retournée, et est revenue droit sur moi.

Elle est arrivée au galop, comme un chien poussé par le vent, bondissant en l'air au moment où elle allait m'atteindre. Je l'ai prise dans mes bras et elle s'est dressée, les pattes sur mes épaules, flairant avec affection mes cheveux, ainsi qu'elle l'avait toujours fait.

« Adieu, Foxy », murmurai-je. Car il s'agissait bien d'un

adieu. Ce dernier geste d'amour était un adieu au passé et à la personne qui l'avait sauvée de la mort. Foxy paya ce qui restait de sa dette en passant une seule fois sa langue râpeuse sur ma joue, puis elle se libéra et partit vers l'autre côté de la clairière, vers le monde de la forêt qui s'étendait au-delà.

Je ne l'ai jamais revue bien que j'aie entendu cette nuit-là l'appel lointain d'un chacal, là-bas dans la nuit. J'ai reconnu le timbre aigu de Foxy et j'ai répondu espérant, contre toute raison, qu'elle allait m'entendre et revenir. Mais c'était oublier la force de l'instinct. D'un peu plus loin encore, s'éleva une autre voix, celle d'un mâle et quand Foxy cria de nouveau, elle s'était plus rapprochée de l'autre chacal que de moi. Pendant un moment, il n'y eut plus que le silence, puis une véritable symphonie s'éleva, les voix d'une douzaine de chacals qui appelaient tous ensemble, si bien que je ne pouvais plus distinguer les timbres l'un de l'autre. Foxy était chez elle, avec sa propre race.

Un peu plus tard dans la saison, Kisi me dit qu'il avait vu un chacal rôder auprès de la basse-cour, à l'arrière du camp, et en effet, je m'aperçus qu'il manquait une poulette. Je devinai qui était le maraudeur mais je ne lui en voulus pas de se nourrir ainsi à mes dépens.

Pourtant après la disparition de trois autres volatiles au cours de la même semaine je commençai à me montrer moins indulgente jusqu'au jour où je découvris des indices fort éloquents à côté du fourré. Il y avait une poignée d'os bien rongés qui étaient éparpillés là, une poignée de plumes de poules du New Hampshire, et sur une petite plaque de sable fin, les empreintes de deux séries de pattes d'une petitesse incroyable. En surimpression, je voyais la trace d'un chacal de taille adulte. Foxy, ma charmante sauvageonne, avait eu des petits et maintenant elle tuait pour les nourrir.

Je rentrai au camp et donnai des instructions pour que le personnel ne mette jamais de pièges près de la basse-cour. En outre, un gros morceau de viande serait disposé chaque soir sur la branche basse où Foxy avait pris l'habitude de s'allonger pour dormir.

Une semaine plus tard, je vis ses petits jouer devant le fourré. Foxy n'était pas dans les parages — sans doute avait-elle jugé le moment favorable pour partir braconner plus loin — mais je laissai sur place une pintade, pour me rappeler à son bon souvenir. Le lendemain matin, le volatile avait disparu et la nuit suivante, j'entendis l'appel d'un chacal, tout près de la tente. Était-ce Foxy ? La voix était un peu plus grave que la sienne. Une ombre s'éloigna soudain sans bruit, à la lueur des étoiles.

Quand la saison sèche est revenue, Foxy a emmené ses petits vers de nouveaux terrains de chasse, et je ne l'ai plus jamais revue.

L'Éden sauvage

J'avais l'impression que le temps glissait entre mes doigts. Ce mois unique que nous devions passer dans le delta était maintenant devenu une demi-année mais aucun de nous ne ressentait le désir de repartir. Le bassin de l'Okavango présentait une population animale apparemment sans limites, riche non seulement par la variété mais aussi par le nombre des individus de chaque espèce. La région ressemblait beaucoup à ce qu'avait dû être l'Afrique avant l'introduction des armes à feu.

Un après-midi où nous étions partis chercher de l'eau en voiture, nous avons dû traverser un troupeau de buffles. Ils avançaient de leur pas pesant et régulier, épaule contre épaule, en un immense croissant noir qui s'étirait entre les deux bords de la forêt. J'ai essayé de les compter, mais comment pourrait-on savoir combien il y a d'animaux dans une masse qui s'étend sur cinq kilomètres de long et près de deux kilomètres de large. Je n'arrivais même pas à distinguer ceux qui se trouvaient aux extrémités. Trois mille têtes, peut-être quatre mille ?

Eux aussi, ils cherchaient l'eau, menés par leur instinct vers le lointain chenal de Savuti, qui ne se tarissait jamais. En dépit de leur nombre impressionnant, ils observaient un silence étrange ; à part le martèlement sourd des sabots sur le sable brûlant, on n'entendait guère que le gémissement plaintif poussé parfois par les petits qui se trouvaient séparés de leur mère.

Un jour, pénétrant dans une clairière où l'herbe nouvelle de la saison commençait juste à apparaître, perçant la croûte calcinée laissée par les feux que les Boschimans nomades du Masarwa allument chaque été, au mois d'août, afin de limiter les pâturages et d'obliger le gibier à se concentrer davantage, nous nous sommes trouvés devant un spectacle qui nous a frappés de stupeur. Une foule innombrable d'antilopes noires et rouannes se mêlait à des tsessebe pourpres et à des dizaines et des dizaines de buffles ; et il y avait aussi des gnous bleus, des koudous aux cornes en spirales, des impalas, des familles entières de phacochères, des girafes qui ressemblaient à s'y méprendre à des orchidées tachetées géantes et, contre toute attente, des renards à oreilles de chauve-souris qui détalaient entre les sabots d'une troupe de zèbres au pelage verni.

Des années plus tard, le souvenir de cette journée et de ce spectacle m'a fourni le titre de mon deuxième livre, *L'Éden sauvage*.

C'est par la suite que nous avons rencontré les chiens. Il ne s'agissait pas des canidés, qui regroupent les chiens domestiques, les loups, les chacals et les renards. C'étaient les *Lycaon pictus lupinus*, ces implacables chiens de chasse du Cap qui, en fait, ne sont pas des chiens car on ne peut pas les croiser avec les canidés.

Le lycaon, on ne peut le nier, est une bête superbe mais c'est aussi le tueur le plus impitoyable du monde, se déplaçant en meutes sur un territoire donné pour tuer, de sang-froid, tout animal se trouvant sur son chemin.

La méthode des chiens de chasse du Cap est rapide, sanglante et efficace. Ils avancent furtivement, surveillant tous les mouvements effectués par les troupeaux, allant même jusqu'à ramper pour ne pas être aperçus par les vigilantes antilopes. Puis le chien de tête se dresse lentement sur ses pattes et s'élance en courant. Il va presque aussi vite que le guépard, et le reste de la meute se précipite derrière lui.

L'antilope pousse un grognement, revient sur ses pas, se jette de côté, tentant de repousser la meute — et ne réussit qu'à hâter son trépas. Le chien de tête bondit, plantant ses crocs dans le flanc du malheureux animal, ou lui arrache les testicules, et bat en retraite en mastiquant les lambeaux de chair tandis que le second chien de la meute attaque à son tour pour saisir une autre bouchée de viande. Lui aussi il va se retirer pour laisser la place au suivant, et tous les autres chiens vont venir ainsi se repaître à tour de rôle. Après quoi, il ne reste plus rien de l'antilope. Pas même pour les vautours.

J'ai vu aussi ces mêmes chiens se hâter de mettre leurs petits à l'abri pendant que des sentinelles se dressaient sur leurs pattes de derrière et gambadaient pour détourner notre attention. J'ai vu des femelles de la meute s'affairer auprès des chiots qu'elles avaient regroupés et cachés dans des terriers d'oryctéropes du Cap pour les protéger de la chaleur, régurgitant, sans jamais opérer la moindre discrimination, la nourriture qu'elles étaient allées chercher pour eux.

Les chiens de chasse du Cap sont en voie de disparition, et c'est là une tragédie pour l'Afrique. Le lycaon[1] est le principal ennemi de l'impala, et si les chasseurs déciment les meutes, le processus de sélection naturelle se trouve gravement perturbé. Les impalas se multiplient, et dévorent les plantes dont l'antilope noire mâle a besoin pour être fertile. De sorte que l'année suivante, il n'y a aucune naissance de petite antilope noire et voilà une espèce animale de plus qui va être menacée d'extinction.

Le genre de vie que nous menions alors (sans cesse en mouvement, mangeant et dormant en plein air, sans monter la moindre tente pendant des mois de suite), nous permettait de voir beaucoup mieux la nature que nous n'aurions pu le faire au cours d'un safari normal. Nous étions constamment entourés par les animaux, et ils étaient beaucoup trop nombreux pour que je puisse les énumérer tous maintenant. Seules demeurent les scènes les plus fortes, profondément gravées dans ma mémoire.

1. Dans son excellent ouvrage intitulé *Origins*, Richard E. Leakey, anthropologue de renommée mondiale, écrit : « ... les seuls chasseurs opérant en plein jour (les hommes mis à part) que l'on puisse trouver parmi les carnivores vivant à notre époque sont les chiens sauvages qui attaquent à l'aube et au crépuscule. » Cette affirmation est exacte pour ce qui concerne les réserves d'Afrique orientale, où on se préoccupe depuis longtemps de protéger les espèces, mais avant la création de la Réserve naturelle de Moremi, dans le delta, les lycaons étaient la proie de chasseurs impitoyables qui voulaient toucher la prime offerte par le gouvernement. Les meutes, qui couvraient une zone immense, étaient contraintes de rechercher la sécurité de la nuit pour se livrer à la chasse.

En revanche, les lions de l'Okavango, qui ne chassaient que la nuit quand je suis arrivé dans les marais, se sont rapidement mis à tuer leurs proies de jour une fois que les chasseurs et les trappeurs eurent été interdits de séjour dans la vallée du Kwaii.

Une nuit, revenant à pied d'une brève excursion en dehors du camp, j'ai vu un lion à crinière noire debout sur une termitière, sa silhouette se découpant sur une énorme lune cuivrée qui commençait juste à se lever. Il a tourné la tête pour me dévisager, puis, toussant doucement, il a dirigé ses regards du côté des marais, telle une sentinelle dans la nuit.

J'ai vu un couple de guépards, la poitrine tachée de sang, monter la garde sur l'animal qu'ils venaient de tuer, aux premiers rayons du soleil. Le guépard se fie à sa rapidité beaucoup plus qu'à la ruse. Il tue très vite, mange jusqu'à ne plus pouvoir avaler, puis repart, abandonnant les restes aux petits chacals jaunes, affamés et jappant, qui vont s'escrimer sur la carcasse pour ne laisser que le squelette.

Pourtant, les os ne sont pas perdus. La hyène moqueuse va sentir leur odeur apportée par le vent léger de l'aube, et elle va les briser tous, même les plus gros, pour en extraire la moelle, chose dont les lions eux-mêmes sont parfaitement incapables.

Et puis, sans que rien ne vienne l'annoncer, d'un jour à l'autre pour ainsi dire, le charme fut rompu et je n'eus plus qu'une idée en tête : fuir le delta. Nous étions à la mi-décembre et le thermomètre marquait 37°. La chaleur était accablante. La pluie et la montée des eaux avaient apporté une nuée de serpents qui grouillaient en tous lieux et l'air bourdonnait d'une myriade d'insectes agressifs : les moustiques de la malaria, les mouches tsé-tsé, sans oublier ces coléoptères semblables à des scarabées qui réussissaient à se noyer par milliers, comme des lemmings, dans la moindre flaque d'eau.

Mon adorable cocker doré, Honey, avait succombé à la *nagana*, version animale de la maladie du sommeil, que nous n'avions pu diagnostiquer à temps, et l'un des autres chiens commençait à présenter des symptômes inquiétants.

Pour ne rien arranger, mes fils allaient bientôt arriver pour passer leurs vacances avec nous, par le camion qui faisait la navette entre la Rhodésie et Maun, et je ne pensais pas que la perspective de passer Noël sous la menace de la malaria pouvait leur procurer quelque agrément.

Je voulais retourner aux chutes de Victoria pour les fêtes de fin d'année et Robert, après maintes réticences, finit par accepter. Pourtant mon rêve de vacances reposantes et civilisées était fort compromis bien avant que nous ayons atteint les chutes. L'incident de l'éléphant abattu dans le Chobe, qui avait été grossi de manière grotesque, nous y avait précédés, et le responsable du service du Gibier était prêt à frapper. Il nous cita un règlement interdisant la présence de Chink dans la région et nous dit même que nous ne pourrions pas retourner à l'endroit où nous avions campé la première fois et que nous avions baptisé Long Island.

Pourquoi?

Oh, parce que les cordages servant à amarrer le DUKW risquaient de frotter contre les arbres. Parce que nous allions effrayer les hippopotames. Parce que Chink, qui n'avait pas neuf mois et qu'il fallait encore nourrir au biberon, pourrait malmener l'un des éléphants.

« *Foutaises!* » hurla Robert, le visage cramoisi de colère.

Cette interjection n'eut pas le don d'amadouer le fonctionnaire ni de nous procurer un emplacement pour planter notre tente.

Pourtant nous sommes restés sur les bords du Zambèze jusqu'à la mi-janvier, date à laquelle commençait le deuxième trimestre scolaire. Tristram et Olivier sont repartis dans leur école, sur les flancs des Matopos, et nous nous sommes préparés, Robert et moi, à réintégrer le delta. Juste avant de partir, nous avons engagé un jeune indigène de la tribu des Lozi; il s'appelait Leonard.

« Cet homme appelle les crocodiles... »

Théoriquement, Leonard avait été engagé pour porter le fusil de Robert ; en fait, il se vit confier toutes sortes de tâches. Il conduisait le canot, détachait la peau des crocodiles que nous avions tués, coupait le bois, allait chercher de l'eau, et me prêtait toujours main-forte quand j'avais un problème avec l'un ou l'autre de mes jeunes animaux. Il savait aussi raconter de merveilleuses histoires — un Esope africain —, et nous nous entendions très bien avec lui.

« Attendez que nous retournions sur les rives du Zambèze, me dit-il un jour tout en maintenant solidement la tête d'un jeune buffle orphelin tandis que je m'efforçais d'introduire entre les lèvres de la bête le versoir d'une vieille théière en étain. Là-bas, je vous montrerai un homme qui appelle les crocodiles et leur donne des ordres, comme à des enfants. Il leur demande de s'éloigner de son chien quand celui-ci nage dans la rivière et leur ordonne d'attraper un autre animal qui est venu boire. Quand il entre dans l'eau lui-même, les crocodiles ont peur de le toucher et il nage au milieu d'eux, en se servant d'une tige creuse de roseau pour respirer. C'est *vrai*, Ma Tau. Je l'ai vu avec ces yeux. »

Il avait pris l'habitude de m'appeler par mon surnom tswana qui signifie « Mère des Lions ».

« Et qu'as-tu vu encore ? » lui demandai-je en m'efforçant de cacher mon incrédulité. J'aimais beaucoup Leonard, et je voulais à tout prix ménager sa susceptibilité, d'autant que ce qu'il racontait n'était pas toujours le pur fruit de son imagination.

Il détourna son regard.

« Je connais une histoire très triste, soupira-t-il d'un air lugubre. C'est au sujet d'un de vos amis.

— Tu veux bien me la raconter? »

Il hocha affirmativement la tête.

« Autant que vous l'appreniez par moi plutôt que par la police. Comme ça, au moins, vous saurez la vérité. Vous connaissez Mog? »

Bien sûr que je le connaissais. Mog était un indigène d'une quarantaine d'années, un catholique romain qui aimait tendrement sa femme et son jeune fils. Un homme vraiment charmant, plein de prévenance, bon avec mes chiens. Bref, la crème des hommes.

Quand j'eus dit tout cela à Leonard, il reprit :

« Eh bien, il y a d'autres choses dans son cœur. Il a volé du bétail. Pas une bête seulement, non. Beaucoup, beaucoup.

— La police le sait?

— La police le sait. Vous ne pouvez pas cacher une vache sous le plancher de votre case comme si c'était une pièce de monnaie. » Il marqua un temps d'arrêt, hésitant comme s'il craignait, en parlant ouvertement du mal, d'attirer sur nous les coups du mauvais sort. « Il devait comparaître devant le Kgotla la semaine dernière pour être jugé de son crime, reprit-il enfin.

— *Devait?*

— Mog a été voir Tagaan.

— Oh, mon Dieu! »

Tagaan était le sorcier le plus puissant de tout le Protectorat, un homme qui pratiquait la nécromancie sous sa forme la plus ignoble; la police le soupçonnait d'être à l'origine de tous les meurtres rituels qui avaient eu lieu au Bechuanaland. Il n'était ni Batauana, ni Bayei, ni Masarwa, ni Mambukushu, ni Herero. Certains prétendaient qu'il était apparenté à plusieurs tribus et pouvait parler toutes les langues connues en Afrique. En tout cas, personne ne savait d'où il venait, car il avait surgi une nuit, pendant un orage de la fin de l'été, et il était resté pour tisser un réseau de frayeurs surnaturelles sur tous les habitants de la région. Bien qu'il fût soupçonné de nombreux crimes, il n'était jamais poursuivi en justice car personne n'osait témoigner contre lui.

« Et quel prix a-t-il exigé pour que Mog soit lavé de toutes les charges qui pesaient contre lui?

— La graisse des reins, prise dans le corps du fils de son

ennemi. Ce petit garçon gardait les vaches de son père dans les pâtures qui s'étendent entre la rivière et la forêt de mopanis. Mog et un de ses amis ont attendu que l'enfant ait ramené les veaux au village pour la nuit, les séparant de leurs mères pour qu'il y ait du lait pour toute la famille le lendemain matin, puis ils l'ont attrapé et bâillonné pour l'emmener chez Mog. Mais la table de la case était trop petite pour une telle opération, alors ils sont allés chercher la porte du poulailler. L'enfant est mort, mais Mog restera libre car Tagaan a prévenu l'homme à qui Mog avait volé les vaches qu'il ne devait pas témoigner contre lui. Et personne ne désobéit à Tagaan. Jamais. »

Et Mog resta en liberté, et personne ne s'avisa jamais de désobéir à Tagaan. Quand Mog revint nous voir à notre camp, il me fit cadeau d'un pot de miel sauvage pour mes enfants, et il me donna une image pieuse représentant l'Enfant Jésus.

Leonard reporta toute son attention sur Belinda, le jeune buffle. C'était la seule survivante d'une hécatombe qui s'était produite à Kunaragha, où de jeunes rustres venus de Maun — des Blancs d'Afrique du Sud —, s'étaient amusés comme des fous en tirant sur tout ce qui bougeait, postés à l'arrière de leurs camionnettes. Ce que les fusils n'avaient pas tué sur le coup, les hyènes l'avaient fini, avant d'aller dépecer trois petits buffles que la bande de « chasseurs » avait oubliés. Belinda avait échappé à la mort parce que, dans sa terreur, elle s'était précipitée vers notre camp au lieu de rester dans la clairière. Leonard l'avait attrapée pour moi et attachée à un arbre.

Je m'acharnai à tenter de la faire boire, mais elle se débattait, frappant l'air de ses petits sabots pointus. Son nez ressemblait à du velours mouillé et ses yeux avaient la couleur de violettes foncées. Elle exhalait une douce odeur de lait et d'herbe fraîche.

Je finis par renoncer, vaincue, une théière vide à la main. La totalité du précieux liquide avait coulé de sa bouche pour tomber sur le sable. Mais Leonard la caressa d'un air rassurant.

« Elle ne veut pas boire tout de suite, expliqua-t-il timidement, parce qu'elle a encore très peur. Elle croit que nous voulons la tuer. Mais bientôt elle se rendra mieux compte, et elle se dira : “Ces gens ne me veulent aucun mal. Ils veulent seulement me donner à manger, et je vais rester avec eux.” »

C’était un homme comme il y en a peu, Leonard. Sensible, avec une touche de tendresse tout à fait exceptionnelle. Je l’ai regardé et il a lancé, avec colère :

« Quand notre Morena chasse, il tue seulement un animal, et il ne l’abandonne pas avant d’avoir la certitude qu’il est bien mort. Il ne laisse pas des bêtes blessées dans la brousse, et il ne tire pas sur des femelles qui ont des petits. Je vous conseille de ne pas vous aventurer seule trop loin de ce campement, parce qu’il y a beaucoup de buffles blessés. Ils attendent les gens pour les tuer. »

Il y avait partout alentour des montagnes de viande abandonnée, et, toute la nuit, les hyènes hurlèrent de plaisir en ratissant les abords du camp. Comme je ne pouvais pas dormir, je me suis assise sur le bord de mon lit et j’ai regardé une jeune chacal femelle, attirée par l’odeur des cadavres, qui se glissait dans le cercle éclairé par notre feu : elle ressemblait à s’y méprendre à ma Foxy disparue. Je retins mon souffle et l’observai avec ravissement. Mais quelqu’un d’autre l’avait vue. Une flamme jaillit d’un fusil et le petit chacal s’affaissa sur place. J’entendis le tireur éclater d’un rire ravi.

« Pourquoi avez-vous fait ça, espèce de crétin ! hurlai-je.

— Ahhh, m’dame. C’était histoire de rigoler ! »

Et il s’était remis à rire.

Espèce de salaud ! me dis-je. Maudit salaud, dégénéré et sadique ! Mais de qui s’agit-il, au fait ?

Il s’appelait Jack Ramsden. Son père était blanc et sa mère une Herero (et ils étaient mariés, comme il ne cessait de le dire à tout le monde). Il jouissait d’une réputation flatteuse : celle d’être un chasseur tirant sur tous les animaux qui s’offraient à sa vue, qu’il ait besoin de la viande ou non.

La rencontre ne se présentait pas sous des auspices favorables, et pourtant c’est bien lui qui allait un jour se trouver à l’avant-garde de la campagne pour sauver la faune de l’extinction. Si quelqu’un lui avait dit cela en cette nuit sanglante à Kunaragha, Jack se serait tenu les côtes.

Avec l’aube vinrent les vautours. Avant même qu’il fît

grand jour, je les entendis descendre en planant pour se poser sur les cimes des arbres, en une ligne noire ininterrompue se détachant sur le ciel qui jaunissait à l'est ; il y en avait encore des milliers d'autres dans les airs.

Quand je retournai auprès de mon petit buffle, je vis qu'elle était affaiblie par la faim, et cette fois je versai du lait concentré bien dilué — c'était le seul lait que nous ayons — dans la grande cuvette rouge de la cambuse. Je plongeai la main dans le liquide, les doigts recourbés vers le haut. Intéressée, la petite bête finit par abaisser le museau, et tout en frappant le sol de ses minuscules sabots, elle commença à sucer avidement mes doigts, comme le font les veaux domestiques. Elle éternua, car les bulles du lait lui chatouillaient les narines, et projeta avec son souffle la plus grande partie du précieux liquide sur le sol, mais au moins il y avait eu un début.

J'avais hâte de rentrer dans le sanctuaire de notre île ; alors nous avons tout rangé dans le DUKW et nous avons quitté Kunaragha l'après-midi même.

Nous avions laissé Chink à notre camp de base, sous la surveillance de Kisi, et aussitôt qu'elle vit le petit buffle elle n'eut plus qu'une seule ambition : le découper en côtelettes le plus tôt possible. Le moment était venu de limiter un peu sa liberté, c'est pourquoi je l'enchaînai à l'ombre et, le soir, j'attachai Belinda au pare-chocs avant du Humber pour l'empêcher de s'égarer dans des endroits trop dangereux pour elle.

Je fus réveillée en sursaut, peu après minuit, par quelque chose de dur et de pointu qui me frottait la figure. Je tendis la main et trouvai le bout d'une corde poisseux et effiloché. Puis, un museau doux et tiède se logea dans ma paume. Belinda avait brisé la corde avec ses dents, pour venir me rejoindre, en prenant bien soin de passer au large de la lionne. Je ne sais comment, elle avait repéré mon lit dans le noir et m'avait effleuré la joue avec un sabot en tentant de se jucher à côté de moi. Je l'aidai à monter. Elle poussa un petit gémissement satisfait et s'installa, tendrement pelotonnée contre moi.

Le lendemain matin, elle me fit comprendre que j'étais devenue sa mère en titre, et elle ne me lâcha plus d'une semelle. Elle trottait derrière moi, partout où j'allais, que ce fût dans la cuisine, à la salle de bains ou aux toilettes.

Pour avoir un peu de tranquillité, il ne me restait plus que la cabine du DUKW, mais elle ne cessait d'aller et venir comme une âme en peine, bêlant d'un air pitoyable jusqu'à ce que je me décide à descendre la rejoindre.

Ayant retrouvé le biberon dont je m'étais servi pour Chink, je l'ai utilisé pour nourrir Belinda avec du lait concentré étendu d'eau, mais elle ne tarda pas à se persuader que le lait ne venait pas du bon endroit. Elle se mit à m'enfoncer sa tête dure comme du fer dans le bas-ventre, là où un bébé buffle pouvait espérer trouver des mamelles. Parfois, elle réussissait même à me faire perdre l'équilibre et continuait de me donner ses coups de boutoir pendant que je tentais de me remettre sur mes pieds.

Évidemment, j'aurais dû me douter que le combat était perdu d'avance. A la fin de la semaine, elle commença à dépérir. A Maun, personne ne connaissait la composition du lait de buffle et ce n'est que bien des années plus tard que je découvris que c'est celui qui contient la plus haute teneur en matière grasse, alors que je m'acharnais à diluer la mixture dont je la nourrissais, persuadée qu'il ne fallait pas risquer de la suralimenter. Mon brouet trop clair l'a tuée en deux jours.

A l'est du soleil

J'aurais dû me douter que la douce existence bien tranquille que nous menions dans notre île ne pouvait pas durer éternellement. A la fin de l'automne 1961, Robert décida que le moment était venu d'aller explorer la vallée du Kwaii. Tris et Olivier étaient venus de Bulawayo pour nous rejoindre ainsi que le vieux Cronje Wilmot qui n'avait pas voulu accompagner son fils à une chasse aux crocodiles destinée à fournir des spécimens vivants à quelques zoos d'Afrique du Sud.

Nous nous sommes arrêtés un moment à Zankuio pour prendre Kweri. Ix est venue en courant jusqu'au break et m'a dit quelque chose en sasarwa, tout en se frottant le ventre d'un air enthousiaste. Croyant qu'elle avait faim, je sortis un paquet de biscuits de la boîte à gants. Ix me regarda avec surprise.

Kisi eut un sourire épanoui.

« Elle n'a pas faim, dit-il. Elle va avoir un autre bébé, c'est tout. Et quand il sera né, elle veut que vous lui trouviez un nom. »

Je n'ai jamais eu l'occasion de donner un nom à ce bébé mais je l'ai vu, un an plus tard, dans des circonstances aussi extraordinaires que tragiques.

En fin d'après-midi, nous avons garé le DUKW et le break à l'ombre d'un bouquet d'épines de chameau. Un petit troupeau de girafes qui broutait là est parti en courant et une mangouste effrayée a détalé vers un lieu plus sûr.

Robert décida de confier la garde du campement à Kisi pendant qu'il s'en irait avec Cronje, les enfants et moi-même en bateau vers l'amont de la rivière. Je savais qu'il allait falloir porter le dinghy dans les eaux glacées et écumantes du Kwaii, car le niveau n'allait pas remonter avant que les crues de l'hiver ne dévalent à grand fracas des montagnes de l'Angola, et je n'avais guère envie de bivouaquer loin de la présence rassurante de *Shaka le Zoulou*, ce qui allait immanquablement s'avérer nécessaire dans la mesure où le soleil était déjà couché. Mais Robert était de mauvaise humeur : il voulait à tout prix atteindre au plus vite la partie du Kwaii où se trouvaient les crocodiles pour commencer à chasser pour de bon. C'était toujours la même histoire : une fois de plus, l'argent nous faisait défaut et la seule façon de couvrir les frais énormes occasionnés par ces safaris, c'était de tuer des crocodiles pour vendre leurs peaux.

Comme nous étions à court de viande fraîche, Robert descendit du canot avec un fusil léger pour gagner la rive à pied, et il disparut dans le paysage couleur de sable. Deux cents mètres plus bas, je tirai le canot sur la berge, trop fatiguée pour aller plus loin. Pendant que je me mettais en quête de branchages pour allumer le feu, Cronje, Kisi et le grand N'goma — le frère de Maritsasi — restèrent en arrière pour décharger le bateau.

C'est alors que, venant de derrière l'étroite zone boisée, s'éleva l'appel nasillard d'un gnou, suivi de trois coups de feu qui se succédèrent à intervalles rapides. Une spirale de poussière tourbillonna tandis que le troupeau détalait pour se mettre à l'abri de l'autre côté de la clairière. Robert vint me rejoindre d'un pas lourd.

« Le deuxième et le troisième coup sont partis beaucoup trop haut. Il a dû y avoir un choc qui a complètement faussé ce putain de guidon de mire. Va falloir que je le règle. Il y a un gnou là-bas, mais il n'est pas mort, il se débat comme un diable, et je n'ai plus de cartouches. »

Le .30.06 était un ami fidèle datant de l'époque où nous avions été fermiers, une bonne pétoire, mais les quelque deux mille cartouches qu'il avait déjà tirées n'avaient rien fait pour améliorer sa précision, et dès qu'on se trouvait à plus de soixante-dix mètres de la cible, les projectiles partaient n'importe où.

« Quelqu'un pourrait m'accompagner ? Ce n'est pas loin. »

Kweri se porta volontaire. Tris aussi.

« Tu es vraiment obligé ? Bon d'accord, mais fais bien attention. *Et ne mets pas le pied sur un serpent !* »

Tout de même, il avait douze ans, après tout. Il allait bientôt être temps que je cesse de le materner.

Tris me fit un petit sourire en coin qui n'avait rien d'aimable (Ah, ces mères !) et partit avant que j'aie eu le temps de changer d'avis. Pourtant, au bout de quelques minutes, il était de retour, un couteau ouvert à la main.

« Papa a de gros ennuis ! » Il m'observa pour voir comment j'allais réagir, ravi de l'aubaine. « Mais il vaudrait peut-être mieux que je ne te dise pas...

— Tu vas me dire tout de suite ce qui se passe. Et en vitesse.

— Il y a un lion près du gnou. Papa m'a dit de revenir, en gardant mon couteau à la main pour le cas où... »

Tris m'avait dit son premier gros mensonge à l'âge de cinq ans, une histoire de cobra qui lui avait craché dans la bouche pendant qu'il bâillait.

« Arrête de dire des bêtises. Papa est resté moins de huit minutes loin du gnou. Un lion n'aurait pas eu le temps de venir aussi vite.

— Ah tu crois ça, toi ! C'est pourtant ce qui s'est passé. Et il y en a trois. Parole d'honneur ! »

Kweri passa devant moi en courant dans le noir, se dirigeant vers le bateau.

« Morena veut la grosse batterie et la lampe. »

Morena va aussi avoir besoin du Holland and Holland, me dis-je. J'ouvris le fermoir de l'étui en cuir, mais le fusil était trop lourd pour que je puisse le manipuler et je n'en finissais pas d'ajuster les canons à la crosse.

N'goma et Kweri avaient hissé la lourde batterie sur un aviron. Je leur donnai le .465 et une boîte pleine de balles à ogive molle. Cronje partit avec eux, muni de la grosse lampe.

Le feu de camp pétillait joyeusement et les premières étoiles commençaient à apparaître, annonçant une soirée agréable. Tris et moi restions silencieux, luttant contre la panique.

« Allons, finit-il par dire. Faisons les lits, ça nous occupera en les attendant. »

Mais aucun de nous deux ne pouvait détacher ses regards de la rangée d'arbres, impatient de voir le faisceau lumineux annonçant que la batterie avait été reliée à la lampe.

Je priais en silence : « Mon Dieu, faites qu'il ne se remette pas à parler aux lions. N'importe quoi mais pas ça ! »

Dieu devait avoir d'autres chats à fouetter ce soir-là.

Le temps passa mais lentement. Finalement, la lampe se mit à projeter sa clarté vers le ciel. Tris me saisit la main et commença à tripoter mes bagues en tous sens. Nous attendions les coups de feu, mais N'goma arriva porteur d'un message qui m'était destiné. Il y avait trois lions près du gnou et il pensait que j'avais peut-être envie de voir le spectacle.

« Va dire au Morena que je ne peux pas laisser les enfants tout seuls ici. »

C'était le meilleur prétexte que je puisse trouver pour ne pas aller observer trois lions, de nuit, pour ainsi dire sous leur nez.

N'goma repartit puis revint avec Kweri annonçant avec une indifférence hautaine qu'il était prêt à rester avec les enfants. Je fus presque rassurée de constater qu'il y en avait d'autres que moi qui étaient morts de frousse. Le grand Masarwa faisait de son mieux pour cacher sa peur en caressant son antique Martini-Henry avec amour, de l'air confiant d'un protecteur naturel.

« Un de ces jours, me dis-je en regardant l'arquebuse démantibulée, ta pétoire va te sauter dans les mains, ou alors le fil de cuivre que tu as enroulé autour du canon pour le maintenir en place va se briser juste au moment où le lion sera en train de charger, et alors, adieu, N'goma ! »

Sans un mot, Tris me tendit son couteau de boy-scout en me tapotant l'épaule d'un air solennel. Olivier décrocha de sa ceinture la lampe de poche qu'il avait reçue en cadeau de Noël et me la fourra dans la main restée libre. Je laissai les deux petites silhouettes solitaires près du feu de camp, dominées par la haute stature de N'goma.

Kweri et moi allions à pas pressés. Malgré la distance, je voyais déjà à la lueur de ma lampe les éclairs tantôt verts tantôt rouges lancés par les yeux des lions. Et Robert « parlait » au trio de fauves. Une fois de plus, je ressentais l'horreur qui m'avait noué les entrailles dans la dépression de Mababe. Quand je fus près de Robert, Cronje tendit la lampe à Kweri et l'un des fils se détacha. L'obscurité était totale. Quand la lumière revint, les lions avaient disparu.

« Du calme, dit Robert. Ne bouge pas. » Il m'avait prise à l'épaule juste au moment où je m'apprêtais à m'enfuir. « C'est absolument charmant... une famille entière : le lion, la lionne et le lionceau déjà grand. Je n'ai pas pu me résoudre à leur tirer dessus. »

Cronje le regarda en fronçant les sourcils.

Le mâle revenait d'un air méfiant. Il avait la crinière noire et des épaules massives : le lion type, un de ces puissants tueurs de buffles du N'gamiland. La lionne arriva derrière lui et ils se campèrent tous les deux près du cadavre du gnou.

En un éclair, l'humeur de Robert avait changé.

« C'est moi qui l'ai tué, bordel! cria-t-il. Et ils le savent! Cette viande, il me la faut. »

J'essayai de crier, de hurler : « Non! » mais ma gorge s'était contractée et aucun son ne sortait. C'est Cronje qui parla.

« Alors débrouille-toi tout seul, mon vieux. Je ne vais pas rester là à te tenir la lampe. »

Kweri cracha et secoua la tête. Robert avait l'air maussade. Je retrouvai ma voix.

« Qu'est-ce qui s'est passé au juste quand tu es revenu ici avec Tris et Kweri? » demandai-je.

Sa réponse me frappa de stupeur.

« Nous avons failli leur marcher dessus. Quand j'avais laissé le gnou, il avait été touché aux poumons : il toussait et gémissait. On l'entendait encore quand nous sommes revenus, mais il faisait alors trop noir pour voir quoi que ce soit. Kweri a dit qu'il y avait des lions qui s'étaient approchés mais je me suis moqué de lui. Pourtant, il a tellement insisté que j'ai fini par m'arrêter pour tendre l'oreille. J'ai entendu le craquement d'un os et j'ai compris que c'était vrai. Alors je suis resté à leur parler pendant que Kweri allait chercher la lampe.

— Tu es resté... là où tu es maintenant? »

Nous n'étions pas à plus de huit mètres des lions!

« Bon Dieu, non. Non, j'étais beaucoup plus près. Je me suis reculé en t'entendant venir. » Il eut un petit rire. « Je me suis dit que tu aurais la frousse si nous étions trop près, mais on peut se rapprocher encore, si tu y tiens. »

J'avais envie de l'étrangler.

« Un torse si velu... »

Le chemin cahoteux et malaisé qui mena à la création de la Réserve naturelle de Moremi aurait pu être beaucoup plus facile si nous avions pris la précaution préalable de nous concilier les faveurs de la population blanche de Maun. Mais nous n'avons bien entendu rien fait pour entretenir des relations amicales avec elle. Robert utilisa au maximum les dons presque surnaturels qu'il avait de susciter l'hostilité en ridiculisant les gens ouvertement, et moi, je fis quelque chose qui était presque plus impardonnable encore : j'alertai la presse, dénonçant haut et clair une pratique fort répandue, profondément ancrée dans les mœurs : le braconnage.

Quand nous sommes arrivés dans le delta, il n'y avait pas plus de cent Européens vivant à Maun, sans compter les enfants. Les officiers du Service colonial britannique formaient un groupe tout à fait à part ; vivant dans des bungalows de type anglais au pourtour de la ville, ils décoraient leur intérieur spartiate avec des bibelots qui leur rappelaient le pays ; cendriers de cristal en forme de cygnes, canards en porcelaine accrochés au mur, souvenirs envoyés par des parents qui avaient servi en Inde, et innombrables cadres contenant les photos d'êtres chers dont ils étaient séparés.

La plupart des commerçants étaient des Afrikaners d'Afrique du Sud, et il y avait aussi toute une colonie de personnes venues des endroits les plus invraisemblables de la planète, comme ces Russes blancs, derniers spécimens d'une race en voie d'extinction ou ce vétérinaire danois qui, même à Maun, réussissait à faire la cuisine en suivant les préceptes d'André Simon.

Enfin, il y avait ce merveilleux commissaire de police qui méritait infiniment mieux que l'exil qu'on lui avait infligé dans cet avant-poste médiocre et plutôt sinistre d'un Empire qui était devenu une véritable peau de chagrin.

Avant que la campagne publicitaire vantant les marais de l'Okavango ne commence à attirer les grosses organisations professionnelles de safaris — des firmes comme la célèbre Kerr, Downey and Selby, au Kenya —, le plus compétent de tous les chasseurs blancs était Lionel Palmer. Il avait une haute taille, des épaules carrées et un accent qui annonçait clairement l'origine britannique de cet homme venu d'Afrique du Sud. Ce tireur d'élite était également un traqueur de génie. Son ambition suprême, je le savais, c'était d'atteindre une renommée internationale, celle du Chasseur Blanc. Je l'ai vu faire la preuve de son talent en décelant des traces pratiquement invisibles sur une terre dure comme du roc et beaucoup trop sèche pour conserver les empreintes d'animaux.

« La poussière monte en spirale de l'autre côté du molapo. De la poussière de buffle, et non d'éléphant... la poussière d'éléphant n'a pas la même consistance. Et cette herbe, elle a été aplatie par des lions et non par une antilope. »

Il ne se trompait jamais.

« Comment pouvez-vous être aussi affirmatif? » demanda un jour Robert, irrité par une compétence qu'il ne pourrait jamais égaler.

Lionel se contenta de le fixer du regard, sans répondre. De toute manière, il était difficile d'expliquer un tel talent qui se situait entre l'instinct et le pouvoir à demi acquis de la déduction. Il n'y eut jamais entre les deux hommes une amitié extraordinaire mais Robert fut tout de même bien obligé de convenir à la longue que Lionel possédait, entre autres, une remarquable aptitude à se mettre dans la peau de l'animal qu'il chassait.

Lionel et moi, nous nous entendions assez bien, à condition évidemment que je n'épanche pas dans les journaux la colère que m'inspiraient les hécatombes commises par les chasseurs dans la région, et surtout que je ne tende pas un index accusateur en direction des jeunes gens du coin. En tout cas, nous partagions la capacité de lire les signes que les créatures les plus insaisissables laissaient derrière elles dans le sable.

Il y avait une autre caractéristique que Lionel possédait à un degré légendaire et qui lui valait le respect parfois un peu acide des autres hommes. Le terme de « macho » n'était guère répandu à l'époque ; on disait « phallocrate ». « Un testiculocrate, voilà ce qu'il est, s'exclama un jour un humoriste de bistro. Un testiculocrate pur et simple. »

Le printemps arriva sur le delta, apportant avec ses brises parfumées de sève la baronne Renada, qui venait, sans attendre qu'on l'y ait invitée, faire son pèlerinage dans la brousse africaine. Elle jouait maintenant à l'Italienne sans avoir tout à fait réussi à se débarrasser de l'accent teuton qu'elle avait pris pour son rôle précédent, et elle ne cessait d'effectuer des allées et venues entre les deux personnages.

« *Madonna mia!* » Elle nous atorait! Nous étions les chens les blus aimaples tu monte et elle foulait rester afec nous, douchours. Et elle adorait aussi Chink, *che bella*! Superbe, cet animal. Un de ces jours elle va acheter, pour le lui donner à manger, un âne, à la Société protectrice des animaux, ou comme elle le dit, avec son accent inimitable, la Société destructrice des animaux.

Je lui dis que la SPA ne doit pas être très chaude pour massacrer un baudet à seule fin de nourrir une lionne déjà bien dodue, mais elle secoue sa crinière avec impatience.

« Je ne demande pas qu'on me le tue, proteste-t-elle, profondément offensée. Mais qu'on m'en donne simplement un qui a déjà été tué par une voiture. Ça ne peut pas les déranger? Pour une lionne aussi belle! »

Au fond l'intention était bonne. Fallait-il lui rappeler que l'office de la SPA le plus proche se trouvait à plus de mille kilomètres de là? Et quel transporteur routier aurait accepté de mettre le cadavre d'un âne dans l'un de ses véhicules par une chaleur pareille? Elle voit mon expression et change de sujet, s'enroulant autour de moi.

« Quels beaux tétons tu as! susurre-t-elle. On dirait une vierge. Ça te plaît, que je t'aime. Je te plais? »

C'est seulement avec l'arrivée de visiteurs, inattendus eux aussi, qu'elle a cessé ses efforts frénétiques pour ouvrir mon corsage.

Quelle que fût la saison, les nouveaux visages étaient rares à Maun et quand on avait appris que Renada était chez nous, tout le village s'était embrasé. Les beaux-frères de Lionel, Ronnie et Kennie Kays, furent les premiers à accourir, apportant une caisse de bière pour accroître leur séduction.

Ronnie était un jeune homme trapu à la peau luisante et colorée. C'était un mécanicien hors ligne, et sans lui tous les camions et toutes les voitures de la région auraient cessé de rouler à cause du sable qui venait se loger dans tout ce qui bougeait.

Kennie était le chouchou de Maun, et les idylles qu'il pouvait avoir avec les filles pendant la saison chaude défrayaient toutes les conversations. Finalement, la fille de l'un des chasseurs les plus renommés du Kenya réussit, à force de subtiles manœuvres, à lui faire dire « oui » devant le commissaire du district et pendant un bon moment tout intérêt disparut de la vie sociale de Maun ; il n'y avait plus rien à en attendre.

Naturellement, Lionel arriva sur leurs talons, exhibant généreusement une bouteille de scotch. Il ne lui fallut guère de temps pour prendre la mesure de Renada. Au bout de quelques minutes, elle appuyait déjà la tête sur ses larges épaules, ses longs cheveux bruns tombant sur le torse nu du séducteur, sa bouche cramoisie relevée avec une moue provocante aux commissures des lèvres. Et Lionel, le tombeur, lui murmurait dans le tuyau de l'oreille :

« Tu me plais, ma gosse... on va s'en payer tous les deux.

— Ce qu'il est fort, murmurait Renada, la poitrine dilatée de bonheur. Et un torse si velu. Si musclé... !

— Aïe ! » aboya Lionel.

D'autres visiteurs suivirent. Dougie Wright, petit et nerveux, qui avait un jour été blessé par un lion et nourrissait depuis une rancune tenace à l'égard des félidés ; la fille connue localement sous le sobriquet de « Le Trophée Flottant », et qui couvait d'un regard exclusif et jaloux la légion de ses visiteurs masculins ; un couple hilare du service vétérinaire, et le jeune et beau préposé à l'inspection du bétail qui avait des yeux bleus et jouait de la guitare. C'était la seule personne qui se donnât la peine de venir sur l'île pour voir comment j'allais, pendant les absences de plus en plus prolongées de Robert.

Tout ce joli monde se retrouva finalement complètement vidé de toute énergie à cinq heures du matin. Renada s'était endormie, la tête sur les genoux de Lionel et les chaussures au ras du feu. L'odeur âcre du caoutchouc brûlé atteignit enfin les narines de Kennie qui s'approcha en titubant de Renada et vida une bouteille de bière sur les semelles fumantes. Il resta ensuite un moment à fixer d'un regard désolé le cadavre qu'il finit par jeter dans les buissons.

Le défi

La totalité du N'gamiland étant un territoire tribal, la chasse s'y prolongeait toute l'année : elle n'était jamais fermée. Les indigènes pouvaient donc abattre tout le gibier qu'ils voulaient quand ils le voulaient, à la seule exception des hippopotames, des girafes, des antilopes sable et rouannes et des éléphants.

Heureusement, les chasseurs tribaux ne tuaient que ce qu'il leur fallait pour satisfaire leurs besoins immédiats, et bien que leurs méthodes fussent souvent fort barbares, il ne leur arrivait que très rarement de se livrer à un quelconque gaspillage. Cette absence de réglementation aurait très bien pu ne poser aucun problème s'il n'y avait eu que les indigènes en cause. Mais il fallait aussi tenir compte des Blancs qui faisaient le commerce des fourrures à Maun et dont les intérêts étaient vivement contrariés par les hécatombes que commettaient les Européens venus d'Afrique du Sud, qui massacraient les animaux avec d'autant plus d'insolence qu'ils savaient que personne ne viendrait jamais leur demander de comptes.

La loi présentait d'ailleurs des particularités bizarres car elle interdisait aux Européens d'utiliser les pièges à mâchoires d'acier mais omettait d'en bannir l'importation, si bien que les boutiques de Maun regorgeaient de ces articles maudits. Les Africains en faisaient un usage constant, se servant aussi de pièges grillagés et de collets car les seules armes dont ils disposaient étaient des javelots aux pointes en fer forgées à la main.

Seuls les plus riches d'entre eux possédaient des fusils. Il s'agissait généralement de ces Martini-Henry, démodés depuis longtemps, ou de ces mousquets Tower, encore plus désuets, dont il fallait entourer le canon avec du fil de cuivre pour éviter qu'il ne vous explose en pleine figure. Il convenait naturellement de les charger par le canon, avec des balles en plomb, de fabrication maison, que l'on récupérait dans le cadavre des animaux, après usage, pour les remodeler à coups de marteau. Mais les armes à feu étaient peu usitées car la poudre coûtait cher et elles causaient souvent plus de dégâts au chasseur qu'à sa victime.

Ce qui menaçait le plus l'équilibre écologique du delta, c'était le trafic intense des peaux de carnivores. Au cours de la première moitié des années soixante, les marchands payaient jusqu'à quarante livres une bonne peau de léopard. Pour les Boschimans nomades de Masarwa, une telle somme représentait la différence entre la simple survie et une existence plutôt confortable car elle leur permettait d'acheter quelques douceurs : une poignée de sel, un peu de sucre, une barre de savon, une couverture neuve, un couteau à écorcher le gibier et même, peut-être, un collier de perles en verre bleues pour amadouer l'objet de leurs désirs.

En 1961, le N'gamiland exporta à lui tout seul deux mille peaux de léopard, et le massacre régulier de ces prédateurs permit aux animaux dont ils se nourrissaient normalement de se multiplier au-delà de toute mesure. A la fin de l'année, par exemple, il existait des bandes de babouins qui comptaient jusqu'à deux cents individus, ce qui eut pour résultat une diminution dramatique du nombre d'oiseaux qui nichaient sur le sol, car les singes dévastaient massivement les nids.

Une menace plus importante encore provenait de la disparition progressive des petits carnivores, car elle permettait l'explosion démographique des rats porteurs du germe de la peste. Dans un seul village, en 1961, on exporta quatre mille peaux de *gents* emballées pêle-mêle avec un nombre indéterminé de fourrures de servals, de civettes et de chacals à dos noir.

Et puis il y avait les Blancs, qui ne prenaient pas souvent la peine d'acheter un permis de chasse. Sept Afrikaners venus d'Afrique du Sud organisèrent un safari dans les marais. Ce safari dura une journée et demie et au cours de ces trente-six heures — diminuées du temps consacré à boire, manger et dormir —, ils tuèrent dix-sept buffles, laissant un nombre encore plus grand de ces animaux qu'ils avaient seulement blessés mourir à petit feu dans la brousse. Sur les dix-sept animaux abattus, il y avait onze femelles dont six allaient bientôt être mères, les cinq autres étant accompagnées de leurs petits encore très jeunes. L'un de ces jeunes buffles fut criblé de balles, alors qu'il restait près du corps de sa mère, et les autres furent naturellement laissés à l'abandon, en attendant que les hyènes viennent leur régler leur compte.

Cinq gnous bleus, trois impalas et un phacochère tombèrent également sous les balles. Les chasseurs les vidèrent de leurs entrailles puis traînèrent les cadavres éventrés derrière leurs véhicules pour laisser des traces de sang qui allaient attirer les lions jusqu'aux abords de leur campement durant la nuit.

Le soir venu, alors que s'élevaient les premières notes de la musique des hyènes dans le molapo, les héroïques aventuriers montèrent dans leurs Land Rover, puis, braquant leurs projecteurs sur les cadavres, attendirent, le cœur bondissant d'espoir, l'arrivée des prédateurs pour décharger leurs fusils.

Au matin, toutes leurs illusions s'étaient dissipées : ils n'avaient réussi à abattre qu'une lionne à peine adulte et un petit chacal femelle. Ils les abandonnèrent sur place sans même prendre la peine de récupérer leur peau.

Un peu plus tard dans la journée, alors que l'ennui commençait à les prendre, ils chargèrent les arrière-trains de quatre buffles sur un camion de cinq tonnes et laissèrent le reste des cadavres pour les vautours. Puis, sur le trajet du retour vers Maun, un tsessebe solitaire traversa la piste. Un jeune homme qui était debout à l'arrière du camion donna de grands coups sur le toit de la cabine.

« Écoutez, l'entendis-je crier au conducteur qui ralentissait. Y en a marre de tous ces buffles. On pourrait peut-être changer un peu, non ? »

J'ai compté les coups de feu. Un, deux, trois... onze, douze... seize. Chaque balle soigneusement ajustée pour frapper un endroit différent du corps de la bête blessée, pour la paralyser progressivement, en évitant de la tuer tout de suite. Je n'en croyais pas mes yeux. Le tsessebe restait debout, la tête baissée et les pattes écartées. Le sang coulait de ses naseaux ; il mourait lentement.

Le jeune homme sauta à bas du camion et marcha jusqu'à l'animal. Je crus qu'il allait l'achever enfin. Mais non, il ôta son chapeau et l'agita comme un éventail devant les yeux du tsessebe, riant aux éclats et regardant ses compagnons pour voir s'ils appréciaient la plaisanterie.

« C'est comme ça qu'ils excitent les taureaux à Madrid, exulta-t-il. Voyons si je vais pouvoir l'amener à me charger. »

Mais le tsessebe ne chargea pas. Il cracha une mousse rouge, venue des poumons perforés, et s'affaissa lentement sur le sol, aux pieds de son bourreau. Et il lui fallut encore vingt terribles minutes pour mourir. C'est seulement après qu'ils lui ouvrirent le ventre.

Assise dans la Land Rover, derrière le premier véhicule du convoi, je ne pouvais rien faire d'autre que regarder par la vitre pour qu'ils ne puissent pas voir mes larmes, et leur souhaiter le purgatoire à tous.

Trois Européens s'enfoncèrent dans les marais munis de pièges à mâchoires d'acier et de leurs fusils. Ils installèrent les pièges, très soigneusement, avec les appâts appropriés, dans l'espoir d'attraper un léopard, « puisque c'était le moyen le moins coûteux de se procurer une peau convenable ».

Mais les pièges sont incapables d'opérer une distinction entre les espèces et ils furent tous à tour de rôle actionnés par des hyènes qui se mirent alors à se ronger frénétiquement les membres mutilés et qu'il fallut achever d'une balle dans le crâne.

On leur trancha tout de même la queue, car elle permettait de toucher la prime offerte par le gouvernement. Ces Européens avaient un emploi bien rémunéré : cette prime allait leur payer leur bière, sans plus. Les chasseurs africains avaient au moins l'excuse de manquer d'argent.

Leur dernière victime dans la région fut une lionne. Trop effrayés pour s'approcher d'elle durant la première partie de la nuit, quand ses rugissements de douleur les avertirent de leur bonne fortune, ils la laissèrent se débattre et se contorsionner en tous sens, en proie à des souffrances indicibles, jusqu'au moment où le soleil fut bien haut dans le ciel, puis à dix heures, ils lui criblèrent le corps de balles, postés à une distance respectable. Ils remarquèrent qu'il y avait du lait qui suintait de ses mamelles, mais ils ne firent aucun effort pour trouver les lionceaux qui furent ainsi condamnés à mourir de faim.

Après cette expédition, les chasseurs descendirent vers l'aval jusqu'à notre ancien campement de la vallée du Kwaii. Une fois arrivés, utilisant des projecteurs, ils réussirent à tuer trois lions que les appâts avaient attirés sur les lieux. L'un de ces trois animaux était une femelle encore très jeune : elle était à peine plus âgée qu'un lionceau.

La chasse nocturne était interdite au Bechuanaland mais il n'y avait personne pour s'assurer que le règlement était respecté. D'ailleurs, le lion repésentait une proie facile : sûr de lui, insouciant, il s'avançait sans méfiance vers l'appât. On l'éblouissait alors avec un puissant projecteur et grâce au fusil à lunette, on pouvait arborer un nouveau trophée à l'arrière de la Land Rover.

Entre juillet et octobre 1962, sur une distance de soixante kilomètres le long du Kwaii, on a tué, à ma connaissance, onze lions, sans compter ceux qui ont été pris au piège par les Africains.

Il m'a fallu un jour assister au rituel sadique auquel se livraient des chasseurs sur un éléphant mâle. Au moment où il venait boire, en fin d'après-midi, ils lui ont logé une balle dans la patte avant gauche, pour qu'il ne puisse pas s'en aller trop loin. Vers midi, le lendemain, ils sont revenus pour l'achever. L'un après l'autre, ils ont tiré dix-huit balles sur le malheureux, évitant délibérément de le toucher au cœur ou à la tête pour faire durer le plaisir.

Et lui, il restait planté sur ses jambes, incapable de bouger, et je crus qu'il n'allait jamais mourir. Mais finalement il bascula sur le côté, lentement, pour trouver la paix loin de la cruauté du genre humain.

Et le massacre continua ainsi, indéfiniment.

Un jour, nous sommes tombés, Robert et moi, sur le cadavre d'un gnou auquel on avait administré une dose massive de poison. Autour de lui gisaient les restes, délaissés par les vautours, de deux lions, que l'on avait débarrassés de leur peau, sept hyènes et onze chacals, sans oublier vingt-neuf des vautours qui s'étaient également nourris de l'appât empoisonné.

Personne n'ignorait qu'il y avait à l'époque dans la région un chasseur sud-africain en quête de peaux présentant une valeur marchande, qui avait décidé de se faciliter l'existence en utilisant de la strychnine à la place des balles de fusil. Le temps que nous ayons alerté les autorités, l'homme était déjà en sûreté au Cap, si bien que personne ne put prendre la moindre mesure à son encontre.

Nous avions toutefois une petite consolation : ses clients n'allaient sans doute pas lui renouveler leurs commandes car les peaux des animaux empoisonnés perdaient vite tous leurs poils.

Il y eut aussi le cas de ces deux habitants de Maun qui s'étaient acheté des fusils neufs et dont il fallait régler la mire. Ils partirent sur les bords du lac N'gami et pointèrent leurs armes sur des springboks qui paissaient tranquillement dans les parages. Quand ils eurent enfin acquis la certitude que les mires étaient correctement ajustées, quatorze de ces gracieux animaux gisaient sur la rive, morts ou mortellement atteints par les balles.

Mais cet exploit reste encore au second plan en comparaison de l'ignoble safari au cours duquel trois Blancs, des espèces de dégénérés venus de Maun, prirent dix-huit permis de chasse pour eux trois et s'en allèrent tuer dix-huit animaux chacun : un total de cinquante-quatre antilopes! Ils s'amusaient tellement qu'ils abattirent ensuite un zèbre qu'ils traînèrent derrière leur Land Rover pour laisser une trace sanglante.

Cette nuit-là, ils se payèrent vraiment du bon temps, tuant à la lueur de leur projecteur des hyènes dont la curiosité était éveillée par le spectacle. A minuit, ils avaient déjà à leur tableau de chasse treize hyènes, un koudou femelle, un tsessebe, une antilope des roseaux, trois porcs-épics, un renard à oreilles de chauve-souris et un blaireau mangeur de miel.

Avec la merveilleuse certitude que confère le recul du temps, je me dis maintenant qu'il y a eu des moments où j'aurais dû intervenir directement, élever de véhémentes protestations dès que l'occasion s'en présentait. Mais n'oublions pas qu'à l'époque le comportement de ces chasseurs était parfaitement admis. Celui qui aurait émis la moindre objection aurait aussitôt passé pour un empêcheur de tourner en rond ou un excentrique dont les propos ne devaient pas être pris au sérieux. C'est sans doute à cette seconde interprétation que je dois de ne pas m'être fait lyncher par ces âmes simples et pures pour avoir tenté, par la suite, de mettre un terme à leurs agréables divertissements.

Je n'ai pas gardé le souvenir de l'événement qui nous incita finalement, Robert et moi, à sortir de notre passivité pour commencer à extérioriser la colère que provoquaient en nous ces massacres. Une accumulation de scènes scandaleuses, peut-être, à moins qu'il ne se soit produit un incident, peu important en soi, mais particulièrement sanglant. Il est fort possible que le détonateur ait été cet ignoble safari dont je viens de parler. Nous y avions participé comme invités, ce qui nous interdisait d'émettre la moindre protestation. Le mieux que nous pouvions faire, c'était de nous garder d'applaudir.

Toujours est-il qu'il vint un soir où nous sommes tombés d'accord pour conclure que la faune du Kwaii, aussi importante fût-elle, ne survivrait pas longtemps à de telles hécatombes. Nous prîmes alors la décision que, quoi qu'il arrivât et quel que fût le coût de l'opération, nous resterions dans le delta tant qu'une réserve de gibier n'aurait pas été créée.

Imaginant d'avance les réactions des Blancs de la région et la colère du Colonial Office, nous décidâmes de solliciter d'abord le soutien des indigènes. Mais ceux-ci ne cachèrent pas non plus leur hostilité, jusqu'au jour où Don King, le docteur, nous conseilla de nous adresser à Isaac Tudor.

Isaac Tudor

Isaac Tudor avait une peau de la couleur du miel, un esprit en vif-argent et une langue acérée et tranchante. Il était Boschiman par sa mère et blanc par son père, et il jouissait d'un énorme ascendant sur les Batauana.

Nous avions besoin d'un allié fort et résolu, quelqu'un qui fût doté d'un cerveau et d'une grande influence politique. Robert commença par le sonder avec précaution et j'invitai ensuite l'homme à venir dans l'île pour un déjeuner d'affaires. Il accepta tout de suite, par curiosité d'abord, mais aussi parce qu'il se disait peut-être que nous lui fournirions des éléments qui lui permettraient ensuite de discréditer l'administration britannique locale.

Il alla droit au cœur du sujet.

« Votre mari et moi, nous avons déjà discuté de la création d'une réserve de gibier tribale, commença-t-il. "On tue la vache qui attend un veau, et demain, il n'y a plus de viande", m'a-t-il dit. Eh bien, moi, je trouve qu'il y a du vrai là-dedans, mais vous rendez-vous compte que toutes les tribus du N'gamiland se composent de gens qui sont chasseurs par tradition ? Ils n'ont que de misérables récoltes et la mouche tsé-tsé leur interdit d'élever du bétail. Il ne leur reste donc que le gibier pour subsister. Ils mangent la viande et ils vendent les peaux aux marchands, en échange d'espèces sonnantes et trébuchantes. Il va falloir des siècles pour les convaincre qu'ils détruisent leur plus grande richesse naturelle en massacrant leur *dipholoholo*, leurs animaux sauvages. Alors, qu'attendez-vous de moi au juste ?

— Vous pourriez parler aux gens. Les anciens vous écouteront. Peut-être pourriez-vous commencer par fonder un... — comment pourrait-on appeler ça? — une société de sauvegarde de la faune. Ce serait déjà un début.

— Un début? Oui, évidemment, Mrs. June. Mais quel est votre intérêt là-dedans?

— J'en ai rien à foutre, répliquai-je avec plus de franchise que d'élégance, sauf que j'ai toujours aimé les animaux. »

Il eut un large sourire.

« J'ai également l'impression que vous ne portez pas particulièrement dans votre cœur les Blancs qui résident à Maun, surtout ceux qui sont investis d'une quelconque autorité. Eh bien, voyez-vous, je suis dans le même cas, c'est pourquoi je pourrai peut-être vous aider. Vous connaissez Michel Dithapo?

— Non.

— Il appartient à la noblesse tribale, expliqua Isaac, et il en fait voir de toutes les couleurs au commissaire du district. Sa tribu, le clan Dithapo, jouit d'une énorme influence. Michel, lui, est antiblanc et antiadministration, bref un enquiquineur tous azimuts. Notre CD bien-aimé l'a officiellement baptisé "le semeur de mécontentement", et c'est ce qui m'amène à penser que vous devriez le rencontrer. C'est un être merveilleux et je suis sûr que vous sympathiserez avec lui. Il a un esprit très... souple. Presque aussi souple que le mien. »

Deux jours plus tard, Isaac amena Michel Dithapo dans l'île. Il me plut tout de suite. Il pouvait avoir vingt-cinq ans, et malgré sa féroce réputation, on décelait en lui une grande sensibilité. Il avait un visage avenant et ouvert et des mains superbes avec de longs doigts effilés.

Kisi apporta des bouteilles de bière qu'il avait mises à rafraîchir dans la rivière et nous nous sommes assis à l'ombre de la tente pour les boire. Je répétai mes arguments en faveur de la création d'une réserve de gibier.

« Ah oui? Et de quoi les gens de ma tribu vont-ils vivre s'ils ne peuvent plus chasser? demanda Michel avec une certaine froideur. La viande est notre principale source de protéines, et vous, vous nous demandez noblement de renoncer à nous alimenter afin d'instaurer une politique basée sur une pénurie de bon aloi. Certes, il y aurait là de quoi réjouir les écologistes des pays riches, mais pour nous c'est une idée complètement absurde. »

Je ne m'étais pas attendue à une fin de non-recevoir aussi rapide et définitive, mais je ravalai la remarque acide qui me surgissait à l'esprit pour continuer l'entretien avec le plus grand calme possible. Pourtant je sentais que mon sourire se figeait quelque peu sur mes lèvres.

« Ce n'est pas du tout ce que je voulais dire. Je voulais seulement vous faire remarquer que, non contents de manger votre blé en herbe, vous laissez les Européens vous aider à le liquider. Évitons d'appeler cette zone une réserve ou un sanctuaire, et disons, simplement qu'il s'agirait d'une "pépinière" de gibier, si ça peut vous aider. En somme, j'avais pensé délimiter au cœur de la région un espace privilégié sur le plan écologique, en créant une zone tampon tout autour, ce qui laisserait aux indigènes la possibilité de se nourrir du trop-plein dans un troisième secteur. De cette manière, ils auraient de la viande à profusion sans toucher aux animaux reproducteurs.

— "Un espace privilégié sur le plan écologique", murmura Isaac avec délectation. Vraiment, Lady June, il va falloir que vous renonciez à utiliser des expressions savantes que seuls des gens très intelligents comme Michel et moi-même peuvent comprendre. Bref, vous voulez interdire la chasse dans la vallée du Kwaii, c'est bien ça? Parce que c'est la zone la plus riche en gibier de toute la région. Et vous aimez les animaux, continua-t-il, vous n'obéissez à aucune motivation égoïste. »

A ma grande surprise, Michel éclata soudain de rire.

« Ce n'est pas une mauvaise idée, mais ça ne pourra jamais marcher. Pour commencer, vous allez vous heurter à l'hostilité de gens comme Jack Ramsden, qui est chasseur dans l'âme. Vous savez ce que disent les gens à son sujet? "Il s'est fait les dents sur la crosse d'un fusil." D'ailleurs, même si vous arriviez à le convaincre, vous auriez encore les Bayei sur votre chemin.

— Les quoi?

— Mais les Bayei, voyons! fit Isaac en se calant contre le dossier de sa chaise. Ne me dites pas que vous ne connaissez pas les superbes Bayei. Ils aiment les Batauana comme une souris aime les chats. Il suffit qu'un Batauana émette le moindre désir pour qu'ils opposent immédiatement leur veto.

— Mais ils font eux-mêmes partie de la tribu des Batauana, non?

— Bien sûr, mais n'oubliez pas qu'ils sont deux fois plus nombreux que nous autres. J'ai l'impression que vous avez besoin qu'on vous rafraîchisse un peu la mémoire quant à l'histoire de nos tribus. Seulement, je vous préviens, ma leçon ne sera pas gratuite. »

Il leva sa bouteille de bière et la retourna, le goulot en bas. Kisi saisit l'allusion et se précipita vers lui avec une autre bouteille.

« Le N'gamiland, reprit-il, n'est pas peuplé par une tribu unique. Chassés de leur territoire par les 'Ndebele, les Bayei ont reflué vers le nord-ouest pour s'installer dans les régions exotiques et subtropicales qui avoisinent le Chobe, et ils y sont restés jusqu'au jour où le premier chef Tauana a traversé le désert avec sa suite pour annexer le delta. Mais à cette époque, un détachement de Bayei était déjà parti, sous la conduite du fils aîné de leur chef, pour émigrer sur les bords du lac N'gami. Les deux tribus ont cohabité pacifiquement mais quand Letsholathebe Ier est monté sur le trône, les Batauana se sont lancés dans une conquête plus ou moins sanglante du territoire des Bayei et leur ont dérobé la plus grande partie de leur bétail.

— Tout cela s'est produit autour de l'année 1885, continua Isaac, et depuis lors, les Bayei ont entrepris de nous reprendre leur bétail, ce qui est très malhonnête de leur part. Il faut que je vous dise que s'il n'y a pas de guerre entre les Batauana et les Bayei en ce moment, c'est parce que les Bayei refusent de se battre. Il en a toujours été ainsi. Ils ont foi en... — comment dire ? — en une érosion secrète et progressive.

— Et tu oublies de dire que leur sport national est le meurtre rituel », intervint Michel d'une voix acide. Et de mentionner les 5 000 Herero et les 15 000 Masarwa, et toutes les autres tribus du N'gamiland. « Il va falloir les convertir tous, car ils ont leur mot à dire au Kgotla. Essayez d'expliquer à Kweri qu'il n'aura plus le droit, pas plus que ses chers Masarwa, de chasser dans la vallée du Kwaii, et ils le diront, ce mot, à haute et intelligible voix ! »

Manifestement, l'heure n'était plus aux faux-fuyants ni aux tergiversations.

« Michel, vous allez m'aider, oui ou non ? demandai-je tout à trac. Il vaut mieux que je le sache car il est inutile que nous perdions notre temps. »

Il n'a pas répondu tout de suite et pendant quelques secondes, qui ont compté parmi les plus longues de mon existence, je me suis dit que ma question avait peut-être été trop brutale.

« Oh, oui. Je vais vous aider, finit-il par articuler. Mais ce n'est pas parce que je partage votre généreuse passion. Seulement j'ai ouï dire que le commissaire du district est tout à fait hostile à cette idée de réserve tribale. Il trouve que cela compliquerait singulièrement les tâches auxquelles il a déjà à faire face et il craint que la réalisation de ce projet n'incite les indigènes à affirmer davantage leurs désirs d'autonomie. Et puis, personnellement, je donnerais cher pour me trouver là le jour où les tribus locales parviendront, si la chance est de notre côté, à river son clou à l'administration britannique, surtout si ça oblige le CD à démissionner. »

Je ne trouvai rien à redire à ses arguments.

Juste avant que les deux hommes ne repartent, Isaac me prit à l'écart et me demanda d'une voix suave :

« C'est vrai que vous avez parlé à Kweri des conditions de la *création d'un espace écologique*?

— Parfaitement, rétorquai-je avec une certaine hargne. Et il m'a appelée Mohumogadi, la Grande Reine.

— Et après, il a rigolé? »

J'ai préféré m'abstenir de répondre.

Cette discussion allait être probablement la plus importante de toutes celles que nous devions avoir au cours de nos innombrables rencontres avec les anciens des tribus, les détenteurs des pouvoirs les plus variés, les intrigants de tout poil et les fonctionnaires qui se renvoyaient constamment la balle. Mais Michel et Isaac se sont toujours fait un point d'honneur de nous présenter comme des amis auprès des chefs tribaux car c'étaient ceux-là qui, en fin de compte, feraient pencher la balance dans un sens ou dans l'autre.

Robert s'était mis à s'absenter de plus en plus longtemps, et je me retrouvais parfois dans l'île seule pendant des mois avec Kisi, Leonard et un vieux Boschiman de la Rivière Noire qui restait patiemment assis au bord de la rivière à raccommoder son makoro qui s'en allait en lambeaux. Pour tenter de sortir de la dépression qui me gagnait, je m'acharnais sur le clavier de ma machine à écrire, et expédiais à tour de bras des lettres avertissant le Secrétariat de Mafeking que les lois qui réglementaient la chasse au N'gamiland étaient devenues un objet de dérision.

L'administration britannique manifesta l'indifférence la plus totale. Rares étaient les fonctionnaires qui s'étaient aventurés dans le delta, et ce ne fut pas la lecture distraite de mes dix-sept premières missives qui pouvait les inciter à faire le voyage. Les fleurs de lis qui constellaient leurs cartes indiquaient clairement que ces marais improductifs et ces terres stériles ne pouvaient offrir la moindre possibilité de promotion.

Pour tenter d'endiguer le flot sans cesse croissant de mes lettres, l'un d'eux suggéra de remettre à l'ordre du jour un projet datant de Mathusalem qui était destiné à assécher les marais, ce qui aurait résolu ses problèmes et les miens dans la foulée. Ce plan grandiose avait vu le jour dans les bureaux du ministère, à Londres, mais après une brève flambée d'enthousiasme, quelqu'un s'était avisé de calculer le coût de l'opération et on s'était empressé d'ensevelir dans les archives du sous-sol toute la paperasse qui avait résulté de trois années de cogitation.

A mesure que montait ma pile de lettres, la température ambiante se mettait elle aussi à atteindre les sommets. Émue par les rumeurs qui affirmaient que les autochtones commençaient à se convertir à notre cause, l'administration britannique se mit à nous considérer comme de dangereux provocateurs qui finiraient par monter le gouvernement local contre l'autorité centrale de Gaberones.

La perspective de devoir gérer une réserve de gibier tribale, avec tous les problèmes que cela allait entraîner, les consternait littéralement, mais si nous alertions la presse en dénonçant les massacres inconsidérés auxquels se livraient les autochtones eux-mêmes, cette même administration se trouverait aux prises avec des conflits d'intérêts aussi variés que complexes, et c'était bien la dernière chose qu'elle souhaitait.

La partie de chasse

« Vous savez, Ma Tau, ils ne sont pas seulement venus pour chasser au fusil. Ils ont aussi apporté des pièges en acier. »

Leonard avait l'air inquiet. Il s'accroupit à côté de ma chaise, montrant ainsi son désir d'avoir un entretien en règle.

Un groupe de chasseurs sud-africains avait envahi notre camp : trois Blancs accompagnés de six serviteurs. Ils lançaient à tombeau ouvert leur jeep surchargée, parcourant la vallée dans les deux sens et proclamant à tous vents qu'ils allaient tuer tous les animaux mentionnés sur leur permis de chasse, sans compter ceux qu'ils auraient l'occasion de rencontrer par ailleurs. J'en avais le corps révulsé d'appréhension et de dégoût.

Mes craintes ne tardèrent pas à se justifier. Leurs deux premières victimes furent des hyènes qu'ils commencèrent par prendre au piège avant de les abattre, tout cela pour toucher la prime de dix shillings offerte pour chaque queue.

Quand nous les avons rencontrés, ils s'affairaient autour du cadavre d'une superbe femelle au pelage clair, qu'ils avaient attirée avec une carcasse de zèbre. Détail horrible, il s'agissait d'une femelle solitaire que nous avions eu l'occasion de voir auparavant, buvant en compagnie d'un troupeau d'antilopes noires. Elle allait bientôt mettre bas et les restes du fœtus à demi dévoré gisaient à côté d'elle.

L'un des hommes m'expliqua d'un air important qu'ils avaient espéré attraper un lion, mais au moment même où les lions arrivaient, la hyène s'était prise dans les mâchoires d'acier. Ils l'avaient trouvée là, le matin même, hurlant de douleur, et ils n'étaient pas encore revenus de la férocité qu'elle continuait de manifester.

« Merde, elle était comme folle, dit l'un d'eux. Ouais, folle à lier qu'elle était, c'te bestiole! Elle arrêtait pas d'essayer de nous sauter dessus! J'savais pas qu'elles étaient comme ça, les hyènes. Je croyais que c'était plutôt du genre froussard. »

Debout à côté de moi, Leonard me chuchota en sindebele, d'un air furieux :

« Il aurait pas été fou, lui, s'il était resté coincé dans un piège d'acier toute la nuit, avec deux lions qui mangeaient à deux mètres de là? »

Les chasseurs revinrent au camp avant l'aube le lendemain. Ils avaient attrapé une troisième hyène mais elle était encore en vie. Ils dirent que nous pourrions la garder si nous la sortions du piège, à condition de leur payer la prime de dix shillings. Ils se poussaient du coude en souriant, heureux de voir notre colère.

Nous leur avons donné l'argent et dans le vent froid de l'aube nous sommes partis à bord du break pour secourir l'infortuné animal.

Debout à l'arrière du véhicule décapoté, les cheveux ébouriffés par le déplacement d'air, je ne savais que trop bien quel spectacle nous attendait là-bas. Je tentai de détourner mon attention sur un paysage qui se prêtait si mal à la photographie. On avait toujours l'impression qu'il était surexposé, avant même de commencer à filmer, à cause de ses couleurs dures, arides, qui se fondaient imperceptiblement l'une à l'autre, pratiquement sans contrastes; c'était comme un ragoût sans gras, et qui n'aurait pas beaucoup de viande non plus, d'ailleurs, une fois que l'on avait quitté l'étroite zone forestière. Le soleil n'était encore qu'un ruban rouge au-dessus de l'horizon et une chaleur accablante n'allait pas tarder à s'abattre sur toute la région.

Nous avons trouvé assez facilement l'emplacement du piège. Robert, Leonard et moi, nous nous sommes frayé un chemin à travers le barrage épais de buissons épineux, guidés par les gémissements plaintifs de la hyène.

C'était un jeune mâle dont la patte antérieure gauche était solidement maintenue entre les mâchoires d'acier. Il faisait des efforts frénétiques pour se libérer, plongeant parfois brusquement la tête pour tenter de trancher son pied mutilé avec ses crocs. Je vis un triangle de métal enfoncé jusqu'à l'os mais il disparut bientôt à ma vue, caché par un afflux de sang.

Pour le libérer, il fallait parvenir, d'une manière ou d'une autre, à lui mettre un sac sur les yeux mais chaque fois que Leonard lui passait un nœud coulant autour du cou, la bête se libérait d'un coup de tête. Une fléchette anesthésiante aurait résolu ce problème mais le pistolet à fléchettes le plus proche se trouvait à Bulawayo, à plus de mille kilomètres de là.

Une heure plus tard, nous en étions toujours à essayer de l'encorder. Le soleil avait surgi au-dessus des arbres transformant le Kwaii en une rivière de mica. Je sentais l'odeur de la chaleur, et les cosses d'épines de chameau faisaient un bruit sec de castagnettes chaque fois qu'un souffle d'air les secouait.

Les yeux de la hyène commençaient à prendre un reflet vitreux. Si nous ne parvenions pas à la libérer bientôt, il ne nous resterait plus qu'à l'abattre pour lui épargner des souffrances inutiles.

« Les hommes qui font des choses comme celle-là ne savent pas ce que c'est que la douleur, siffla Leonard. Et c'est bien dommage que l'on ne puisse pas le leur apprendre. »

Quand il leva les yeux vers moi, je vis que son visage ruisselait : à sa sueur avaient dû se mêler quelques larmes.

« Ils ne savent donc pas, reprit-il, que ces bêtes sont des créatures de Dieu, elles aussi ? »

La hyène poussa alors un long gémissement de souffrance et tenta une fois de plus de planter ses crocs dans sa patte emprisonnée. C'est le moment que Leonard choisit pour se redresser soudain puis abaisser une branche fourchue dont il se servit pour saisir le cou de la hyène qu'il maintint contre le sol, appuyant de toutes ses forces, haletant. Robert empoigna un sac dont il enveloppa la tête de l'animal, le ficelant ensuite solidement.

Une fois aveuglée, la hyène parut dépossédée de toute sa combativité. Elle resta allongée, immobile, pendant que Leonard actionnait le verrouillage du piège pour écarter les mâchoires. Une fois que les dents acérées comme des lames de rasoir et enduites d'un mélange de sang et de poils, eurent été desserrées, nous attachâmes les pattes de derrière de la bête pour la transporter jusqu'au break afin de la ramener au camp.

Je nettoyai avec beaucoup de précautions le pied mutilé

avec une solution concentrée de permanganate, prise dans la trousse à morsures de serpent, puis j'y déposai une émulsion antibiotique. Les orteils du membre blessé avaient énormément enflé et il faudrait des semaines avant que la hyène puisse reprendre une vie normale. Nous décidâmes de l'attacher à un câble reliant deux arbres, avec une chaîne coulissante dont je m'étais servie pour Chink.

« Comment allez-vous l'appeler ? » demanda Leonard en retirant le sac.

La hyène se remit péniblement sur ses pattes.

« Shauri, dis-je. C'est du swahili. C'est un mot qui a plusieurs sens. En l'occurrence, ça voudra dire "tracas". »

Les hyènes ont la réputation d'être faciles à apprivoiser, mais Shauri nous avait voué dès le début une haine cordiale et je ne pus rien en tirer. Cela ne me surprit pas : pendant tout le reste de son existence, elle allait associer la présence des humains avec la souffrance indicible qu'elle avait éprouvée à cause du piège, et rien ne pourrait modifier cet état de fait.

Au bout de deux semaines, elle était toujours aussi rétive, mais heureusement sa patte s'était cicatrisée avec une rapidité surprenante et elle ne boitait plus. Nous décidâmes de lui rendre la liberté.

Nous avions toujours considéré que Shauri était un mâle, et il en était peut-être ainsi, mais tout le monde sait que le sexe des hyènes est très difficile à déterminer. Les femelles sont généralement plus grosses que les mâles mais elles sont pourvues d'organes génitaux d'apparence masculine.

Le jour de sa libération, nous lui avons remis le sac après l'avoir attachée d'une manière suffisamment lâche pour pouvoir défaire le nœud avec une branche fourchue.

Chink était à côté de moi, attentive à tous ces préparatifs et je me demandais comment elle allait réagir une fois que Shauri serait libre. En fait, c'est la réaction de la hyène, et non celle du lionceau, qui m'a surprise.

Une fois le sac enlevé, la hyène est restée immobile pendant un moment, abasourdie, les flancs soulevés au rythme de sa respiration. Puis ses yeux violets comme des prunes se sont portés sur le groupe d'humains. Ce rapide regard m'a impressionnée très défavorablement, et je m'apprêtais à fuir en lieu sûr, mais finalement c'est Chink qui a retenu toute son attention.

Elle connaissait bien les lions. Elle les avait suivis, s'était nourrie avec eux, chipant quelques bribes de chair de la bête qu'ils avaient tuée. En cet instant de peur et d'incertitude, Chink était la seule créature qui ne lui fût pas entièrement étrangère, une figure familière qui lui donnait peut-être même un sentiment de sécurité, car elle appartenait au même univers, celui de la vie sauvage.

Chink remarqua son intérêt et baissa la tête ; les poils de sa nuque se hérissaient. Shauri courut vers elle, sans nous regarder, comme pour chercher un refuge auprès de la petite lionne. La hyène s'allongea par terre, puis se recroquevilla, se pelotonnant comme pour solliciter une protection. Pendant un moment, les deux bêtes restèrent immobiles, la lionne debout, le regard fixé sur son compagnon, et la hyène prosternée à ses pieds, le regard suppliant.

Soudain Chink recula, l'air nerveux, en proie à cette suspicion innée que les lions éprouvent à l'égard des hyènes. Shauri se redressa et je crus, l'espace d'un instant, qu'il allait suivre la petite lionne. Puis il prit soudain conscience de la présence silencieuse des humains. Il pivota sur place et se dirigea en courant vers la rivière, traversa l'eau à grandes éclaboussures et s'enfonça dans les accueillantes forêts qui s'étendaient sur l'autre rive.

Nous n'allions plus jamais le revoir.

Le couvre-feu des lionceaux

Le jour même où nous libérions Shauri, les Sud-Africains installaient de nouveaux pièges et, pendant la nuit, deux lions furent attirés par l'appât. La lionne déclencha le mécanisme et les mâchoires se refermèrent d'un coup sec, entamant profondément sa patte antérieure. Les chasseurs, fatigués par une nuit de beuverie, allèrent relever leurs pièges plus tard qu'à l'accoutumée le lendemain matin, ajoutant ainsi quelques heures de plus à la souffrance de la malheureuse bête. Comme ils n'avaient pas la main très sûre, il leur fallut neuf balles pour la tuer.

« Son compagnon ne cesse de l'appeler, dit Leonard d'un ton attristé. Il va peut-être revenir. Si vous voulez prendre des photos, on pourrait lui mettre quelque chose à manger par ici. »

Robert abattit un gnou que nous traînâmes jusqu'au bord de la clairière dans laquelle le piège avait été tendu. Le lendemain, nous vîmes qu'une petite quantité de chair avait été enlevée de la carcasse, mais d'une façon plutôt surprenante. On avait arraché la panse, pour l'abandonner à quelques mètres de là, assez bizarrement. On avait léché le pelage de la bête, le lavant de toutes les souillures, et, plus curieux encore, une des oreilles avait été grignotée. Or les lions laissent toujours intacte la tête de leur proie tant qu'ils n'ont pas mangé le reste du corps.

Le soir, nous avons amené le DUKW sur place et nous avons décidé de surveiller les lieux.

Comme la nuit commençait à tomber, Robert sortit les jumelles.

« Il y a un petit lion dans l'herbe », dit-il.

Cette remarque me fit rire, car c'était toujours ainsi qu'il me signalait d'habitude la présence de Chink.

« Ce n'est pas Chink, reprit-il à mi-voix. D'ailleurs, il y en a trois. »

En effet, de derrière les buissons où ils étaient restés tapis toute la journée, étaient sortis trois lionceaux, les trois petits de la lionne morte. Agés de cinq mois, peut-être, ils étaient seuls et désemparés sans leur mère. Sans le gnou qu'ils avaient trouvé sur leur chemin, ils seraient restés sans nourriture et sans espoir de s'en procurer.

Nous les observâmes tandis qu'ils s'escrimaient pour arracher de minces lambeaux de chair de l'appât et, quand il fit trop noir, nous allumâmes le projecteur une ou deux fois pour nous assurer qu'ils étaient bien seuls. Dès que le faisceau lumineux les frappait, les trois petits visages poupins se redressaient et c'était alors une fuite éperdue vers les broussailles. Et puis, comme il ne se passait rien de plus, ils revenaient tranquillement auprès du gnou pour continuer leur repas.

Désormais, nous nous sentions responsables de leur survie.

Il était impensable de les laisser mourir de faim ou devenir la proie des hyènes, mais nous ne pouvions pas non plus nous installer pendant deux ans sur la rive ouest du Kwaii pour veiller sur eux jusqu'à ce qu'ils deviennent adultes. Il fallait donc les capturer sans leur faire de mal, mais nous n'avions pas le matériel nécessaire : la seule solution était de creuser une fosse dissimulée aux regards.

Pendant trois jours, Robert et Leonard se sont acharnés sur une terre dure comme du fer avec une hache, des pelles, un démonte-pneu et un pied-de-biche. Ce qu'il nous aurait fallu en fait, c'étaient des pioches et de la dynamite, mais nous n'avions rien de semblable. Nous fixâmes une bêche au câble du treuil de *Shaka le Zoulou* pour en faire une sorte de grattoir, mais ce travail de forçats ne nous avançait pas à grand-chose.

Pourtant, la fosse s'agrandissait peu à peu. Nous avions calculé la profondeur en fonction de la hauteur à laquelle Chink était capable de sauter mais nous avions oublié de tenir compte du fait que notre petite lionne était quatre fois plus âgée que ces lionceaux, et affligée d'une obésité disgracieuse due au manque d'exercice et à la paresse. Ces orphelins étaient des lions sauvages, ils avaient été élevés à la dure.

Nous nous imposions un couvre-feu très strict. A cinq heures et demie au plus tard, tout travail devait cesser et nous montions à bord du DUKW, figés sur place dans la nuit hivernale, calculant chacun de nos pas pour éviter de faire grincer les lames du plancher de la cabine ou tinter les grilles métalliques sur la passerelle. Nous parlions rarement, et seulement en chuchotant.

Il n'y avait pas de lune et quand les lionceaux revinrent la nuit suivante, il faisait déjà trop sombre pour que nous puissions les voir. Il fallut se fier aux bruits que nous percevions pour imaginer ce qu'ils faisaient.

Je m'éveillai juste avant l'aube, et entendis des petits bruits étouffés venant du dehors. Deux des lionceaux étaient assis sur le cadavre du gnou mais le troisième était descendu à la rivière pour boire. Il s'apprêtait à laper l'eau mais recula soudain pour s'asseoir, fixant d'un œil furieux le reflet de son image. Il lui adressa un coup de patte irrité puis fronça le nez en secouant le membre mouillé d'un air dégoûté.

Au moment où il remontait le sentier, le plus grand des lionceaux allongea une grande tape à son compagnon, qui s'étala les quatre fers en l'air dans l'herbe haute mais se releva aussitôt pour charger l'agresseur. Quelques secondes plus tard, ils se roulaient tous les trois sur le sol, avec la joie insouciante de ceux qui ont l'estomac bien garni.

Un mince rai de lumière apparut au-dessus de l'horizon et dès que le premier pinceau lumineux eut atteint la carcasse du gnou, les lionceaux cessèrent leurs jeux, fixant l'orient du regard. Sans bruit, ils se détournèrent et partirent chercher la protection de la forêt tranquille. Pour eux le couvre-feu commençait avec l'apparition du soleil.

Notre petit déjeuner fut rapide et tout le reste de la journée, nous avons creusé, redoublant d'efforts. A mesure que la profondeur de la fosse augmentait, il devenait de plus en plus difficile de sortir la terre et de la disperser afin de ne pas trahir l'emplacement de notre piège. Finalement, je partis chercher le break à notre campement, en amont, pour y mettre la terre et la déposer plus loin. Cette précaution n'était pas inutile : les lionceaux commençaient à se méfier et ils le montraient en retardant chaque soir davantage l'heure de leur repas.

Au bout de trente heures d'un travail éreintant, nous

avons jugé que la fosse était suffisamment profonde. Il nous fallut alors bâtir un couvercle en bois, basé sur le principe de l'oubliette utilisée en France au Moyen Age. Cette trappe serait soutenue en son centre par un pilier qu'il fallait entamer profondément à la scie pour pouvoir le briser facilement en tirant sur une corde, d'un coup sec, depuis un poste d'observation situé à proximité. De cette manière les branchages, la terre, les feuilles, les morceaux de chair de l'appât et les lionceaux tomberaient au fond de la fosse. Il fallait tout de même que le poteau soit suffisamment résistant pour ne pas plier sous le poids des animaux car cela aurait immédiatement éveillé leur méfiance.

Le piège fut terminé juste avant le crépuscule. La dernière pelletée de terre avait été emportée, et nous avions disposé avec le plus grand soin la dernière feuille sèche et la dernière plume de pintade en mue. Même un œil très exercé n'aurait pu déceler la moindre anomalie à cet endroit, nous en aurions mis notre main au feu. Pour neutraliser toute odeur humaine, j'avais même aspergé les alentours de crottin d'éléphant dilué dans l'eau.

Nous avons coupé en deux les restes décomposés du cadavre du gnou pour obliger les lionceaux à rester groupés pendant leur repas, après avoir traîné les pattes de derrière de l'autre côté de la rivière pour servir de pâture aux hordes matinales de vautours et de marabouts.

Les lionceaux sont arrivés très tard cette nuit-là mais dès qu'ils se sont approchés, j'ai entendu Robert souffler à Leonard : « Tiens-toi prêt. » Dans le silence interminable qui suivit, je scrutai la nuit sans lune, puis tout d'un coup, s'éleva l'ordre de passer à l'action :

« Donsa ! Tire ! »

Mais rien n'allait se passer comme prévu. Je suppose que c'était inévitable. Le pilier de soutènement ne se brisa pas en dépit des efforts frénétiques de Leonard, et la trappe resta en place. L'un des lionceaux poussa un « wouf » effrayé, et ils détalèrent tous les trois en direction de la forêt.

Il ne se passerait plus rien d'autre au cours de cette nuit.

Le lendemain matin, nous avons enlevé tout le camouflage et Robert a changé la position du poteau central en le sciant un peu plus profondément. Il a demandé ensuite à Leonard de se jucher dessus pour en tester la résistance. Le montant du bois s'est brisé instantanément. J'ai donné à Leonard un flacon de désinfectant et un peu d'ouate pour nettoyer les profondes égratignures qui lui zébraient le dos et il a eu assez de courage pour rire de cet incident.

Ensuite, il a aidé Robert à remettre tout en place, accordant aux moindres détails une attention accrue.

Il faisait déjà nuit noire, et les lionceaux n'avaient pas encore reparu. Nous avons alors décidé que j'installerais mon lit sur le toit du DUKW. Dès que j'entendrais les lions manger, je taperais discrètement sur la tôle, du bout des doigts.

La nuit était peuplée de petits bruits secrets. Des oiseaux lançaient un bref appel et un bruit d'éclaboussures provenant de la rivière me disait que les antilopes étaient descendues boire. La tête calée sur mes mains jointes en guise d'oreiller, je regardai une météorite traverser le ciel glacé en laissant derrière elle un sillage d'étincelles, et au moment où la dernière lueur s'éteignit dans l'oubli, j'entendis le son feutré, presque imperceptible, d'un lionceau qui avançait doucement dans l'herbe.

Un instant plus tard s'élevèrent de petits grognements que suivirent des reniflements à peine perceptibles. J'attendis, osant à peine respirer, d'avoir la certitude que les animaux s'étaient bien installés sur les lieux. Puis je tapotai le toit du bout des doigts.

Il s'écoula encore cinq minutes mais les seuls bruits que l'on pouvait entendre étaient ceux des oiseaux nocturnes et des antilopes qui s'étaient remises à boire. Il y eut enfin le craquement caractéristique d'un os entre des mâchoires. Robert, qui écoutait aussi, debout à l'intérieur du véhicule, au-dessous de moi, siffla : « Donsa » et il se mit à tirer de toutes ses forces sur la corde, avec l'aide de Leonard.

Il y eut un craquement — le poteau se brisait et la trappe s'effondrait —, suivi par une explosion furieuse de woufs et de grognements. Leonard cria : « Lumière ! Lumière ! » et le projecteur le révéla en train de tirer frénétiquement sur les branches du camouflage qui étaient tombées dans le trou, s'efforçant de les récupérer avant que les lionceaux ne s'en servent pour grimper au-dehors et s'échapper.

A la lumière des projecteurs, je voyais les petits lions qui sautaient, cherchant désespérément à prendre appui sur le bord de la fosse. Mais ils n'étaient que deux. Manifestement, le troisième avait senti l'imminence d'un danger et bondi hors de la trappe au tout dernier moment.

Quelques minutes plus tard, un deuxième lionceau, une femelle, réussissait à grimper le long de la paroi verticale pour disparaître dans la nuit. Il aurait été dangereux de descendre dans la fosse car l'animal qui y restait écumait de fureur.

Nous avons enlevé le reste des branches et nous sommes allés nous coucher, à peu près persuadés que notre prisonnier aurait réussi lui aussi à s'enfuir d'ici le lendemain matin.

Et pourtant, miracle, il était encore là, mon pauvre petit Obéron, l'avorton d'une portée marquée par le malheur, avec ses yeux sauvages de la couleur d'une orange brûlée, et son cœur qui débordait d'une haine implacable pour toute la race humaine.

Nous ne pouvions plus rien faire pour ses frère et sœur, rien d'autre que de disposer un peu de viande, notre cadeau d'adieu, loin de la chausse-trappe. Le lendemain, nous partions en direction de la source de la Kwaii, emmenant avec nous le petit être sauvage rescapé du couvre-feu des lionceaux.

Les « feuilles du lion »

Nous campons en un lieu qui n'a pas de nom, pas même en sasarwa, la langue des Boschimans de la Rivière Noire. Il y a eu un village ici, autrefois. On voit encore dans l'herbe courte les fondations des cases rondes. Les Africains évitent de venir ici, quand ils le peuvent. Je demande à Kweri pourquoi les habitants ont fui, mais il détourne son regard, sans répondre. Leonard, lui, est un peu moins réticent.

« Fantôme, fantôme, dit-il. L'endroit est maudit. Il y a eu beaucoup de morts, à cause des Masarwa. Les gens du coin disent que les esprits hantent encore ce village, et certaines nuits on peut encore sentir l'odeur du sang. Moi-même, je n'aime pas venir par là. »

Mais y avait-il eu un massacre, une épidémie de peste, ou une série de meurtres rituels ? Il n'a jamais voulu le dire.

Quoi qu'il en soit, je me sens mal à l'aise, pleine de pressentiments. Un bouquet de faux acacias a pris racine dans ces ruines et les troncs gris, dépourvus de feuilles, se dressent comme les piliers d'une cathédrale dévastée, sous la haute voûte de verdure. Des lianes géantes s'entortillent dans les branches recourbées que des centaines d'oiseaux invisibles peuplent de leur babil incessant.

C'est dans ce cadre hostile que notre canot, le *Scarabée d'Eau* a disparu dans les flammes, le long de la berge. Un groupe de Masarwa miséreux avaient sacrifié à leur rite estival en brûlant les longues herbes qui recouvraient les deux côtés de la forêt, afin de stimuler la pousse de la nouvelle végétation. Mal contrôlées, les flammes ont commencé par tourner autour de nous, puis elles se sont ruées dans notre direction, menaçant de détruire le camp.

Pendant que nous luttions pour sauver le DUKW, la tente et le reste de notre installation, la laiche huileuse s'est embrasée, mettant le feu à un tapis de feuilles sèches, et l'incendie a couvé, invisible, jusqu'au moment où il a atteint la coque du canot. Le *Scarabée d'Eau* a flambé comme une torche.

Il n'avait pas été assuré. Bien entendu.

Pendant un certain temps, nous nous attardons, inconsolables, dans ce camp de faux acacias infesté de mouches tsé-tsé, ne sachant quel parti prendre. Le vent se lève, faisant apparaître la lune, et les lions la font disparaître par leurs rugissements. Comme nous sommes à plus de trois cents kilomètres de la boucherie la plus proche, notre seule viande est celle que Robert peut nous procurer avec son fusil.

Dès qu'il revient de la chasse, Kisi s'adjuge d'autorité les meilleurs morceaux : les filets, le foie, les rognons et parfois la langue, avant que le reste n'aille nourrir les chiens. On laisse aussi quelques bribes de chair à la lisière de la forêt pour attirer les charognards que l'on pourra photographier.

Un matin, de très bonne heure, Leonard me réveille en tapotant doucement sur la carrosserie de *Shaka le Zoulou*.

« Y a un problème, dit-il. Ix est ici.

— Ix? Mais le village de Zankuio est à plus de cent cinquante kilomètres!

— Oui, je sais, mais elle est quand même ici. Ix, son homme et l'enfant que nous connaissons. Et il y en a un autre, un nouveau. Tout petit. Il y a aussi une vieille *salughas*. » Une salughas, c'est une grand-mère. « Ils ont besoin de nourriture. Vous devriez venir tout de suite. »

Kisi a apporté un pot de bouillie sucrée très liquide. Encore à demi endormie, je le lui prends des mains sans trop savoir pourquoi et emboîte le pas à Leonard.

C'est à peine si je reconnais Ix. La jeune fille potelée et joyeuse que j'ai vue il y a un an et qui était si fière d'être de nouveau enceinte, s'est toute ratatinée. Une vieille femme! Ses seins flasques pendent comme des lambeaux de chair et si elle a le ventre gonflé, cette fois c'est à cause de la faim. Sa peau a pris une teinte cendrée, effrayante, et sa tête décharnée est celle d'un squelette, trouée par des yeux hagards, désespérés. Elle ne pleure pas, mais ses épaules osseuses sont secouées de tremblements convulsifs.

Les pluies de l'été ont fait complètement défaut et les maigres récoltes des champs de Zankuio se sont fanées sans produire le moindre épi de maïs. Tout le monde a souffert de la faim, et les enfants ont commencé à mourir. Alors un matin, de très bonne heure, son homme l'a réveillée et lui a dit d'emballer tout ce qu'elle pouvait emporter. Ensuite, ils sont partis à pied vers la vallée du Kwaii, là où se trouvent tous les animaux. Ils ont marché sur les étroites pistes de la brousse, se reposant de courts instants pendant la nuit. Depuis trois jours ils n'ont rien mangé et rien bu.

« Lui — elle hoche la tête en direction de l'homme —, il n'a pas de fusil. Nous sommes trop pauvres. Mais il a son javelot et nous espérions trouver un lion en train de manger sa proie. En le chassant au loin, nous aurions pu nous nourrir de la viande laissée sur place. Et puis je me suis aperçue que je n'avais plus de lait dans ma poitrine pour le bébé et il pleurait tout le temps, mais il fallait continuer à marcher. Ma mère tombait constamment. »

L'aîné des enfants, entièrement nu et le corps couvert de poussière, lève vers moi un regard émerveillé mais le bébé reste blotti contre l'épaule de sa mère. La vieille femme, les genoux en sang, fixe le sol d'un œil terne, vidée de toute énergie et de tout espoir. L'homme s'est assis à l'écart ; il ne dit rien, accablé par le chagrin et par une honte indéfinissable et douloureuse.

« Nous avons senti l'odeur de la viande que vous aviez laissée pour les lions, explique Ix qui s'est soudain mise à pleurer. Nous n'avions rien pour allumer un feu, alors nous l'avons mangée sans la cuire. J'avais vu la grande voiture-bateau, je savais que c'était vous et que vous ne seriez pas fâchés contre nous. Après avoir mangé, nous nous sommes endormis à côté des os. Vous voyez comment je suis devenue ? » Elle jetait un regard avide sur le bol que je tenais encore. « Et ça ? demanda-t-elle d'un air hésitant, c'est pour mes enfants ? Je leur ai mâché de la viande de gnou, pour les nourrir. »

Les enfants ont eu les premières cuillerées de bouillie sucrée, ensuite la grand-mère en a mangé un peu et l'homme a pris sa part. C'est Ix qui s'est servie la dernière, mais Kisi avait déjà apporté le pain qui restait de la veille et une boîte de lait condensé dilué. Ils mastiquaient lentement, pour éviter d'avoir des crampes d'estomac en avalant trop vite.

« Pourquoi tu pleures, bordel ? m'a demandé Robert un peu plus tard, après nous avoir rejoints. Nous pouvons les nourrir ; quant au vieux, il peut nous donner un coup de main dans le camp. »

Le « vieux » n'avait probablement pas plus de trente ans.

Ce jour-là, nous avons déménagé pour aller nous installer seize kilomètres plus loin en plein cœur des lagons et des forêts, fuyant le sentiment de dépression causé par ce village hanté et lassés des assauts incessants des nuées de mouches tsé-tsé.

Ix et sa famille se sont installées dans une clairière suffisamment éloignée de notre campement pour que chacun se sente chez soi, mais pas trop, pour bénéficier de notre protection car de nombreux signes indiquaient que cet endroit était infesté de lions. Ceux-ci ne tardèrent d'ailleurs pas à nous faire savoir qu'ils étaient là, en force, car à maintes reprises, durant la nuit, nous fûmes éveillés par une succession de rugissements exaspérés ; et ils avaient quelque raison de manifester de la colère car leurs protestations étaient interrompues par les invectives que hurlait la vieille salughas. La mère d'Ix défendait sa part de viande de zèbre contre les entreprises d'une troupe de sept jeunes lions hargneux.

Grâce à la puissance de ses décibels, ce fut la vieille femme qui l'emporta et bien avant le lever du soleil le dernier des sept lions s'était esquivé pour gagner la tranquillité relative de la forêt de mopanis.

Depuis que nous avions vendu l'usine de Bulawayo, nous avions toujours été harcelés par les problèmes d'argent mais maintenant le manque de liquidités risquait de nous causer des difficultés plus insolubles que jamais, compromettant gravement le succès de la croisade personnelle que nous avions entreprise. Certes, les chèques envoyés par les magazines et les journaux nous apportaient une aide considérable mais il fallait mettre sur pied un projet qui nous rapporterait suffisamment pour éponger les dettes les plus criardes.

C'est ce qui m'avait poussée à écrire mon premier livre, *Okavango*. A l'époque, j'étais arrivée à la moitié de l'ouvrage. Je me dis alors qu'il faudrait y adjoindre de bonnes photos de lions et comme le mari d'Ix semblait bien connaître les habitudes de ces animaux, je décidai de m'en ouvrir auprès de lui. Il hocha la tête avec courtoisie et Leonard l'aida à traîner le cadavre d'une bête qui servirait d'appât jusqu'à la lisière de la forêt, à un endroit où la terre était profondément marquée de nombreuses traces de pattes.

C'est alors que j'entendis parler pour la première fois des « feuilles de lions ».

Un groupe de Masarwa avait débarqué je ne sais où et s'était confortablement installé près de notre feu. Ils échangèrent quelques nouvelles avec le mari d'Ix et des histoires de chasse avec Leonard. On en arriva rapidement aux contes surnaturels, peuplés de lions-garous, de hyènes-garous, de crocodiles-garous, suivis de récits de sorcellerie et de meurtres rituels qui nous donnaient la chair de poule.

Leonard parla une fois de plus de l'homme qui savait parler aux crocodiles du Zambèze, et les Boschimans hochèrent la tête avec gravité. A Zankuio, dirent-ils, il y a un homme qui peut se transformer en lion. « C'est vrai, nous l'avons vu. »

Kisi m'avait traduit ces paroles mais avant qu'il pût reprendre le récit, le mari d'Ix l'interrompit.

Il existait une feuille, expliqua-t-il, qui pouvait faire fuir les lions. Mais c'était un médicament très puissant, il ne fallait en brûler qu'une petite quantité à la fois, sur un feu modeste, parce que si la fumée était trop forte elle pouvait tuer un homme. Par contre, en utilisant la dose correcte, on ne risquait jamais d'avoir un lion à proximité.

Un silence gêné s'installa puis les Masarwa échangèrent quelques paroles embarrassées en chuchotant. L'un d'eux cracha par-dessus son épaule et se recula.

Il y avait vraiment quelque chose qui ne tournait pas rond. La conversation s'était complètement arrêtée et Kisi semblait profondément abattu. Leonard s'approcha de lui sans avoir l'air de rien et Kisi lui posa une question dans une langue que je ne connaissais pas. Je lui dis de venir me rejoindre un peu à l'écart du feu, et lui demandai, avec beaucoup de ménagements, ce qu'il y avait qui n'allait pas. Il parut embarrassé et prit son temps pour répondre.

« *Aïe!* » Il donna distraitement un coup de pied à une touffe d'herbe sèche, semant la panique dans un nid de fourmis, puis s'accroupit près de ma chaise.

« Tout le monde sait, dit-il enfin, *tout le monde* sait qu'aucun homme ne peut se transformer en lion la nuit. C'est une fable qu'on raconte au coin du feu. Mais cette histoire de feuille qui fait fuir et peut tuer un homme, elle est malfaisante. C'est la médecine des Bayei.

— Comme Tagaan? demandai-je, me rappelant l'effrayant récit que l'on m'avait fait sur l'effroyable prix exigé de Mog par le sorcier.

— Non, non, répondit Leonard avec impatience. Tagaan n'est pas un Bayei et il ne joue pas avec les feuilles. Non, il s'agit de Tamai, le chef des Bayei. Vous le connaissez... il porte un col et une cravate même quand il fait très chaud. C'est lui qui vous a apporté ce plat en bois avec des haricots secs le mois dernier. »

Bien sûr que je le connaissais. C'était un ami. Nous nous serrions la main à chaque rencontre et il ne ressemblait pas plus à un sorcier traditionnel, capable de tuer un homme en brûlant des feuilles, que moi au Serpent du Vieux Nil. Encore une de mes illusions qui s'effondrait, me laissant un arrière-goût de tristesse.

Je restai éveillée longtemps après cette nuit-là, attendant les rugissements des lions, mais il n'en vint aucun. La nuit suivante non plus, pas plus que la troisième. Et pourtant, j'en entendais qui s'appelaient là-bas au loin, au cœur des mopanis. L'appât alléchant que nous avions disposé n'attira personne sauf un couple de chacals qui passèrent furtivement comme des fantômes gris à la clarté lunaire.

Au matin, je trouvai le mari d'Ix en équilibre sur un pied, appuyé à son javelot, se réchauffant devant le feu. Il désigna les appareils photo enveloppés de leur housse, devant la tente, et m'interrogea d'un signe de tête.

« Non, rien, reconnus-je d'un air lugubre. Pas de lions. Pas de photos. Nous n'en avons pas vu un seul depuis que les Masarwa sont venus ici. Ils ont dû leur faire peur. »

Pour la première fois — et aussi la dernière —, je le vis sourire.

« Ce ne sont pas les Masarwa ! C'est moi qui les ai obligés à vous laisser tranquilles. Toutes les nuits, depuis trois jours, j'ai brûlé les feuilles de lion dont nous avions parlé et je peux vous promettre que tant que je serai ici aucun lion ne s'approchera. »

Je n'ai jamais su ce qu'étaient ces fameuses feuilles de

lion. Le mari d'Ix n'a jamais voulu me montrer où il les avait prises.

La brousse africaine est pleine de poisons, le plus connu étant le *Strychnos Spinosa*, l'épine porteuse de strychnine, connue plus familièrement sous le nom d'« orange cafre ». Enveloppé d'une écorce dure, ce fruit a un goût de corossol et il est très apprécié par les hommes et par les babouins, mais l'écorce et les feuilles de l'arbre contiennent un poison alcaloïde des plus violents. Mais le strychnos est un arbre du haut veld, il ne pousse pas dans le delta. Quelle que fût la plante mortelle choisie par le chasseur solitaire, personne ne voulait en parler, pas même les Masarwa, ses compatriotes.

Le caractère d'Obéron ne s'améliorait pas, et la nécessité où nous étions de le tenir enchaîné ne faisait rien pour adoucir ses dispositions d'esprit. Sa férocité nous interdisait d'approcher de lui à tel point que quand nous voulions changer de camp, il fallait l'attraper au lasso et lui lier les jambes pour pouvoir le hisser à bord d'un véhicule. Tout cela paraissait bien dur et même cruel, mais nous n'avions guère le choix : il aurait fallu l'abattre ou le condamner à mourir de faim en lui rendant sa liberté. Dans ma grande innocence, j'espérais pouvoir le garder jusqu'à ce qu'il fût en âge de subvenir à ses besoins en pleine nature. J'avais encore beaucoup de choses à apprendre et je faisais preuve d'une incroyable naïveté. Quand il aurait deux ans, il pèserait plus de deux cents kilos et serait capable de tuer n'importe lequel d'entre nous d'un seul revers de sa patte.

Finalement, il s'avéra qu'Obéron n'allait pas rester si longtemps avec nous. Un jour où nous nous efforcions de l'attacher avec une corde, il fit un brusque crochet et bondit en avant de toutes ses forces, cassant net sa chaîne. Chink, qui ne l'avait jamais aimé, fit un saut de côté au moment ou le lionceau furieux passait devant elle pour disparaître dans la forêt.

Il n'y avait aucun moyen de le rattraper mais je caressai longtemps l'espoir — bien mince il est vrai — qu'il réussirait à se nourrir en capturant des oiseaux qui nichaient à même le sol ou de petits animaux se déplaçant lentement.

Mes craintes étaient vaines. Deux mois plus tard, j'allais me retrouver presque nez à nez avec lui.

J'étais en train de suivre les traces de pas d'une troupe de lions qui vivaient près du lagon du KuBu quand Chink vint se réfugier auprès de moi en poussant des gémissements anxieux, puis s'arrêta soudain : un autre lion arrivait sur le sentier, juste devant elle. C'était un jeune mâle, qui pouvait avoir sept ou huit mois. Il s'immobilisa et fixa sur nous un regard glacé.

Aucune erreur possible : c'étaient bien les yeux durs d'Obéron, presque de la couleur des cornélianes, mais plus nette encore était la bande de fourrure blanche qui lui entourait le cou, à l'endroit où la chaîne l'avait enserré.

Il fit quelques pas en arrière en sifflant d'un air hargneux, puis disparut dans l'herbe haute. A quelque distance de là, une lionne lança un appel, et Obéron lui répondit. La troupe du KuBu l'avait adopté.

Le mangeur d'hommes du Matopi

Environ à quinze cents mètres au-dessous des rapides du Matopi, sur le Botletle, se trouve un bassin à l'eau noire et profonde, à demi encerclé par une courbure de la rive, et dont le courant est rendu pratiquement inexistant par les racines d'un figuier sauvage. C'est dans ce bassin que vit, ou vivait, un crocodile de plus de quatre mètres de long.

Par nature, tous les crocodiles sont des mangeurs d'hommes potentiels mais c'est seulement quand ils sont dotés du courage que seules la grande taille et la force peuvent donner qu'ils attaquent les humains. Le mangeur d'hommes du Matopi pesait près de trois quarts de tonne et il était assez fort pour entraîner un buffle au fond de l'eau. Pourtant c'est seulement lorsqu'il eut dévoré sa sixième victime — une jeune écervelée qui lavait son linge dans la rivière et le mettait à sécher sur les branches basses du figuier —, que les villageois qui vivaient près des rapides envoyèrent une délégation pour nous demander de les aider.

Comme nous étions venus pour tuer des crocodiles, Robert se mit aussitôt en chasse.

Sur toute sa longueur, le Botletle est parsemé de bancs de sable entrecoupés de rapides et de cataractes, et quand les eaux sont basses, son cours se subdivise en une série de lagons séparés par des éperons rocheux qui peuvent éventrer le fond des embarcations les plus solides. D'épais fourrés de cactus bordent les berges sableuses, alternant avec des succulentes du désert et des buissons épineux. L'ombre est donc inexistante. Pour couronner le tout, un vent brûlant soulève des tourbillons de poussière qui retombe sur le sol en un chaos de particules fines et acérées.

Un environnement des plus hostiles donc. Mais l'écorcheur à la gorge écarlate empale ses victimes sur les épines des buissons et la broussaille abrite la hyène brune, qui figure maintenant sur la longue et abominable liste de ces animaux dont l'espèce est en voie de disparition, car son habitat est l'objet de destructions impitoyables.

Pour l'instant il n'y a qu'un seul prédateur qui ait échappé aux conséquences maléfiques de la civilisation : le terrible crocodile du Botletle.

En dépit — ou peut-être à cause — de l'expérience que nous avions acquise avec les Wilmot, nous n'avions jamais envisagé sérieusement de nous lancer dans la chasse aux crocodiles pour en faire un gagne-pain permanent. Mais maintenant, nous nous sentions poussés par l'absolue nécessité de trouver une source de revenus pour payer nos frais en attendant que les chèques des éditeurs viennent calmer l'exaspération des banquiers qui nous faisaient crédit.

La technique requise n'est pas facile à acquérir, et les erreurs peuvent aboutir à une conclusion tragique. La précision est absolument vitale, d'autant plus que si la balle manque son but, elle risque de trouer la peau de l'abdomen qui est la seule à intéresser les acheteurs.

Un coup de hache maladroit, un mauvais maniement du couteau à dépecer peuvent aboutir au même résultat. Pour ne rien arranger subsiste toujours le risque que la lame dérape sur les écailles.

Il faut donc maintenir le cadavre immergé toute la nuit, puis le remorquer jusqu'au campement pour procéder alors à la récupération de la peau. S'il y a la moindre trace de décomposition, la mince pellicule qui protège les écailles commence à se détacher, laissant des marques blanchâtres sur la carapace. Si tout se passe bien, on enlève la graisse et la viande qui subsiste encore autour des peaux, que l'on recouvre de gros sel avant de les enrouler dans un sac humide afin de les expédier aux marchands. Et ces peaux deviendront des bottes, des ceintures, des sacs et des bagages de luxe.

Quand nous sommes partis, Robert et moi, avec *Shaka le Zoulou*, sur les rives du Botletle, à la fin du printemps de l'année 1960, la rivière n'avait encore jamais été écumée par les chasseurs et elle abritait des crocodiles qui avaient grandi dans ses eaux durant de longues générations : les jeunes bébés vagissants qui étaient éclos des œufs à la molle coquille enfouis dans les nids chauffés par le soleil le long des berges avaient atteint des tailles à vous donner le cauchemar. C'était des mangeurs d'hommes, des massacreurs de bétail, des monstres pouvant atteindre six mètres de longueur qui se révélaient des tueurs implacables, seuls survivants de l'époque des grands reptiles.

Le *Scarabée d'Eau* avait maintenant été remplacé par un canot flambant neuf, *Fleur de lis*. Ce bateau avait pour raison d'être l'intime conviction de Robert qu'il avait un droit naturel et exclusif à disposer des ressources qui pouvaient nous échoir.

Quelques mois plus tôt, j'avais écrit sur les lionceaux un court article que j'avais envoyé à un magazine féminin en Grande-Bretagne. La réponse s'était avérée aussi rapide que flatteuse : une lettre d'acceptation accompagnée d'un chèque de cinq cents livres. Une somme fabuleuse. Jamais encore je n'avais gagné autant d'argent avec ma plume.

Rayonnante de fierté, je me dépêchai de montrer le chèque à Robert. Il le regarda et dit en le mettant dans sa poche :

« Bon. Ça tombe bien. J'ai quelques achats à faire à Bulawayo. »

Ce fut un seul commentaire.

Il partit une semaine plus tard, se paya un peu de bon temps avec une partie de l'argent — « Bah quoi, tu vas pas faire des histoires pour un bon repas au restaurant ! » —, et consacra le reste à l'achat du canot. *Fleur* était un bateau de quatre mètres de long à la coque en aluminium, ce qui le rendait beaucoup plus léger que son prédécesseur, mais on s'y sentait bien plus à l'étroit. Il était dangereusement fragile pour les missions que nous allions lui assigner mais en tout cas il se manœuvrait avec beaucoup de facilité et il glissait sur l'eau d'une façon merveilleuse. Avec un moteur hors-bord de dix chevaux, il pouvait atteindre quinze nœuds, une vitesse que je trouvais grisante !

Malheureusement, le Botletle n'offrait pas de plans d'eau dépourvus de récifs, comme ceux où nous avions évolué dans les marais avec Bobbie Wilmot, l'année précédente.

Le Botletle est une rivière comme on n'en trouve qu'en enfer.

Après avoir atteint la rive nord du Botletle avec le DUKW, nous avons garé le véhicule à l'ombre chiche d'un acacia, planté notre tente pour établir un camp de base temporaire et mis *Fleur* à l'eau pour explorer le chenal. Il fallait avancer lentement pour éviter les rochers, et nous nous aperçûmes bien vite que même aux endroits où l'eau paraissait la plus profonde, elle cachait souvent des éperons de basalte acérés.

Nous avions descendu la rivière sur environ trois kilomètres quand nous arrivâmes au rapide de Matopi, notre première cataracte. Personne ne savait grand-chose sur le plan d'eau qui se trouvait ensuite, car la route en terre battue qui longeait la rivière faisait un coude à cet endroit pour remonter vers Bushman Pits. Ne voulant pas risquer de perdre notre fragile embarcation dans les eaux écumantes qui recouvraient les rochers, nous décidâmes de rebrousser chemin.

Le lendemain, nous amenâmes *Shaka le Zoulou* juste au-dessus de la cataracte et dans l'après-midi, Robert et Kisi portèrent le bateau pour franchir l'obstacle et gagner l'endroit où le Botletle s'élargissait une fois de plus. Ensuite, nous attendîmes la tombée de la nuit.

La chaleur avait été presque insupportable depuis plusieurs jours et, à en juger d'après l'aspect du ciel, nous allions bientôt essuyer une averse annonciatrice de cette pluie des éléphants qui tombait à gouttes énormes et lançait chaque année les troupeaux sur la piste de leurs migrations.

Ce jour-là, le vent soufflait du sud en rafales, charriant des tonnes de sable et poussant des embryons de cumulus qui s'amoncelaient depuis l'aube. Après avoir assujetti les panneaux du DUKW et absorbé un repas léger, nous quittâmes le camp.

Il faisait noir comme dans un four, car il n'y avait pas de lune et les nuages bas masquaient la lumière des étoiles. Il fallait d'abord parcourir cinq cents mètres assez rugueux parsemés de petites langues d'eau du genre de celles où les crocodiles aiment se vautrer la nuit. Nous faillîmes trébucher sur l'un d'eux, tout près des rapides, et Robert tira deux balles coup sur coup. L'eau remua violemment à ses pieds et une queue se dressa à la lueur des lampes que nous avions fixées à nos fronts.

Kisi, qui s'était vu confier la gaffe et le couteau à

dépecer, se lança en avant, titubant dans les rochers, et aida Robert à amener l'animal sur la terre ferme. Il avait trois mètres de long, et avait été fort proprement exécuté. A nous trois, nous le portâmes au bateau.

J'avais presque oublié la magie sinistre de ces nuits passées sur un bateau en quête des crocodiles, mais les deux heures pendant lesquelles je restai dans la nuit glacée, tremblant de froid sur le siège situé à l'arrière du petit canot argenté, me rafraîchirent la mémoire. Je me rappelai les paroles de Bobbie Wilmot qui m'avait dit, lorsque nous rentrions, en compagnie de Robert, de notre expédition sur le chenal de Savuti :

« C'est toujours une sensation nouvelle, June. Quels que soient ma fatigue, ma peur, ma solitude ou mon désespoir, c'est toujours nouveau pour moi. Rien ne se répète jamais, deux nuits ne sont jamais semblables. Ça vous prend comme une fièvre. »

Robert avait maintenant allumé la puissante lampe de proue et il balayait la rivière de son faisceau. Au bout d'un moment, il chuchota :

« Il y a un couple de crocos sur la berge, là-bas. Je vais y aller à pied. »

Sans enthousiasme, nous fîmes, Kisi et moi, ce qu'il avait demandé et nous nous dirigeâmes vers la rive opposée.

Je regardai le faisceau lumineux de la lampe que Robert avait fixée à son front monter et descendre tandis qu'il se frayait un chemin à travers les rochers et les touffes de laiche, remontant lentement le courant pour atteindre les rapides. Il s'arrêta alors et observa les alentours. J'eus l'impression qu'il s'était écoulé une éternité quand le coup de feu claqua.

Kisi enjamba le rebord du bateau et partit à son aide, et je rétablis la connexion entre la lampe de proue et la batterie pour lui donner de la lumière.

« Éteins-moi ça ! » hurla alors Robert.

Si ce cri n'avait pas fait fuir le crocodile vers les profondeurs, il est bien certain que le faisceau lumineux allait immanquablement aboutir à ce résultat, et je maudis mon imprévoyance.

Kisi l'avait maintenant rejoint et grâce à leurs lampes frontales, je pus me rendre compte qu'ils tiraient quelque chose de lourd. Juste à ce moment, un léger frottement se produisit dans les roseaux à un ou deux mètres de moi. Je retins mon souffle. L'inquiétant bruit de glissement humide se produisit de nouveau.

« Il n'y a qu'un gros crocodile qui puisse se mouvoir ainsi », me dis-je.

Je n'avais pas de fusil et Robert venait de m'interdire d'utiliser la grosse lampe. Je n'avais qu'une solution, me reculer au maximum sur le siège arrière, pour m'éloigner le plus possible de la bête qui pouvait avancer vers moi, à travers les hauts-fonds.

Robert lança à mi-voix :

« Amène le canot. Celui-là, il pèse une tonne. »

J'étais prête à faire n'importe quoi pour fuir ce bruissement horrible provenant des roseaux. Je me levai et, prenant appui sur la berge avec un aviron, éloignai le canot d'un coup sec.

Un grand bruit d'éclaboussures. Suivi d'un remous puissant. C'était donc bien un crocodile. Je m'éloignai avec soulagement mais ma tranquillité d'esprit n'aurait pas été aussi grande si j'avais su alors quelles autres péripéties, encore plus horribles, la rivière nous réservait ce soir-là.

Quand *Fleur* toucha la rive auprès de Robert et de Kisi, ils embarquèrent à bord le second cadavre : trois mètres de long, et la moitié de la mâchoire supérieure emportée par le coup de feu.

« Tu es sûr qu'il est bien mort ? » demandai-je avec appréhension. Une partie de la boîte crânienne paraissait encore intacte.

« La balle ne l'a pas tué sur le coup, alors je lui ai plongé mon couteau dans la tête, répondit Robert d'un air agacé.

— Mais tu ne t'es pas servi de la hache.

— C'était pas la peine. »

Le vent fraîchissait, le ciel se muait en une masse noire comme du charbon de bois striée de temps à autre par les éclairs. Quand j'eus amené le canot au milieu de la rivière, il fut frappé de plein fouet par les forces combinées du vent et du courant. Impossible de garder le cap. Robert me cria de mettre pleins gaz. Le bateau bondit en avant, se cabrant au-dessus des eaux écumantes.

Robert surveillait les opérations, mais je ne parvenais guère à distinguer les signaux qu'il m'adressait avec sa main. Quant au bruit du moteur, auquel s'ajoutait le fracas du tonnerre, il noyait complètement les instructions qu'il pouvait me lancer. La situation présentait de réels dangers car si *Fleur* heurtait un récif à cette vitesse, la coque serait complètement éventrée et nous aurions peu de chances de pouvoir atteindre l'une des berges à la nage.

Un éclair fulgurant illumine la rivière. Dans la clarté bleue, je vois les signaux frénétiques que Robert m'adresse de son bras gauche. Docilement, je pars de côté et aussitôt un autre éclair gigantesque zèbre le ciel, suivi d'une puissante rafale de vent. Secouée par les vagues, *Fleur* est de plus en plus difficile à gouverner. Les traits crispés, je me raidis sous l'averse qui me fouette le visage comme une grêle de petits plombs. Tous mes efforts tendent vers un but unique : maintenir à flot ce bateau surchargé de crocodiles et je ne sais plus très bien où nous allons ni pourquoi nous y allons. Soudain, Kisi crie : « Regardez ! » Il montre quelque chose du doigt.

A la clarté de la lampe de proue, deux énormes rubis plats me regardent sans sourciller, des eaux noires et sans fond du plan d'eau délimité par la courbure de la rive. Je ne parviens pas à en détacher mes yeux. Et je frissonne. Le voilà, oui, je sais que c'est lui : le mangeur d'hommes du Matopi.

Une autre rafale de vent m'arrache presque le gouvernail des mains mais Robert continue de montrer un point droit devant lui. Dix mètres, cinq... trois. Une petite flamme jaillit quand Robert appuie sur la détente du lourd Mannlicher Schoeneur, et le crocodile géant glisse sur la berge boueuse pour tomber dans l'eau, qu'il fouette de sa queue énorme, nous aspergeant d'une écume sanglante, donnant dans le vide de grands coups de mâchoire convulsifs.

« Approche, encore ! crie Robert, d'une voix vibrante d'excitation. Approche, vite, sinon il va s'enfoncer dans l'eau ! Il est là, là, oui là ! Bordel, approche encore ! »

Je fais tourner le bateau pour mieux voir le monstre. Il s'est un peu éloigné de la rive maintenant, et il fouette toujours l'eau de sa queue puissante. Kisi se penche en avant et l'accroche avec sa gaffe, mais le monstre, d'un coup de reins, a réussi à se dégager, et Kisi doit se pencher encore davantage. Aussitôt, le canot prend de la gîte et l'eau s'engouffre par-dessus le plat-bord.

« On coule ! lance Kisi. Le bateau est en train de couler. »

Je me précipite de l'autre côté pour rétablir l'équilibre. *Fleur* retrouve sa stabilité, mais il s'est enfoncé sensiblement.

Robert est hors de lui. Il laisse éclater sa fureur.

« Pourquoi tu t'es pas amenée par la gauche, bordel? tempête-t-il. La gauche, tu connais. Bâbord ! Rouge. La main qui porte les bagues en rubis ! Maintenant, on l'a perdu, bordel de merde. Oui, perdu ! »

Ma patience est à bout. Je m'apprête à lui répondre sur le même ton quand, juste devant nous, une tête monstrueuse émerge de la rivière au milieu d'une gerbe d'eau. Instinctivement, je vais droit dessus.

Robert tente de la saisir, en vain. Alors, Kisi et lui essaient d'attraper la queue, tandis que le bateau se range le long du monstre.

« C'est pas ça qu'il faut faire, me dis-je stupidement. Il n'est pas mort. »

Je vois le crocodile sur toute sa longueur et m'aperçois qu'il mesure soixante centimètres de plus que notre canot. Quatre mètres cinquante de muscles rendus fous furieux par une blessure atroce !

Les deux hommes se remettent à haler le corps, et une fois de plus, *Fleur* penche dangereusement. Il y a de l'eau qui rentre, soulevant la quille. L'hélice apparaît au-dessus de la surface.

Soudain, Kisi quitte son poste et se dirige vers l'arrière pour me rejoindre. Des larmes ruissellent sur ses joues. Il est à demi fou d'épouvante.

« Tu diras à Maritsasi »... Ses paroles sont emportées par le vent, mais je sais ce qu'il veut me dire. « Tu diras à Maritsasi que si je ne reviens pas, elle peut prendre mes poulets, et ma couverture neuve et mon argent. Il est dans la vieille boîte de cacao. »

Le pauvre brave Kisi. J'ai envie de lui passer mon bras autour des épaules et de pleurer avec lui, car moi aussi, je suis horrifiée. Mais de tels gestes sont inacceptables aux colonies. De toute manière, il y a un crocodile blessé dans la rivière, il faut donc agir. Et vite.

Le crocodile s'est un peu écarté du bateau, et *Fleur* réussit à se maintenir sur l'eau grâce à Kisi qui écope à tour de bras. Robert, lui, semble ne s'être aperçu de rien. Il scrute la rivière avec la lampe.

« Le voilà! Juste derrière vous! »

Une fois de plus, nous nous approchons de la bête et Robert lui saisit la queue.

« Va vers la berge! Cette fois, nous le tenons, le salaud », exulte-t-il.

Ce qui n'est pas vraiment le cas. A peine sommes-nous arrivés à quelques mètres de la rive que j'entends un long sifflement s'élever du fond du bateau. Je regarde et pousse un cri de terreur. Le crocodile de trois mètres que nous croyions mort depuis une heure vient de renaître à la vie. Et il n'a pas l'air de vouloir nous faire de cadeaux.

Il a la tête tout près de Kisi, et c'est à Kisi qu'il va s'en prendre, Kisi qui cherche désespérément la hache, avec Robert. Il renonce bien vite à ses recherches et assène des coups de gaffe au ressuscité qui se trouve alors suffisamment dissuadé pour se tourner de mon côté. Je remonte mes jambes sur l'étroit siège arrière et tire à plusieurs reprises sur la corde qui fait démarrer le moteur, tandis que le crocodile rampe vers moi, comme s'il était sorti d'un film d'horreur. Je tire de toutes mes forces sur la corde et le moteur démarre enfin, propulsant le bateau par-dessus les racines des arbres, contre la berge.

Cela ne suffit pas pour arrêter le crocodile. Je me hisse sur le plat-bord mais je perds l'équilibre et tombe en arrière dans la rivière. Au moment où je refais surface, en crachotant, il y a un énorme plouf, juste derrière moi. C'est le mangeur d'hommes.

Tout le monde a fait ce genre de rêve : vous essayez de fuir quelqu'un ou quelque chose, mais vous ne pouvez pas bouger, quels que soient vos efforts pour y parvenir. Cette nuit-là, ce cauchemar universel est devenu ma réalité. Je patauge dans la boue et les roseaux pour regagner la rive, et mon cerveau est comme paralysé par la menace qui se trouve derrière moi. Je sais maintenant ce qu'éprouvent les animaux quand ils ont les prédateurs à leurs trousses.

Pourtant, je parviens à mettre pied sur la berge, dégoulinante de vase et d'algues qui se collent à moi; je suis secouée de sanglots mais saine et sauve. Quand j'ai repris mon souffle, j'entends le bruit mou d'une hache. Mais ça ne vient pas du bateau. C'est Kisi qui a réussi, je ne sais comment, à hisser le crocodile de trois mètres sur la rive. Il frappe à coups redoublés sur l'épine dorsale. Un sang épais et lourd s'écoule de la gueule de l'animal.

Debout à côté de Kisi, Robert regarde la coque à demi submergée du canot.

« Qu'est-ce qui lui est arrivé? demande-t-il avec une certaine curiosité.

— Nous avons failli chavirer, réponds-je avec concision. Deux fois. Tu te souviens?

— Ah bon? Je devais être trop absorbé par le gros croco. On va écoper, et après on repartira le chercher. »

Comme je protestais, essayant de refouler des larmes que je ne voulais pas montrer, il fronça les sourcils. Comme je ne cédais pas, il perdit patience.

« Tu vas remonter dans ce bateau, nom de Dieu! Sinon, tu rejoins le camps à pied, bordel de merde! »

Je n'avais donc pas le choix. Le camp se trouvait à plusieurs kilomètres de là; en pleine nuit, c'était trop dangereux. J'avais beau redouter et détester cette chasse aux crocodiles, je n'allais pas offrir à Robert le plaisir d'avouer mes craintes. Ni maintenant, ni à aucun autre moment. Depuis longtemps déjà, nos rapports manquaient de cordialité, et ce n'étaient pas des nuits comme celle-là qui pouvaient améliorer la situation, mais j'étais trop profondément engagée dans ce projet de constitution d'une réserve de gibier pour renoncer à notre partenaire. Et Robert le savait fort bien.

Le dinghy repartit sur l'eau profonde, et une fois de plus, la lampe de proue caressa la surface de la rivière, révélant les algues qui flottaient et les bulles d'air émises par les barbeaux noirs qui fouillaient la vase du fond. Mais du mangeur d'hommes du Matopi, il n'y avait aucun signe. Pas un bruit. Pas un mouvement.

Fièvre de chaleur

Le mois d'octobre a bien failli nous tuer. Dans la cabine du DUKW, la température se maintenait souvent autour de 47 degrés et les problèmes se succédaient à un rythme sans cesse accéléré.

D'abord, Chink. La petite lionne avait pris l'habitude de poursuivre le bétail. Sur notre île, près de Maun, il n'y avait pas de bestiaux appartenant à des Africains, et dans la vallée du Kwaii, elle ne pouvait pas rivaliser de vitesse avec les impalas. Mais près du Botletle, se trouvait une surabondance d'animaux domestiques, des petites chèvres indiscrètes, à l'esprit lent, et des ânes qui se promenaient d'un pas tranquille. Chink aimait bien se lancer à leur poursuite.

Je voulus un jour calculer à combien s'élèveraient les sommes à payer pour compenser la perte du plus beau bœuf du village, et quand je vis que le total atteignait quatre chiffres, je décidai à mon grand regret qu'il allait falloir enchaîner le fauve pratiquement vingt-quatre heures sur vingt-quatre.

Un après-midi où je pêchais au-dessus des rapides, un troupeau de vaches sortit des fourrés pour traverser la rivière à la nage. Chink, qui profitait des heures chaudes pour faire la sieste sous un arbre, s'éveilla en sursaut et s'élança dans leur direction avec une telle fougue que la chaîne se cassa net. Une fois dans l'eau, la petite lionne fut déportée par le courant plus de cent mètres en aval et quand elle réussit enfin à prendre pied sur l'autre berge, les vaches étaient déjà en lieu sûr, à quelques pas de leur étable.

Robert partit à la poursuite de Chink, à bord du *Fleur de lis* et parvint à la persuader de monter sur le canot avec lui avant qu'elle n'ait pu causer le moindre dégât. Cela n'empêcha pas les villageois de manifester leur désapprobation : ils poussaient de grands cris, tapaient sur des tambours et des bidons de pétrole vides et déchargeaient en l'air leurs vieilles pétoires Martini-Henry qui risquaient autant de les tuer eux-mêmes que d'effrayer qui que ce soit.

Les exploits de Chink mis à part, notre vie quotidienne n'en demeurait pas moins des plus précaires. Avec cette chaleur, et étant donné les conditions de confort offertes par les installations que nous pouvions avoir dans le Botletle, il nous fallait à tout prix continuer de nous comporter en êtres civilisés si nous voulions éviter que notre moral ne s'effondre complètement. Ce n'était pas facile et nous ne ménageâmes pas nos efforts.

Il n'y avait plus le moindre endroit ombragé au milieu de ces acacias rabougris qui avaient perdu toutes leurs feuilles. Après l'unique orage qui s'était déchaîné, nous apportant les fameuses pluies des éléphants, il ne tombait plus la moindre goutte d'eau pour nous soulager de cette chaleur déshydratante. Le sable sec s'infiltrait partout, s'insinuait sur les tapis de sol en toile, tombait dans la nourriture, dans l'eau que nous buvions, nous emplissait les yeux, les oreilles et les narines, et nous encrassait les cheveux.

Les nuits étaient presque aussi chaudes que les jours, et quand nous nous mettions au lit, à bord du DUKW, les draps étaient recouverts d'une épaisse couche d'un sable fin et râpeux.

Nous étions aussi constamment harcelés par des nuées d'horribles grosses mouches vert-bleu qui arrivaient par escadrons entiers du kraal situé sur l'autre rive. Nous ne manquions jamais d'emplir quelques assiettes de tue-mouches Tugon, et en moins d'une heure, elles étaient envahies de petits cadavres répugnants tandis qu'un tapis d'insectes agonisants crissait sous nos pieds sur le plancher de la cabine.

Pour ne rien arranger, le JAP — un groupe électrogène d'une résistance à toute épreuve! — qui chargeait les batteries servant à alimenter le réfrigérateur et à nous éclairer, tomba en panne et se bloqua complètement. Au bout de quelques heures, la viande prit une odeur nauséabonde. Je laissai donc la porte du frigo ouverte en mettant un torchon mouillé à la place, dans l'espoir que l'évaporation allait apporter une fraîcheur qui permettrait au moins de garder nos réserves comestibles un peu plus longtemps.

Je confectionnai également un garde-manger primitif avec des sacs de farine trempés dans l'eau que je disposai autour d'un pliant en toile. Il y avait juste assez de déplacement d'air pour empêcher le beurre de se liquéfier et la bière de bouillir. Mais pour la viande, rien ne marchait, en revanche, et moins de vingt-quatre heures après que nous avions tué les chèvres dont nous nourrissions Chink — ou que nous mangions nous-mêmes, si c'étaient des bêtes jeunes —, les quartiers de viande se retrouvaient invariablement infestés de centaines de larves qui grouillaient à la surface.

En fait, les trois quarts du temps, le seul endroit vivable du camp était la « chambre froide » des crocodiles, où nous emmagasinions les peaux pour les conserver en bon état. Il s'agissait d'une simple armature en bois — quatre poteaux verticaux, et quatre traverses —, sur laquelle nous avions tendu nos plus grands draps de toile ; l'eau était déversée sur le dessus concave, imprégnant constamment les pans latéraux.

C'est là que nous allions nous installer plusieurs heures de suite quand la chaleur était vraiment pénible, lisant à la lueur de la bougie et essayant d'oublier l'odeur pénétrante du gros sel et la puanteur musquée et tenace des peaux de crocodile.

Comme Leonard et Kisi avaient déjà suffisamment de travail avec toutes ces peaux qu'il fallait préparer chaque jour, après la chasse nocturne, je décidai de m'occuper de la cuisine. Je passai des heures à saurer dans la chaleur et la fumée des feux allumés en plein air, avalant de l'aspirine pour atténuer les migraines causées par la canicule. Je m'ingéniais à imaginer toutes sortes de sauces compliquées pour y faire mijoter des poules ou des pintades trop vieilles, afin de tenter de faire oublier leurs relents nauséabonds.

Maritsasi m'apportait une aide précieuse en charriant des seaux d'eau destinés à emplir la baignoire de toile, afin que nous puissions au moins laisser tremper nos corps poussiéreux deux fois par jour. Nous changions constamment de vêtements, mais ils avaient beau sécher rapidement, nous avions toujours cette sensation que la poussière était restée collée sur eux une fois qu'ils avaient été lavés.

Pour la première fois de ma vie, j'en arrivai même à renoncer à porter mes sous-vêtements de coton léger. J'enfilais simplement un short, une chemise ample, des sandales, et rien d'autre.

Pourtant, quand je ne m'adonnais pas à une tâche précise, je me sentais envahie par une léthargie écrasante, terrible, et désespérée. Incapable de dormir, j'avais le cœur soulevé en pensant à la nourriture que j'avais préparée. Bien que n'étant pas grasse de nature, je me mis à perdre du poids et dus convaincre Robert de ne plus aller à la chasse aux crocodiles que deux nuits sur trois. Pourtant, même pendant les nuits « sans », nous ne pouvions pas nous reposer dans l'obscurité étouffante de la cabine. Nous restions allongés sur nos draps rugueux, tourmentés par les moustiques, tandis que la sueur imbibait la couche de poussière qui s'était déposée sur nos corps dévêtus.

Un jour, le thermomètre monta à 49 degrés. Ça ne pouvait pas continuer ainsi ! Mais pourtant, rien ne changea et le Botletle commença à nous apparaître comme une véritable fournaise.

Je me mis à me poser des questions sur l'utilité de cette chasse aux crocodiles, bien que le simple sens commun me rappelât brutalement que nous avions grand besoin de l'argent que rapporterait la vente de ces peaux. Il fallait d'abord compter 120 livres pour acheter deux pneus neufs pour le DUKW, car les enveloppes d'origine, déchirées par les souches acérées des mopanis, avaient fini par crever et il n'y avait plus moyen de les réparer.

Il y avait aussi le moteur dı JAP à remettre en état, et pour couronner le tout, notre agent immobilier de Bulawayo nous avait écrit pour dire que la crise financière avait amené une baisse de la demande sur les appartements, si bien que la moitié des nôtres n'avaient pas de locataires. Le même courrier nous apporta une lettre de la banque signalant que notre découvert atteignait un chiffre que nous ne pouvions plus dépasser.

Nous avons donc continué à tuer les crocodiles. Des crocodiles de toutes les formes et de toutes les tailles. Il y en avait parfois des minuscules qui nous permettaient, à Kisi et à moi, d'aller tout près d'eux à la rame pour tirer presque à bout portant ; parfois, on en tuait qui avaient deux mètres cinquante, trois mètres, trois mètres cinquante, dans les longs rapides sous notre camp.

Il y en eut un d'à peine un peu plus de deux mètres, qui était resté à guetter nos chiens, pour qui il fallut cinq balles et des coups de hache répétés avant qu'il ne consente à rendre l'âme.

L'une de nos meilleures prises fut un crocodile de quatre mètres avec une peau presque parfaite et des écailles bleutées au dégradé très nuancé, que nous avions traqué après qu'il eut émergé des roseaux au bord de la rivière, causant à Maritsasi une peur épouvantable, un soir où elle était allée chercher de l'eau.

Une nuit où nous nous efforcions de localiser un tueur notoire, deux gamins arrivèrent dans le camp et nous regardèrent silencieusement essayer de faire un feu pour nous chauffer du café. L'aîné, vêtu d'un short kaki en lambeaux, restait d'un air désœuvré, se frottant les pieds l'un contre l'autre, tout en mâchonnant un bout d'écorce, tandis que nous tentions de nous réchauffer car la rivière était toujours d'un froid glacial la nuit, en dépit de la chaleur accablante qui s'abattait sur les berges. Nous nous serions volontiers baignés s'il n'y avait pas eu toutes ces horribles bestioles.

Le plus grand des deux gamins retrouva enfin sa langue; il cracha le morceau d'écorce et dit d'un air méprisant :

« Vous devez sûrement pas avoir envie de trouver des crocodiles. Sinon, vous iriez à Ramowtu.

— Où ça?

— A Ra-mow-tu, répéta l'enfant en détachant bien les syllabes. Plus bas. C'est là qu'ils sont, les gros. Il y en a un, une femelle, je la connais bien, elle pond ses œufs toujours au même endroit chaque année. Et chaque fois, dès qu'elle est partie, je les déterre pour les détruire. Ça ne sert d'ailleurs à rien, parce qu'elle n'a pas de mâle et de toute façon, les œufs ne donneraient pas de petits. C'est comme une poule qui pond des œufs quand il n'y a pas de coq. Il y a beaucoup de crocodiles à Ramowtu et ils tuent le bétail. Bref, si vous voulez en voir, c'est là-bas qu'il faut aller.

— Tu voudrais bien nous y conduire? »

Il cracha sur le sol avec colère.

« Mon père ne voudra jamais, dit-il avec hargne, avant de cracher de nouveau. Il dit qu'il faut que je reste ici à garder les chèvres, parce que je suis trop jeune pour faire un travail d'homme. »

Il coula alors vers moi un regard en biais et ajouta d'un air rusé :

« Si vous me donnez cinq shillings, je vous dirai comment on peut y aller. »

Le prix exigé était exorbitant mais la roublardise de ce bambin nous amusait, et nous appréciions la facilité avec laquelle ces gamins avaient appris, à l'école de la brousse, à tirer parti de tous les secrets que l'on pouvait découvrir sous le moindre caillou, dans les creux et les ruisseaux.

Il eut ses cinq shillings. Il empocha l'argent puis tendit avec emphase la main vers l'aval.

« Vous descendez par là; au bout d'un moment, vous traversez un endroit pas très profond : c'est là que sont tous les oiseaux. Continuez, vous longerez les champs que des femmes sont en train de labourer. Ensuite, il y a des grands roseaux et la rivière fait une boucle, comme ça, fit-il en arrondissant le geste. C'est un grand bassin, et il n'y a plus de rochers. C'est là, Ramowtu. »

Il me faisait penser à Peter Pan. Prenez la première à droite et ensuite tout droit jusqu'au matin.

Il fallait d'abord procéder à une reconnaissance de jour, pour savoir quels obstacles nous risquions de rencontrer dans le noir. L'expérience n'eut rien de rassurant : une succession de rapides, avec soudain des hauts-fonds dans lesquels l'eau se dispersait en un labyrinthe de marécages qu'il était impossible de distinguer les uns des autres.

Plus bas encore, il y avait des pièges à poissons, construits avec des cailloux, qui parsemaient la rivière, mais les villageois avaient cessé de les utiliser depuis des siècles. Pour parvenir à nous frayer un passage, il fallut aller les démolir un à un, manipuler les pierres visqueuses, l'eau glacée nous montant jusqu'à la taille, constamment sur nos gardes de crainte qu'un crocodile ne décide de venir voir ce qui se passait.

Une femme, qui labourait près de la berge avec une paire de bœufs, nous fit de grands gestes du bras en criant quelque chose.

« Elle dit que nous devrions nous dépêcher, traduisit Kisi, parce que la nuit va tomber bientôt. Elle dit aussi qu'il y a beaucoup de crocodiles par ici. »

Nous avons donc accéléré le mouvement.

Quand nous avons atteint le premier plan d'eau bien

dégagé, le soleil se couchait avec cet éclat extraordinaire que l'air pur du désert lui confère parfois. Derrière nous, les eaux agitées de la rivière créaient un kaléidoscope mouvant aux teintes dorées et turquoise dont les moirures chatoyantes avaient parfois un ton feu ou vert Nil, pour prendre ensuite l'aspect de rubans rose Madère, orange, puis verts de nouveau, à mesure que la lumière se modifiait lentement. Nous avions l'impression de voguer au cœur d'un arc-en-ciel.

Quand nous eûmes contourné un coude, la forêt arrêta la lumière. Tout d'un coup, nous glissions sur une eau d'un noir d'encre, une eau sinistre, parsemée de trous profonds et ténébreux, tandis que, surgie des deux rives, la nuit se précipitait vers nous.

Notre Peter Pan noir nous avait bien dit l'exacte vérité à propos de Ramowtu. Il y avait des dizaines et des dizaines de crocodiles vautrés près des berges, leurs yeux reflétant la lumière de notre lampe comme une guirlande d'un rouge diabolique.

Nous obliquons vers l'un d'eux. Il mesure quatre mètres de long. Robert fait feu.

Saisi par les affres de l'agonie, le monstre bondit très haut en l'air, sortant complètement son corps de l'eau dans un spasme final d'une violence stupéfiante, les algues pendant de sa gueule et oscillant convulsivement d'un côté et de l'autre. L'espace d'un instant, il reste immobile, suspendu juste au-dessus de moi, puis redescend, au ralenti dirait-on, pour plonger dans l'eau à quelques dizaines de centimètres du bateau. Quand il remonte à la surface, Kisi se prépare à le saisir avec sa gaffe. Mais dominant l'odeur âcre, inquiétante, du crocodile, il y a maintenant des émanations d'huile chaude, et quand je mets la main sur le moteur, je m'aperçois qu'il est brûlant. La pompe à eau s'est bloquée à cause des algues et avant que j'aie eu le temps de couper le moteur, le cylindre s'est grippé.

Nous sommes maintenant à vingt-trois kilomètres de notre campement et la seule façon d'y retourner c'est de remonter la rivière en portant notre canot pour franchir tous ces interminables rapides.

Pour mener à son terme cette odyssée, il nous a fallu douze heures de souffrances, et c'est au bout des deux premières de ces heures que nous avons rencontré les buffles, un troupeau d'environ cent cinquante bêtes réparties des deux côtés de la rivière qui était venu là pour se désaltérer.

Les cornes énormes se profilaient comme des croissants de charbon de bois opaques dans l'obscurité vague et humide et les pelages luisaient, tandis qu'ils traversaient le chenal, devant nous. Certains d'entre eux s'arrêtaient pour se tourner vers nous car les buffles manifestent une curiosité malsaine pour tous les spectacles insolites. La vue de cette galaxie d'yeux hostiles, semblables à des rubis sans éclat, me fit frissonner d'horreur. Il y avait d'ailleurs tout lieu d'avoir peur.

Impossible de s'éloigner à la rame, car le canot était bloqué sur les hauts-fonds. Il fallut soulever la coque et je vis avec terreur qu'ils se rapprochaient de nous, la tête relevée, resserrant le demi-cercle qui nous entourait.

Les animaux de tête avancèrent, suivis du reste de la troupe qui leur emboîtait docilement le pas, et maintenant ce n'était plus une simple curiosité qu'ils manifestaient. Ils n'aimaient pas les humains : les chasseurs locaux étaient d'une nullité crasse quant à la précision du tir et si les femelles accompagnées de leur petit avaient déjà la réputation d'être très dangereuses, les mâles atteints d'une blessure étaient plus redoutables encore. Manifestement, ce troupeau avait de très vieux comptes à régler.

La seule solution pour moi était d'ignorer la menace, de lui tourner le dos tandis que nous nous acharnions à franchir les bancs de sable, en pataugeant dans la boue, empêtrés dans les algues, et trébuchions sur la pointe acérée des rochers, approchant rapidement d'un état d'épuisement total.

Et puis, la résistance cesse et, comme par miracle, le bateau se mit à flotter sur une eau plus profonde. Pourtant tout danger n'était pas écarté. Le courant était rapide, difficile, l'eau s'engouffrant comme dans un bief de moulin entre les éboulis aux arêtes coupantes. Mais au moins, nous pouvions ramer, et nous ramions encore au lever du jour.

Je ne me souviens pas très bien de la dernière heure de notre trajet, mais j'ai encore présente à la mémoire la fraîcheur tranquille apportée à la rivière par l'aube qui donnait aux voiles de brume s'effilochant au-dessus de l'eau une teinte d'un rose éclatant. Une oie égyptienne, suivie d'un convoi d'oisons effarouchés, nageait devant nous, laissant en arrière, une multitude de petits sillages argentés.

Quand nous sommes enfin arrivés en vue du camp, j'ai aperçu Leonard assis sur un rondin à côté du feu, et un arôme distillé par les dieux me prévint qu'il était en train de faire du café. Fort à propos, je crois, il fredonnait justement une chanson dénonçant les mauvais tours joués par M'goba, le légendaire serpent à plumes qui est l'homologue africain du Quetzalcóatl des Mayas. J'aurais voulu en entendre la version complète mais je ne pus rien faire d'autre qu'implorer d'une voix rauque que l'on me serve un peu de café, avant d'aller m'écrouler sur ma couchette, dans le DUKW, sans même prendre la peine de me dévêtir.

En novembre, nous avons chargé notre cargaison de peaux de crocodiles à bord de *Shaka le Zoulou* pour aller passer une quinzaine de jours à Maun, dans notre camp au bord de la rivière. La chaleur était encore intense et l'air infesté de moustiques. Incapables de supporter tout cela davantage, nous sommes repartis pour Bulawayo, où nous avons loué un cottage, dans Figtree Road, sur les flancs des Matopos.

Je me suis trouvé un emploi, dans une société spécialisée dans la fabrication des panneaux vitrés, et Robert est allé en quête de sensations fortes en se joignant aux colons de race blanche qui s'étaient bénévolement fixé pour tâche d'organiser une rupture définitive entre la Rhodésie et la Grande-Bretagne.

Le chef de cette troupe d'excités était un homme qui s'était vaillamment battu dans la Royal Air Force pendant la Seconde Guerre mondiale et qui, pour le prouver, avait sur la joue une cicatrice qui le défigurait complètement. Mais sa bravoure n'allait tout de même pas jusqu'à l'inciter à réclamer le droit de vote pour les Noirs.

Il s'appelait Ian Smith.

Le lion boiteux

Dans le tiroir du bas de mon bureau, il y a une touffe de poils provenant de la crinière d'un lion, et je n'ai pas eu le courage de la jeter, parce qu'elle vient de Timber.

Après avoir vécu à la dure pendant deux ans dans une région qui est restée la plus giboyeuse du monde, j'aurais dû savoir qu'il ne fallait surtout pas adopter un lion qui a des problèmes psychologiques.

Timber était infirme. Il était né dans un zoo, et avait eu avant lui cinq générations de fauves élevés en cage ; son développement physique avait été profondément perturbé par une grave carence en vitamines, ce qui avait fait de lui une sorte de Toulouse-Lautrec parmi les lions : une tête superbe surmontant un corps torturé et des jambes rabougries, grotesques.

Un propriétaire de cirque sud-africain l'avait acheté en même temps que tout un lot de lionceaux, mais il s'aperçut bientôt qu'il ne pourrait rien en tirer sur la piste, même pas dans un emploi de clown. L'animal était trop faible pour sauter sur les tonneaux, et même si ses compagnons de captivité lui dérobaient constamment le plus clair de sa ration de viande, les nouveaux propriétaires estimaient qu'il leur coûtait de l'argent pour rien. On conclut qu'il fallait l'abattre.

Le Cottage Figtree, ainsi nommé à cause du village qui se trouvait à proximité, avait un terrain suffisamment grand pour accueillir une tribu de chiens, une douzaine de poulets, et Chink, qui était maintenant tombée en disgrâce. Nous n'avions pas réussi à la guérir de la manie de poursuivre le bétail, et après deux tentatives de meurtre évitées de justesse, nous l'attachions à une chaîne coulissante dans le jardin.

Le dompteur de lions du cirque, un Polonais, vint lui rendre visite et s'attarda un moment pour me parler de Timber.

« Pourquoi ne viendriez-vous pas le voir? demanda-t-il. Ça lui ferait du bien de pouvoir se dire, étant donné le peu de temps qu'il lui reste à vivre, qu'il y a au moins un humain qui s'intéresse à lui. »

Il m'avait dit cela sans arrière-pensée, je le suppose du moins, mais j'aurais dû éviter l'enceinte du cirque avec autant de soin que si elle avait abrité les sept plaies de l'Égypte, et me contenter de rester à la maison pour pleurer tout à mon aise.

Je suis donc allée voir Alex Sanesky au moment où il faisait sortir les lionceaux de leur cage pour qu'ils procèdent à leurs exercices matinaux. Il lançait leur nom au moment où ils passaient devant lui dans le tunnel grillagé qui menait à la piste. Finalement, après une interruption de quelques secondes, le dernier de ses jeunes pensionnaires arriva devant moi, de son pas traînant, prenant appui sur ses jarrets parce qu'il était trop faible pour utiliser les orteils de ses pattes de derrière.

Pendant que les autres caracolaient sur la piste, il se glissa avec peine vers un coin de la grande cage, comme pour demander qu'on le laisse tranquille. Je passai la main entre les barreaux et lui grattai le dos. Il tourna la tête et leva les yeux vers moi, des yeux clairs, honnêtes, d'un teint or très soutenu, des yeux très écartés qui exprimaient une tristesse tranquille.

J'avais déjà vu d'autres lionceaux déshérités qui étaient bruyants, irascibles, querelleurs et grognons mais celui-ci me semblait tout à fait différent. Il paraissait reconnaissant qu'on l'ai laissé en vie.

« Il a encore combien de temps devant lui?

— On m'a dit de l'abattre ce soir, après la représentation. »

Le dompteur, pris d'une timidité et d'un embarras subits, baissa les yeux vers ses grosses mains.

« Je me demande si je vais avoir le courage de lui loger une balle dans la tête, soupira-t-il. C'est le lion le plus gentil que j'aie jamais rencontré.

— Le directeur acceptera-t-il que je le règle par chèque ? » demandai-je.

L'extrémité des pattes arrière de Timber était recouverte de callosités et il n'avait jamais pu marcher normalement sur ses quatre membres. Partant du principe que cette difformité était due à une certaine forme de rachitisme, et comme il était affecté en outre d'une toux persistante, je lui administrai des antibiotiques et le soumis à un régime riche en vitamines.

D'abord étonné de constater qu'on lui donnait une nourriture régulière, sans qu'il eût besoin d'aller fouiner dans la paille pour dénicher les bribes de viande délaissées par ses compagnons, il cessa de manifester par des grognements l'anxiété qu'il éprouvait dès qu'on lui apportait sa pitance et, au bout d'un moment, il accepta même que la chienne, une bull-terrier, vienne la partager avec lui, dans le même plat.

Cette chienne s'appelait Pandora, la dernière représentante d'une lignée de chiots charmants mais malheureusement décimés par les accidents. Si on lui avait mis un tigre sur son chemin, elle aurait tout fait pour pouvoir le materner. Timber toléra avec une dignité tranquille les coups de langue affectueux qu'elle lui prodiguait sur la gueule, bien que Kisi en éprouvât quelque ombrage. Il aimait beaucoup Pandora, mais Timber, il ne le portait guère dans son cœur, depuis le jour où le lionceau lui avait passé une patte autour de la cheville au moment où il transportait un plateau chargé de verres.

J'aurais peut-être dû envisager avec un peu plus de clairvoyance les risques qu'il pouvait y avoir à laisser Timber évoluer en toute liberté dans le jardin et la maison. Mon aveuglement provenait sans doute du fait que, bien qu'âgé de près de deux ans, il n'était pas plus gros qu'un lionceau normal de neuf mois et pesait à peu près quarante-cinq kilos. Au même âge, Chink faisait quatre fois sa taille.

Je ne parvins pas non plus à mesurer l'intensité de la haine que Chink lui vouait. Cette ignorance faillit bien me coûter la vie.

Un soir où Robert était parti assister à un de ses meetings politiques, je me préparai à aller à un cocktail. Les chiens et les lions avaient eu leur repas, et j'avais laissé Timber pelotonné sur le sol de la cuisine en compagnie de Pandora.

Soudain, j'entends Chink qui se met à tousser avec colère, après quoi s'élève un rugissement poussé à pleine gorge. Je me précipite à la fenêtre de la chambre, et constate, horrifiée, que Timber est sorti de la maison et a écarté la barricade de barbelés que nous avions dressée au milieu de la véranda pour séparer les deux lions. Il s'est assis au beau milieu de la zone réservée à la lionne enchaînée, qui s'est elle-même juchée sur un muret, juste au-dessus de lui. Elle a les yeux rouges comme du sang.

Elle va le tuer.

Sans trop élever la voix, j'appelle Timber mais au lieu de m'obéir, il se rapproche de Chink, allongeant une patte hésitante pour la caresser. Elle le repousse furieusement, et il tombe à la renverse. Les oreilles de la lionne s'aplatissent — ce qui est très mauvais signe —, et juste au moment où je tends la main pour attraper Timber par le cou, la voilà qui frappe de nouveau et son ergot, qui n'est pas rétractile, me laboure le bras. Face au danger le plus grand qu'il ait jamais affronté, Timber ne voit en moi qu'une menace supplémentaire : il doit se sentir acculé le dos au mur, car il se rue sur moi. Il vient de pleuvoir, et le sol de la véranda est détrempé. En faisant un écart pour éviter la charge, je perds l'équilibre et tombe lourdement à terre entre les deux jeunes fauves.

Chink est maintenant debout sur le mur, dans une immobilité de statue, jetant sur moi un regard foudroyant, tandis que Timber s'est couché en tremblant en travers de mon corps en lançant cet appel à la protection, cet étrange « Ah-ow? » interogatif que les lions émettent quand ils ont peur. Puis il se relève péniblement, et quand je me dégage pour me remettre debout, il s'écarte pour me laisser passer.

Chink n'a pas bougé. Ses yeux ne quittent pas mon visage. Ses lèvres se retroussent lentement pour montrer ses dents, les yeux sont rétrécis par la colère, et les muscles des épaules commencent à se nouer.

Elle attend que je vide les lieux pour pouvoir se ruer sur Timber. Au moment où j'atteins la porte de la véranda, elle bondit et Timber se défend, toutes griffes dehors. Pendant qu'ils s'empoignent, je me précipite sur la pelouse pour y prendre la seule arme qui soit à ma portée.

Pendant dix minutes je les ai aspergés, ouvrant en grand le robinet d'eau qui alimente le tuyau d'arrosage. Finalement, ils se séparent en crachotant et en éternuant, d'un air penaud.

C'est seulement après avoir traîné Timber jusqu'à la cuisine et rétabli la barricade de barbelés que je me suis rendu compte à quel point j'avais frôlé une mort brutale. Ils auraient pu me tuer très facilement, aussi bien l'un que l'autre. Chink est un animal robuste, et bien que Timber ait un corps rabougri, il a la tête d'un lion adulte normal, et des canines énorme ont remplacé ses dents de lait.

Cette pensée m'a laissée toute tremblante et je suis allée jusqu'au salon pour me verser un double scotch, sans eau. Au moment où je m'effondrais sur le divan, Timber est sorti en boitant de la cuisine et est venu poser gauchement sur mes genoux sa tête rugueuse et ébouriffée. J'ai enfoncé mes doigts dans sa crinière rousse qui commençait à s'épaissir autour des épaules. Il accepta ces agaceries un moment, puis s'écarta pour se rapprocher de l'âtre. La soirée était un peu fraîche et des bûches flambaient joyeusement, mais ce n'était pas la chaleur qu'il cherchait. Il contempla le tas de bois que Kisi avait édifié près de la cheminée. Avec le plus grand soin, il choisit une petite bûche, la secoua pour la dégager des autres et revint la mâchonner sur le tapis à mes pieds.

Quand il était encore au cirque, tout le monde l'appelait « Simba ». C'est moi qui lui avais donné le nom de Timber quand j'avais découvert qu'il choisissait toujours un morceau de bois brut pour se réconforter, pour se consoler des malheurs qui l'accablaient dans ce bas monde.

De mal en pis

Au début de l'année 1954, le Parlement de la Fédération centre-africaine nouvellement créée se réunit pour la première fois et, à Londres, le Colonial Office se félicita d'avoir trouvé une solution géniale à un problème que l'on avait redouté de ne jamais pouvoir résoudre. Pétri de bonnes intentions mais bien mal renseigné, il pensait avoir trouvé une méthode simple et peu coûteuse pour contrebalancer la puissance de l'Afrique du Sud grâce à une union neuve, forte et harmonieuse. Il faut reconnaître que, sur le papier, l'idée paraissait plutôt bonne. Malheureusement, elle était fondée sur un principe erroné bien que fort répandu, qui prétend que les Africains font tous partie d'un ensemble homogène, alors qu'ils sont en fait les membres de nations aussi différentes les unes des autres que, par exemple, la Grande-Bretagne et la Grèce.

Elle attribuait en outre aux Blancs de Rhodésie beaucoup plus d'altruisme qu'ils n'en avaient en réalité. Bref, cette entreprise avait autant de chances de réussir qu'une alliance entre les Montaigu et les Capulet.

Sept ans plus tard, en 1961, rares étaient ceux qui pensaient que cette grande expérience avait un avenir brillant devant elle, et la situation n'était pas améliorée par les événements qui se déroulaient de l'autre côté des frontières. En mars, sur le territoire angolais, une révolte tribale avait été brutalement réprimée par l'armée portugaise et, en mai, le gouvernement d'Afrique du Sud vengeait définitivement la défaite subie par les Boers en 1901 en se séparant du Commonwealth, pour procéder ensuite à l'anéantissement de toutes les traces qui pouvaient encore subsister de ses liens avec la Grande-Bretagne abhorrée.

Les Blancs dont l'attachement à la Rhodésie était uniquement fondé sur le chèque qu'ils touchaient à la fin du mois commencèrent à déserter le pays, en quête de cieux plus cléments, dans la mesure où ils pouvaient encore emporter leur argent avec eux. Ceux qui restèrent avaient, d'une manière ou d'une autre, réussi à se convaincre qu'ils pourraient conserver les privilèges dont ils jouissaient depuis toujours. Pourtant, la moitié de mes appartements ne trouvait pas de locataires et si mon salaire à la fabrique de vitres nous pourvoyait en viande et en pommes de terre, nous continuions quand même de dépenser beaucoup plus que nous ne gagnions.

Je savais que si Robert réclamait de l'argent, c'était avant tout parce qu'il voulait remettre *Shaka le Zoulou* en état de reprendre la route, mais je ne fis rien pour encourager cette ambition. Mon unique désir était de repartir pour l'Europe, car là-bas les insectes ne transmettent pas de maladies mortelles, l'eau ne vous empoisonne pas et les forêts ne sont pas fréquentées par les serpents et les éléphants. Je voulais pouvoir porter mes sandales dorées et une longue robe thaïlandaise, mettre des bijoux et me parfumer. J'aspirais à aller manger dans des restaurants avec des gens dont la conversation ne se limitait pas au prix des peaux de crocodiles. Et surtout, il me tardait de me trouver en un lieu où je n'étais pas toujours amenée à regarder des animaux mourir.

Bref, j'estimais avoir beaucoup de retard à rattraper quant aux petits plaisirs que peut offrir la vie civilisée.

Pendant que je me démenais pour amasser un modeste capital, Robert s'embarquait dans une nouvelle croisade destinée à ménager la chèvre et le chou en assurant une forte représentation des chefs tribaux conservateurs dans le régime d'Ian Smith. Les ministres auxquels il soumit son idée l'ayant tous jugée inopportune, il se lassa de la politique et se tourna vers les activités financières dont il avait le secret.

Comment il s'y prit au juste, je ne l'ai jamais su, mais il parvint à hypothéquer à son profit, et sans mon consentement, la totalité de mes appartements. Puis il annonça d'un ton péremptoire que nous repartions pour le Bechuanaland où nous resterions jusqu'à ce que les Batauana acceptent de constituer une réserve de gibier dans la vallée du Kwaii. C'était là, annonça-t-il avec un mépris souverain, un objectif autrement plus noble que mon désir de quitter l'Afrique avant que mon cerveau ne se liquéfie complètement.

Une fois de plus, j'allais donc me trouver séparée des enfants pendant de longues périodes : au moins, à Figtree Cottage, je pouvais intervenir rapidement si un problème survenait.

Olivier était toujours mon « hibou aux yeux bleus ». Il aurait accepté de partir vivre sur la face cachée de la lune, pourvu que ce fût en ma compagnie, mais pour Tris il en allait tout autrement. Il avait maintenant quatorze ans et ses résultats scolaires n'étaient guère reluisants, bien qu'il manifestât déjà un certain talent pour l'écriture. Plus brillant par ses qualités athlétiques que par son zèle dans les activités intellectuelles, il se montrait excellent cavalier et manifestait d'incontestables dons de pisteur, ce qui lui valut plus tard — beaucoup plus tard —, le rôle de guide dans l'armée rhodésienne pendant la guerre de la brousse, dans la vallée du Zambèze.

Mais les changements que je constatais dans sa personnalité me réjouissaient beaucoup moins. L'intimité qu'il y avait eue autrefois entre nous avait complètement disparu et je savais bien pourquoi. Il avait décelé l'hostilité tacite qui m'opposait à son père et ne savait trop de quel côté faire porter ses sympathies.

Quand arriva la saison des pluies, nous empilâmes les bagages dans les véhicules, une fois de plus, et partîmes pour le maudit Protectorat avec deux lions, cinq chiens, vingt-trois poulets et Kisi. Pendant notre bref séjour à la base de Thamalakane, il n'y eut pas de changement notable dans le comportement de Timber. Il tolérait la présence des poulets qui venaient se percher sur lui, d'un air satisfait, quand il était allongé à l'ombre. Avec les chiens, ses relations étaient des plus cordiales : ils se léchaient mutuellement la gueule à grands coups de langue.

C'est quand nous arrivâmes au cœur de la brousse que les ennuis commencèrent. Tout se passait presque comme si les spectacles, les bruits et les odeurs de la nature sauvage ravivaient un instinct que cinq générations de vie dans une cage n'avaient pas réussi à extirper.

Le premier indice de cette métamorphose fut que presque d'un jour à l'autre ses yeux abandonnèrent le regard placide du lionceau pour prendre l'expression circonspecte du chasseur. Quelques heures après que nous eûmes établi notre campement dans la vallée du Kwaii, Timber était devenu agressif et beaucoup plus indocile.

L'idée ne m'en était alors pas venue à l'esprit, mais il est évident que le régime alimentaire particulier auquel je l'avais soumis lui avait insufflé dans les membres une vigueur qui avait dû stimuler son activité hormonale. En somme, il était comme un garçon qui atteint l'âge de la puberté. Intégré à une troupe de lions, il aurait subi l'ascendant des mâles et des femelles adultes, mais nous n'étions pas en position de faire face à une nature et à un tempérament qui s'affirmaient sans cesse davantage.

Le lendemain, il tuait pour la première fois. Il y avait eu une averse de grêle tout à fait imprévue et l'air était plein de boules de glace grosses comme des œufs de pigeon. Je saisis Timber par le collier et l'entraînai à l'abri sous le DUKW. Il passa la tête au-dehors, grinçant des dents devant cette grêle, puis, comme l'orage s'éloignait vers les marais, il sortit pour aller flairer d'un air hésitant cet étrange paysage, tout nouveau pour lui, avec cette glace qui scintillait, surmontée par les arcs-en-ciel que faisait surgir l'apparition du soleil.

Je le regardai caresser du bout de la patte un grêlon tombé à terre puis rentrai sous la tente sans penser le moins du monde aux poulets qui étaient également allés se réfugier sous le DUKW.

Quand je ressortis quelques instants plus tard, Timber avait tué trois volatiles. Il avait tout mangé, sauf les os des ailes et les plumes de deux d'entre eux et quand je tentai de lui prendre le troisième cadavre, il referma sur lui ses griffes pour le retenir d'une poigne solide, et recula en proférant des grognements menaçants.

La nuit suivante, il tua de nouveau.

Comme la pluie menaçait encore, je l'avais attaché à l'arrière du DUKW pour qu'il puisse s'abriter. Ma chienne Gillie-Anne, un cocker au pelage doré, avait une portée de chiots qui commençaient seulement à marcher mais ils ne s'aventuraient jamais loin d'elle, sauf l'un d'entre eux qui était particulièrement audacieux et que nous avions surnommé Howler.

Pendant la nuit, je m'éveillai avec le vague pressentiment que quelque chose ne tournait pas rond. Un instant plus tard me parvenait un jappement aigu. Je secouai Robert qui saisit une lampe de poche et disparut dans le noir. Quand il revint, il avait les mains ensanglantées et il posa doucement quelque chose sur la toile du toit. C'était Howler. Le petit chiot était mort. Timber lui avait transpercé le cœur avec les dents.

Nous aurions dû abattre le lionceau sans tarder. Nous ne le fîmes pas parce que nous l'aimions; il avait besoin de nous. Ç'aurait été comme si nous avions tué un enfant.

Nous l'avons surveillé de très près, cependant, et comme il s'entendait très bien avec les chiens adultes, nous avons réussi à nous persuader qu'il avait seulement voulu jouer. Comme le pauvre Lenny, ce colosse simplet de *Des souris et des hommes*. En tout cas, nous l'avons éloigné du DUKW et attaché encore plus solidement à un arbre au bord de l'eau.

Les garçons vinrent nous rejoindre pour passer leurs vacances avec nous et nous établîmes un nouveau campement près du joli pont de rondins qui avait autrefois enjambé le Thamalakane sur la route de Maun. Timber restait attaché en permanence à sa longue chaîne, mais comme je n'aimais pas du tout la façon dont il regardait Olivier, je recommandai à mon fils de garder toujours ses distances.

Nous étions à cinq jours de Noël et l'après-midi était très chaud. Olivier jouait avec les chiots de Gillie-Anne, près de la tente, hors de portée de Timber enchaîné à son arbre. Comme la cage de Chink avait besoin d'être nettoyée, je partis en voiture jusqu'à la rivière, là où Leonard coupait de l'herbe pour la petite lionne.

Des aigles pêcheurs survolaient la rivière en tous sens et je m'interrompis pour les regarder. L'un d'eux plongea avec une puissance superbe et reparut tenant dans ses serres une brème qui se tortillait; il agita ses ailes ruisselantes d'une eau argentée pour aller se percher dans un arbre en poussant une exclamation de triomphe.

Des hurlements, humains ceux-là, parvinrent jusqu'à moi.

« Maman ! »

Criant que j'arrivais, je saisis la gaffe à crocodiles et me précipitai vers l'endroit d'où provenait l'appel. Quand je parvins à l'arbre où était attaché Timber, Robert et Tristram y étaient déjà. La chemise de Tristram était maculée de sang et il tenait Olivier serré dans ses bras. Robert lui prit l'enfant. *Que de sang!* Le short d'Olivier et ses jambes en étaient couverts.

Robert l'emporta vers la tente, et quand nous l'eûmes dévêtu nous vîmes qu'il saignait abondamment d'une blessure localisée sous le genou. Après l'avoir mis sur le ventre, nous découvrîmes de profondes marques de crocs dans son dos, à quelques millimètres au-dessus des reins.

Je lavai soigneusement les deux longues plaies, multipliant les injections à la seringue, avant de recouvrir les blessures avec la tétramycine dont nous nous servions d'habitude pour les animaux : c'était l'antibiotique le plus puissant que nous ayons sous la main.

Les joues d'Olivier avaient repris un peu de couleur. Il m'adressa un sourire hésitant.

« Ce n'est pas la faute de Timber, maman, dit-il. Je savais qu'il ne m'aimait pas et je me suis quand même approché de lui. Si on te demande ce que j'ai à la jambe, il faudra dire que je me suis cogné à une souche d'arbre, sinon on le fera abattre. »

J'étais incapable de lui répondre. Je ne pouvais proférer aucun son. Il regarda fixement mon visage, comprenant soudain ce qui allait sans doute arriver.

« Si vous l'abattez, je sais que je vais mourir », sanglota-t-il.

Soudain sa main se glaça dans la mienne et pendant les deux heures qui suivirent, je restai auprès de lui, tandis qu'il luttait pour surmonter le second choc, qui pour lui était aussi terrible que le premier. Il finit par se calmer et je lui fis manger quelques cuillerées de soupe et des œufs brouillés. Il me dit alors qu'il avait sommeil et je l'embrassai en lui souhaitant bonne nuit.

Robert, Tris et moi, nous avons longuement discuté de la situation.

« Que s'est-il passé exactement, Tris?

— Au moment où je suis arrivé, Timber avait attrapé Olivier par le dos. Je lui ai écarté les mâchoires mais il s'en est pris à la jambe d'Olivier. Je lui ai flanqué de grands coups de poing sur le nez, de toutes mes forces, et ensuite sur l'oreille, mais ça ne servait à rien, alors je lui ai rouvert la gueule et puis je l'ai soulevé pour le balancer contre un arbre. Olivier criait tellement que ça m'empêchait de penser. Mais après ça, Timber m'a laissé l'emporter. »

Il était plus de minuit depuis longtemps quand nous prîmes enfin notre décision.

« Seulement, ne vous y trompez pas, dit Robert en se levant. C'est sa dernière chance. La toute dernière. A la prochaine incartade, aussi infime soit-elle, il se la prend, la balle. Et si je consens à ne pas l'abattre tout de suite, c'est bien parce que ça risquerait de faire empirer l'état d'Olivier. »

Olivier dormait, un bras passé au-dessus de la tête. Il était bien détendu, le souffle régulier. Au matin, je lui fis une piqûre de pénicilline. Il était gai et avait une température normale.

Finalement, c'est moi qui devais avoir la réaction nerveuse la plus marquée. Pendant de nombreuses nuits, il me fut impossible de dormir paisiblement et je fus harcelée par des cauchemars qui revenaient sans cesse. Je me réveillais en criant après avoir vu Olivier, pris d'une crise de somnambulisme, marcher vers l'arbre de Timber, et le lion s'apprêter à lui bondir dessus pour le tuer Ce rêve me hantait avec une telle fréquence que je finis par installer le lit d'Olivier près du mien, et j'attachai mon poignet à celui de mon fils avec une ficelle.

Le choc a fini par s'estomper mais il y a encore en moi, à l'heure actuelle, un sentiment de terreur que je n'avais jamais éprouvé auparavant et dont je n'ai jamais réussi à me défaire tout à fait.

Avant qu'Olivier ne se soit complètement rétabli, il y a eu une autre tragédie. Une nuit où je revenais du bord de la rivière, une lampe de poche à la main, je vis quelque chose de blanc qui gisait sur le sentier. C'était un bull-terrier, ma petite Pandora. Elle était morte. Je ne vis sur elle aucune trace de blessure.

Comme Olivier ne cessait de demander à la voir, je dus lui avouer la vérité. Le petit garçon posa alors sa tête sur mes genoux et se mit à sangloter longuement. Puis il leva vers moi son visage ruisselant de larmes.

« Je me souviendrai toujours de Pandy, dit-il. Et je l'aimerai toujours. Même quand je serai grand. Même quand je serai soldat. »

Lions de safari

Lionel Palmer et ses beaux-frères, Ronnie et Kennie Kays, décidèrent de fonder leur propre société de chasse, réservée aux Blancs, qu'ils baptisèrent Safari South. Cette initiative ne plut guère aux Batauana de la région car ils avaient tendance à considérer que « les lions de ces safaris mangeaient leur bétail sauvage », mais ils firent preuve d'une certaine tolérance dans la mesure où Safari South contribuait à emplir les caisses des tribus grâce à la vente des permis de chasse.

De temps à autre, on demandait à Robert de s'occuper des clients de la société. D'abord parce que *Shaka le Zoulou* présentait des avantages irremplaçables pour le transport dans un pays marécageux mais aussi, et surtout, parce que la présence de Chink permettait aux visiteurs éphémères de prendre des gros plans de lion — nous lui retirions son collier —, et elle posait comme une véritable professionnelle.

Peu à peu nous en vînmes à nous constituer notre propre clientèle, grâce aux articles que j'avais écrits pour des journaux publiés en Rhodésie, en Afrique du Sud, en Afrique du Sud-Ouest et au Mozambique. J'avais réussi à amasser environ cinq cents livres avec lesquelles nous achetâmes des tentes supplémentaires, une table à huit places en acier, pour résister aux termites, quelques fauteuils confortables, un congélateur de bonnes dimensions fonctionnant au kérosène et une baignoire en toile pour adultes.

Nos poules fournissaient des œufs frais chaque matin et les mauvaises pondeuses finissaient leur existence dans nos assiettes. Kisi nous cuisait toujours un pain merveilleux et il y avait à foison du gibier à poil et à plume, auquel s'ajoutaient, pendant la saison, les brèmes pêchées dans la rivière.

J'avais adapté une recette d'André Simon pour faire un pâté sauvage délectable : une livre de beurre doux pour un foie d'antilope, de gros oignons d'Espagne, des grains de maïs et du jus de citron.

La crème en boîte, les soupes en poudre et les légumes déshydratés, il fallait encore faire venir tout cela de Bulawayo, de même que les petites douceurs comme les boîtes de champignons noirs du Leicestershire, la caille aux aspics, les pointes d'asperges américaines et les bocaux et fruits exotiques.

Comme, en matière de boisson, les Rhodésiens ne connaissaient que la bière au scotch, ou la bière au brandy pour changer parfois, nous ne pouvions pas nous offrir de bon vin. A l'heure actuelle, on produit en Afrique du Sud des vins de bonne qualité, mais en ce temps-là, ils étaient pauvres et peu alcoolisés : quant aux variétés venues du Mozambique, il valait mieux les laisser dans les bouteilles. Nous surmontions cette carence en augmentant la quantité de gin servie autour du feu de camp, une fois terminée la journée de chasse.

Celle-ci commençait tôt, avec les safaris. Dès quatre heures du matin, on servait un petit déjeuner léger, accompagné de café tout frais, car il fallait que les clients atteignent les lieux de chasse avant que la chaleur n'ait poussé le gibier vers le cœur de la forêt.

A une heure aussi matinale, le veld sentait bon et les traces laissées par les buffles et les gnous étaient faciles à suivre dans l'herbe imprégnée de rosée. Les phacochères promenaient toute leur famille dans les longs molapos. Les bêtes nocturnes — genettes, chats sauvages et oryctéropes du Cap — s'affairaient encore, çà et là, à la recherche des rongeurs insouciants, des oiseaux nichant à même le sol, encore engourdis par le sommeil, et, dans le cas des oryctéropes, des nids où grouillaient les termites, qui sont leur seule nourriture.

Les lions, trop indolents pour se mouvoir tant que la chaleur n'était pas devenue intolérable, étaient encore allongés sur le sable frais qui entoure les trous d'eau. Et quand le soleil avait émergé complètement à l'horizon, les guépards rapides et insaisissables sortaient de leur repaire pour partir à la chasse. Les guépards ne tuent que quand il fait jour, et ils ne reviennent jamais à l'endroit où ils ont tué. Contrairement à ce qui se passe pour les chats, leurs griffes ne sont pas rétractiles de sorte que leurs armes les plus efficaces sont leur rapidité et leur acuité visuelle. Une approche discrète et rapide — ils peuvent rattraper un cheval au galop —, une masse confuse de jaune et de noir, et la chasse est terminée. A moins, bien entendu, que l'autre animal ne soit suffisamment avisé pour esquiver la charge de l'attaquant, auquel cas le guépard se désintéressera complètement de sa proie et ira chercher fortune ailleurs.

Dès que Robert était parti avec ses invités, nous nous affairions dans le camp, Kisi et moi ; il fallait faire les lits, remettre les moustiquaires en place, balayer les feuilles mortes que le vent avait ramenées pendant la nuit ainsi que les cadavres d'insectes calcinés par les lampes qui jonchaient le tapis de sol des tentes. Après avoir récupéré les vêtements souillés de sueur qui avaient été portés la veille, nous les plongions dans une lessiveuse et allumions les feux sous les grands bacs de deux cents litres, en acier, qui nous permettraient d'avoir de l'eau chaude pour que nos invités puissent prendre un bain à leur retour.

Si nous campions près d'une rivière, je partais en canot pour pêcher du poisson pendant que Kisi retroussait ses manches jusqu'au coude pour pétrir la pâte à pain. Quand nous en étions à ce stade, la première moitié de la matinée était pratiquement terminée, et nous nous retrouvions tous les deux dans la cuisine, qui n'était le plus souvent rien d'autre qu'un coin à l'ombre d'un arbre, avec un feu de bois et une longue table constituée de madriers posés sur des tonneaux à essence.

C'est alors que nous composions le menu du jour. Si nous prévoyions du pâté de gibier, c'était moi qui le confectionnais, empilant les tranches de bacon, de venaison, de pintades, avec des oignons et des champignons en boîte, des herbes sèches et de l'écorce de citron râpée, le tout recouvert d'une sauce espagnole bien épicée et d'une pâte brisée que la cuisson rendrait croustillante.

Les chasseurs revenaient généralement vers midi, suants et poussiéreux, réclamant à cor et à cri de la bière glacée, des bains chauds et des vêtements propres. Ensuite ils s'asseyaient, se plaignant de ne pas retrouver leurs cigarettes, d'avoir lu tous les livres qu'il y avait dans la réserve, et commentant leurs propres exploits : « Vous avez vu la façon dont je l'ai eue, cette antilope des roseaux ? Un coup fumant, non ? Ça va leur en boucher un coin, quand je leur montrerai ce trophée à Manchester » (ou Milan, Düsseldorf, Pittsburgh, Lyon...).

La chaleur de l'après-midi s'abattait ensuite sur le camp et même à l'intérieur des tentes à doubles parois, vous aviez l'impression de respirer à travers une couverture épaisse. Les clients lisaient des livres de poche, sommeillaient, buvaient de grands verres de citronnade glacée. Certains, les plus audacieux, descendaient à la rivière et, une fois dévêtus, s'allongeaient dans l'eau en rabattant leur chapeau sur leurs yeux pour se protéger de l'éclat du soleil.

Un jour, l'un d'eux fut réveillé en sursaut par le bruit effroyable de sept chiens sauvages qui s'étaient rués dans les roseaux, à dix pas de lui. Ils poursuivaient un impala qu'ils dépecèrent sous ses yeux horrifiés. Il revint en courant au camp, sans demander son reste, tremblant de peur. Étant tout nu, il s'était senti particulièrement vulnérable et avait craint qu'après avoir fini de dévorer l'impala la meute ne vienne satisfaire sur sa personne son appétit d'une chair fraîche et rose.

A quatre heures et demie, le soleil perdait généralement une partie de sa vigueur. Kisi remplissait quelques thermos de thé et Robert emmenait ses clients dans une Land Rover à la recherche de nouvelles curiosités.

Dans les marais, on ne pouvait jamais rien savoir d'avance. Parfois, en roulant sur les pistes sablonneuses qui sillonnaient la forêt de mopanis, les invités découvraient de larges empreintes en forme de cœur, dans la boue, près d'une cuvette. On les suivait alors et l'on finissait par trouver des koudous qui paissaient paisiblement dans les feuillages vert tendre.

Parfois des antilopes noires ou rouannes se mêlaient aux troupeaux d'impalas et de gnous dans les longs molapos, et il arrivait aussi que des buffles et des zèbres s'abreuvent ensemble au bord de la rivière.

Mais certains jours il n'y avait rien à voir, sauf des colombes des bois ou peut-être un phacochère solitaire qui regagnait son terrier environné d'une nuée de mouches.

Kisi et moi, nous pouvions toujours savoir si l'expédition avait été intéressante rien qu'à la manière dont les invités se comportaient en descendant de la Land Rover. Si le gibier ne s'était pas montré, ils arboraient des visages glacés par la déception, trouvant à redire sur tout, pour se soulager de leur ressentiment par des critiques incessantes. Si la journée avait été bonne, ils criaient en faisant des gestes exubérants, chacun essayant de raconter une aventure toute nouvelle pour lui. « Vous savez bien dans ce truc, la longue prairie, il y avait quatorze lions, près des arbres, sept gros et sept petits. Alors on s'est penchés aux portières en agitant les chapeaux et les lions se sont tous sauvés, sauf un petit, un lionceau qui s'est retourné pour voir ce qui se passait, et il s'est étalé de tout son long, sur le ventre. »

Robert, lui, restait généralement maussade, en pareil cas. Ce qu'il voulait, c'étaient de belles photos de face, pas des gros plans sur quatorze arrière-trains velus.

Mais les clients payaient, et nous avions besoin de cet argent. Alors s'ils avaient voulu pratiquer le tir aux pigeons en visant la lune, nous les aurions laissés faire. A bien des égards, nous aurions dû tirer une certaine satisfaction du fait qu'ils finançaient notre idylle avec la nature sauvage, mais il ne semblait pas qu'il en fût ainsi, à l'époque.

Attrapez-les vivants

Chink nous posait maintenant un problème de plus en plus insoluble.

Elle avait juste deux ans et l'administration civile du Bechuanaland avait décrété que nous devions dorénavant la mettre en cage. Ce n'était pas Chink qui était visée personnellement, prétendait-on. Non, il y avait là, simplement, une question de principe : une lionne qui avait cessé de craindre les humains ne pouvait que trop facilement se mettre à les chasser.

A cette époque-là, tous les dangers insoupçonnés qui avaient été créés par Elsa, la célèbre lionne de Joy Adamson, et par ses lionceaux, avaient été soigneusement cachés au monde extérieur. La plupart des droits d'auteurs provenant de la vente de *Born Free* était reversée au bénéfice d'organismes de protection de la nature, et tous ceux qui y étaient impliqués s'empressaient de nier farouchement tous les bruits qui pouvaient laisser supposer qu'il y avait quelque chose qui ne tournait pas rond.

Au Bechuanaland, nous ignorions tout de cette affaire, c'est pourquoi le diktat gouvernemental nous paraissait inspiré par la rancune personnelle conjuguée avec une jalousie hargneuse de bureaucrates. A notre lettre qui laissait percer ces soupçons, il fut répondu : « Emmenez-la hors des frontières du Bechuanaland ou abattez-la. »

Nous serions volontiers partis avec elle, bien entendu, mais à l'époque où nous fut notifiée cette interdiction, nous avions renouvelé des contacts étroits avec les tribus qui voulaient constituer une réserve naturelle, et le sort de milliers d'animaux dépendait du succès de leur entreprise. Et il n'était absolument pas question d'abattre Chink.

Les lettres officielles se faisaient de plus en plus péremptoires, tandis que nous suggérions les solutions les plus imaginatives dans notre effort pour gagner du temps, tout en cherchant quelqu'un, *n'importe qui*, en fait, qui serait susceptible de recueillir l'animal en attendant que nous ayons terminé notre mission.

Nous étions sur le point de désespérer d'y parvenir un jour, quand Gerald Durrell — écrivain, naturaliste et surtout propriétaire d'un zoo, petit mais prestigieux, à Jersey — répondit à notre appel au secours et accepta de la prendre comme pensionnaire. Dans sa lettre, il nous écrivit que Jerry Mallinson, son adjoint, venait en Afrique pour réunir de nouvelles espèces. Si nous étions d'accord pour nous occuper de lui pendant son séjour dans les marais, Chink retournerait avec lui à Jersey, en avion, à la fin du safari.

Jerry était très grand et très blond, d'un blond presque cendré, avec des yeux bleus pétillants d'humour. Il se révéla également très chaleureux, cultivé, intelligent et doté d'une patience infinie. On ne rencontre pas souvent ces excellentes qualités dans la brousse et elles rendaient sa présence d'autant plus précieuse.

Il avait apporté avec lui tout un assortiment de pièges soigneusement conçus, une gamme allant des coûteux filets arachnéens, destinés aux petits oiseaux, jusqu'aux robustes rets à grosses mailles qui pouvaient attraper aussi bien les lièvres que les guépards.

Il se mit au travail dès son arrivée dans l'île et ne tarda pas à découvrir avec un certain étonnement que les hordes jacassantes de petits écureuils couleur sable que Kisi chassait à grands cris dès qu'ils tentaient de pénétrer dans sa cuisine appartenaient en fait à une sous-espèce rare (*Peraxerus cepapi Maunensis*), que l'on trouvait uniquement près du Thamalakane.

Nous avons donc posé des pièges à écureuils dans tous les arbres susceptibles de les abriter, avec des appâts variés : morceaux de pain, grains de maïs, figues sauvages, et œufs crus. Jerry, tremblant d'impatience, nous communiquait son état de nervosité extrême tandis que nous attendions que les mécanismes se déclenchent. Et pourtant, aucun piège ne fonctionna, sauf un seul, au pied d'un arbre : c'est Gillie-Anne qui s'était assise dessus.

Tris nous regardait avec un amusement mal dissimulé. Au bout d'un moment, il grimpa tout simplement dans un arbre et prit un bébé écureuil dans un nid. La mère avait mordu Tris mais Jerry était ravi.

Un jour où il faisait très chaud pour la saison, un python émergea de sa léthargie hivernale et vint se réchauffer au soleil dans une de nos allées. Les cockers, animaux sages et peureux par excellence, vinrent se réfugier autour des chevilles de Kisi ; du moins ceux qui réussirent à grimper avec lui sur la table de la cuisine. Mais Cats, le bull-terrier, avec toute l'intelligence qui caractérise son espèce, s'approcha tranquillement du reptile, manifestant l'amicale intention de lui lécher le visage. Je réussis à l'attraper par le collier juste à temps.

Jerry ne se tenait plus de joie. Un python, c'était justement cela qu'il désirait le plus, clamait-il avec enthousiasme, après le protèle, le tamanoir, le serval noir, le guépard, la civette et la zorille, sans oublier le lion blanc, dont quelqu'un lui avait un jour mentionné l'existence.

Tout bien considéré, pour attraper un python il n'y a pas besoin d'être sorcier. Vous vous précipitez dans une direction et le serpent se lance de l'autre côté. Le cuisinier pousse les hauts cris. Alors vous saisissez la veste de sport de votre hôte (la seule qu'il possède) sur le siège arrière de la voiture et vous la lancez sur la queue du serpent, si elle se trouve encore à l'endroit où vous l'aviez vue. Agacé, le python arrive sur vous en sifflant mais vous réussissez à vous dégager de la veste qui s'était enroulée autour de votre cheville et vous cueillez la tête de l'animal d'une main et sa queue de l'autre. Le serpent est maintenant parfaitement immobilisé et vous ne risquez plus rien. A condition de ne pas lâcher prise d'un côté ou de l'autre.

Vous restez immobile, sans bouger d'un pouce, pendant que le serpent enroule son corps autour de votre bras, bloquant complètement le sang de vos veines, en attendant qu'une idiote ait fini de vous photographier avec un appareil qu'elle avait oublié de charger. Tout zoologiste de classe internationale, et qui se respecte vraiment, ira ensuite fourrer sa prise dans une cage grillagée d'où on a préalablement chassé en toute hâte une poule couveuse qui proteste avec la dernière énergie, et il offrira au python cinq souris vivantes qui ont mérité la peine de mort en allant manger l'appât des pièges à écureuils.

Finalement, son jeune assistant mettra un écriteau portant la mention « python » sur la cage, mais en tournant le nom vers l'intérieur pour que le serpent puisse voir comment on l'appelle.

Une fois épuisées les possibilités de capture dans l'île, nous sommes partis pour le Kwaii. Cette fois, notre convoi comprenait une camionnette Dodge que nous avions empruntée pour la convertir en cage destinée à transporter Chink. Fermant la marche, il y avait Mrewa, un trappeur masarwa monté sur un vieil hongre gris nommé Whisky, que Robert avait acheté, s'imaginant avec une curieuse naïveté qu'il pourrait prendre de bonnes photos d'animaux s'il se juchait sur le dos d'un cheval dans une région peuplée par les lions.

Juste au moment où nous atteignions la piste sableuse qui se détache en direction du Kwaii, le camion qui faisait la navette entre Francistown et Maun s'arrêta sur le bas-côté dans un hurlement de freins et un nuage de poussière, pour qu'en émerge un Africain à l'air fatigué, marqué par le voyage, et complètement ivre.

Au début je ne le reconnus pas, mais quand son visage se fut fendu en un large sourire, mon cœur bondit. Il s'avança en zigzaguant, les deux mains tendues.

« Salut, Kay, dit-il d'une voix rauque. Salut, chérie. Salut ma chérie. C'est moi. C'est le vieux Rodger. Je suis revenu auprès de vous. Salut, Kay ! Salut chérie. »

Je ne pouvais rien faire d'autre que garder ses mains dans les miennes, pendant que Robert lui tapait dans le dos avec affection.

« Monte dans le DUKW, vieux chenapan, et viens avec nous. »

Mais Rodger regardait le cheval avec insistance.

« Il est à vous ce canasson, Inkosiami ? »

Quand Rodger utilisait cette appellation affectueuse qui signifie « Mon propre maître », cela voulait dire qu'il voulait quelque chose très fort. Robert fit oui de la tête.

« Alors pourquoi vous laissez ce Noir le monter ? », cracha-t-il.

Rodger, alias Mzenge, alias Jackson Sibanda pouvait avoir l'air vieux et pauvre et dépenaillé, il n'en venait pas moins d'une fière tribu zoulou et tout le monde, y compris la plupart des Blancs, lui devait le respect.

« Le vieux Rodger montait les chevaux à la ferme, et le vieux Rodger montera celui-là, jusqu'au cœur du pays des lions. »

Il fit descendre Mrewa sans cérémonie et quand il s'installa sur la selle avec force hoquets, Whisky poussa un petit hennissement approbateur. Ivre ou pas, Rodger savait y faire avec les chevaux ou les poneys.

Mais ce vieux cheval ralentissait notre marche, et ce n'est que l'après-midi du troisième jour que nous avons atteint la vallée du Kwaii. Le camp que nous avions occupé autrefois était envahi par une végétation luxuriante et une atmosphère inquiétante continuait de planer sur lui.

Bâtons et ficelles

Toutes nos tentatives pour capturer des vautours et des marabouts échouèrent lamentablement. Nous étendions les filets entre les arbres sur le trajet que les oiseaux empruntaient pour aller boire, prenant même le soin de disposer des entrailles de gnou pour les appâter, mais les volatiles traversaient les mailles, les déchirant en lambeaux.

Le trappeur masarwa nous regarda opérer avec une irritation croissante, jusqu'au jour où, exaspéré par notre stupidité, il décida d'intervenir. Si Morena Jerry voulait vraiment attraper des oiseaux aussi laids et aussi nauséabonds, annonça-t-il avec hauteur, alors lui, Mrewa, il allait en capturer par douzaines. Le prix, ajouta-t-il serait de deux livres pièce. Comme le revenu normal annuel de Mrewa s'élevait à peu près à douze livres, ce tarif allait faire de lui l'équivalent d'un millionnaire pour nous. Étant donné l'insignifiance de nos résultats, nous décidâmes quand même de nous en remettre à lui.

Et en effet, le lendemain matin, il arriva au camp en tenant à la main un jeune vautour au cou blanc, aussi gros qu'une dinde. Dédaignant nos louanges respectueuses, il aida Jerry à installer le volatile odorant dans une autre de mes précieuses cages à poules.

« Comment tu l'as attrapé, homme noir? », demanda Rodger avec curiosité.

Mrewa cracha dans la poussière.

« Des bâtons et une ficelle, dit-il avec mépris. Ces oiseaux ne sont tout de même pas assez bêtes pour rester prisonniers d'un filet où ils sont allés se jeter. »

Les pièges de Mrewa étaient grossiers, simples et d'une efficacité mortelle. Ils consistaient en un nœud coulant attaché à un gros bâton, avec un petit cercle de brindilles vertes entourant un déclencheur en bois, et un morceau de viande en guise d'appât. Les marabouts éberlués et les vautours ahuris arrivèrent plus vite que nous ne pouvions les encager et Mrewa devint un homme très riche, vis-à-vis de sa tribu. Il prit une démarche pleine d'assurance et se mit à fumer une pipe achetée dans une boutique.

Pourtant, quand il fallut nourrir nos nouvelles acquisitions, nous nous heurtâmes à un problème insoluble. Pendant les trois premiers jours, les oiseaux refusèrent d'un air morne la viande, pourtant très belle, que nous leur offrions et commencèrent à ressembler à des plumeaux harassés par l'usage. En désespoir de cause, je persuadai Jerry de se fier à mes talents de diététicienne, et leur donnai ce qu'ils avaient mangé autrefois dans la brousse : des yeux, des mamelles et des testicules. Ce menu leur convenait parfaitement et ils engloutirent ces morceaux répugnants aussi vite que nous pouvions les leur présenter.

Nous étions en avril. L'automne avait commencé et les impalas étaient en rut. Les autres animaux aussi, d'ailleurs, à en juger par les clameurs qui retentissaient dans la vallée. Les hyènes lançaient leurs couplets amoureux du crépuscule jusqu'à l'aube. Les babouins, perchés dans les figuiers, se grattaient, s'accouplaient frénétiquement et frappaient leurs enfants trop curieux.

Sous l'un de ces arbres, un couple de léopards patrouillait inlassablement, attendant qu'un nourrisson maladroit perde l'équilibre et tombe d'une branche.

Et puis nous avions *notre* famille de lions. Ils résidaient près de chez nous — le père, la mère et l'enfant, une femelle jolie et enjouée, déjà presque une grande fille.

Nous avions maintenant plus d'oiseaux que nous ne pouvions en loger. Il fallait installer le grand piège qui permettrait d'attraper de gros mammifères pour le zoo de Jersey. Une fois copieusement garni d'abats destinés à servir d'appâts, nous l'avons placé sur une piste fréquentée par les animaux, à en croire les nombreuses empreintes de lions, léopards, guépards, hyènes tachetées, chacals et genettes. En théorie, c'était un emplacement idéal et nous sommes restés éveillés des nuits durant, attendant le déclic de la porte qui nous indiquerait que nous avions capturé quelque chose. Mais pendant des heures et des heures, seul nous parvenait le bruit des hyènes qui riaient.

Et puis arriva une nuit où tous les habitants de la forêt semblaient s'être donné le mot pour s'agiter de concert, et le chœur de sons qui provenait de la piste nous assourdissait presque. Dominant les aboiements surpris des guibs et les baragouinages déments des hyènes, nous entendions la jeune lionne qui hurlait ses frustrations tandis que le mâle rugissait à pleins poumons. Et puis, comme si quelqu'un avait appuyé sur le bouton d'arrêt, le concert cacophonique s'arrêta, un vide surprenant s'installa dans la nuit. Personne n'émettait plus le moindre son. Le poney allongea les oreilles vers l'avant.

Les aiguilles phosphorescentes de ma montre annonçaient minuit. A la seconde près.

Quelque part, sur la gauche, une toux profonde d'animaux pris de panique. Des zèbres fuient dans le molapo au moment où des lions émergent des bois et, comme en écho, retentit le claquement métallique de la porte qui se ferme. Nous avons attrapé quelque chose. Mais quoi?

Je suis déjà arrivée au milieu du chemin quand je sens sur mon bras la main de Jerry qui cherche à me retenir.

« Je t'en prie, June. Le piège est à cinq cents mètres d'ici, et il n'est pas question de faire sortir de la cage, en pleine nuit, un animal que la peur aura rendu fou. Il faut attendre demain matin. »

Heureusement, les ténèbres cachaient mon visage qui s'était empourpré. Je marmonnai bonne nuit et retournai me coucher. Une langue râpeuse me gratta la plante du pied droit et j'étouffai un cri. Comme d'habitude, dès qu'un danger quelconque se manifestait à des lieues à la ronde, le noble et bon Dingo était malade de frousse.

Les Africains parlaient entre eux. Un mot revenait sans cesse : « Piri. »

« Qu'est-ce qui te fait croire que c'est une hyène, Rodger? », demandai-je d'un air aussi dégagé que possible.

Parce que. Longue explication : le vieux lion est trop malin pour se laisser prendre. Si ç'avait été la jeune, la mère ferait tout un raffut. Quand c'est un léopard, on l'entend brailler à dix kilomètres à la ronde. Un guépard ne mange pas la chair d'un animal qu'il n'a pas attrapé et tué lui-même. Mais le piri, lui, c'est un tel charognard qu'il se repaîtrait de n'importe quoi ou presque, y compris les boîtes de corned beef qu'on balance dans le trou à ordures.

Il me parie cinq shillings que c'est une hyène, et je retourne me coucher, entendant dans mon demi-sommeil la berceuse de Chink annonciatrice de l'aube prochaine, et le bruit charmeur des vautours qui vomissent pour manifester leur solidarité.

« C'est quoi, Jerry? »

Il a dû se lever en même temps que l'Étoile du Matin. Je le rencontre sur le chemin menant au camp. Il vient de la cage.

« Tu dois cinq shillings à Rodger. »

La troupe locale de babouins qui se perchait toujours dans les arbres juste derrière le camp contenait au moins deux jeunes qui auraient bien mérité de purger une peine dans une prison pour singes. Ils étaient laids, gourmands, querelleurs et ils avaient l'habitude de pousser en plein milieu de la nuit des hurlements hystériques qui attiraient les léopards au pied de l'arbre.

Une nuit où les babouins nous avaient tenus éveillés jusqu'au petit matin, Robert et Jerry partirent d'un air vengeur, munis de filets et de lampes de poche.

Quelques minutes plus tard, Jerry revenait au camp au galop, réclamant de l'eau chaude à grands cris. Rodger lui remplit la cuvette en toile, et la tête aux cheveux blond argenté disparut dans la mousse de savon. L'intrépide chasseur écumait encore de fureur quand je lui tendis une serviette.

« Ils nous ont jeté de la merde ! De la merde ! Mrewa en a reçu en pleine figure, et ton mari en est complètement bardé, de la tête aux pieds. Jamais je n'arriverai à débarrasser mes cheveux de cette puanteur ! »

Il s'enfonça un chapeau jusqu'aux oreilles et repartit à l'attaque, d'un air buté. Moins d'une heure plus tard, il revenait avec Robert. Une odeur pestilentielle se dégageait de leurs personnes et leurs filets étaient vides.

Les femelles et les jeunes, expliquèrent-ils avec amertume tandis que je gardais discrètement mes distances, s'étaient tous réfugiés en lieu sûr, dans les plus hautes branches, tandis que les militants mâles bombardaient les attaquants avec des poignées de crottes fumantes, qu'ils avaient faites expressément dans cette intention. Cette stratégie défensive manquait d'élégance mais non d'efficacité : Jerry, Robert et Mrewa ne reparlèrent plus jamais d'aller capturer des babouins.

Notre séjour dans la vallée du Kwaii tirait à sa fin. Certes, Jerry n'avait pas capturé grand-chose et ce safari n'avait pas été très rentable pour nous, mais nous avions tout de même vécu de bons moments ensemble. Chink se laissa sans trop de difficulté persuader d'entrer dans la grande cage où elle effectuerait le long trajet jusqu'au zoo de Gerald Durrell.

« Elle est tombée follement amoureuse de notre lion Leo, nous écrivit de Jersey un Jerry enthousiaste. Voulez-vous un de ses petits ? Ils vont naître dans trois semaines environ. »

Un mois plus tard, nous recevions une lettre de Gerald Durrell, expédiée deux semaines auparavant.

« Il me revient le triste devoir de vous annoncer... »

Chink était morte. Elle avait attrapé un virus qui traînait dans l'air et l'infection l'avait terrassée alors qu'elle mettait au monde trois lionceaux mort-nés.

« Voici William ! »

Je n'avais pas eu de nouvelles de Leslie depuis trois ans, depuis le soir où elle était partie de Far Lamorna en claquant la porte, tenant sa valise d'une main et la selle de son poney passée par-dessus son épaule. Je savais tout de même, par ses frères qui la voyaient de temps en temps, qu'elle s'était trouvé un emploi et menait une existence heureuse chez les parents de la fille qui avait été sa meilleure amie à l'école. Et puis je reçus une lettre dont l'écriture me semblait vaguement familière.

Leslie était mariée.

Naturellement, elle avait dû travestir un peu la vérité auprès de ce pauvre et crédule père Andrew, mais après tout elle avait dix-huit ans — enfin presque ! —, et je n'avais pas de véritable raison de me tourmenter : William était un jeune Afrikaner de la province du Cap et elle l'aimait. Elle était absolument certaine que leur union serait durable.

« Comme la tienne, maman », concluait-elle.

Quelques mois plus tard, Leslie et son jeune mari firent le long trajet jusqu'à Maun dans le camion qui transportait les marchandises. Ne sachant où ils pourraient nous trouver, ils débarquèrent à l'hôtel Riley. Ronnie Kays les y rencontra alors qu'ils buvaient d'un air désespéré un verre de bière pour deux, car ils n'avaient pas assez d'argent pour s'en payer un chacun.

Ronnie leur offrit à boire et les amena au camp de Bobbie Wilmot, à Matlapanen, allongeant quelques pièces de monnaie à deux hommes de l'équipe de chasseurs de crocodiles pour qu'il leur fasse traverser la rivière jusqu'à l'île où nous étions installés.

Il faisait nuit noire, et quand Leslie émergea à la lueur de la lampe à pétrole, elle avait les yeux brillants et elle s'agrippait à la main de son mari.

« Maman ! dit-elle d'une voix extatique. Je te présente William ! »

Si, après tant d'années de silence et d'incompréhension, elle tenait vraiment à effectuer une tentative de rapprochement, j'étais toute prête à faire preuve de bonne volonté. Je délogeai une demi-douzaine d'épagneuls-cockers mécontents des chaises de camping où ils aimaient se prélasser, et Kisi accourut, comme par enchantement, avec un plateau chargé de rafraîchissements.

Juste au moment où Leslie essuyait l'écume de bière qui ourlait sa lèvre supérieure, tout en se cramponnant de l'autre main à celle de William comme quelqu'un qui ne consentirait jamais à la lâcher sous aucun prétexte, Robert, qui venait de nettoyer ses fusils, fit irruption dans la tente.

« Oh, c'est toi ? » lança-t-il d'une voix glaciale.

Je sentis immédiatement que nous étions au bord d'un affrontement violent et totalement inutile entre deux fortes personnalités. William se leva, comme l'exigeait la politesse, mais un petit muscle commença à frémir sur sa nuque. De même que Lance et Robert s'étaient détestés dès leur première rencontre, vingt ans plus tôt, de même Robert et William se lançaient des regards fulgurants avec toute la sauvagerie latente que peuvent nourrir deux chiens hostiles.

William avait une stature formidable, celle d'un boxeur semi-professionnel qui aurait pu mettre K.-O. un homme aussi robuste que Robert dès le premier round. Et pourtant, il semblait faire un véritable effort pour se maîtriser. Ces débuts peu encourageants me rappelaient de bien tristes souvenirs mais je continuais de croire qu'en dépit de l'antipathie instinctive qui avait surgi entre eux, William allait tenter de se concilier les bonnes grâces de Robert, ne fût-ce que par égard pour Leslie.

Malheureusement, il n'allait pas en avoir l'occasion. Prétextant que William était issu d'une humble famille de paysans afrikaners, Robert allait refuser de considérer que le mariage avait bel et bien eu lieu. Il continua de présenter Leslie comme étant « mademoiselle Kay » aux visiteurs et quand il réussissait à s'imposer de mentionner William, il le désignait du nom de « Barnard ».

Et il n'allait jamais changer d'attitude. Même quand Leslie eut donné naissance à deux charmants bébés : Slade et Sharon, il continua d'afficher la même intransigeance. Ce n'est que bien des années plus tard, une fois que le corps affreusement mutilé de William eut été extrait de la carcasse de sa voiture, après une collision frontale avec un autre véhicule, que Robert consentit à reconnaître l'existence de ses petits-enfants, leur accordant bien à contrecœur le droit de venir lui rendre visite.

Non, décidément, cette réconciliation ne pouvait se faire. J'aurais dû m'en douter. J'étais encore tenue par le reste de loyauté qui m'attachait à Robert, tout comme Leslie par l'affection qui la liait à son mari et à ses enfants.

Inévitablement, le gouffre qui nous séparait allait devenir aussi large et aussi infranchissable que le Grand Canyon.

Le Kgotla de septembre

« *Jack Ramsden, le Tueur*, avait dit Michel Dithapo en 1960. *Il s'est fait les dents sur une crosse de fusil.* »

En 1962, le chasseur à la gâchette facile avait subi une remarquable métamorphose. Après tout, Jack n'était pas plus bête qu'un autre et pendant deux ans, il avait écouté avec attention, examiné soigneusement les faits et méticuleusement étudié les avis émis par les tribus du delta. Et il en était arrivé à la conclusion que le massacre indifférencié et continu des animaux reproducteurs allait aboutir à un véritable désastre écologique et économique. Il embrassa donc la cause des défenseurs de la nature avec toute la ferveur d'un chrétien qui renaît à la foi.

Isaac Tudor lui ayant dit que j'avais l'intention de dénoncer les atrocités commises par les braconniers dans les marais, il m'apporta de nouveaux témoignages. M'avait-on informée que les Boschimans Masarwa avaient l'habitude, dans certaines régions, de cerner les troupeaux d'antilopes rousses et de briser les pattes du plus grand nombre possible de ces animaux pour être sûrs d'avoir toujours de la viande fraîche à leur disposition ? Et que les Bayei ne relevaient leurs pièges que tous les trois jours, de sorte que les bêtes capturées mouraient lentement de strangulation ? Que l'on battait à mort, à coups de matraque, les lionceaux et autres petits carnivores pour ne pas risquer d'abîmer les peaux avec les balles de fusil ?

« Je sais que vous voulez constituer un sanctuaire pour le gibier, dit-il avec beaucoup de conviction, mais il va falloir procéder avec précaution. Si vous essayez d'interdire toute espèce de capture dans la région entière, les tribus refuseront de vous suivre. Souvenez-vous que nous chassons par ici depuis deux cents ans seulement, alors que les Bayei et les Masarwa étaient là avant nous. Et c'est leur seule ressource, mis à part quelques petits troupeaux de vaches ou de chèvres. Il faut maintenir le droit de chasse en dehors des réserves. Mais avant tout, nous allons devoir démontrer aux gens le bien-fondé de la protection de la faune. Mon bréviaire, ce sera la phrase que votre mari m'a dite un jour : "Tue la vache qui porte le veau et demain tu n'auras pas de viande." »

Et il la répéta cette phrase, en effet, avec la conviction d'un prédicateur, à toutes les réunions que nous organisions avec les notables dans le village de Maun.

Montso Mogalakwe — Mog —, avait lui aussi figuré dans les premiers convertis. Ce quinquagénaire tranquille avait voué son existence à sa jeune et jolie épouse, au fils qui était né de leur union, et au culte de la bouteille de gin — pas forcément toujours dans cet ordre. Il faisait partie de cette petite poignée de Batauana qui avait été convertie au christianisme par les premiers pères dominicains. J'éprouvais beaucoup d'estime pour lui mais, pour être sincère, je ne pensais pas qu'il pourrait nous être d'une grande utilité dans cette campagne qui s'annonçait plutôt rude. Je le sous-estimais. Énormément.

Parmi les fidèles qui allaient l'épauler dans sa croisade, Jack compta ensuite « Rocks » Ledimo, le maître d'école du village. J'avais déjà vu Rocks emmener les enfants hors de la cour de l'école, car lorsque la chaleur devenait insupportable, les cours se faisaient en pleine nature. Je l'avais entendu un jour lire à ses élèves des passages de *Croc Blanc*, de Jack London, tenant dans sa main un exemplaire fatigué de ce livre qu'il portait toujours dans la poche de sa veste. Les jeunes auditeurs, assis en ligne sur un petit mur, le regardaient d'un œil médusé, se demandant à quoi pouvaient bien ressembler les loups.

Dave Monwela et Gas Segadimo emboîtèrent également le pas à leurs collègues. Dave étant vice-président du conseil tribal des Batauana, il n'avait comme supérieur que Badirwan Sekao. Un garçon sûr, intelligent et précieux, Dave, un ami sur qui l'on pouvait compter et qui, qualité extrêmement rare chez les politiciens —, savait apprécier les nuances à leur juste valeur.

Gas Segadimo, c'était encore un autre genre. Issu de

l'aristocratie tribale, il s'emportait très facilement à la moindre offense, réelle ou supposée. Il ne faisait pas bon l'avoir comme ennemi, disait-on, et il était presque impossible de le raisonner quand il piquait sa crise — même Jack avait toutes les peines du monde à le calmer. Mais il avait aussi la réputation d'être l'allié le plus solide dès qu'il avait décidé de prendre votre parti. On peut dire que des centaines de milliers d'animaux du N'gamiland lui doivent d'être restés en vie.

Ces sept hommes : Jack Ramsden, Isaac Tudor, Michel Dithapo, Mog, Rocks, Dave Monwela et Gas — ont donc constitué le noyau dur qui a exercé le plus d'influence sur les notables Batauana, et ils ont été soutenus par la puissance tonitruante du vice-régent, Badirwan Sekao, et par la sagacité tranquille de l'honorable Tsheko Tsheko, membre tribal du Parlement du N'gamiland.

Tous ces hommes ont constitué le fer de lance du mouvement.

Vers la fin de l'année, ils adressèrent à Mohumogadi Moremi une demande en règle sollicitant la permission de discuter du projet de protection de la faune au « petit » Kgotla qui se tiendrait en septembre. C'était le premier pas sur la longue route qu'il nous faudrait parcourir avant que les animaux de la vallée du Kwaii puissent vivre en sécurité. Elizabeth Moremi accéda à cette demande.

Selon la tradition, toutes les réunions du Kgotla se tenaient en plein air sous le grand acacia aux senteurs de gomme qui se dressait devant les bureaux administratifs des Batauana, un bungalow aux murs blanchis à la chaux et au toit de tôle qui jouxtait la résidence de la régente.

Ces séances se déroulaient conformément à une étiquette stricte mais dans une atmosphère bon enfant. Les délégués des tribus qui venaient de toutes les régions des marais s'asseyaient à même le sol. Ils étaient là pour décider de la politique future d'une demi-douzaine de tribus aux intérêts divergents et pour les rassembler en une seule confédération qui se placerait sous la suzeraineté des Batauana.

Par cette journée chaude de septembre, les chèvres et les ânes allaient et venaient entre les rangées de délégués, et soudain un majestueux aigle Battaleur fondit du haut des airs pour s'emparer du cadavre d'un chien que personne n'avait pris la peine d'enterrer.

En général, les séances se déroulent de la manière suivante. On commence par parler de toutes sortes de choses qui n'ont rien à voir avec la question qui a été mise à l'ordre du jour, et ce pendant au moins cinq heures, puis on met brusquement sur le tapis le sujet de la réunion en criant « Oui » ou « Non » plusieurs fois très fort. Après cela se déroule généralement un bref interlude pendant lequel on discute avec enthousiasme à propos de questions encore plus étrangères au sujet principal, puis il devient décent de revenir à ce dernier en débattant avec le plus grand sérieux des idées proposées.

Une fois réglée la passionnante affaire des cinq vaches qui avaient été volées à la tante du sous-chef Morapedi, un grand Bayei dégingandé se dressa de toute sa hauteur pour débiter une longue liste de griefs qu'il voulait porter à la connaissance des administrateurs britanniques du Protectorat. Le commissaire du district, un certain Ambrose, le seul représentant de la Couronne assistant à la séance, se mit à tripoter nerveusement sa cravate. Il ne devait pas avoir des pensées bien roses. A Londres, les mandarins du ministère n'aimaient guère les fonctionnaires lointains qui avaient maille à partir avec les préjugés tribaux.

Le Bayei se rassit au milieu des claquements de langue et des murmures approbateurs et la discussion reprit son cours habituel, jusqu'au moment où se produisit un échange animé à propos de la présence illégale dans le delta de safaris « sauvages », et on en profita pour dénoncer l'avidité insatiable du gouvernement « qui prend pour lui tous les revenus et ne fait rien pour nous aider à protéger notre dipholoholo, notre cheptel naturel ».

Jack Ramsden bondit aussitôt sur l'occasion et il se mit à lire le texte que Robert avait préparé à son intention.

« Nous ne voulons pas transformer la totalité du territoire en un sanctuaire pour la faune, car cela reviendrait à priver la population de son unique source de revenus. La seule chose que nous demandons, c'est qu'une zone bien délimitée — très petite en comparaison du reste du N'gamiland — soit réservée à notre dipholoholo pour que ceux d'entre nous qui vivent de la chasse puissent léguer à leurs enfants une quantité de gibier suffisamment importante. Les organismes de lutte contre la mouche tsé-tsé devront également respecter ces zones protégées et nous devrons les aider à trouver d'autres moyens de lutter contre ce fléau. »

Le moyen employé jusqu'à présent consistait surtout à supprimer les buffles et les antilopes contaminés par le parasite avant que la maladie ne gagne les chevaux, les bestiaux et les gens.

« Tout homme souhaite transmettre un héritage à ses fils, continua Jack d'une voix retentissante. Je vous demande de vous souvenir que cette faune n'est pas notre héritage exclusif ; elle appartient également à nos enfants, et nous ne voulons pas que le seul moyen pour eux de savoir à quoi ressemblait une girafe soit d'aller regarder une photo dans un livre. »

Ce morceau d'éloquence se brisa sur un mur de désapprobation. « Nous autres, au N'gamiland, nous vivons surtout de nos troupeaux, et nous respectons notre bétail beaucoup plus que la faune sauvage parce qu'il nous donne une viande plus facile à se procurer. En outre, nous savons que les buffles et les antilopes nous apportent la maladie de la nagana. Il n'est donc pas recommandé de maintenir ces animaux en vie. Il vaut mieux les tuer pour protéger notre cheptel. Et nous pouvons facilement vendre une vache. Un buffle, c'est une autre affaire.

— Et qui viendra au N'gamiland uniquement pour voir une vache ? Nous avons ici des animaux qu'on ne trouve nulle part ailleurs. En Europe, il ne leur reste plus que quelques spécimens de daims, lièvres, renards ou cochons sauvages. En Inde, les rares lions qui subsistent encore vivent dans une minuscule forêt. En Amérique, il y avait autrefois tant de bisons — les cousins de nos buffles à nous —, qu'ils recouvraient les plaines et maintenant, on n'en compte plus que quelques milliers. Les gens de ces pays viendront ici pour voir notre dipholoholo et ils dépenseront un tas d'argent chez nous, ce qui nous permettra d'acheter du bétail. Nous autres, nous n'avons pas de richesse sous la terre, comme en Afrique du Sud[1], il nous faut donc protéger la seule ressource qui soit en notre possession. Si nous détruisons notre faune, nous détruisons également notre avenir, et nos enfants devront aller travailler dans les mines de charbon. »

La discussion se poursuivit pendant des heures, et juste au moment où Jack semblait avoir enfin dissipé les doutes

1. Ce n'est plus tout à fait vrai aujourd'hui, car de riches gisements de diamants ont été découverts au Botswana.

de son auditoire, l'un des délégués souleva une objection qui sema le trouble dans l'esprit de chacun. Comment pouvait-on, demanda-t-il, avec une terrible simplicité, songer à débattre d'un problème aussi important alors que le prince Letsholathebe, le chef désigné des Batauana, se trouvait en Angleterre où il suivait ses études de sociologie ?

Jack étouffa un juron, Michel Dithapo s'absorba dans l'examen de ses mains et Dave Monwela évita de me regarder. Seul Isaac paraissait détendu. Adossé à un mur, un demi-sourire flottant sur ses lèvres, il fixait un regard pensif sur les dissidents. Je commençai à me dire que rien ne pourrait se faire tant que Letsholathebe ne serait pas rentré au pays, et il pouvait y en avoir pour des années encore.

Mohumogadi Elizabeth Moremi était restée immobile, écoutant avec une grande gravité les données d'un problème qui prenait maintenant la dimension d'un litige constitutionnel. Enfin, quand le soleil se rapprocha de l'horizon, à l'heure où le vol frémissant des premiers gangas, accourus pour boire à la rivière, annonçait le crépuscule, elle rompit le silence.

« Mon peuple a encore besoin de temps pour réfléchir à l'ensemble de ce problème, dit-elle d'une voix ferme. La séance est close. »

Aucune réponse ne nous avait été apportée.

Trois jours plus tard, Robert recevait deux lettres, toutes deux revêtues de la signature ferme et bien lisible de la régente. La première approuvait la formation d'une Société de protection de la faune à Maun, et la seconde concluait : « La question portant sur la création d'une réserve naturelle sera discutée lors de la réunion plénière du conseil tribal annuel, en mars. »

Il y avait donc six mois à attendre. Pendant ce temps-là, nous allions une fois de plus nous retrouver sans un sou vaillant. Quant aux animaux, ils allaient continuer de se faire décimer par des chasseurs inconscients.

L'innocence de Caïn

Battant le fer tandis qu'il était encore chaud, les membres fondateurs de la Société de protection de la faune du N'gamiland — un nom bien impressionnant ! —, élurent à l'unanimité Jack Ramsden comme président. Un renfort considérable nous fut alors apporté en la personne du président du conseil tribal, Badirwan Sekao. Bien que ce fût un vieillard, du moins d'après les normes en usage chez les Africains, ce quinquagénaire avait la vigueur d'un jeune guerrier et une voix capable de fendre les rochers en deux. Il dispensait la justice avec une équité et une rectitude inébranlables et ses retentissantes remontrances suffisaient généralement pour ramener dans le droit chemin les voleurs de bestiaux et les maraudeurs de basse-cour.

Il avait pourtant un petit côté fleur bleue ; un jour où il m'avait trouvée en proie à un accès de tristesse, il avait fait près de cinq cents kilomètres, sur des pistes cahotantes, pour me rapporter une cruche à eau en faïence orange, car il s'était dit que ce petit cadeau me remonterait peut-être le moral.

Les membres les plus jeunes de la famille royale Moremi et les chefs des clans aristocratiques qui dirigeaient le pays constituaient la majorité du comité directeur et, au début, il n'y eut que quatre représentants de la communauté européenne locale qui y furent élus : Don King, le docteur ; Ronnie Kays, le néophyte ; Robert et moi. Un jour où j'avais dû rester au camp, ils m'élirent comme secrétaire, me chargeant en outre de collecter les fonds. Et ce serait moi qui assurerais les relations publiques !

Quand on m'annonça la nouvelle, je ne cachai pas mon irritation. Je n'avais vraiment pas besoin de ces tâches supplémentaires ! Mon premier livre, *Okavango*, venait de sortir, accueilli très favorablement par la critique, et j'étais plongée dans la rédaction de la suite, *L'Éden sauvage*. Me débattant entre les griffes de ce démon qui s'acharne sur les écrivains, je voulais qu'on me laisse tranquille, le temps de finir la deuxième moitié de l'ouvrage. Et quand il serait achevé, je voulais rentrer en Angleterre pour vivre, pendant un temps au moins, comme une femme ordinaire, raisonnablement civilisée.

Mais en fait, j'étais prise au piège. Je savais qu'il m'était impossible de tourner le dos aux problèmes des Batauana, et avec une sorte de désespoir, je finis par accepter le sort qui m'était échu. L'Angleterre attendrait.

Isaac Tudor, qui était venu m'annoncer la nouvelle, se frotta les mains et m'adressa un sourire suave.

« La société n'a pas d'argent, June, crut-il bon de me rappeler, ce qui était d'ailleurs bien superflu.

— Oui, je sais ! dis-je d'une voix tranchante. Et je suppose que c'est à moi d'y pourvoir. Il ne me reste plus qu'à aller voir du côté des journaux. »

J'écrivis un article relativement modéré sur le braconnage et les excès d'une chasse sauvage qui avaient amené la formation de la SPF et je l'envoyai à Chris Kavanagh, le rédacteur en chef du *Cape Argus*. Le titre qu'il donna à mon papier ne fut pas aussi pondéré que je l'avais été moi-même.

« LES TUEURS DE L'OKAVANGO ! » clamait-il en grosses lettres.

Normalement, le courrier destiné à Maun arrivait à une vitesse de tortue mais quelqu'un, au Cap, avait dû envoyer un exemplaire du journal par porteur spécial. Moins de cinq jours plus tard, un énorme orage se déchaînait au-dessus de ma tête impavide.

Le commissaire du district était fou de colère. Il hurlait, le dentier crispé, que le mot « TUEURS » semblait suggérer que l'administration britannique avait fait preuve d'une mollesse scandaleuse vis-à-vis de ces prétendues atrocités et que, faute plus impardonnable encore, le service du Gibier, n'avait pas fait son travail correctement.

Pourquoi, demanda-t-il, n'avais-je pas consulté les membres de la société avant d'envoyer cet article incendiaire ? Je lui fis remarquer qu'ils ne savaient pas tous lire. Alors, pourquoi ne l'avais-je pas consulté, lui ?

« Oh, mais je l'ai fait, répliquai-je non sans malice. Il y a un exemplaire de l'article dans votre dossier officiel. Vous ne l'aviez donc pas lu ? »

Quand je pénétrai dans le bar de l'hôtel, les Blancs qui s'y trouvaient observèrent d'abord un silence inquiétant. Mais ils ne tardèrent pas à laisser exploser leur colère. Comment avais-je pu, moi qui étais relativement nouvelle dans ce pays, et qu'ils avaient invitée par pure bonté d'âme à leurs safaris, les remercier ainsi de leur hospitalité, en allant raconter de telles histoires aux journaux ? Tout ça parce qu'ils avaient peut-être un jour tué un ou deux buffles de plus qu'ils n'en avaient eu le droit. Pourquoi n'avais-je pas précisé que c'étaient les gens venus d'ailleurs qui causaient les dégâts, et non les chasseurs du coin, qui, eux, avaient un comportement absolument irréprochable ?

Une grosse dame, légèrement éméchée par les quelques verres de brandy du Cap qu'elle avait déjà bus, s'avança d'un pas mal assuré en pointant vers moi un doigt accusateur.

« Pourquoi, me lança-t-elle d'une voix vibrante, pourquoi avez-vous insinué que c'étaient nos gars qui étaient coupables ? Pourquoi que vous avez pas dit qu'ils étaient aussi innocents... aussi innocents que...

— Que Caïn », suggéra Isaac Tudor qui n'avait rien perdu des propos de la grosse dame.

Il y eut un silence horrifié.

« De toute manière, continua-t-il de l'air de quelqu'un qui commençait à s'amuser énormément, je trouve assez touchante la manière dont notre secrétaire a parlé des animaux. C'était quand même bien raconté, ce passage sur la chasse aux buffles avec l'épisode de ce petit orphelin qu'elle a ramené chez elle pour le nourrir au biberon. Je m'en souviens très bien de ce petit buffle, d'ailleurs, je me rappelle même qui l'a attrapé pour elle et qui avait tué la mère — et sept autres buffles — alors que son permis ne l'autorisait qu'à deux unités. Eh oui, cette chasse a eu lieu à Kunaragha, en avril dernier. »

Le silence était presque tangible. Lionel Palmer et Kennie Kays se détournèrent de moi, me présentant un dos hérissé d'hostilité. J'avais pris soin de ne citer aucun nom dans mon article mais ils savaient très bien, l'un comme l'autre, de qui j'avais voulu parler.

Maintenant, le bar commençait à s'emplir de la foule habituelle d'Africains qui venaient boire un verre tous les samedis. Le vieux Mogolakwe leur traduisait ma prose à haute voix et ils accueillaient l'histoire avec ravissement, se tapant les cuisses et s'esclaffant bruyamment en pointant un index moqueur sur certains Européens qui n'avaient pas du tout l'air d'apprécier la plaisanterie.

Ronnie Kays manifestait une certaine colère, lui aussi, parce que des amis à lui se trouvaient impliqués dans cette affaire mais il fut le premier à se montrer conciliant. Il m'offrit un verre, en gage de bonne volonté. Par la suite, une trêve un peu hésitante finit par s'établir mais je savais que le secrétariat de Mafeking avait marqué d'une tache noire indélébile la couverture de mon dossier.

Il ne me restait plus qu'à rentrer la tête dans les épaules en attendant la seconde offensive. Cette fois, ce serait plus grave.

Une version légèrement modifiée de l'article était parvenue, ainsi que cela se produit parfois pour ce genre de choses, jusqu'à un bureau de Londres pour être ensuite acheminée à Rome. L'Organisation de l'alimentation et de l'agriculture de l'ONU, la FAO, jugea alors qu'une intervention s'imposait et dépêcha sur les lieux une équipe de la Section des rapports spéciaux.

J'étais parfaitement consciente que le compte rendu établi par ces experts pèserait d'un poids considérable sur ces organisations internationales, qui tenaient les cordons de la bourse dès qu'il s'agissait de projets de protection de la nature semblables au nôtre. Nous allions avoir besoin du concours qu'elles pouvaient offrir.

En tant que représentant de la Couronne britannique, c'était le commissaire du district qui allait prendre les visiteurs sous son aile. Dès leur arrivée, il s'empressa de les accaparer, prenant bien soin de ne pas risquer qu'ils rencontrent l'un ou l'autre des membres de notre société. Aussitôt qu'ils furent installés dans la résidence, il remonta le pont-levis.

Je savais fort bien que ma personne ne lui inspirait aucune sympathie mais j'étais loin de me douter qu'il me faudrait me battre pour obtenir une entrevue avec les envoyés de la FAO. S'il n'alla pas jusqu'à m'expulser *manu militari*, il fit tout de même l'impossible pour m'empêcher de leur parler. En désespoir de cause, j'écrivis une courte lettre que Jack Ramsden réussit à communiquer aux deux émissaires grâce au concours d'un domestique qui s'arrangea pour lui faire franchir le cordon sanitaire établi autour de la résidence.

La manœuvre atteignit son but, dans la mesure où les deux hommes m'accordèrent, bien à regret, vingt minutes de leur temps. Mais le CD s'était naturellement empressé de leur faire la leçon. Avec un certain succès.

MM. Hill et Rhiney étaient des Américains bien tranquilles et plutôt revêches, mais il faut reconnaître que la plupart des bureaucrates internationaux n'avaient guère d'occasions de s'amuser, même quand la conjoncture se présentait sous des auspices favorables. Assise dans ce décor abominable où dominaient le cristal et la verroterie des lustres, je fis montre de toute la persuasion dont j'étais capable pour me concilier leur appui. Peine perdue. Après m'être heurtée pendant dix minutes à une hostilité franchement déclarée, j'avais encore l'impression de devoir escalader une muraille de glace.

Oh, ils n'étaient pas discourtois, certes, ils avaient tout de même la classe de diplomates, mais il émanait de leur personne une absence totale de sympathie qui ne pouvait me laisser aucune illusion.

Quelques minutes avant que n'expire le temps qui m'avait été accordé, le CD crut bon d'ajouter son grain de sel.

« Je ne trouve vraiment pas utile que vous ennuyiez ces messieurs avec toutes ces considérations. Il n'y aura pas de réserve naturelle. Je sais de source très sûre que ce projet ne recevra pas l'approbation du Kgotla. » Il grimaça un sourire triomphant. « J'ai l'impression que vous n'avez pas très bien vu le problème, Mrs. Kay, mais il y a beaucoup plus de Bayei que de Batauana, et les Bayei sont tout à fait hostiles à cette idée. Il va sans dire que j'ai consulté les anciens et les notables et ils n'ont aucunement tenté de me cacher leur position. Bien, je me suis laissé dire qu'il y avait réunion du comité ce soir. Ne croyez-vous pas qu'il serait temps que vous y alliez pour prendre note des débats ? »

Je pris ce congédiement avec philosophie. Pour le commissaire du district, le problème était réglé. A sa plus grande satisfaction.

Isaac m'attendait au bar quand j'arrivai à l'hôtel. Hill et Rhiney seraient là dans cinq minutes pour assister à la séance du comité dans l'un des salons de l'hôtel, mais il fallait à tout prix que je parle à mon ami et allié. Je l'entraînai donc dans le jardin, à l'arrière des bâtiments, l'abri discret des frangipaniers.

« A ta place, je ne me ferais pas de soucis, dit-il laconiquement. Nous savons très bien qu'il y a des Bayei au Kgotla qui soutiendront notre projet... il suffit de leur exposer les choses calmement. Il existe bien des moyens de persuader les gens, et ton ami Tamai les connaît tous parfaitement. »

Nous rentrâmes en riant dans la salle lugubre et poussiéreuse où se tiendrait notre réunion. Déjà pas très reluisante au début, elle n'avait cessé de se dégrader avec les années. Il y avait, au milieu des rideaux, une longue déchirure que quelqu'un avait essayé de dissimuler avec des épingles de sûreté. Une table au pied cassé était calée avec des briques empilées les unes sur les autres et il y avait une corbeille à papiers emplie à ras bord de bouteilles de bière vides et de paquets de cigarettes froissés.

Une fois le CD arrivé avec ses deux redoutables invités, Jack Ramsden déclara la séance ouverte et le commissaire se leva pour présenter les deux émissaires de la FAO. Affichant un sourire encore plus appuyé, il annonça au comité que Hill et Rhiney devaient assister *avec lui* à un dîner très important. Ils pourraient donc uniquement lire des textes préparés à l'avance. Ils n'auraient pas le temps de répondre aux questions. Comme tout le monde savait que le seul objectif de leur visite avait été de leur permettre d'établir un compte rendu sur la faune du N'gamiland, qui appartenait de droit aux tribus, il y avait là quelque chose d'inadmissible.

Hill lut en détachant bien les syllabes un texte d'une simplicité insultante, expliquant à ces pauvres Africains incultes que c'était une très bonne chose de protéger les animaux et qu'il fallait conserver les ressources naturelles. Michel Dithapo fixait le plafond en se mordant la lèvre supérieure, mais les autres membres du comité paraissaient irrités et embarrassés.

Le commissaire du district fit un geste impérieux de la main pour balayer les questions, puis Rhiney se leva avec majesté. Il reconnut avec beaucoup de circonlocutions qu'il avait remarqué un grand nombre d'animaux dans l'Okavango et déclara qu'en principe l'organisation à laquelle il appartenait soutiendrait les efforts que nous faisions pour les protéger. La science, conclut-il noblement, en décrivant des paraboles avec sa main, n'avait pas de frontières.

Le commissaire lui poussa alors le coude et ils se préparèrent tous les trois à partir. Mais Jack, notre président, leva la main pour les retenir.

« Un moment, s'il vous plaît. L'un des membres de notre comité exécutif souhaiterait attirer votre attention sur un certain point, messieurs. »

Isaac Tudor se mit debout avec la lenteur trompeuse d'un python qui se délove. Il était ravi, dit-il, absolument ravi de leur assurer que les Bayei, qui jusque-là avaient manifesté un certain désaccord vis-à-vis des Batauana, étaient maintenant tout à fait acquis à ce projet, et que beaucoup de leurs anciens avaient rejoint la Société.

Cette bonne nouvelle ne réussit qu'à tacheter du rouge de la colère le visage du CD, Hill et Rhiney ne dirent rien. Ils partirent tous les trois.

« Salauds de clowns ! » commenta laconiquement Michel quand nous sortîmes dans la nuit orageuse. L'air dégageait une odeur de pluie et les éclairs tremblotaient au-dessus de l'horizon. « A qui s'imaginaient-ils donc qu'ils parlaient ? A des gamins ? »

L'article du *Cape Argus* avait déclenché un orage inattendu mais il avait aussi permis à beaucoup de gens de prendre conscience du problème, et les témoignages de sympathie ne tardèrent pas à affluer. Une semaine après la parution de l'article, le receveur des postes nous apporta en personne un sac débordant de courrier qu'il n'avait pu mettre dans notre boîte postale au bureau de Maun.

Les lettres venaient d'enfants, d'avocats, de routiers, de médecins, de fermiers, de ménagères, de comptables, de cheminots, de prédicateurs et de cafetiers, de personnes vivant seules et de retraités... Tous voulaient adhérer à notre société.

Mieux encore, la plupart des enveloppes contenaient de l'argent. Certes, le total n'avait rien de faramineux car les dons étaient fort modestes : cinq livres de la part d'un homme dont le singe venait de mourir ; une livre donnée par une femme qui avait apprivoisé une mangouste jaune ; douze shillings et six pence offerts par un petit garçon qui écrivait qu'il avait beaucoup pleuré en apprenant avec quelle cruauté on traitait les animaux dans l'Okavango. Il avait cassé sa tirelire pour nous.

L'une des toutes dernières lettres, pourtant, provenait d'un ami fort généreux de l'Illinois, qui avait autrefois chassé en notre compagnie. Grâce à son chèque de mille dollars, la Société put s'acheter sa première Land Rover d'occasion.

Je fis venir des rames de papier de Bulawayo et tirer des dizaines et des dizaines de photographies d'animaux sur papier glacé. Puis je me lançai dans la rédaction de nombreux autres articles sur mon antique machine portative de marque Imperial qui venait des surplus de l'armée.

Un jour, Kennie Kays arriva au camp, portant quelque chose sur un coussin de velours rose.

Un chat sorti d'une frise égyptienne

Encore une histoire de cruauté purement gratuite. En relevant un de ses pièges, un chasseur tribal avait découvert deux petits chats sauvages sur la litière de roseaux et les avait fourrés dans un sac en cuir. Au moment où il avait atteint Maun, le plus petit et le plus faible des deux était déjà mort. Kennie Kays lui donna deux shillings et six pence pour avoir le survivant et s'empressa de me l'apporter au camp.

C'était une petite femelle d'une beauté extraordinaire : des taches noires sur fond couleur de maïs et des rayures noires sur l'échine, avec des yeux émeraude pâle qui éclairaient une frimousse minuscule et malicieuse, surmontée d'oreilles énormes. Elle ressemblait à une peinture telle qu'on en voit sur les frises égyptiennes. Je l'appelai Isis.

Mais elle ne voulait ni boire ni manger. Pendant deux jours, je m'efforçai de la tenter avec toutes les bonnes choses auxquelles je pouvais penser, recourant à tous les stratagèmes que j'avais pu apprendre en essayant de faire avaler quelque nourriture aux orphelins de la brousse que j'avais recueillis. Je passai ma langue sur ses lèvres et ses narines pour qu'elle apprenne mon odeur et le goût de ma salive. Je suçai la tétine du biberon avant de la lui donner. Je lui offris des œufs, du poisson, de la viande hachée crue et des colombes que l'on venait de tuer, mais Isis détournait la tête chaque fois.

Le soir du second jour, elle était devenue très faible et je me rendis compte que faute de mettre quelque nourriture dans ce corps fragile et minuscule, elle serait morte avant que la nuit n'arrive à son terme.

Elle était couchée sur mes genoux, tentant de se lever,

mais elle retomba et allongea une patte pour me toucher la main. Et c'est à ce moment-là, tout d'un coup, que surgit à mon esprit l'idée qui aurait dû me venir dès le début : dans la brousse, sa mère aurait pré-digéré la viande et l'aurait régurgitée pour ses petits. Sans l'odeur maternelle sur la nourriture, les petites chattes refusaient de l'ingurgiter.

Je calai bien Isis sur ma poitrine, sous ma chemise, et pris les colombes que nous venions de tuer pour les emporter à la cuisine. J'enlevai le blanc des petits volatiles et le passai au hachoir, avec les plumes. Kisi poussa un long soupir théâtral, debout en équilibre sur une jambe, posture qu'il adoptait immanquablement pour marquer sa désapprobation devant l'une ou l'autre de mes initiatives qui lui déplaisaient.

La colombe africaine a un goût faisandé très prononcé. Une fois cuite, elle n'est pas très savoureuse, mais crue, c'est encore pire que ce qu'on pourrait imaginer. Je m'en aperçus dès que je commençai à mastiquer la première bouchée mais j'avais à peine recraché l'infâme bouillie dans la paume de ma main que la chatte se mit à se trémousser avidement et commença à manger. Elle liquida cette première ration avec une célérité gloutonne, puis me lécha les doigts pour récupérer les moindres résidus et promena autour d'elle un regard plein d'espoir, attendant la suite.

Pendant la nuit, je mâchonnai ainsi trois autres colombes, avec une répugnance toujours aussi grande, et Isis mangea tout. Au matin, une immense nausée me levait le cœur, mais Isis dormait du sommeil du juste, allongée sur mon oreiller, les pattes ramenées sur le bout du nez.

J'avais espéré qu'une fois qu'elle aurait commencé à s'alimenter, elle accepterait la viande de bœuf hachée, mais elle se détourna d'un air méprisant, puis tendit la patte et me laboura la joue avec ses griffes. Il lui fallait de la colombe crue, et rien d'autre. Il ne me restait plus qu'à recommencer à en mastiquer, avec les plumes, sinon elle reprenait sa grève de la faim.

Kisi annonça d'un air boudeur qu'il voulait retourner en Rhodésie dès le lendemain. Cette fois, ce n'était pas à cause du bébé de Maritsasi. Non, il refusait simplement qu'on se serve de son hachoir pour y mettre des plumes de colombe.

Je présentai du poisson à Isis.

« Mastique-le d'abord », dit Kisi.

Alors, je mâchai des épinoches, qui, au moins, avaient un goût de sardines crues plongées dans une sauce à base de boue de rivière. Isis les engloutit. Au bout d'un moment, elle se mit dans la tête de les attraper elle-même et il me fallut, un après-midi, aller repêcher dans le Thamalakane une chatte suffocante, trempée et penaude que le courant violent avait emportée loin des roseaux.

Après cette mésaventure, elle dut se contenter de ses épinoches servies nature, dans une chope à bière d'un demi-litre. Les malheureux poissons tournaient en tous sens dans l'eau et elle passait des heures, l'air béat, à tenter de les agripper.

Le stade de la chope enfin dépassé, je mis les poissons dans la baignoire en toile. C'était un jeu qui fascinait Isis, mais il choquait profondément mes enfants qui faisaient les dégoûtés en prétendant que l'odeur imprégnait tellement la toile qu'ils avaient l'impression d'empester le hareng en sortant de leur bain.

La nuit, elle dormait recroquevillée au creux de ma jambe, mais dans la journée je l'emportais partout avec moi, toujours bien calée sous ma chemise. Longtemps encore, il me faudrait la nourrir toutes les trois heures, ce qui ne facilitait pas la vie sociale. Elle m'accompagnait à Maun quand j'allais faire les courses, et assistait avec moi aux réunions du comité et même aux soirées mondaines. Et c'était parfois difficile de devoir expliquer à la maîtresse de maison que je devais sortir pour mâcher des colombes crues.

Mais ça m'était bien égal. Isis embellissait à vue d'œil et un jour elle retrouverait sa liberté dans la nature sauvage. Je l'espérais du moins.

Dix heures jusqu'au matin

Lassés par ces incessantes réunions de comité et par l'hostilité constante des autorités, nous décidâmes d'emmener Tris à un dernier safari avant qu'il ne retourne à son école pour le troisième trimestre.

Olivier, lui, avait des préoccupations autrement plus importantes. Il venait de faire la connaissance d'une petite Sud-Africaine âgée de neuf ans, qui s'appelait Tabitha. Elle avait de superbes boucles d'or roux retombant sur ses épaules, un petit nez retroussé et des taches de rousseur, mais surtout elle possédait un âne d'un brun grisâtre et autorisait parfois Olivier à le monter de chez elle jusqu'au bureau de poste. Manifestement, rien de ce que nous pouvions offrir ne rivalisait avec de tels attraits. Nous confiâmes donc notre fils aux soins indulgents des Van Zanten et partîmes sans lui.

Kisi et Leonard restèrent également au camp pour s'occuper des lions et veiller sur le DUKW, mais nous chargeâmes *Fleur de lis* sur le toit du break pour nous diriger vers le lagon tapissé de roseaux de Txatxanyika[1]. Le lagon de Txatxanyika s'étendait au-delà de la vaste forêt de mopanis que j'avais baptisée Ariadne pour la raison fort simple qu'elle ne présentait aucun point de repère, tout comme le labyrinthe de la Crète antique, et Thésée lui-même s'y serait égaré sans le fil de la princesse pour le guider.

Les petites îles qui flanquaient le lagon retentissaient des appels des colonies de marabouts, de hérons et d'une espèce très rare d'ibis des bois. Nous y passâmes une nuit,

1. L'orthographe a été modernisée sous la forme Xakanixa mais la prononciation reste la même : Ka-ka-ni-ka.

harcelés par les moustiques, puis, ayant mis le canot à l'eau, nous suivîmes le cours principal du Kwaii jusqu'à l'endroit où il rejoint le Monachira pour former un autre de ces cours d'eau impossibles à distinguer dans le réseau complexe qui couvre le delta.

Au confluent, se trouvait une île connue sous le nom de Ruby Island, à cause des lis hermanthus rouges qui tapissaient le sol de la forêt chaque été. Les arbres se dressaient comme des murailles imperméables au soleil et au scintillement rapide de l'eau et, dans les clairières, l'herbe était courte et verte, parsemée de taches blanches là où le sel avait filtré à travers le sable, s'agglutinant en granulés autour des racines de cette herbe acérée du Kalahari.

Il n'y avait pas de singes, car le courant, à l'endroit du confluent, était rapide et dangereux, l'eau étant trop profonde pour qu'ils puissent traverser. Seuls quelques volatiles peuplaient cette région, avec aussi certains animaux qui n'avaient pas peur de l'eau : situtoungas, antilopes rouges, hippopotames, rats aulacodes, loutres, et quelques troupeaux de buffles, de temps à autre, qui traversaient la rivière en quête de pâturages nouveaux. Çà et là, un palmier aux formes tourmentées rappelait la présence des éléphants, et un blaireau — qui avait dû vivre en ermite pendant des années — avait laissé des marques bleues dans la terre meuble à l'entrée de sa tanière.

Nous arrivâmes à midi et les hommes me laissèrent avec le matériel de couchage et suffisamment de vivres pour la nuit... « Nous serons revenus au matin. Garde le fusil, mais en principe tu ne risques rien ici. Tu auras le temps d'écrire. » A la dernière minute, on déchargea un quartier de damalisque qui ne s'améliorait pas à la chaleur d'un canot qui ne comporte aucune zone ombragée.

Tu restes ici pour écrire, et pour dessiner, toute seule, pour penser aux articles que tu aurais dû écrire il y a longtemps, et aux livres que tu n'écriras peut-être jamais. Il n'y avait rien de nouveau dans cette situation, et depuis des années j'avais érigé des mécanismes de défense pour contrer la solitude.

Pendant les deux premières heures, je n'ai ni écrit ni dessiné. Je me suis contentée de traîner un lit de camp à l'ombre d'un gigantesque figuier sauvage et je me suis endormie, abrutie par ces deux jours que je venais de passer au soleil, à bord du canot.

Et je refis ce rêve, toujours le même : au milieu des rochers rouges, des lions étaient étendus, dominant une route qui ne menait nulle part. Ce rêve se terminait toujours au moment où le premier lion sautait au fond d'un ravin et tournait la tête vers moi. Ce jour-là, il y eut une variante, car le vent chantait entre les rochers; un chant assourdi, d'abord, puis un bourdonnement aigu, comme si un avion était passé au-dessus de ma tête. Je regardai fixement les yeux durs de la grande lionne qui avait été la première à sauter et m'éveillai au moment où le vent agita l'air au-dessus de moi.

C'était un vautour qui se préparait à se poser.

Pendant un moment, je restai ahurie, encore engourdie par le sommeil. Le second vautour m'amena au sentiment de la réalité.

Pourquoi des vautours? Je me soulevai sur un coude; ma chemise trempée de sueur me collait à la peau du dos. Les gros volatiles arrivaient en rangs serrés et se posaient, l'air pensif, sur les arbres de l'autre côté de l'eau. Y en avait-il cent? Plus, probablement. Il n'y en avait pas un seul par terre, ce qui était fort étrange en soi. Un cadavre quelque part, le tueur encore présent sur les lieux du meurtre? Un animal blessé qui respirait encore? Les vautours ne se repaissent jamais d'êtres qui ne sont pas tout à fait morts.

Finalement la soif m'amena à la rivière. Je revins avec un seau à demi plein de l'eau claire et froide du marais et repartis pour emplir la grosse bouilloire que nous utilisions pour les safaris et qui avait une contenance suffisante pour la cuisine et la toilette. Il y avait du bois mort à profusion et je passai une heure à le ramasser, confectionnant une pyramide de branchages à laquelle je mis le feu avec mon briquet. La fumée me piqua les yeux et m'emplit les narines, mais j'aimais cette odeur qui, pour moi, est restée la signature de l'Afrique.

Après avoir redonné un peu de pression à la lampe à pétrole et accroché la moustiquaire, j'allai fourrager dans le garde-manger, non que j'eusse très envie de faire la cuisine mais il fallait bien absorber tout de même un peu de nourriture.

Je trouvai une brème, attrapée en chemin par Tristram, notre pêcheur, et deux poissons-tigres, immangeables si l'on ne procède pas à des préparatifs compliqués. Le tsessebe, un vieux mâle que Robert avait abattu aux confins de l'Ariadne, était probablement coriace et j'abandonnai le projet d'en cuire une tranche. Les quartiers de viande étant assez lourds, je les laissai debout contre le garde-manger au lieu de les suspendre à un arbre, loin de me douter alors que cette décision allait me sauver la vie, avant que la lune n'apparaisse dans le ciel.

D'une main malhabile, je découpai la brème en filets, les écailles froides et luisantes me poissant les doigts, mis de l'huile à chauffer pour les pommes de terre et pus enfin prendre ce repas solitaire.

Et maintenant? Maintenant, je peux écrire.

J'installe la table pliante, pose la machine à écrire dessus et prends un pliant de toile. La lumière baisse vite, mais je suis trop absorbée par mon récit pour conserver la notion du temps. Un moment, je lève les yeux et m'aperçois que l'horizon a pris une teinte orange et que les vautours s'en vont, pour aller s'installer plus loin, dans une île plus grande. La proie qu'ils avaient convoitée avait dû se mettre elle-même à l'abri, à moins que le manteau de la nuit ne lui ait procuré un écran providentiel.

Je continue de frapper les touches, appréciant la clarté amicale dispensée par la lampe et par le feu. Je raconte l'histoire d'un chien, fidèle compagnon de l'époque où j'ai vécu à Far Lamorna. *Ce soir, je n'ai aucun compagnon, dans cette île sauvage et solitaire dont le silence m'oppresse.*

En relevant la tête, je le trouve, mon compagnon. Assis de l'autre côté du feu, il me regarde fixement, maigre, incroyablement émacié. Son pelage fauve pend mollement sur sa carcasse autrefois imposante, et les poils noirs du bas de sa crinière sont rabattus sur une épaule ouverte jusqu'à l'os à l'issue d'un combat atroce. Il a une entaille à demi cicatrisée qui lui barre le front et une autre plaie béante au flanc, une plaie que je n'ose pas regarder.

Ce ne sont pas des blessures provoquées par des chasseurs. Les coups de corne d'une antilope noire? Un buffle aussi aurait pu les lui infliger. C'étaient là les témoignages de la vie sauvage, où seuls les plus aptes survivent. Les vautours avaient conclu qu'il ne survivrait pas, qu'il mourrait lentement d'inanition, car il n'était plus assez vigoureux pour chasser.

Pendant un moment, je reste pétrifiée, incapable de

réagir, tandis que passent dans mon esprit les conjectures les plus extrêmes. Je connais bien les lions, j'ai vécu parmi eux, j'en ai apprivoisé et j'ai appris à les aimer, à les respecter et à les craindre. J'en sais assez pour prédire, deviner leur humeur, rien qu'en observant ces yeux candides qui ne savent pas dissimuler.

Je regarde. Et je devine.

J'arrive, disent ces yeux jaunes sinistres, rétrécis en une mince fente. Il retrousse les lèvres, exposant des canines énormes, et au moment même où les muscles de ses épaules se nouent, je saisis instinctivement l'un des quartiers de tsessebe que j'avais calés contre le garde-manger et je le lance vers lui avec toute la force que me confère l'adrénaline de la panique. Bien visé. La viande atterrit juste devant lui.

Il tend la patte vers elle, et moi je tourne sur mes talons et me rue vers le figuier sauvage sous lequel j'ai fait la sieste au début de l'après-midi. Le lit de camp, mal calé sur un sol inégal, cède sous moi au moment où je monte dessus pour attraper les branches les plus proches et je sens un aiguillon de douleur sous mon aisselle gauche, là où le muscle vient de se déchirer.

Heureusement, l'arbre est facile à escalader car le tronc bifurque à un mètre du sol, mais j'ai du mal à voir où mettre les mains dans la chiche clarté diffusée par la lampe à pétrole. Je tâtonne dans la pénombre ; mon bras droit est encore valide mais j'ai besoin de mes deux mains si je veux me hisser hors d'atteinte du fauve, et à chaque fois que je suis obligée d'utiliser la gauche, je sens une souffrance vive, brutale, sans cesse renouvelée. Mon cœur bat la chamade, et mon souffle court ressemble à un sanglot. L'écorce me déchire les doigts et je sens une brûlure qui m'entame l'intérieur de la cuisse gauche, là où j'ai dû m'écorcher la peau.

Maintenant, mon esprit s'est complètement fermé à tout ce qui n'est pas centré sur l'absolue nécessité de trouver un refuge sûr. Je suis à dix mètres au-dessus du sol, et je n'ai plus de branche à ma portée de ce côté-ci de l'arbre. Je m'avance doucement vers l'extrémité de la branche, là où les feuilles commencent à apparaître, et, ce faisant, j'entends le lion qui saute en l'air. Il ne cherche pas à m'imiter en grimpant le long du tronc, il bondit en l'air pour tenter d'attraper les premières branches latérales. Ses épaules s'élèvent au-dessus du cercle éclairé par la lampe et il pousse un grognement quand ses pattes s'agrippent aux rameaux.

Les lions sont capables de grimper. Je me rappelle très nettement maintenant les jeux auxquels je me livrais avec Chink. Nous faisions des concours pour voir laquelle de nous deux monterait le plus haut. Les jeunes lions grimpent très facilement, mais celui-ci n'est pas jeune, me dis-je pour me rassurer. En plus, il est blessé. Autant d'avantages en ma faveur. Mais ce lion est affamé, et la faim qui le tenaille lui a fait perdre le peu de crainte que lui aient jamais inspirée les humains.

Ayant atteint l'extrémité de ma branche, je me retourne pour voir ce qui se passe en bas. Il a réussi à prendre pied sur la branche inférieure ; il se dresse de toute sa hauteur pour atteindre le deuxième barreau de l'échelle.

L'arbre tremble et je me cramponne des deux mains pour ne pas tomber. J'ai deviné plus que je n'ai vu les muscles qui se bandaient pour qu'il effectue son deuxième bond en avant, et j'ai entendu ses griffes qui se plantent dans l'écorce, deux branches au-dessous de la mienne. Mais il a dû mal calculer son élan, à moins que l'épaule blessée n'ait pu soutenir son poids, car il retombe à travers les rameaux et les feuilles. Une chute de trois mètres sur une autre branche qui cède sous son poids à grand fracas et il tombe trois mètres plus bas encore, sur le sol cette fois, exhalant son souffle en un long soupir.

Il reste immobile pendant quelques secondes, pantelant, puis se remet péniblement sur ses pattes et me tourne le dos, tête baissée, et je vois la plaie béante qui s'ouvre sur son flanc. Des petites feuilles se détachent de l'arbre, décrivant de gracieuses spirales qui scintillent lorsqu'elles atteignent la clarté diffusée par la lampe.

Des images brèves, insignifiantes s'imposent à ma vue : le lion debout, tête basse auprès du feu. Le lit de camp brisé ; la table renversée et la machine à écrire gisant à terre. Chacun de ces détails est maintenant gravé à jamais dans ma mémoire.

Pendant un bon moment, il ne prête plus la moindre attention à mon arbre. Il va flairer les bribes de viande subsistant encore sur l'os de tsessebe puis se retourne pour inspecter le second quartier qui est tombé dans les braises. Il le sort du feu et le prend dans ses dents pour le secouer afin de le débarrasser des morceaux de charbon de bois.

Il mange la viande et quand il a fini, il se lave. La poitrine et les pattes de devant pour commencer, puis les blessures du flanc et de l'épaule, grimaçant de douleur. Sa toilette achevée, il s'allonge, la tête enfouie entre les pattes et il s'endort.

Je regarde le ciel, essayant d'évaluer l'heure qu'il peut être d'après la position des étoiles et maudissant cette montre toute neuve, sertie de fastueux grenats, qui ne m'est d'aucune utilité dans le noir. Dix heures? Encore huit heures à attendre pour qu'il fasse jour et deux heures de plus pour que le soleil soit assez chaud et que la chaleur oblige le lion à aller se mettre à l'ombre ailleurs. Dix heures en tout.

Là-bas, de l'autre côté des marais, une lueur apparaît. La lune va se lever. Combien de temps va-t-il falloir encore pour qu'elle éclaire mon arbre. L'obscurité est presque pire que cette attente.

Je me déplace légèrement pour lutter contre l'engourdissement. Le lion lève la tête, ouvrant les mâchoires comme pour un grognement silencieux.

Une heure plus tard, les fourmis me trouvent; une horde innombrable et imparable d'envahisseurs minuscules qui s'insinuent dans mes oreilles, mes cheveux, mes narines, et s'attroupent avidement sur les écorchures sanguinolentes qui me zèbrent la cuisse. Elles rentrent sous ma chemise que j'enlève aussitôt — manœuvre dangereuse sur cette branche instable — et j'essaie de les faire partir en me frottant, sans bruit car le lion est de nouveau sur ses pattes.

Il lève les yeux vers moi puis détourne son regard vers les marais, les oreilles pointées en avant pour réagir à un bruit que je n'ai pas perçu moi-même. Mais la deuxième fois, je l'entends : le cri de ralliement d'une meute de chiens sauvages, de l'autre côté de la rivière, à un ou deux kilomètres de là. Un son aigu, musical « cou-iii, couououiii » qui se transmet bien au-dessus de l'eau. Simple diversion momentanée. Le lion se recouche.

Le feu s'est maintenant éteint mais la lune brille d'un éclat blanc qui s'ajoute à la lueur encore émise par la lampe à pétrole; seule la forêt est dans l'ombre mais il en est toujours ainsi, même dans la journée.

Les fourmis intensifient leur attaque et quelques-unes d'entre elles, les plus grosses, se mettent à mordre pour de bon. Les lions, je les connais, mais je n'ai aucune idée de la manière dont on peut résister aux assauts des fourmis.

Ce lion-là, en tout cas, je commence à bien le comprendre. Il joue à savoir lequel de nous deux sera le plus patient, lequel attendra le plus longtemps, lequel obligera l'autre à baisser les yeux. Et cela va durer jusqu'à ce qu'il soit fatigué d'attendre. Je me demande dans combien de temps il va venir me cueillir sur ma branche aussi proprement qu'un singe qui cueille une figue mûre.

Le voilà qui recommence à s'agiter; c'est peut-être à cause de ses blessures qui lui donnent la fièvre. Soudain il se lève, grogne à deux reprises et disparaît dans les ténèbres qui s'étendent entre le camp déserté et la rivière.

Si je veux me sortir vivante de cette aventure, je dois agir immédiatement. Et je sais ce qu'il faut faire. Le fusil est là, à mes pieds, à côté du lit de camp démoli. Tout à l'heure, j'avais besoin de mes deux mains pour grimper dans l'arbre, et il n'est pas question que je le fasse de nouveau avec une arme à transporter, mais je peux attacher une corde à la garde de la détente et la hisser vers moi une fois installée en lieu sûr.

Je commence à reculer en tremblant jusqu'au moment où je sens contre mon dos la masse rassurante du tronc. Je n'ai gardé aucun souvenir, même vague, de la manière dont je m'y suis prise, car mes mouvements se succèdent avec la fièvre de la panique : deux choses seulement s'imposent encore à ma mémoire : je me rappelle avoir mis la main dans un nid de fourmis; je n'ai pas été piquée mais cette sensation d'un grouillement gluant a failli me faire lâcher prise. Il y a eu aussi une chauve-souris frugivore qui a surgi de la nuit pour foncer droit sur mes yeux, se détournant de moi au tout dernier moment, à une fraction de seconde près. J'ai hurlé mais aucun son n'est sorti de ma gorge.

Des antilopes partirent au galop vers la rivière quand je mis pied à terre. Il n'y avait pas une minute à perdre pour sortir le fusil de son étui en toile, fourrer quatre cartouches dans la poche de mon short et attacher la corde de nylon autour de la garde de la détente avant de nouer l'autre extrémité à mon poignet.

Maintenant, je connais bien le trajet à suivre pour regagner mon refuge, mais je suis gênée dans mes mouvements par cette corde qu'il faut dérouler et par les cartouches qui gonflent ma poche. Quand je retrouve ma branche, je suffoque de douleur et de peur. Assise à califourchon dans l'arbre, je respire profondément, et soudain, voilà que je me mets à vomir.

Une fois les spasmes nerveux enfin calmés, je sens le froid de la nuit qui me tombe sur les épaules. Je secoue ma chemise pour en chasser les fourmis et l'enfile de nouveau, mais elle est beaucoup trop mince pour m'offrir une protection efficace. Tout en frissonnant, je commence à hisser le fusil à travers les branches basses, terrifiée chaque fois qu'il se coince et prise de tournis quand il se met à pivoter en tous sens au bout de la ligne.

Enfin, le voilà à ma portée. Je plonge la main. A côté. Deuxième essai, réussi celui-là. J'enroule la corde autour d'une fourche formée par deux branches, en laissant assez de mou pour pouvoir manœuvrer l'arme en cas d'urgence. Mais le doute commence à s'insinuer dans mon esprit.

« Voyons, me dis-je. Si je tire avec ce fusil, le recul va me faire perdre l'équilibre, et alors, lion ou pas, mon sort sera tout de suite réglé. »

Je sors mon briquet, l'allume et me sers de la flamme pour couper la corde. Le bout le plus court, je l'utilise pour attacher la Bonehill. L'autre, je l'enroule autour de ma taille et du tronc qui se trouve juste derrière moi. Même si le recul me déséquilibre, je n'irai pas très loin. Et il ne me reste plus qu'à caler le canon du fusil (calibre 12) sur l'une des multiples branches qui s'étalent devant moi, sans oublier de le charger, bien entendu.

Le lion n'a pas reparu, mais les sentinelles de la nuit me disent qu'il est en marche. Le renâclement inquiet des antilopes, le cri de ce que je crois être un rat qui fourrage dans les roseaux, les piaillements soudains de pintades que l'on distrait de leurs occupations dans les buissons qui bordent la rivière : tous ces indices me renseignent avec précision sur l'itinéraire suivi par le chasseur.

Deux heures du matin, d'après la position de la lune. Dix minutes plus tard, la lampe crachote et s'éteint, faute de carburant, et bien que les prairies qui s'étendent au loin restent toutes blanches à la clarté lunaire, sous mon arbre l'obscurité est totale.

Cinq minutes ; le lion arrive et cette fois il n'hésite pas une seconde. La période d'attente est terminée. Il se met à grimper d'un air résolu, préparant méthodiquement chaque étape de sa progression. La première branche, aucune difficulté. Tourner à droite après la bifurcation ; une petite pause pour reprendre haleine avant de se hisser sur la seconde branche ; moins facile, maintenant : ça glisse, il faut bien s'accrocher. Une forte odeur de lion parvient à mes narines, trois branches au-dessous de moi. Trois branches qui sont peut-être ma seule raison d'espérer.

Le métal de la Bonehil à canon long est froid au toucher. Je m'assure que le nœud ne gêne pas le jeu de la détente, et amène le bois lisse de la crosse contre ma joue. J'entends le raclement de griffes sur l'écorce : le lion a repris son ascension, et l'odeur se fait plus forte, presque immédiate, un mélange nauséabond de sang et d'urine.

Dans la position précaire où je me trouve, il est impossible de viser avec précision ; je pointe le canon vers le bas, légèrement de côté. J'ai quatre cartouches : deux pour effrayer, deux pour tuer.

Premier avertissement !

Explosion dans la nuit, et le coup de boutoir de la crosse contre mon épaule blessée me fait hurler de douleur, et je crie encore quand, rejetée en arrière par la violence du recul, je sens la corde qui me retient au tronc se resserrer brutalement autour de ma taille. D'instinct, mes doigts se crispent sur la seconde détente, mais je n'entends qu'un déclic métallique. La cartouche a fait long feu.

Je ne pense pas avoir atteint ma cible la première fois, mais le fauve est tombé à terre, en deux temps : chute, rugissement ; et encore chute et rugissement. Et le voilà qui s'en va, dans un concert immense qui laisse derrière lui la nuit scandalisée, puis calme et sereine.

Pour la seconde fois, mon estomac se révolte et je vomis encore, le froid et la peur me faisant payer un tribut âcre et aigre, qui me laisse sans force et tremblante. Au bout de dix minutes, j'ouvre le fusil pour évacuer la douille et la cartouche qui n'est pas partie, mais je ne recharge pas, tout simplement parce que mes mains ne m'obéissent plus. Je ne pense d'ailleurs pas que le lion risque de revenir avant l'aube, et je ferme les yeux, essayant de chasser de ma mémoire le souvenir de cette gueule hargneuse et de cette épaule béante.

Je m'endors mais d'un sommeil sporadique, me réveillant chaque fois que je glisse en avant et que la corde se resserre autour de moi. Trois heures. Quatre heures. Le calme plat. La lune nettement au-dessus de l'ouest, maintenant. Des lions lancent leur appel, au loin. L'heure de la chasse et l'heure de la vigilance. Mais je suis trop fatiguée pour rester en alerte et le fusil pend au bout de sa corde, abandonné.

L'aube surgit, une lueur laiteuse d'abord, qui atténue l'éclat de la lune, puis du gris qui prend peu à peu des teintes de soufre un peu ouatées. Les oiseaux arrivent, non pas les vautours mais des petits barbicans dodus, à tête rouge qui picorent les figues. Les prairies sont baignées de soleil, maintenant, mais la forêt reste dans l'obscurité. C'est quoi, ça? Un porc-épic, tacheté de blanc et de noir, qui rentre joyeusement chez lui.

Je ne me souviens pas avec précision combien de temps je suis restée perchée dans mon arbre mais je sais qu'à aucun moment je n'ai envisagé de redescendre. J'étais trop fatiguée, trop vulnérable et surtout je savais qu'une fois revenue à terre je n'aurais jamais la force de remonter une troisième fois.

J'ai donc attendu. Vers midi, les ombres se blottissaient sous les buissons, comme si elles tentaient de fuir, elles aussi. La chaleur et la soif devenaient presque intolérables. Ma langue parcheminée se collait à mon palais.

Les fourmis firent une autre sortie, puis vinrent les mouches. En abaissant mon regard, je remarquai distraitement que la sève suintait en petites gouttelettes aux endroits qui avaient été écorchés par les griffes, et je vis aussi des trous minuscules, aux points d'impact des plombs de ma cartouche. Aucune trace de sang. Je ne l'avais donc pas touché. Mortellement du moins. Et je ne voyais aucun vautour tourner dans les parages. Était-il parti pour de bon? Je l'espérais, mais ne pouvais avoir aucune certitude.

Des antilopes passèrent, se dirigeant vers l'eau d'un pas circonspect, et un pigeon vert lança une série de notes qui semblaient faire des ricochets.

Vers trois heures de l'après-midi, je suppose que je me trouvais dans un état proche du délire; torturée par la soif, je commençais à voir des spirales et des zigzags étranges qui s'agitaient en tous sens derrière mes paupières.

C'est à trois heures en tout cas que j'ai entendu le

vrombissement du hors-bord qui descendait la rivière. Mais je n'ai pas vu l'arrivée du *Fleur de lis*, car j'avais perdu connaissance.

Confusion. Incompréhension. Cris. Et encore de la douleur, et la sensation de se balancer au bout d'une corde enroulée autour de ma poitrine et qui me coupe les aisselles. Quelqu'un dit quelque chose d'une voix pressante, et des mains guident mes pieds, d'une prise à l'autre. Et puis le sentiment d'un soulagement débordant quand on m'amène doucement sur le sol, et des sanglots de gratitude pour le chiffon humide qu'on me passe sur les lèvres, et le premier contact de l'eau qui tombe goutte à goutte dans ma bouche d'un gobelet que quelqu'un est en train de tenir. Tris? Oui, je crois que c'est Tris qui essuie le sang coagulé sur ma cuisse et qui, quelques instants plus tard, porte un verre de cognac à mes lèvres. L'alcool au goût âpre, déplaisant, me fait suffoquer, et je trouve la force de protester.

« Je ne veux pas...

— Mais voyons, maman, bois donc ça! Papa est parti avec le fusil, à la recherche de ton ami. »

Je ne me souvenais pas d'avoir parlé du lion, ni d'avoir expliqué ma présence dans l'arbre mais je l'avais peut-être fait tout de même à un moment ou un autre. Tris me souleva doucement pour m'aider à m'allonger sur le lit de camp qui avait été réparé, puis il s'accroupit sur le sol, prenant ma main dans la sienne.

Leur avais-je dit ce qui m'était arrivé? murmurai-je alors. Non? Alors comment...?

« Et la crotte, dit-il. Depuis quatre ans, j'en ai vu de la merde de lion, et je suis capable de la reconnaître sans me tromper. Tu t'imagines peut-être que c'est une souris qui a pu laisser des étrons pareils au pied de l'arbre? »

Quand je m'éveillai, la bouilloire crachotait sur le feu et des poissons étaient en train de frire dans la poêle.

« Des brèmes à petite gueule, expliqua Tris. Je les ai pêchées en revenant. La rivière en est pleine. » Puis il ajouta, comme si une autre idée lui était venue après coup : « Dommage que tu ne sois pas venue avec nous. »

Quand Robert revint, il était trempé de sueur et son pantalon était mouillé jusqu'aux genoux, comme s'il avait marché dans l'eau. Je n'avais pas réussi à manger mais je buvais à petites gorgées un café brûlant, bien sucré.

« Tu l'as vu ?

— Non, absolument pas mais j'ai remarqué des traces de pattes qui descendaient vers l'eau sur l'autre rive. De là, on peut traverser à gué pour gagner une autre île, plus grande. Mais nous n'allons pas passer une nuit de plus ici. Tris, on remballe. Nous n'avons pas beaucoup de temps. »

Le temps, toujours le temps. Comment le définir ? Il était purement relatif et on ne pouvait le mesurer que par les événements qui se déroulent pendant un intervalle donné. Des instants qui pouvaient s'ajouter pour durer dix heures, jusqu'au matin, ou les quelques minutes qu'il nous fallut pour quitter l'île des Rubis, qui diminuait maintenant au loin, pour ne plus laisser voir que les contours d'une île, des contours semblables à ceux de toutes ces îles qui peuplent le delta.

Sept doigts de gin

« Le commissaire du district a l'intention de prendre Gwai (Kwaii) comme terrain de chasse pour Safari South et pour tous les safaris organisés par les étrangers au N'gamiland. Il prévoit la construction d'hôtels, de bars et de restaurants réservés aux Blancs. Les "non-Blancs" ne seront pas autorisés à chasser sur ce territoire.

« Je suis profondément convaincu que là seule façon de remédier à cette injustice, c'est que les Batauana et les autres habitants de cette région assurent la protection des animaux pour les préserver de cette intrusion. »

K. Oakeng, représentant
du Chef à Shakawe
(propos rapportés
par Montso Mogalakwe).

« Ma Tau, y aurait pas encore une petite goutte dans cette bouteille pour un vieil homme qui a fait de nombreux kilomètres pour répandre l'évangile de la protection des animaux ? »

Nous étions assis devant la tente, dans notre île. Montso Mogalakwe avait une passion dévorante pour le gin. Il se servit une modeste ration de sept doigts de notre London Dry, de chez Gilbey, savoura quelques bouffées de sa pipe et se carra confortablement dans son fauteuil pendant que je continuais de lire son rapport sur les réactions tribales à cette idée de création d'une réserve pour le gibier.

C'était un document étonnant. Mog avait été chargé par notre société d'aller porter la bonne parole dans les tribus, et il avait couru de village en village, comme un lévrier, pour rassembler les notables et les obliger à écouter une traduction complète des huit pages que remplissait la charte de notre société.

Toutes les tribus y étaient passées : les Batauana, les Herero, les Mambukushu, les Barotse, les Mbadi et les Masarwa. Tous avaient eu droit à un exposé interminable sur les projets de la SPF et tous avaient réagi par des commentaires volubiles, épicés de remarques acerbes sur certains fonctionnaires britanniques.

Le mode de pensée des Africains peut être parfois curieusement déroutant. On commence un débat sur un point très précis et la discussion s'oriente vers quelque chose qui — pour un esprit occidental — n'a rien à voir avec le sujet et qui, pourtant, finira par ramener directement au problème figurant à l'ordre du jour. Lorsque j'eus fini de m'efforcer de démêler les subtilités contenues dans le rapport de Mog, la question, claire et nette, de savoir si on allait protéger la faune menacée soulevait trois séries de commentaires différents mais affirmés avec une conviction tout à fait comparable.

D'abord, on critiquait sévèrement le gouvernement pour sa responsabilité dans une série de désastres n'ayant aucun rapport entre eux, marquée par une épidémie de fièvre aphteuse et une longue période de sécheresse; et ce n'est qu'incidemment que l'on condamnait son incompétence notoire en matière de protection de la faune.

Ensuite, beaucoup plus fâcheux encore, un groupe de notables révélait les détails d'un projet de l'administration britannique qui voulait louer la vallée du Kwaii à des sociétés organisatrices de safaris... sans prendre la peine de consulter les tribus qui étaient les véritables propriétaires du territoire.

En tout cas, cela nous amenait tout droit à la résolution finale selon laquelle, plutôt que d'accepter le projet gouvernemental, il valait mieux faire de toute cette zone une réserve naturelle tribale dans laquelle personne ne serait autorisé à chasser.

Ce qui prouve que dans l'Afrique traditionnelle, on n'a jamais besoin de prendre des raccourcis pour arriver à la destination finale.

Je restai longtemps éveillée cette nuit-là, réfléchissant à la portée que pourrait avoir le document de Mog. Jusqu'à présent, notre émissaire avait remporté un succès total mais il n'avait pas encore contacté les Bayei. La tribu des Bayei était immense : aussi nombreux que les lucioles en novembre, ils étaient dispersés dans tout le delta et tout aussi insaisissables. Sans leur approbation il ne pourrait jamais y avoir de réserve, quelle que soit la volonté des autres tribus, et quelle que soit l'habileté dont Isaac pouvait faire preuve pour jongler avec la vérité.

Le fond du problème, c'était que cette tribu, nombreuse

et très disséminée, était également terriblement pauvre, et comptait sur les sommes que verseraient les organisateurs de safaris pour équilibrer le budget d'un protectorat de plus en plus dénué de ressources.

Et surtout — et c'était là le point le plus important pour l'administration — ces redevances allégeraient les impôts des contribuables britanniques. Tant pis pour les animaux. Ils étaient assez grands pour se débrouiller tout seuls.

Je passai une autre nuit blanche après que Jack Ramsden eut réussi (je ne lui ai jamais demandé comment) à se procurer une copie de la lettre écrite par le CD à ses supérieurs de Mafeking. On y lisait que les Kay organisaient des soirées fort peu recommandables et « invitaient les indigènes dans leur île pour se livrer à des beuveries ». Je fus si exaspérée par ces propos venimeux que je versai à Mog une ration supplémentaire de gin quand il vint me voir la fois suivante. Du coup, il tomba dans la rivière quand le bateau arriva pour le ramener chez lui.

« Je fais partie de ces gens qui parlent très peu... »

La saison des labours était terminée. Le maïs commençait à former ses aigrettes dans les champs des hommes qui étaient retournés travailler dans les usines sinistres ou dans les mines d'or. Les chiens jaunes se retrouvaient sans maîtres une fois de plus et les coqs de combat au cou étincelant se pavanaient et picoraient dans la poussière autour des vieilles femmes qui tissaient d'un air désenchanté leurs paniers de roseaux à l'ombre des huttes vides de Zankuio.

Les chasseurs avaient repris leur lance et emmenaient les femmes les plus jeunes au pays du gibier, là où le rut automnal mettait en émoi les troupeaux d'impalas rouges de la vallée du Kwaii. Les mâles se battaient pour défendre leur territoire et ratissaient le sable du raclement incessant de leurs sabots.

Nous étions le 10 mars 1963, et dans cinq jours le Kgotla allait commencer à siéger. Nous avions derrière nous cinq mois de travail épuisant... et les Bayei étaient revenus à Maun.

Huit d'entre eux vinrent se promener jusqu'au camp ce soir-là avec un petit Herero excité dans leur sillage et flanqués de Jack, Isaac, Michel et Mog.

Les Bayei ont beau avoir la réputation d'être des bavards impénitents, je ne m'attendais tout de même pas à la richesse et à la profusion des propos qui allaient être échangés au-dessus des reflets orange du feu de camp.

« Je fais partie de ces gens qui parlent très peu, annonça modestement le premier orateur, en enroulant chaque syllabe autour de sa langue avec une satisfaction évidente. Et je n'ai pas grand-chose à dire. Pourtant, il y a dans ma tête l'idée que... »

Elle y était toujours, dans sa tête, deux bonnes heures plus tard, mais il finit par se taire, applaudi de tous, à l'exception du second orateur qui s'éclaircissait la voix depuis une heure et cinquante minutes.

Lui aussi se révéla comme quelqu'un qui parlait fort peu. A la fin de sa deuxième heure, il n'en était pas encore arrivé au-delà du jour où la vache favorite de sa tante était morte de malnutrition, en 1925 ; tout cela ne serait pas arrivé si la réserve naturelle avait été constituée ou s'il y avait eu un autre commissaire de district pour administrer la région.

Comme l'orateur numéro trois ronflait, terrassé par la fatigue, le quatrième saisit au bond cette occasion pour nous raconter avec force détails que son ami endormi avait dû purger autrefois une peine de prison pour avoir abattu une girafe sur un territoire de la Couronne. Il chanta ensuite les louanges de la protection des animaux, en un bref exposé de quatre-vingt-dix minutes pendant lequel l'intervenant numéro cinq succomba aux assauts de l'alcool et dut se faire transporter d'urgence à l'extérieur. Après quoi, le numéro six, revenant des bois où il était allé satisfaire un besoin naturel, fit un faux pas et s'étala de tout son long sur Dingo qui le mordit à la jambe.

Le septième orateur gisait à terre. Il paraissait mort. C'est alors que le véritable drame commença.

J'avais presque toujours vécu jusqu'alors avec des Batauana convertis au christianisme, c'est pourquoi j'avais oublié à quel point les Bayei étaient encore profondément marqués par la pratique de la sorcellerie. Après les applaudissements habituels, il y eut une pause soudaine et inexplicable.

Comme s'ils avaient été attirés par un puissant aimant, les membres de l'assistance se retournèrent pour fixer un regard intense sur le huitième homme, qui était resté silencieux, absorbé dans sa contemplation du feu, les mains sur les genoux, des heures durant, sans jamais manifester la moindre réaction aux paroles qui avaient été prononcées.

Quand il se leva soudain, un frisson glacé me transperça le cœur. C'était Tamai, celui dont Isaac m'avait dit un jour, en plaisantant, que c'était « la doublure du sorcier ». C'était lui qui, indirectement, par l'intermédiaire de Tagaan, avait conseillé à Mog de couper la graisse sur le rein du petit berger, le fils de leur ennemi.

Tamai parla d'une voix contenue, mais pleine de conviction.

« Regardez-moi », dit-il. Il fit un geste discret avec ses mains, ses longs doigts expressifs esquissant le lent déroulement du corps de la vipère qui s'avance dans la poussière. Les Bayei paraissaient comme envoûtés. Jack, Isaac et Michel évitaient son regard et je me demandai s'ils ne craignaient pas, eux aussi, d'être entraînés par l'étreinte du serpent.

« Vous me connaissez, reprit l'orateur et son auditoire hocha la tête d'un air craintif. Vous connaissez mon pouvoir. Je suis Tamai. Écoutez-moi attentivement, pour bien savoir ce que je souhaite. » Il se tourna alors vers Robert, lui adressant un petit sourire dont il n'était pas coutumier. « Bien que tu aies la peau blanche, Ra Tau, tu as du sang africain dans ton cœur. C'est donc l'Africain qui est en toi qui te presse de protéger la vie du gibier. »

Il joignit ses deux mains, comme pour former une coupe, devant lui.

« Regardez-moi, dit-il, j'ai tout mon porridge dans mes mains. Si je le mange en totalité tout de suite, il ne restera rien pour demain. Il vaut mieux avoir dix shillings par jour jusqu'à la fin de ses jours que d'avoir dix livres tout de suite et plus rien quand elles auront été dépensées. Donc il vaut mieux prendre soin des animaux au lieu d'aller les vendre pour un bon prix aux organisateurs de safaris. » Il regarda un bref instant chacun des membres de son auditoire, puis il conclut : « Je suis Tamai, et j'ai dit tout ce que j'étais venu dire ici.

— *Eh-hey!* » reprirent-ils tous en écho, d'une voix qui vibrait de terreur.

Jack Ramsden se leva. Il tremblait légèrement et sa peau avait pris la couleur du chocolat au lait.

« Les Bayei ont parlé », dit-il conformément aux exigences de la tradition. Puis il ajouta d'un air pénétré : « C'est la première fois depuis bien des années que les Batauana et les Bayei ont réussi à se mettre d'accord sur un problème commun. Nos querelles appartiennent désormais au passé. Les Bayei soutiendront le projet de réserve naturelle. »

Le conseil tribal

Un après-midi où j'étais installée à dessiner à l'ombre pommelée qui se projetait devant la hutte de roseaux qui me servait de bureau, j'entendis un bruissement de feuilles, et un animal surgit de la forêt, de l'autre côté de la clairière. C'était un jeune guib du Chobe. Il resta immobile un instant, son corps roux étincelant au soleil. Puis Leonard, qui venait de poser ses lignes dans la rivière, remonta péniblement sur la berge.

« Des chasseurs ! haleta-t-il. Quatre chasseurs. Je les ai vus. »

Il bondit en avant pour essayer de repousser l'animal vers l'autre extrémité de l'île, mais il était trop tard, et le jeune guib rebroussa chemin et disparut au milieu des arbres. Quelques instants après, des coups de feu claquèrent.

Les chasseurs — je n'ai jamais su qui c'était — ne prirent même pas la peine de ramasser le cadavre. Je trouvai mon jeune guib gisant dans la laiche, au bord de l'eau où il avait réussi à se traîner pour mourir. L'une de ses pattes de derrière avait été réduite en bouillie et il y avait du sang qui coulait de son flanc perforé par une balle.

Il restait encore trois jours avant la séance du Kgotla. Et il nous fallait d'abord affronter le conseil tribal.

Le conseil tribal, une vague réplique de la Chambre des lords, était entièrement constitué de vieillards influents et de sous-chefs, et faisait office de comité directeur, intermédiaire entre le grand chef ou ses représentants et les indigènes, c'est-à-dire l'électorat de base. Dans certaines circonstances, il avait le pouvoir d'imposer sa décision au chef lui-même. Le président en était Badirwan Sekao.

La veille du jour où le Kgotla devait siéger, le conseil se

réunit à huis clos dans les locaux de l'école. La séance fut houleuse, elle dura quatre heures.

« Vous avez dit qu'avant de prendre une décision au sujet de la réserve de gibier, il faudrait attendre le retour de notre chef. Conformément à cette logique, il devrait en être ainsi pour toutes les autres affaires. Si bien que nous qui avons été nommés pour agir pendant son absence, nous ne devrons plus jamais prononcer le moindre jugement sur les vols de bestiaux, les actes de banditisme ou même les meurtres, tant que Letsholathebe ne sera pas de nouveau parmi nous. Vous allez donc être contraints d'attendre pour que justice vous soit rendue ! »

Il y avait des fois où Badirwan aurait pu intimider un éléphant furieux. Il était vraiment exaspéré, en l'occurrence. Il se coiffa violemment de son chapeau et sortit de la salle d'un pas majestueux. Aussitôt les anciens, l'air penaud, lui emboîtèrent le pas.

« Et alors, qu'est-ce qui va se passer demain ? demandai-je à Michel Dithapo, tandis que nous sortions derrière eux.

— Ils vont sûrement s'entre-tuer », dit-il.

Le Kgotla du mois de mars

La foule assemblée sous les arbres du Kgotla s'était massée sur vingt rangées de profondeur. La sueur brillait sur les visages, en cette matinée torride. Je cherchai les visages connus. Tamai, le chef des Bayei, qui porta deux doigts à son front pour me saluer. « Bonjour, Ma Tau. » La régente de la reine, pimpante et fraîche dans sa robe en imprimé à fleurs, les mains croisées sur les genoux. Le commissaire du district, l'œil impavide, vêtu d'un complet sombre, impeccable, dans lequel il devait suffoquer. Jack Ramsden, tiré à quatre épingles, comme toujours. Mog, qui tétait sa pipe avec satisfaction, tout en s'efforçant de cacher la demi-bouteille de gin qu'il avait eu la bonne idée de mettre dans les replis de sa veste. Isaac Tudor, qui dévorait l'assistance des yeux. Ledimo, dit « Rocks », le maître d'école qui relisait subrepticement son exemplaire fatigué de *Croc Blanc*, versant une larme silencieuse au souvenir de la manière dont les loups avaient dévoré Bill. Et ce brave et cher Badirwan, sa trogne rocailleuse protégée du soleil par un chapeau à large bord.

« Je veux d'abord souhaiter la bienvenue à la tribu, et saluer la Mère du Peuple. »

Jack Ramsden avait ouvert la séance avec sa courtoisie et sa gravité coutumières. Il procéda ensuite à une récapitulation de tous les arguments en faveur de la création d'une réserve de gibier. C'était un bon début, une façon saine d'aborder le problème et pourtant, quand il se rassit, un murmure hostile s'éleva des rangs de l'assistance.

« L'idée que notre faune est menacée d'extermination vient-elle de toi-même ou de l'homme blanc, aux vêtements blancs, qui se nomme Ra Tau ? Pourquoi l'écoutes-tu, alors que tu sais très bien qu'il est un agent du gouvernement ?

— Ce n'est pas un agent du gouvernement, rétorqua sèchement Jack, indigné par la mauvaise foi grotesque de cette accusation. Il est seulement... » Il chercha une image susceptible de frapper les esprits. « ... C'est seulement un homme qui vit avec un lion sous un arbre ! »

Il y eut quelques rires, mais on sentait aussi une certaine gêne sous-jacente.

« *As-tu désigné cet homme blanc, ce Ra Tau, pour qu'il aille constater que notre gibier était en voie d'extinction ?*

— Non. Il y est allé de lui-même. Et il a vu l'étendue des dégâts. Je l'ai vue, moi aussi.

— *Et avant qu'il t'en ait parlé, qu'avais-tu fait, toi, pour arrêter ces dégâts ?* »

Jack fit une légère grimace mais il n'essaya pas d'éluder la question.

« Nous n'avons rien fait, reconnut-il avec une nuance de regret dans la voix. Non, nous ne nous rendions pas compte que nous étions en train de dilapider notre héritage. Jusqu'au jour où il nous a apporté la lumière. »

Le CD leva vers lui un regard aigu puis, se souriant à lui-même, il gribouilla quelque chose sur un carnet.

« Oh, Jack, me dis-je. Je t'en prie, par pitié, ne te mets pas à citer la Bible. Il y a des hommes que l'on a crucifiés pour avoir "apporté la lumière" à d'autres. Avec ce genre d'expressions, il risque de se faire expulser du Protectorat en tant que dangereux révolutionnaire, si jamais on rapporte ces propos à Mafeking. »

« Quand les Blancs disent quelque chose, ils ont toujours une autre idée derrière la tête. Comment peux-tu savoir que cet homme, ce Ra Tau, ne t'a pas raconté des mensonges ? En fait, est-ce qu'il ne travaille pas pour une de ces sociétés qui organisent des safaris, le "Safari Lion", ces gens dont la profession est justement de nous dépouiller de notre gibier, en ce moment même ? Si cette chose, ce projet, est adopté, aurons-nous encore le droit de chasser en dehors de la réserve ? Peux-tu promettre que la réserve appartiendra pour toujours aux tribus ? Le gouvernement ne va-t-il pas profiter de l'occasion pour se l'approprier à nos dépens ? »

Et ainsi de suite, et ainsi de suite.

Un vieillard se leva avec peine.

« Je suis un vieil homme. Un très vieil homme, en fait ; je

suis si vieux que tous les autres sont morts. » Sa voix chevrotait dans le matin calme et Michel marmonna : « Gâteux ! » entre ses dents serrées. « Je suis si vieux, continua l'ancêtre, oui si vieux que je ne sais quoi dire au sujet de cette réserve de gibier et c'est pourquoi je dis : “Non.” J'entends ce que l'on dit mais je ne comprends rien, et c'est justement pour cela que je dis qu'il ne faut surtout pas prendre une décision hâtive. Pourquoi n'attendons-nous pas le retour de notre chef pour prendre parti ? » conclut-il d'un ton plaintif.

Il y eut un murmure d'approbation et Jack dut faire un effort sur lui-même pour dissimuler son intense irritation.

« Et quand notre chef Letsholathebe reviendra, demanda-t-il d'un air doucereux, que dira-t-il ? “Je vous ai laissés avec beaucoup de gibier, mais où est-il maintenant ?” Et ensuite il te demandera : “Qu'as-tu fait de tout mon gibier, toi, le très vieil homme ? N'est-ce pas ta faute, puisque tu t'es mis sur le chemin de ceux de mes sujets qui étaient prêts à le protéger ?” »

Le doute s'insinue. Le désaccord. On discute. Un flot de commentaires hostiles sur le « Safari Lion » abhorré, et des critiques tout aussi acides sur le département du Gibier tout aussi détesté. Et voilà maintenant des insinuations à peine voilées sur la corruption qui sévit dans les services gouvernementaux. Je regarde ma montre. Midi. Pile.

L'un des Bayei se lève et promène autour de lui un regard majestueux.

« Je fais partie de ces gens qui n'ont pas grand-chose à dire, annonce-t-il avec assurance. Ce que je dis... »

Nous n'allions jamais savoir ce qu'il avait à dire car Tamai se pencha vers lui et avec un sourire qui ressemblait à une grimace, il lui murmura quelque chose dans le creux de l'oreille. L'homme se rassit aussitôt, le visage d'un blanc terreux.

C'est alors qu'apparurent les premières manifestations de sympathie pour le projet. Un ancien nommé Harry lança d'une voix tonnante :

« A lui tout seul, un homme peut provoquer les pires dégâts au sein du gibier, alors comment pourrons-nous le conserver si le Safari Lion se déchaîne sur notre territoire ?

— Quand le haut commissaire, sir John Maude, est venu ici, il a dit qu'on ne peut pas tuer un animal plus d'une fois, mais en revanche vous pouvez le photographier autant de fois que vous voulez, renchérit Michel Dithapo. Les touristes peuvent donc venir chez nous pour photographier nos merveilleux animaux sans leur faire de mal, et nous apporter leur argent par la même occasion. Si par la suite nous constations que la constitution de cette réserve porte un préjudice quelconque aux intérêts des tribus, nous pourrions toujours revenir en arrière et annuler cette décision. Mais pour le moment, il faut agir sans délai car les étrangers font de tels dégâts que rien ne peut les réparer efficacement. »

Ensuite, tout le monde eut quelque chose à dire. Faites une réserve suffisamment grande pour offrir un refuge aux animaux qui fuient les balles des chasseurs. Ce projet doit donner aux tribus un droit de regard qu'elles n'auront pas à partager avec les Blancs. Le sage protège son propre troupeau, l'imbécile le laisse sans protection. Nos enfants nous remercieront et la réserve sera uniquement entre nos mains, de sorte que nous pourrons changer la loi par la suite, si cela nous chante, bien que je ne pense pas que cela puisse arriver un jour.

« *La loi que vous édictez vous-même paraît moins lourde à vos épaules que celle qui vous est imposée par d'autres.* »

Un seul mot résume cette idée : « *Uhuru.* » C'est ainsi que l'Afrique désigne la liberté. Bonnes ou mauvaises, les seules lois acceptables sont celles qu'elle se donne elle-même.

Et puis, sans que rien ne le laisse présager, le débat fut terminé. La régente de la reine s'était levée de son siège et dans les secondes de silence qui s'ensuivirent, l'ombre d'un aigle traversa le sable d'un trait. Quelque part, très loin, la cloche d'une vache tinta et un rire d'enfant monta de la rivière.

Un garçon passa, juché sur un âne, fixant d'un œil rond cette assemblée d'anciens et je sursautai — au contact des minuscules griffes d'Isis qui se glissait avec précautions sur mes genoux. Je caressai du bout des doigts sa fourrure étincelante, tout en me demandant ce qu'Elizabeth Moremi s'apprêtait à dire.

« Il y a toujours quelques personnes qui ne sont pas d'accord, dit-elle d'une voix sereine. Par exemple, quand une fille souhaite se marier, tous les membres de sa famille sont consultés et certains se plaignent parce que le prix de la fiancée n'est pas suffisamment élevé, mais à la fin, la fille se marie quand même. Nous devons louer les membres de la Société de protection de la faune. Je souhaite que la lumière de Dieu soit avec eux dans les temps à venir. »

D'un seul mouvement, l'assistance se leva respectueusement. Je fixai sur Michel Dithapo un regard dépourvu d'expression et il m'adressa un sourire extasié.

« *Oui!* La réponse est *oui* ! C'est sa manière à elle de dire qu'elle est d'accord. Le projet est accepté et la séance est close. Tu peux rentrer chez toi, maintenant. »

Mais je ne suis pas rentrée chez moi ; pas tout de suite. J'ai préféré me rendre d'abord au camp que nous avions établi dans la vallée du Kwaii, en un lieu connu sous le nom de passage des Éléphants. Je savais qu'il y avait un lion qui vivait là, et je voulais lui dire qu'il était libre.

Victoire menacée

La réserve de Moremi était la première à appartenir exclusivement aux Africains et sa création éveilla dans les tribus une turbulence et un esprit de chicane pour le moins étranges. Les indigènes étaient ravis, bien sûr, mais il y avait dans leur jubilation une sorte de menace car ils semblaient avoir voué une rancune implacable à tous ceux qui s'étaient autrefois trouvés sur leur chemin.

Ce sont les sociétés de safari, et le gouvernement qui leur servait d'intermédiaire, qui subirent au premier chef les rigueurs de ce ressentiment si longtemps contenu. Les Africains étaient enfin à même de savourer le goût du miel, et ils le trouvaient d'une douceur enivrante.

C'est à ce moment crucial, alors que les esprits étaient déjà enflammés par la suspicion et l'animosité générales, que l'administration commit une gaffe véritablement monumentale.

La nouvelle transpira que certains fonctionnaires britanniques avaient pris l'initiative de signer des accords avec différents organisateurs de safari en leur accordant des concessions très étendues. Ils ne s'étaient pas donné la peine d'en informer les tribus et encore moins de les consulter en quoi que ce soit. De leur côté, les sociétés de chasse s'étaient empressées d'accepter les réservations de leurs clients pour l'année 1963, construisant une série de camps de base, et consacrant une grande part des arrhes déjà versées à l'achat de matériel, de carburant et de conserves de luxe, sans oublier la plus vitale de toutes les denrées : l'alcool. En tout cas, elles ne se préoccupèrent nullement de savoir si les contrats avaient été contresignés par les Batauana.

Si le N'gamiland avait été le Kenya, le Congo ou l'Algérie et si les Batauana n'avaient pas été une tribu foncièrement pacifique et profondément légaliste — si la régente de la reine et Badirwan Sekao ne les avaient pas tenus aussi solidement en main —, il y aurait eu un véritable bain de sang. Les indigènes avaient la certitude qu'on les avait trahis avec le plus grand cynisme, et leur fureur était presque devenue incontrôlable. Les foules qui avaient autrefois célébré leur triomphe étaient soudain devenues des meutes furieuses et impitoyables.

Un jour où nous nous reposions tranquillement, en savourant le premier verre de la soirée, un commissionnaire arriva dans l'île avec un message du commissaire du district destiné à Robert. Le mot « Urgent » avait été écrit en grosses lettres dans un coin de l'enveloppe. On demandait Robert à la résidence.

Le CD était dans tous ses états. D'une voix stridente qui confinait à l'hystérie, il clama que si les Batauana rejetaient les accords passés avec les sociétés de safari, cela le mettrait personnellement dans une situation qu'il qualifia de très inconfortable vis-à-vis du ministère des Colonies. Ses supérieurs allaient lui reprocher son manque de fermeté et si, à cause de la mauvaise volonté des tribus, on devait renoncer aux safaris projetés, il allait être obligé de donner sa démission. En outre, les sociétés organisatrices de safaris ne manqueraient pas de réclamer au gouvernement britannique le versement de dommages et intérêts considérables. Bref, il fallait à tout prix que Robert l'aide à sortir de cette impasse.

L'antipathie qui opposait les deux hommes était toujours aussi volcanique mais Robert reconnaissait qu'il y avait un certain avantage à laisser les professionnels des safaris opérer dans les marais, à condition de les soumettre à une surveillance étroite. On réduirait ainsi les massacres incontrôlés qui avaient sévi dans le passé, tout en augmentant notablement les recettes des tribus.

Robert alla chercher Jack Ramsden et Michel Dithapo, et les trois hommes se rendirent chez Elizabeth Moremi, qui, me dit Robert par la suite, avait l'air de s'attendre à cette visite.

« Badirwan sort d'ici, dit-elle. D'après lui, tout le monde est très monté contre le gouvernement. Or, je n'ai pas envie de me retrouver face à une rébellion. Allez lui parler, voyez ce qu'il suggère. »

On avait allumé des feux un peu partout dans le village et des silhouettes sombres s'agitaient devant eux. Là où la foule était la plus dense, ils entendirent les vociférations de Badirwan. Planté au dernier rang des indigènes qui faisaient cercle autour de l'orateur, Isaac Tudor, les mains sur les hanches, avait l'air de s'amuser.

« Geronimo est sur le sentier de la guerre, ce soir, dit-il au trio. Il a juré qu'il ferait coffrer pour un bon bout de temps tous ceux qui s'aviseraient de mettre le feu aux poudres. Non mais, écoutez-le donc : il a l'air aussi aimable qu'un buffle qui a reçu une balle dans les tripes. Il se rend bien compte, naturellement, du ressentiment éprouvé par ses compatriotes mais il ne peut pas se permettre de prendre leur parti trop ouvertement ; des émeutes sanglantes risqueraient d'éclater. »

Et il ajouta avec colère :

« J'espère que ces abrutis d'administrateurs britanniques sont en train de dormir tranquillement, parce que si Badirwan ne réussit pas à rétablir l'ordre dans les parages, il se pourrait bien que cette nuit de repos soit la dernière pour eux. »

Il s'étira, bâilla et sourit.

« Si vous êtes encore dans le coin à l'heure du petit déjeuner, venez prendre le café chez moi. »

Il se mit à rire et disparut dans la nuit.

Les indigènes étaient effectivement en proie à une violente colère. Après avoir parlé à Badirwan, les trois hommes allèrent trouver le chef des Bayei, avant de rendre visite à tous les notables qu'ils purent trouver. Ils ne rentrèrent à la maison qu'à l'aube et ne parvinrent à dormir que deux petites heures avant de repartir pour assister à une réunion exceptionnelle du Kgotla.

Le CD reçut l'accueil qu'il méritait. Il prononça un discours presque embarrassant à force d'être conciliant, et à peine avait-il débité la moitié de ses palinodies qu'un groupe de trente notables dirigé par Badirwan se leva pour se diriger vers la clôture d'un kraal tout proche et tous se mirent à uriner bruyamment, avec un ensemble parfait. C'était la pire des insultes que l'on pût imaginer.

Mais Jack Ramsden réussit pourtant à calmer les esprits.

Peu avant midi, apparut enfin la perspective d'aboutir à un accord.

« Les gens qui travaillent pour l'organisme chargé de combattre la maladie du sommeil tuent les mouches le plus lentement possible, pour garder leur emploi longtemps, remarqua l'un des notables d'une voix glacée. Nous espérons que les sociétés de safari tueront les animaux lentement elles aussi, pour conserver leurs concessions. »

Torches enflammées

Il fut décidé à l'unanimité que l'on donnerait à la nouvelle réserve le nom de la Maison royale de Moremi. Une zone de 1 800 kilomètres carrés fut délimitée pour constituer ce sanctuaire, bordée au nord par la rivière Kwaii et au sud par le N'goha, tandis que la merveilleuse île des Rubis du Monachira en constituait le joyau à l'extrémité ouest.

Mais s'il était facile de définir les confins de cette réserve, il en allait autrement pour ce qui était de la faire respecter. Moins de deux jours après la réunion du Kgotla, on convoqua le redoutable Kweri, de Zankuio, pour lui offrir le poste de garde-chasse principal. Il accepta avec un profond ravissement et se mit aussitôt à se demander comment il s'y prendrait pour que chacun obéisse à la loi. Cet homme était un comédien-né et il recourut à son talent pour mettre au point un stratagème susceptible de frapper les esprits.

Pendant plus de deux siècles, les Masarwa avaient construit chaque année un camp de chasseurs constitué de huttes au toit de chaume au cœur de la vallée du Kwaii. Kweri ordonna impérieusement l'évacuation totale du village. Puis, sous les regards respectueux des chasseurs et de leurs familles, il alluma une torche d'herbes sèches et courut d'une cabane à l'autre pour y mettre le feu. Il lança enfin la torche enflammée dans la dernière demeure et s'écarta pour regarder les flammes s'élancer vers le ciel en rugissant, jusqu'au moment où les murs de bois croulèrent, la totalité du village se trouvant réduite à un amas de braises incandescentes. En fermant les yeux, maintenant, je sens encore l'odeur âcre de la fumée dégagée par ce premier acte de démolition constructive, et je revois la horde des drongos noirs accourant à tire-d'aile pour happer les insectes chassés de leur logis, dans les crevasses du chaume.

Les chasseurs qui avaient été expulsés aussi sommairement furent invités à se rassembler sur la rive nord du Kwaii, hors des limites de la réserve de Moremi, et à se construire un nouveau village pour le reste de la saison. Une semaine plus tard, une fois les huttes plus ou moins terminées, alors que l'on pouvait confier aux femmes la confection des toits de chaume, les hommes furent réquisitionnés pour une nouvelle tâche : couper des troncs de mopanis, dont le bois résistait aux attaques des termites, pour construire la tour d'observation dans laquelle Kweri allait installer son poste de commandement.

Avant que ce travail ne fût mené à bonne fin, une bande de lions s'aventura sur les lieux pour inspecter les chantiers, terrifiant la femme de Mrewa à un point tel qu'elle dut chercher refuge en haut d'un arbre. Mrewa, saisi d'une violente colère, tira une balle sur l'un des fauves ce qui lui valut une amende de deux livres. Et son Martini-Henry lui fut confisqué pour un mois.

Safari en velours vert

Peu de temps après mon retour du Kwaii, Isaac arriva au camp avec le cahier d'écolier dans lequel il consignait scrupuleusement les procès-verbaux des réunions de la Société de Protection de la Faune. Il s'était arrêté en chemin pour prendre mon courrier à la poste et pendant qu'il se réchauffait les mains sur une tasse de café, je procédai au tri des lettres. Des factures, encore des factures, les pattes de mouche d'Olivier qui demandait quand l'équipe de football de Maun, constituée presque exclusivement de Noirs, allait affronter une formation composée de « visages pâles ». Et puis apparut une enveloppe par avion dont l'adresse était rédigée d'une écriture élégante que je connaissais bien. Avant même de l'avoir ouverte, j'avais deviné ce qu'elle contenait : les fiançailles d'Hector avaient déjà fait les gros titres de toute la presse internationale.

« C'est important ? demanda Isaac quand je reposai la lettre.

— Un vieil ami à moi qui se marie à Londres le mois prochain, mais je ne pourrai pas assister à la cérémonie, soupirai-je.

— Mais il faut y aller absolument, se récria Isaac avec conviction.

— Nous n'avons pas d'argent. »

Il ouvrit son cahier et parcourut du bout de son index une colonne de chiffres. Le total de nos avoirs s'élevait à 156 livres, deux shillings et six pence, ce qui ne nous permettrait pas de payer les gardiens de la réserve bien longtemps.

« Il nous faudra aussi des uniformes pour Kweri et Mrewa, reprit-il, pour que les gens se rendent bien compte de l'autorité dont ils sont investis, et nous aurons besoin de deux Land Rover pour les patrouilles aux frontières. Il nous faut armer les gardiens avec des fusils corrects, ces Martini-Henry sont vieux et dangereux. Il y a beaucoup d'argent en Angleterre et, à mon avis, il faut que tu y ailles pour nous en trouver, même si tu dois faire le voyage à pied. »

Cette perspective de retrouver la mère patrie me tentait assez, d'autant qu'elle ne manquait pas d'un certain intérêt pratique.

« Il y aura bien un imbécile pour me demander à quoi peuvent servir les fusils dans une réserve d'animaux, objectai-je pour la forme.

— Dis-leur que c'est pour tirer sur les braconniers! rétorqua-t-il. Bon, maintenant il faut que j'aille prévenir le comité de ta décision. »

Avant de quitter Lamorna, j'avais emballé avec beaucoup de soin les plus jolis de mes ensembles haute couture, les enveloppant dans de grandes feuilles de papier de soie, et la valise était restée fermée dans la soute du DUKW pendant quatre ans sans que j'y aie jamais touché. Kisi eut des problèmes avec les serrures qui avaient rouillé mais réussit enfin à les ouvrir à l'aide du tournevis de Robert.

En voyant ce qu'était devenue ma garde-robe, je fus prise de nausée. Une terrible déception m'envahit. On aurait dit que la valise était remplie à ras bord d'une espèce de moisissure verte. Les créations de Jacques Fath, de Dior, de Schiaparelli, tout cela était complètement fichu. Oui, ils étaient bien morts, les rêves d'élégance que j'avais tant chéris avant de me saigner à mort dans ces maudis marais.

Kisi avait dû deviner mes sentiments. Il fit de son mieux pour détourner mon attention.

« Des chaussures, murmura-t-il d'une voix encourageante. Il faut que vous achetiez de jolies chaussures. »

En fait, je ne me souviens pas des chaussures que j'ai achetées, mais je conserve un souvenir attendri du superbe ensemble de velours vert, de la belle veste de cuir blanc et du merveilleux chapeau semblable à une meringue avec ses plumes étincelantes. Je payai tout cela avec l'argent que j'avais discrètement mis de côté grâce à mes articles publiés par les magazines. Jamais plus je n'avais laissé à Robert l'occasion de renouveler le coup du chèque de cinq cents livres qu'il s'était approprié avec une telle désinvolture après la parution de mon article sur les lionceaux.

Deux jours et deux nuits durant, je fus ballottée et secouée dans le camion qui faisait la navette entre Maun et Bulawayo, partageant un matelas éventré avec un technicien frigoriste renfrogné, une chèvre et plusieurs régiments de puces sanguinaires, si bien qu'il me fallut quarante-huit heures supplémentaires pour me reposer quand j'eus atteint la cité.

Après une série de coups de téléphone ruineux, je réussis à localiser Richard qui avait quitté le *Daily Telegraph* pour diriger le service des actualités d'une station de télévision basée à Southampton. C'est sa secrétaire qui répondit à mon appel. Désolée mais le patron était sorti. Un message ?

« Dites-lui simplement de m'attendre à l'aéroport de Londres après-demain. Je viendrai de Rhodésie.

— C'est de la part de qui ? » me demanda-t-elle d'un ton soupçonneux.

Bien longtemps auparavant, nous nous étions donné, Richard et moi, des noms juifs empruntés à une histoire drôle particulièrement salée.

« Dites à mon Abe que c'est Rachel qui l'a appelé », dis-je avant de raccrocher.

Il était accoudé à la rambarde du hall des entrées à Heathrow et les huit années écoulées depuis notre dernière séparation s'envolèrent par la fenêtre. C'était de nouveau hier.

Il finit par desserrer son étreinte et il me tint à bout de bras, examinant mon accoutrement dans le moindre détail. Quelque chose semblait l'amuser.

« Grand Dieu ! s'exclama-t-il. Que d'humiliations je dois endurer par ta faute ! Il n'y a que toi, mon amour, pour avoir le culot de se pointer dans l'aéroport le plus fréquenté du monde, affublée d'un short kaki et de godillots de brousse. Tu sais, avec une tenue pareille, tu vas faire mourir d'envie Hardy Amies et sa bande, le jour du mariage. Ils n'auront jamais rien vu de pareil. Dis-moi, as-tu aussi apporté un chasse-mouches en queue de lion ? »

Le mariage d'Hector fut célébré en grande pompe à St. Margaret's, Westminster. Mais une fois les lampions éteints, il me fallut bien me rendre à l'évidence : l'argent me filait entre les doigts et le temps passait très vite. La récréation était finie.

Un éditeur de mes amis m'avait fait entrer en contact avec le Fonds mondial pour la nature, qui accepta d'organiser pour moi une conférence de presse. Sir Peter Scott, naturaliste distingué et fils du Scott de l'Antarctique, présida la séance, Letsholathebe Moremi étant venu par le train de Southendon-Sea pour m'apporter son concours. Le salon de l'hôtel St. Ermyn était comble et il y avait des reporters représentant pratiquement tous les journaux importants d'Angleterre. Les journalistes paraissaient enthousiastes. Ils posèrent un tas de questions pertinentes et nous quittâmes les lieux persuadés que notre campagne allait remporter un vif succès.

Mais il n'en fut rien.

Ce soir-là, la nouvelle de l'un des plus grands scandales politiques du siècle en Grande-Bretagne éclata, après avoir couvé pendant plusieurs mois. Jack Profumo, ministre conservateur de la Défense, était contraint de reconnaître qu'il avait partagé les faveurs de Christine Keeler avec l'attaché naval soviétique. Ces révélations allaient déclencher des réactions en chaîne et tous les journaux, toutes les chaînes de télévision et toutes les stations de radio relatèrent avec force détails les fredaines et les galipettes du personnage.

L'histoire de cette tribu africaine qui avait créé une réserve pour les animaux ne méritait pas le moindre entrefilet. Et il n'était pas question de mettre l'article au frigidaire pour les ressortir à une époque moins enfiévrée.

J'aurais pu, à la rigueur, survivre à ce fâcheux contretemps. Mais je n'avais pas encore vu le pire. J'appris indirectement que certaines des éminences grises du Fonds mondial pour la nature avaient pris quelque ombrage du soutien spontanément offert par Peter Scott à la cause de Moremi. Je suis persuadée que même s'il les avait consultés avant, ces grands pontes auraient trouvé des raisons valables de rejeter notre appel, car le Bechuanaland ne faisait pas alors partie des pays « à la mode ».

« Peter a bien failli se faire virer à cause de vous », me dit mon informateur.

Letsholathebe était retourné à Southenk ; Richard avait des occupations contraignantes et peu de temps libre : je me retrouvai de nouveau seule.

Faute d'occupations plus productives, j'empruntai une

machine à écrire portative et envoyai une poignée de communiqués de presse aux journaux de province, ce qui me permit de récupérer quelque argent.

En fait, le véritable problème, c'était que j'étais beaucoup trop en avance sur mon époque. Sauf dans des cas très limités, quand il s'agissait par exemple d'espèces particulièrement pittoresques, la protection de la faune ne faisait pas partie des préoccupations des gens. Greenpeace était encore loin. Personne ne s'intéressait aux droits des animaux.

Finalement, l'inspiration m'abandonna. J'emballai mon adorable ensemble de velours vert dans du papier de soie et pris un vol bon marché à destination de l'Afrique.

L'Afrique où d'autres problèmes m'attendaient.

L'espace plat et dégagé qui servait d'aérodrome à Maun était utilisé pour les matches de football entre les rares apparitions des petits avions. Robert était là, debout en plein soleil, quand mon coucou atterrit. La désinvolture avec laquelle il m'accueillit était presque offensante et il dédaigna mes questions, se contentant de déclarer que le département du Gibier se lançait dans une nouvelle chasse aux sorcières dont il était le seul et unique suspect. La police avait effectué une descente dans notre île, sans se faire annoncer, avec une agressivité regrettable.

Les policiers avaient tout retourné près de l'arbre de Timber, à la recherche d'ivoire de contrebande. Ils avaient longuement interrogé Robert sur ses ressources financières, s'attardant sur les détails les plus insignifiants, lui posant des questions insidieuses sur ses sympathies politiques.On avait échangé une kyrielle d'insultes.

Certes Robert possédait un don transcendant pour s'attirer l'antipathie des gens, mais cela ne suffisait pas pour expliquer un tel niveau de persécution. Il y avait quelque part quelqu'un qui cherchait une raison convaincante de le faire expulser du Protectorat. Je tentai de lui remonter le moral en lui exposant mes projets pour trouver des fonds mais il m'opposa une indifférence morne. Quelques jours plus tard, il trouva un prétexte, assez peu vraisemblable d'ailleurs, pour partir tout seul en voiture à Bulawayo.

Jusqu'à Dingo qui ne paraissait pas particulièrement heureux de me voir de retour; comme tous les chiens, il avait affiché une grande tristesse en me voyant boucler mes valises, et il m'en voulait encore de mon absence prolongée.

Pire encore, pendant mon séjour en Angleterre, une épidémie d'influenza féline avait tué presque tous les chats de Maun. Isis figurait parmi eux.

Le gué des Éléphants

Quand Robert revint de Bulawayo il n'était pas seul.

« Tu te souviens d'Emm? demanda-t-il avec enthousiasme quand le bateau alla cogner du nez contre la berge. Tu l'as rencontrée à l'école d'équitation. »

Je me souviens d'Emm, en effet, mais très vaguement. Petite, les cheveux bruns, elle semblait pourvue d'une denture supérieure à la normale mais, cela mis à part, n'avait rien de remarquable dans son apparence. Cette Australo-Anglaise occupait les fonctions de monitrice à l'école d'équitation que nous avions fréquentée pendant notre séjour à Bulawayo.

Robert s'empressa d'expliquer qu'elle n'avait pas grand-chose à faire à l'école en ce moment car la Rhodésie se trouvait de nouveau sous le coup de la récession et les leçons d'équitation ne figuraient pas parmi les priorités de chacun. Le patron du manège avait donc suggéré à Emm et à sa collègue Norah d'aller faire un tour dans les marais, aux frais des Kay.

Je me gardai bien de chercher à en savoir davantage et c'est seulement quand nous fûmes de retour dans la vallée du Kwaii que je remarquai un changement dans la façon dont Robert s'exprimait. Quand il ne se sentait pas très en forme, il annonçait à tout le monde qu'il était un peu « patraque ». Ce n'était pas du tout son genre. Il avait toujours réagi violemment quand les enfants utilisaient des expressions familières, surtout s'il y décelait la moindre trace d'accent rhodésien. Et puis je m'aperçus qu'il lançait des « Oh là là! », sans raison particulière, mais avec une régularité exaspérante.

Il s'était mis à parler comme Emm!

Nous avons campé près du gué des Éléphants, là où un ruban d'eau étincelante courait entre le molapo et un groupe d'îles éparses.

La plus proche de ces îles était un lieu d'une beauté stupéfiante. Des perroquets verts y arrivaient par centaines dans la journée et des lis étranges fleurissaient le sol de la forêt. Il y avait une langue de sable entre les arbres et la rivière et, la nuit, la lune projetait l'ombre des mopanis vers l'intérieur de la forêt qui s'étalait sur près de deux kilomètres de profondeur. Le sable aux teintes pâles descendait jusqu'à l'eau, marqué des empreintes de pas laissées par les éléphants et par un lion solitaire.

Nous avions baptisé ce lion Salomon, et c'était le seul survivant d'une famille de sept qui avait établi son territoire dans la forêt de mopanis entourant le lagon du KuBu (Hippopotame). A l'origine, cette famille était constituée d'un lion à crinière noire, de deux lionnes, dont l'une était d'un âge plutôt avancé, et de quatre lionceaux turbulents dont le chef incontesté était Salomon.

Robert et moi, nous avions pris l'habitude de leur donner de la viande chaque fois que leurs proies naturelles avaient été dispersées par les chasseurs et c'est avec une profonde consternation que nous les vîmes tomber l'un après l'autre sous les balles des Blancs et entre les mâchoires des pièges tendus par les Masarwa.

Pourtant, Salomon réussit à survivre. Pendant deux ans, il déjoua les pièges et les fusils, en s'enfonçant dans une solitude pleine de circonspection. Et puis, une nuit, il s'attaqua au village des Boschimans, ce qui scella son destin. Le chef du village nous ayant envoyé un message pressant, nous nous lançâmes à la poursuite du coupable. Sur une distance de plus de trois kilomètres, il courut pour échapper à la Land Rover puis finit par traverser le gué des Éléphants pour aller vivre dans l'île un exil dont il ne sortirait plus jamais.

Mais il n'était pas sur son île quand nous y arrivâmes en cette soirée d'hiver de 1963. Il avait rejoint onze autres lions mâles dans le molapo, et tous s'en donnaient à cœur joie. Nous ne tardâmes pas à savoir pourquoi. Deux lionnes en chaleur étaient sorties en catastrophe de la forêt pour appeler à grands cris tous les mâles se trouvant à portée de voix.

Robert n'attendit même pas que les tentes aient été montées. Il passa en trombe devant moi, au volant du Bedford, dans un tourbillon de sable et d'herbes sèches. Emm et son amie Norah étaient debout à l'arrière du véhicule décapoté, inconscientes sans doute du danger auquel elles allaient se trouver exposées. (Robert n'avait pas dû y songer non plus, à moins qu'il ne se soit dit, comme d'habitude, qu'il était de taille à se sortir de toutes les difficultés, quelles qu'elles fussent.) Il faut d'ailleurs reconnaître que ce sentiment était justifié. C'est dans les situations périlleuses qu'il se montrait sous son meilleur jour, surtout s'il s'était lui-même ingénié à se fourrer dans ce guêpier.

Il fallait que je sache ce qui se passait. Je repartis lentement à bord de la Land Rover, manœuvrant entre les arbres pour gagner le molapo. Blotti sur son siège à côté de moi, Kisi ne disait mot mais ses lèvres remuaient, comme s'il priait.

Nous sommes restés longtemps à regarder les lions et quand, finalement, j'ai fait demi-tour pour rentrer au camp, j'ai remarqué tout de suite une froideur évidente dans l'attitude de Robert. Je ne comprenais pas pourquoi, mais manifestement il n'avait pas envie de me parler. Quand je lui demandai si j'avais fait quelque chose de mal, il se contenta de me dire de lui foutre la paix. Il sortit son matelas de la tente pour l'emporter au bord du vlei où les lions étaient encore en train de s'accoupler joyeusement. C'était là un comportement bien imprudent et je le lui dis mais il me lança un juron exaspéré. Je lui laissai un fusil et regagnai ma propre tente, la mort dans l'âme.

Plus tard dans la nuit, à l'heure où la chasse allait reprendre, les lions commencèrent à s'enfoncer dans les broussailles, accompagnés par les aboiements stridents des chacals et les hurlements surréalistes des hyènes. Au matin, le molapo était désert.

Nous avons passé deux jours au gué, puis nous sommes retournés à notre camp de base, sur l'île du Thamalakane. Robert était toujours d'une humeur massacrante et cela ne s'arrangea pas une fois qu'Emm et sa copine quasiment muette furent reparties à bord du camion qui faisait la navette entre Maun et Bulawayo. Nous ne nous parlions qu'en cas de nécessité absolue, recourant alors à des formules on ne peut plus cérémonieuses. Les neuf dixièmes du temps, il fuyait ma compagnie et je ne tentai nullement de m'imposer à lui.

Une quinzaine de jours plus tard, Robert partit pour Maun chercher quelques provisions et je décidai de faire mon courrier en retard. Il y avait une feuille de papier sur la machine à écrire. C'était une lettre inachevée.

« ... mais, Dieu merci, ce sera bientôt fini et une fois que je me serai débarrassé d'elle, nous pourrons, toi et moi, faire des safaris photo ensemble, ma chérie. »

Je n'en lus pas davantage.

« *Ma chérie* » ? Qui donc pouvait-il appeler ainsi ? Emm ? Pas son amie muette en tout cas. N'empêche que cette petite phrase faisait apparaître une vérité aveuglante : Robert ne voyait plus pour moi aucun rôle, aucune place dans l'Okavango. Depuis longtemps déjà, j'avais cessé de me tourmenter pour les accès de fureur qui éclataient chaque fois que quelqu'un le contrariait, et je m'étais recouverte d'une carapace suffisamment épaisse pour me protéger de ses sarcasmes et de ses incessantes critiques mesquines et acerbes.

Et surtout, j'avais appris à me passer de toute marque d'affection, même simulée. Mais si j'avais depuis longtemps essayé d'éviter un affrontement brutal, il m'était impossible d'ignorer cette nouvelle menace.

C'est moi qui avais ouvert la vallée du Kwaii avec lui, moi qui avais œuvré pour la constitution de cette réserve, et moi qui avais trouvé l'argent nécessaire pour mener à bien cette longue campagne. Et maintenant, il s'apprêtait à me larguer, parce qu'il n'avait plus besoin de mes services !

Il revint à une heure fort tardive, je lui demandai une explication, espérant encore, contre toute vraisemblance, que les choses allaient peut-être s'arranger, provisoirement du moins. Il était furieux. Il refusa toute discussion. Le lendemain matin, il me dit qu'il voulait divorcer.

« C'est moi qui dois avoir la vedette, siffla-t-il, blême de rage. Jusqu'à maintenant, tu as eu toute la publicité ; à présent, c'est *mon* tour de me faire tresser des couronnes ! »

La *vedette* ! Il faisait de notre aventure une question de gloire personnelle ; il voulait être le seul à bénéficier de la célébrité que conférait la création de cette réserve de gibier. Selon lui, il fallait que le monde entier associe le DUKW, le camp, le Kwaii, toute cette région du delta, à sa propre personne, et uniquement à elle. Selon lui, le rôle que j'avais joué était purement marginal. Je n'avais servi à rien.

Quant à la demande de divorce, elle était assortie de conditions aussi ahurissantes les unes que les autres. Sous aucun prétexte je ne devais en parler à personne, surtout pas aux enfants. Il fallait que je continue de réunir des fonds pour la réserve, car, pour reprendre ses propres paroles, « son importance devait nous faire oublier nos petits différends ». Il avait l'intention de s'adjuger le montant de tous les loyers de l'immeuble de Bulawayo et cinquante pour cent de ce que pourrait rapporter un film sur le Moremi. En revanche, je devrais payer la moitié de toutes les dettes que nous avions contractées pour maintenir le DUKW en état de marche.

Pas question de pension alimentaire. De toute façon, il n'avait pas les moyens de me la payer. Finalement, il me priait de déguerpir « avec mon clébard ». Et en vitesse. Avant la tombée de la nuit.

Et moi, j'ai marché. Pourquoi? la surprise? la violence du choc? Avais-je été soumise à une espèce de lavage de cerveau? Quoi qu'il en soit, j'étais bien décidée à ne pas prolonger davantage ces huit années pendant lesquelles il avait usé et abusé de ma tendance au masochisme.

Je reçus le coup de grâce quand Robert suggéra, avec son inconscience habituelle, de m'associer avec l'un ou l'autre des chasseurs blancs du delta afin d'organiser des safaris qui concurrenceraient amicalement ceux qu'il ferait lui-même avec Emm. Encore une gaminerie à mettre à son actif!

Toujours est-il que je fis ma valise et allai passer la nuit à l'hôtel Riley, puis je partis pour Le Cap, prête à reprendre une fois de plus mon bâton de pèlerin.

Je ne voyais guère ce que je pouvais faire d'autre.

Les lionceaux de Chelsea

Nous nous sommes fait héberger, Cats et moi, par des amis, moyennant finances, et l'excellent professeur « Fuzz » Crompton, du Musée du Cap, m'a prêté un bureau et une salle de conférence.

Tous les soirs, j'ai donc passé des films en 16 mm sur la faune, et j'ai parlé à de vastes auditoires des dangers qui menaçaient encore les animaux du delta. Le fait que deux tribus farouchement ennemies aient décidé d'oublier leurs griefs ancestraux pour travailler ensemble à la création de la réserve de Moremi avait constitué un précédent de toute première importance, expliquais-je avec conviction, et si notre campagne portait ses fruits, d'autres sanctuaires verraient le jour à leur tour. Malheureusement, il ne fallait pas oublier que ces tribus vivaient dans des conditions extrêmement misérables...

Sans doute avais-je trouvé le bon argument, car la réaction fut immédiate et d'une générosité stupéfiante. Les fonds affluèrent. Le grand professeur Raymond Dart, qui avait émis le premier la théorie selon laquelle l'Australopithèque (« Singe du Sud »), dont le crâne avait été découvert à Taungs, au Bechuanaland, était un des premiers ancêtres de l'Homo Sapiens, apporta à cette campagne le soutien de son éminente autorité.

Ian Player, frère de Gary, le joueur de golf, et chef des gardes-chasse du Zululand, entretenait des rapports étroits avec des personnalités des milieux écologistes et il me présenta à Ken Tinley, qui était alors responsable de la protection de la faune à la réserve de Ngorongoza, au Mozambique. Il me promit de veiller sur la réserve de Moremi.

Toute ma campagne était financée par un homme d'affaires du Cap qui voulait garder l'anonymat, et, grâce à lui, la paie des gardes-chasse fut assurée pour les huit mois à venir.

De nombreux journalistes m'apportèrent également un concours précieux, multipliant leurs efforts pour attirer l'attention des lecteurs sur la réserve de Moremi.

Dans ce domaine, au moins, je commençais enfin à obtenir des résultats. Je poursuivis mes conférences au rythme de six soirées par semaine, avec une matinée le samedi qui attirait généralement une horde d'enfants.

Et puis, par un morne après-midi, on me tendit un télégramme de Londres. Accepterais-je de présider une importante conférence de presse? « Tous frais payés. Lettre suit. Amitiés, Jakes. »

« *Tous frais payés.* » Paroles magiques. *Sésame ouvre-toi!*

J'avais fait la connaissance de Philip Jakes, par le Fonds mondial de la nature, en 1963. Il venait de signer un petit livre sur les géraniums, et le succès de son ouvrage l'avait tellement encouragé qu'il envisageait d'entreprendre quelque chose de plus important. Il voulait faire un film sur la faune africaine.

L'histoire de Moremi étant alors très mal connue, le public n'avait pas encore eu le temps de s'en lasser. C'était une saga mémorable, pleine de rebondissements et susceptible d'amener les spectateurs anglais, toujours prêts à s'apitoyer sur le sort des animaux, à dénouer les cordons de leur bourse, et les producteurs à consentir un budget aux dimensions raisonnables.

Jakes avait nourri secrètement ce projet un an, lui trouvant sans cesse davantage de vertus, si bien que, au moment où il avait envoyé son télégramme, il n'envisageait déjà plus de faire un simple documentaire. Selon lui, le sujet valait la peine qu'on lui consacre un long métrage.

Dans mon innocence, je ne songeai pas un instant à me renseigner sur le financement qu'il avait pu s'assurer et Fuzz Crompton, qui en savait autant que moi sur les milieux cinématographiques, trouva que c'était là une fort bonne idée.

Je laissai donc Cats en pension chez les amis qui m'avaient prêté leur chambre en sous-sol, annulai la seconde série de conférences et m'envolai pour l'Angleterre, toute frémissante d'un espoir nouveau.

Les choses auraient pu se dérouler de façon tout à fait satisfaisante, j'en suis convaincue. Malheureusement, Ian Smith choisit ce moment pour devenir Premier ministre de Rhodésie, et d'autre part, le démarrage de la deuxième chaîne de télévision de la BBC, dont on parlait depuis si longtemps, ne put avoir lieu comme prévu à cause d'une panne de courant. A eux deux, ces événements firent passer sous silence tout ce qui avait pu se produire par ailleurs, accaparant la totalité des pages de tous les journaux britanniques. C'était le coup de Profumo qui recommençait. C'est bien ta chance, June Kay!

A la conférence de presse, il y eut une foule de six personnes, dont aucune n'était journaliste, et la recette totale s'éleva à six livres six shillings. Le chèque me fut remis par Muriel, alias Lady Dowding. Épouse d'un héros de la guerre, elle parrainait la « Ligue de la Beauté sans Cruauté », une organisation dont le but était de promouvoir les cosmétiques qui n'avaient pas été testés sur les animaux. Son geste m'alla droit au cœur, mais il manquait encore à Jakes 34 993 livres et quatorze shillings pour atteindre l'objectif qu'il s'était fixé.

Une fois terminés les salamalecs d'usage, Richard eut une réaction très saine. Il m'emmena au bar le plus proche pour me régaler de boissons fortes.

« Si ça peut te consoler, dit-il, il n'aurait même pas pu, avec 35 000 livres, payer une équipe de cinéastes pendant plus d'une semaine; alors, même si les acteurs avaient accepté de travailler à l'œil, il n'aurait jamais pu faire un long métrage. Et si j'en juge d'après les personnalités qui t'entouraient, cet après-midi, je ne me serais même pas offert pour vendre les esquimaux et l'entracte. »

Il est vrai que les milieux artistiques avaient été plutôt mal représentés. A part Jakes, il y avait eu un député, fils d'un obscur membre de la Chambre des lords, que le monde du spectacle fascinait littéralement, un cameraman réticent qui possédait une Bell Howell 16 mm mais ne pouvait se souvenir d'aucun des titres des films auxquels il avait collaboré, et une starlette toute vêtue de similicuir qui avait une fois prononcé une phrase complète dans un épisode d'une longue série télévisée. Ce petit groupe peu stimulant finit par réussir à m'arracher à la compagnie de Richard et à m'emmener dans la grande maison géorgienne de Chelsea que le député avait choisie pour y établir son quartier général.

« Et maintenant, demanda le parlementaire avec l'air égaré d'un chiot qui vient de manger une chaussure et se demande s'il va la régurgiter sur le tapis ou dans le jardin, qu'est-ce que nous faisons ? »

Pour moi, il n'y avait pas trente-six solutions. Si nous voulions de la publicité, il fallait donner à la presse quelque chose qui fasse image, qui évoque Moremi sans aucune équivoque. Comme le lion était l'emblème tribal des Batauana...

C'est au zoo de Dublin que nous avons trouvé ce que nous cherchions. On nous a offert deux nouveau-nés âgés de deux semaines, que l'on nourrissait au biberon parce que la mère ne pouvait pas les allaiter. J'ai pris l'avion pour l'Irlande.

Mon Dieu, qu'ils étaient beaux ! Minuscules, tout chauds, caressants, avec des yeux qui n'étaient pas encore tout à fait ouverts.

« Pourquoi ne peut-elle pas les nourrir, leur mère ? demandai-je à un gardien au moment où le plus grand des deux bébés tentait maladroitement de se jucher sur mes genoux.

— Bah, voyez-vous, c'est la troisième fois en deux ans qu'elle met bas, la malheureuse. »

En fait, une lionne ne devrait avoir des petits qu'une fois tous les deux ans. Mais n'oublions pas que nous étions en Irlande !

Bref, grâce aux lionceaux, un véritable petit miracle s'est produit. Dûment avertis, les photographes sont arrivés par légions à l'aéroport de Londres, et il y a eu une rafale de flashes au moment où je suis descendue de l'avion, les deux bestioles dans les bras. Et c'étaient des « Oooh » et des « Aaah » à n'en plus finir. Cette fois, j'avais misé sur le bon numéro.

L'événement fut relaté en long et en large par la presse et comme aucun scandale ni aucun scoop n'était survenu sur les entrefaites, je gardai longtemps la vedette. Suffisamment en tout cas pour attirer l'attention d'un petit groupe de sponsors cossus qui se déclarèrent prêts à apporter leur contribution financière à condition que le cinéaste puisse leur fournir des références fiables à cent pour cent. En ajoutant dans un murmure, avec la courtoisie feutrée des nantis, que la présence d'un député fasciné par le show business et de l'auteur d'un opuscule sur les géraniums ne constituait pas une garantie tout à fait satisfaisante.

Mais ce n'était pas mon problème. La question que j'avais à résoudre, personnellement, c'était de m'occuper, à Chelsea, de deux lionceaux turbulents et qui prenaient rapidement de la force, tout en expédiant une série d'articles à différentes publications sud-africaines afin de payer les factures.

Le charme indiscutable dont étaient pourvues mes bestioles échappait totalement aux habitants du quartier et je ne tardai pas à m'apercevoir qu'il me faudrait aller chercher moi-même le lait et les journaux car les livreurs répugnaient à venir chez moi. La nuit, je me retrouvais avec les lionceaux enfermée dans un débarras converti en chambre, mais dans la journée, ils avaient le droit de se défouler dans le jardin, derrière la maison, à condition qu'il y eût toujours quelqu'un pour les sortir du bassin dans lequel ils tombaient régulièrement en essayant de frapper à coups redoublés leur propre image reflétée dans l'eau.

L'équipe du député et moi-même n'avions pas été d'accord sur le nom à donner à nos pensionnaires. Je reconnais que « Cubby » et « Tiberius Claudius Néron Drusus Germanicus César » n'étaient pas vraiment des appellations idéales, mais elles avaient tout de même une certaine allure, ce qui n'était pas le cas de « Oka » et « Vango » que la starlette en similicuir avait suggéré de sa bouche en cul-de-poule.

Tout en m'occupant ainsi, je faisais de mon mieux pour chasser de mon esprit un divorce qui se faisait de plus en plus menaçant. Et il ne fallait surtout pas effaroucher les commanditaires, déjà suffisamment réticents, en leur laissant soupçonner qu'il y avait des problèmes dans mon ménage, car ils auraient tout laissé tomber purement et simplement. Mais il n'était pas facile de garder le secret. Robert s'était mis à m'expédier des télégrammes furieux, suivis de lettres débordant d'invectives, avant de m'assaillir d'une série de coups de téléphone exaspérés. Et tout cela parce qu'il exigeait de savoir ce que je faisais au juste pour protéger ses intérêts.

Or la starlette, qui faisait office de secrétaire auprès du député, ouvrait tout le courrier sans aucune discrimination, si bien que Jakes me somma un jour d'expliquer la teneur d'un télégramme particulièrement violent que Robert venait de m'envoyer.

Robert, expliquai-je avec conviction, était plongé dans une grande anxiété et ce flot d'injures était simplement sa manière à lui de soulager la tension qui l'habitait. Mais il n'avait rien contre moi. Non, bien sûr, nous nous entendions parfaitement ! Ha-ha-ha. Je racontai la même histoire à tout le monde, mais il y eut tout de même quelqu'un qui ne fut pas dupe : Richard. Dès qu'il eut posé sur moi son regard, il vit que ma vie conjugale avait subi des dommages irréparables.

« Tu mens, dit-il quand je voulus le nier et il me mit un doigt sous le menton. D'abord, tu ne peux pas me regarder en face, et en plus, tu touches toujours tes cheveux de cette manière quand tu ne dis pas la vérité. Miss Pellicule, 1964 ! Tu ne veux pas me dire ce qui se passe au juste ? »

Alors je m'exécutai.

A mon grand étonnement, il ne parut pas surpris.

La fin d'un mariage

Les semblables ne devraient jamais s'assembler. Les zoologistes devraient fuir les zoologistes et les biologistes les biologistes, dès qu'il s'agit de mariage. Et ceci est particulièrement vrai quand ils ont l'un et l'autre la conviction intime que leur unique mission sur terre est de sauver de la disparition le pigeon bleu, le rat noir, la tique ou le cafard domestique. En théorie, ces couples idéaux devraient s'entendre comme larrons en foire. En fait, le spécialiste ne peut tolérer son partenaire que si ce dernier (ou plutôt cette dernière !) se contente de faire la vaisselle sans jamais tenter de se hisser au premier plan. On a beau partager les mêmes dangers et vivre des difficultés communes, rien de tout cela ne pourra cimenter les liens conjugaux à moins que l'un des deux ne s'efface complètement derrière l'autre.

Indiscutablement, l'idée de constituer une réserve naturelle était venue de Robert, et c'est lui qui avait fait l'essentiel en convertissant les Batauana à sa manière de voir. Mon rôle, selon lui, consistait à mettre en vedette d'abord la réserve de Moremi et ensuite Robert Kay. Ce que je faisais, d'ailleurs.

Et pourtant… il me faut reconnaître qu'il y a en moi une dose d'exhibitionnisme aussi grande que chez tout un chacun, et bien que je fusse prête à suer sang et eau pour une cause à laquelle je croyais de toute mon âme, je n'en étais pas pour autant disposée à rester dans les coulisses pour faire plaisir à Robert. Et cela, il ne pouvait pas le supporter, car je lui faisais de l'ombre, j'obscurcissais sa réputation de pionnier et de novateur.

En juin 1964, il apparut clairement qu'il n'avait aucunement l'intention de stopper la procédure de divorce, et devant cette détermination inébranlable les mécanismes de défense auxquels je recourais habituellement commencèrent à me faire défaut.

Je m'aperçus que je faisais ou que je disais toujours ce qu'il ne fallait pas, que j'offensais les gens pour qui j'avais de la sympathie, et que je perdais mes amis à la vitesse grand V au moment où j'avais le plus besoin d'eux.

Je finis par avoir l'impression que je traînais, suspendu à mon cou, un poids que je n'avais pas encore eu l'occasion de remarquer : c'était le cadavre d'un albatros.

La vie de château

Âgés maintenant de trois mois, Cubby et Tiber avaient totalement épuisé ce qui pouvait subsister de la bonne volonté locale et ils étaient devenus trop grands pour la maison de Chelsea. Heureusement, l'une des amies du député possédait un manoir au bord de la mer, dans le Kent, et un système nerveux à toute épreuve ; elle m'offrit de m'héberger dans une aile de son château.

Les lionceaux, de leur côté, en avaient assez des trottoirs trop durs et de la circulation trop intense ; ils furent aussi heureux que moi de quitter Londres. Aucun chèque n'était encore venu confirmer la faisabilité de nos projets cinématographiques et les promesses se raréfiaient tout autant que la bonne humeur ambiante. Quant au déluge d'appels téléphoniques émanant de Robert, qui continuait d'exiger une action immédiate, il ne faisait rien pour détendre l'atmosphère.

Peu après la publication d'*Okavango*, Robert avait cédé à un de ces accès de générosité qui le prenaient parfois et, sans prendre la peine de me consulter, il avait prélevé sur mon premier chèque une somme importante pour la donner aux tribus. Il avait mentionné ce geste en passant, un jour où il avait manifesté un peu moins d'agressivité que d'habitude, au téléphone, puis s'était étonné d'abord, et irrité ensuite, quand j'avais laissé éclater ma mauvaise humeur.

Pour ne rien arranger, ses largesses avaient entraîné des conséquences pour le moins fâcheuses : les Batauana trouvaient maintenant tout naturel que je finance la promotion de leur réalisation ; c'était un privilège qu'ils consentaient à m'accorder ! Et par-dessus le marché, l'idée de faire un film n'avait pas du tout l'heur de leur plaire, et ils ne s'en cachaient pas auprès de Robert, qui s'empressait alors de me tomber dessus à bras raccourcis.

J'affrontais déjà suffisamment de problèmes de mon côté pour ne pas avoir à résoudre, à des milliers de kilomètres de distance, ceux dont je n'étais pas responsable, et je ne me gênai pas pour lui communiquer mon amertume. Mur de silence. Et puis vint une succession de mauvaises nouvelles. En dépit de ma donation involontaire, le compte en banque de la réserve avait plongé dans le rouge. La banque refusait d'honorer les chèques. Mais le pire de tout, c'était que le bienfaiteur anonyme du Cap avait brusquement cessé de payer les gardes-chasse car les administrateurs de la réserve de Moremi ne s'étaient pas donné la peine de le mettre au courant de ce qui se passait. *Bref, il fallait que je rentre immédiatement!*

Pour une fois, cependant, je décidai de tenir bon. Ils n'avaient qu'à se débrouiller. Moi, j'avais besoin d'un peu de détente après toutes ces années d'épreuves, alors je remerciai Dieu de m'avoir offert ce sanctuaire accueillant et d'avoir eu la bonne idée d'affecter Richard à la direction des studios de télévision de Douvres, à deux pas de là.

D'un jour à l'autre, je sentais la tension qui s'était accumulée en moi disparaître peu à peu grâce au calme bienfaisant de la douce campagne du Kent. Mais cela ne pouvait pas durer indéfiniment, il fallait qu'un drame éclate.

Un matin, au réveil, j'entendis Cubby qui gémissait plaintivement dans la cuisine. Je le trouvai qui marchait de long en large devant le fourneau, manifestement en proie à une douleur atroce. Je le perchai sur mon épaule pour lui faire faire son rot, pour le cas où il aurait été victime d'un problème digestif, mais ce fut peine perdue. Il détourna la tête quand je lui présentai son biberon et dès le milieu de la matinée, voyant qu'il souffrait de plus en plus, je demandai à Marguerite, mon hôtesse, de me conduire chez la vétérinaire, laquelle m'enleva Cubby des bras pour lui faire subir une radio.

Une demi-heure plus tard, elle revenait pour m'annoncer d'un air contrit :

« Il souffre d'une déviation importante du côlon. Il faut que je l'opère immédiatement. Mais... eh bien, il n'est pas commode. »

Un siècle plus tard, Cubby émergea de la salle d'opération, allongé sur une civière, encore inconscient, le ventre en partie rasé. Nous restâmes un moment à le regarder d'un air consterné, Marguerite et moi. Il avait le souffle court et, de temps à autre, il laissait échapper un petit gémissement.

Pourtant, juste avant minuit, l'anesthésie cessa de produire son effet et à notre grande joie nous eûmes la surprise de le voir tenter de se mettre debout. Je réussis à le cueillir juste au moment où il allait tomber du chariot, la tête la première.

Nous l'avons ramené à la maison et j'ai passé le reste de la nuit à le garder sur mes genoux, ma seule inquiétude provenant des efforts que faisait Tiber pour venir le rejoindre.

La convalescence s'opéra à une vitesse merveilleuse, bien qu'il profitât parfois de sa maladie pour exiger des plaisirs auxquels il n'avait pas droit, et pendant plusieurs semaines le seul symptôme fâcheux qui subsistât encore fut une certaine difficulté à contrôler le sphincter anal.

Il souffrait encore de ce handicap peu glorieux quand Muriel Dowding me téléphona. Elle organisait une présentation de collections au profit de la Ligue de la Beauté sans Cruauté et si je lui amenais les lionceaux, elle nous laisserait tenir la scène pendant cinq minutes environ.

Elle envoya une vaste limousine noire pour nous permettre de faire le trajet, et une fois que Tiber eut été dissuadé, d'un coup de parapluie sur le nez, de manger la casquette du chauffeur, les deux lionceaux eurent un comportement irréprochable jusqu'à Londres.

C'est lorsque le chauffeur nous eut ouvert la portière devant l'hôtel que se produisit l'accident. Cubby, qui était resté paisiblement assis sur mes genoux, fut surpris par le fracas soudain de la circulation en ville et perdit de nouveau le contrôle de son sphincter... avant de me laisser le temps de saisir la pile de serviettes dont je m'étais amplement pourvue.

Quelques minutes plus tard, j'étais dans les toilettes pour dames, à demi nue, épongeant le derrière de Cubby au-dessus d'un lavabo pendant que ma robe d'été trempait dans un autre et que la préposée tentait de tenir Tiber en respect avec une chaise.

Nous sommes arrivées dans les coulisses juste à temps :

un lionceau mouillé, un autre sec et une femme dans une robe très humide. Et pendant cinq longues minutes, cinq cents femmes ont applaudi avec ravissement tandis que les bestioles, toutes fières de se voir devenues des stars, tentaient de m'entraîner loin du podium où je m'étais juchée pour prononcer quelques paroles distraites sur la réserve de Moremi.

Pourtant le message passa et l'assistance se fendit de cinquante livres. Une belle somme pour l'époque.

« Ma chérie, roucoula Muriel en me tendant les billets, tu as fait un véritable tabac. Mais je voudrais que tu me promettes une chose. Quand tu seras rentrée en Afrique, il faudra que tu apprennes aux lions à se nourrir uniquement d'herbe.

— *D'herbe?*

— Oui. C'est écrit en toutes lettres dans la Bible. Ça ne devrait donc pas être trop difficile. »

Je me remémorai le passage : « ... et le lion s'étendra à côté de l'agneau ». Peut-être, en effet, mais je ne pus m'empêcher de me dire que si un agneau était assez naïf pour se coucher aux côtés d'un lion de Moremi, il ne tarderait pas à regretter cette marque de confiance.

Cubby ne se fit pas faute de confirmer mes doutes. Nous l'entendîmes pousser des grognements satisfaits : il avalait à grandes lampées la viande hachée crue et encore saignante qui se trouvait dans son écuelle. Muriel fit une petite grimace.

« Oui, naturellement, il n'est encore qu'un bébé », dit-elle d'un air indulgent en lui tapotant la tête.

Okavango Bill

« Il y a un télégramme pour vous, me dit d'une voix guillerette la secrétaire du député qui m'appelait de Londres. Vous voulez que je vous l'ouvre ? »

De toute manière, elle l'avait sans doute déjà ouvert.

« Oui », dis-je.

Elle le lut.

« Il dit : "Emm partie pour de bon", et c'est signé Robert. »

Je dus me cramponner au dossier de ma chaise pour ne pas tomber.

« Vous êtes bien sûre que c'est ce qui est écrit ?

— Mais oui, fit-elle d'un air agacé. "Emm partie pour de bon."

— Merci », dis-je.

Et j'éclatai en sanglots.

Au bout de douze mois, le calvaire commençait enfin à s'estomper. Le message était rédigé bizarrement mais il ne pouvait signifier qu'une chose : Robert et Emm avaient cessé de s'aimer. Notre couple pouvait être sauvé. J'écrivis à Robert une lettre enflammée.

Seulement, ce n'était pas du tout cela qu'il avait voulu dire. En fait, Emm l'avait laissé tomber et était retournée en Australie, mais lui, il souffrait comme un damné. Et il me haïssait parce que tout cela était ma faute. J'avais écrit à Tris pour essayer de le réconforter, car il savait que nous allions divorcer, et Tris avait montré ma lettre à Emm qui, je ne sais pourquoi, s'était offusquée de voir qu'on la traitait de péronnelle complètement demeurée, et avait aussitôt décidé de prendre le large. Maintenant Robert voulait divorcer le plus vite possible.

Jamais, de toute mon existence, je n'avais été frappée d'une telle stupeur. Robert venait de raccrocher et j'étais encore sous le choc de cette révélation quand le député me téléphona. Les commanditaires, annonça-t-il sans le moindre préambule, avaient renoncé à financer le film. Étant donné les circonstances, suggéra-t-il charitablement, j'avais peut-être intérêt à retourner en Afrique... Je n'avais plus assez de larmes pour pleurer.

Le lendemain, je prenais le train de Londres. Je versai encore des larmes quand Cubby et Tiber, nerveux et étonnés de se retrouver en compagnie d'inconnus, partirent pour le zoo de Molly Badham, dans les Midlands.

Je m'envolai à destination de l'Afrique par une soirée morne et grise de novembre, sous un ciel constellé de feux d'artifice car c'était le jour de Guy Fawkes.

Au moment où je prenais place dans l'avion, et comme si je n'avais pas été déjà suffisamment malheureuse, il fallut que je sois prise d'un accès de tics nerveux — des crispations soudaines et irrépressibles des paupières — qui commença dès que j'eus attaché ma ceinture de sécurité. Je m'efforçais d'abord de ne pas y attacher d'importance mais ces contractions involontaires finirent par me gagner tout le corps. Folle d'inquiétude, je demandai à l'hôtesse de l'air s'il y avait un docteur dans l'avion.

Elle prit un air soucieux.

« Sur ce vol, non, hélas. Mais vous n'avez qu'à prendre un scotch avec de l'aspirine. Vous aurez intérêt à aller consulter votre médecin personnel le plus tôt possible après l'atterrissage. Mais, dites-moi, vous avez eu des contrariétés? Ça pourrait expliquer que vous soyez dans un état pareil. »

Ces horribles crispations se poursuivirent sans relâche pendant douze heures, jusqu'au moment où l'avion se posa à l'aéroport de Kumalo, près de Bulawayo. Je m'étais bien gardée de prévenir Robert de l'heure de mon arrivée, car je voulais, avant de l'affronter, avoir le temps de me réadapter à l'Afrique; un gémissement s'échappa de mes lèvres quand je le vis qui m'attendait dans le hall des arrivées, le visage blême de colère.

Il y eut une scène bien pénible, en plein milieu de la foule, qui atteignit son paroxysme lorsque Robert éclata en sanglots bruyants, nullement gêné par les regards curieux des gens qui s'arrêtaient pour assister au spectacle. Il cria qu'Emm avait tenté de mettre fin à ses jours en se précipitant à bas d'un cheval au galop et qu'elle était maintenant clouée sur un fauteuil roulant, totalement paralysée jusqu'à la fin de ses jours.

J'appelai un porteur goguenard, lui demandant de prendre mes bagages et de me trouver un taxi. Robert tenta de monter avec moi, puis se souvint qu'il avait laissé sa propre voiture sur le parking. Il consentit alors à m'emmener jusqu'à un hôtel. Une fois arrivée, le corps toujours secoué de tremblements incontrôlables, je téléphonai à l'ancien patron d'Emm, le directeur de l'école d'équitation.

« Foutaises que tout cela, s'empressa-t-il de rétorquer avec mépris. Elle est tombée de son abruti de poney parce qu'il refusait de sauter et elle s'est cassé un os ou deux. C'est des choses qui arrivent tous les jours, quand on fait de l'équitation. Elle sera rétablie sous peu. La vérité, c'est qu'elle est retournée en Australie parce qu'elle voulait revoir son fiancé. Elle commençait à en avoir marre de Robert. »

Je dois reconnaître que cette nouvelle me procura une satisfaction plutôt perverse, pas assez intense toutefois pour améliorer mon état de santé, de plus en plus inquiétant. Tous les membres agités de soubresauts, j'allai consulter mon médecin dès le lendemain matin et il me prescrivit des tranquillisants puissants en me recommandant un repos prolongé. Le moment était vraiment bien choisi ! Sans prêter la moindre attention aux voix intérieures de la raison, je me laissai persuader presque immédiatement de participer au safari qui allait se révéler comme le plus désastreux et le plus horrible de toute mon existence.

J'étais convoquée chez le juge, pour le divorce, à la mi-décembre, et en dépit de mes supplications, le Fonds mondial de la nature choisit ce moment pour envoyer le fonctionnaire tout nouvellement nommé qui serait chargé d'inspecter la réserve de Moremi. Mes problèmes personnels, insinuait-on, n'étaient pas de nature à justifier le report d'une telle démarche.

Moi qui avais tant besoin d'un peu de tranquillité et de temps libre pour réfléchir à ce que j'allais faire du reste de mon existence, je me trouvai confrontée à un individu soupçonneux, entièrement dépourvu du tact le plus élémentaire, que les membres des tribus prirent aussitôt en grippe en le baptisant, avec une ironie appuyée, « Okavango Bill ».

Cet ours mal léché dispensait aux Blancs comme aux Noirs, sans discrimination aucune, une hostilité impartiale et il avait la manie particulièrement offensante de dire : « Allez raconter ça à d'autres » chaque fois que quelqu'un essayait de lui expliquer un problème particulier affectant la réserve de Moremi. N'importe qui aurait pris ombrage de cette incrédulité méprisante, c'est pourquoi les notables des tribus, qui jouissaient dans leur communauté d'un prestige et d'une dignité incontestés, se trouvaient doublement offensés par cette grossière mise en question de leur honorabilité. D'autant plus qu'elle était totalement injustifiée.

Pour ne rien arranger, des pluies précoces avaient provoqué des inondations dans les plaines intérieures et éparpillé le gibier aux quatre coins de la forêt de mopanis. On avait promis à Okavango Bill des hordes d'animaux de toutes sortes et il ne réussit en fait qu'à entrevoir au loin quelques rassemblements de gnous, un ou deux phacochères, deux ou trois impalas et un petit nombre d'antilopes.

Ensuite, il s'aperçut que Jack Ramsden se servait de l'unique Land Rover de la réserve pour rentrer chez lui le soir, au lieu de la laisser à la merci des vandales devant les bureaux déserts de l'administration ; il s'empressa de signaler au Fonds mondial de la nature que le matériel de la réserve était utilisé à des fins personnelles par certains employés.

Il prétendit également s'être fait l'écho d'un bruit selon lequel Isaac Tudor, le trésorier de la société, avait arrondi ses fins de mois en allant braconner le rhinocéros dans la dépression de Mabebe. Pour parvenir à accomplir un tel exploit, il aurait fallu qu'Isaac soit capable de voyager dans le temps, car le dernier rhinocéros du Mabebe avait été abattu avant le début du siècle. Mais Okavango Bill ne prit jamais la peine de corriger son erreur.

Pendant ce temps, Robert continuait de me harceler sans répit et, pour une raison que je n'ai jamais pu préciser, Bill, qui avait pourtant d'autres chats à fouetter, se mit à me chapitrer sur le compte de Robert. Excédée au-delà de toute mesure, je partis du camp une nuit, décidée à ne plus jamais y remettre les pieds. Heureusement pour la suite des événements, les glapissements d'une hyène me firent vite changer d'avis.

Mais tout a une fin et Bill se décida un jour à repartir pour l'Angleterre. A mon grand étonnement, Robert murmura alors, bien à contrecœur, il est vrai, quelques paroles d'excuses, et il me montra une lettre qu'Emm avait écrite sur le bateau qui la ramenait en Australie pour toujours : « ... absolument sensationnel, *il n'a que vingt-six ans, et il est célibataire* ! Je ne t'ai pas été fidèle, mais c'est la vie, que veux-tu ? Oh ! là ! là !... » Une vraie salope.

En décembre, je repartis pour Bulawayo, en plein rush de Noël, avec des guirlandes et de la bonne humeur plein les boutiques, mais je partageais un appartement non meublé avec Olivier : nous dormions sur des plaques en mousse de plastique et je faisais frire des œufs dans une casserole en fer-blanc que je tenais au-dessus de la flamme d'une bougie.

Quand le jour du divorce arriva enfin, j'envoyai mon petit garçon loger avec son frère à l'école d'équitation car je me rendais bien compte que ma compagnie ne serait joyeuse pour personne ce soir-là, quelle que fût la décision du magistrat.

Heureusement, le juge était un homme que je connaissais et pour lequel j'éprouvais de la sympathie ; il prononça un jugement provisoire aussi rapide et indolore que possible.

Robert m'attendait devant le palais de justice.

« Formidable ! s'exclama-t-il, le visage rayonnant. Merveilleux ! Je suis enfin libre ! Il faut arroser ça. Viens, on va aller boire un verre ! »

Une telle impudence me surprenait trop pour que je songe à refuser. Et c'est alors, Dieu me pardonne, qu'il me présenta à Hugh Islington-Highbury qui, m'expliqua Robert avec un sourire en coin, « avait été mis en réserve pour me remonter le moral après le divorce ».

« C'est exactement ton type ! » s'écria-t-il avec enthousiasme.

Surprise, surprise ! Hugh était en effet exactement mon type à l'époque car je n'avais pas encore appris à me méfier des goujats et des traîne-savates. Et cette rencontre marqua le début d'une période d'euphorie qui dura cinq jours. Il me fallut une année entière pour arriver à m'en remettre.

Choisissant son moment avec un tact exquis, Hugh repartit pour le Kenya le soir de Noël afin d'y retrouver sa cinquième femme, et il ne me resta plus qu'à attendre ses lettres. Je les attends toujours...

Je me retrouvais de nouveau seule mais au moins j'avais du temps devant moi pour examiner ma situation : pas de domicile fixe, aucune source de revenus. Les droits d'auteur de mon second livre, *L'Éden sauvage* avaient été depuis longtemps engloutis dans les sables arides de Moremi. J'avais sacrifié la moitié de mon capital pour épargner à Hector la meute des médias et le reste était toujours bloqué dans un immeuble que je ne pouvais ni louer ni vendre.

Il paraît facile maintenant, le recul aidant, de me dire que j'aurais dû rompre complètement avec le passé et repartir de zéro dans un autre pays. C'est d'ailleurs ce que je me disais à l'époque mais toutes ces émotions m'avaient trop épuisée pour que je puisse faire un tel effort. En fin de compte, et stupidement, j'acceptai de continuer à organiser des safaris avec Robert « sur le plan purement commercial, rien de... hum... personnel », m'assura-t-il avec un large sourire.

Les débuts de notre entreprise ne furent guère prometteurs.

Dès les premiers jours de janvier, Son Altesse royale le prince Bernhard des Pays-Bas décida de venir au Bechuanaland pour procéder à une inspection personnelle et approfondie de la réserve de Moremi pour le compte du Fonds mondial de la nature dont il était l'un des éminents protecteurs.

Ce n'était pas une très bonne idée. Le prince avait choisi pour venir la plus mauvaise période possible. La saison des pluies battait son plein et tous les véhicules, même ceux qui étaient pourvus de quatre roues motrices, s'enlisaient irrémédiablement dans la boue cotonneuse et collante des molapos. En outre, les plaines intérieures étaient inondées et les animaux sauvages, qui n'étaient plus obligés de se concentrer au bord des rivières pour trouver de l'eau, s'étaient éparpillés dans les épaisses forêts.

Naturellement, Son Altesse royale ne vit pratiquement rien d'intéressant au cours de ce voyage sur les chemins bourbeux qui menaient au centre de la réserve, ce qui était déjà suffisamment fâcheux en soi. Mais le pire était encore à venir.

En dépit de la pluie, il faisait une chaleur accablante et les mouches tsé-tsé avaient décidé de sortir des arbres en masse pour s'abattre sur tout ce qui bougeait. Le convoi du prince avait subi des retards importants car il fallait sans cesse extirper les Land Rover de la terre instable des vleis et il y avait deux heures que nous l'attendions, Robert et moi, en compagnie de Jack Ramsden et de certains des notables indigènes, quand le premier véhicule de la suite princière émergea en zigzaguant de la forêt pour s'engager dans le molapo avant de venir jusqu'à nous. Robert avança de quelques pas.

« Et alors, ce Bernhard et sa clique, ils se pointent, oui ? » demanda-t-il. D'une voix forte.

Les aides de camp du prince eurent un haut-le-corps. Je me mis à prier, ardemment, mais inutilement, pour qu'un gouffre s'ouvre à mes pieds et m'engloutisse. Je savais déjà que, quoi qu'il arrive désormais, Robert venait délibérément de signer son avis de licenciement, mettant fin à sa carrière de protecteur de la nature d'une manière irrévocable. Un tel crime de lèse-majesté ne pouvait espérer le pardon. Et tel fut bien le cas.

Quand le prince arriva, il partit avec Jack Ramsden pour guide, et nous les suivîmes à une distance respectueuse. Au point où en étaient les choses, la vue d'un troupeau de buffles ou d'une belle tribu de lions aurait peut-être encore pu rétablir la situation mais deux phacochères et un couple d'impalas ne réussirent pas à faire le poids.

« Mais enfin, pourquoi as-tu fait ça, bon sang ? grinçai-je alors que le sinistre après-midi tirait à sa fin. Qu'est-ce qui t'a pris de parler ainsi de lui et de sa suite ? »

Robert parut surpris par ma question. Il n'allait pas se laisser démonter pour si peu.

« Écoute, ça faisait deux heures que je l'attendais, en plein soleil, pendant que lui, il voyageait confortablement. Et puis pourquoi faire tant d'histoires, après tout ? C'est pas comme s'il était anglais. »

L'inévitable lettre de Peter Scott arriva deux semaines plus tard. Naturellement, il était sincèrement désolé mais le Fonds mondial de la nature ne pouvait continuer à financer

Moremi. Il avait besoin de tout son argent pour des projets plus importants. Bien entendu, leur inspecteur de l'Okavango le tiendrait au courant des progrès qu'il pourrait constater dans la situation ultérieure. Etc.

Nous n'avions plus d'argent ni l'un ni l'autre, maintenant, et mon troisième livre, *La treizième lune*, qui présentait un historique de la constitution de la réserve, n'était encore qu'à demi achevé. Nous allions devoir nous serrer la ceinture jusqu'au dernier cran, et la première chose à faire, c'était de se débarrasser de Timber. Nous n'avions plus les moyens de le nourrir.

Le petit lion était d'humeur particulièrement enjouée ce matin-là et il se précipita en bondissant à la rencontre de Robert qui venait vers lui. Robert lui logea une balle dans la tête, puis il se détourna du cadavre défiguré, posa soigneusement le fusil sur le râtelier et appuya sa tête sur la table du camp. Alors il éclata en sanglots.

Et il n'y avait rien que je puisse faire pour le consoler.

Le retour de Tiberius Claudius Néron Drusus Germanicus César

Le voyage que je fis ensuite en Afrique du Sud pour solliciter une aide financière fut totalement infructueux : je ne récoltai pas un centime. J'avais épuisé la totalité de mon capital émotionnel et je ne pouvais plus faire passer le message d'une manière aussi efficace qu'autrefois.

Chaque jour, des massacres déchiraient le Congo belge qui venait d'accéder à l'indépendance, et toutes les nouvelles atrocités se trouvaient décrites dans le moindre détail, avec photos à l'appui pour mieux en montrer l'horreur. La Croix-Rouge réclamait des volontaires pour aider les survivants et, arguant de l'expérience que j'avais acquise en traitant les cas d'urgence dans la brousse, je téléphonai à son bureau du Cap pour offrir mes services.

La réponse ne fut guère encourageante. Les gens que l'on recherchait devaient être dotés de compétences médicales reconnues beaucoup plus que de notions empiriques, même si elles avaient fait leurs preuves. Mais le problème se résolut de lui-même, sous la forme d'un télégramme signé Jim-Jim, émanant d'un fabricant de sacs à ciment qui avait un jour participé à un safari avec Robert et moi. Accepterais-je de me joindre à lui pour passer quelques jours de vacances en Suisse? Tous frais payés.

Une fois de plus, ces mots magiques. Me voilà! Tout de suite; et c'est reparti! J'espérais pourtant, sans y croire vraiment, qu'il n'y aurait pas de contraintes trop particulières...

En fait, j'avais le choix entre les pistes de ski de Saint-Moritz et la perspective de me retrouver morte, la tête enfouie dans un fossé du Congo, après avoir subi les derniers outrages. Honnêtement, je ne pensais pas que la

Croix-Rouge allait souffrir de devoir se passer de mes services.

Bref, il n'y eut pas de contraintes. Jim-Jim voulait simplement avoir à ses côtés une compagne compréhensive et je vécus avec lui quelques jours de bonheur, savourant un luxe à peine imaginable.

Mais nos rapports se refroidirent soudain, le jour où il refusa le caviar et le bœuf Maréchal pour commander un potage aux asperges et un hamburger *pour nous deux* ! Jetant un regard autour de moi, je découvris qu'il y avait de nombreuses jeunes femmes très élégantes, ployant sous le poids des diamants, qui dînaient avec des quinquagénaires replets, capables semblait-il de manger sans enlever de leur bouche le cigare Davidoff qu'ils venaient d'allumer.

Non, cette vie n'était pas aussi attrayante que je l'avais espéré. Je m'excusai auprès de Jim-Jim et repris l'avion pour Londres.

Richard avait maintenant été muté au bureau régional de la BBC à Birmingham, où il dirigeait le service des informations et de l'actualité. Un matin, au cours de la réunion de son équipe, il retourna une coupure de presse dont le groupe venait de discuter. Au verso, se trouvait la photographie d'un lion.

« Je reconnais ce lion, s'exclama-t-il au grand ahurissement de ses collaborateurs. Mais oui, bien sûr, insista-t-il. Il s'appelle Tiberius Claudius Néron Drusus Germanicus César et sa mère adoptive était très férue des ouvrages de Robert F. Graves. »

Un certain malaise s'était installé dans le bureau. La secrétaire de Richard reposa son bloc-notes.

« C'est évident, monsieur, dit-elle d'un ton conciliant. Voulez-vous que j'aille vous chercher une bonne tasse de café ? »

Le hasard voulut justement que je téléphone de Londres, à Richard, une demi-heure plus tard ; entre-temps, un membre de son équipe avait consulté le zoo et confirmé, avec une déférence retrouvée, que l'animal représenté sur la photo était bien Tiberius Claudius, etc.

« Formidable ! s'écria-t-il. Viens passer quelques jours ici et je m'arrangerai pour te réserver une séquence aux actualités régionales si tu veux parler de ton livre et de Moremi. »

Il faisait un froid glacial quand j'arrivai à Birmingham et les seuls vêtements chauds que j'avais étaient la tenue de ski qui m'avait coûté si cher à Saint-Moritz. Il régnait dans les studios de la BBC une odeur de lavande bon marché et les gens avaient tous un air mystérieux.

Sans même prendre le temps de m'offrir une tasse de café, Richard me fit entrer dans le studio et juste avant que ne se referme la porte capitonnée, je l'entendis qui lançait : « ... et pour l'amour du Ciel, ne la laissez surtout pas sortir de là-dedans. »

Le présentateur, un garçon tout à fait affable et avenant qui s'appelait Tom Coyne, commença par me poser des questions pertinentes sur la réserve de Moremi, puis il me désigna une image affichée sur l'écran de contrôle du studio.

« Vous reconnaissez cette photo ? » me demanda-t-il.

Bien sûr que je la reconnaissais. Elle était tirée d'une série que Richard avait prise quand les lionceaux habitaient Chelsea.

« C'est Tiberius Claudius Néron Drusus Germanicus César, dis-je avec un large sourire.

— Eh bien oui, en effet, dit Tom après avoir observé un instant de silence. En tout cas, nous avons ici un ami qui meurt d'envie de vous revoir. »

Là-dessus, la porte du studio s'ouvre. Le lionceau représenté sur la photo prise par Richard avait été une bestiole minuscule, un bébé potelé de trois mois d'âge. Et maintenant, c'est un lion presque adulte qui apparaît dans le studio.

Je me rappelle avoir ouvert les bras en appelant son nom, sur quoi Tiberius, etc., se dégage d'un bond de son gardien et se précipite vers moi en ronronnant avec ravissement. Je crois lui avoir dit quelque chose d'idiot, du genre : « Mon chéri, ce que tu as grandi ! » Mais je suis certaine d'avoir pleuré. Sincèrement, je ne m'en souviens pas.

Quant à Tom et ses collaborateurs, ils n'étaient guère familiarisés avec les lions, et le ronronnement du fauve ne leur avait pas paru très rassurant. La plupart d'entre eux disparurent très rapidement mais il y eut tout de même un audacieux qui garda son sang-froid et sa caméra braquée sur la tête superbe de Tiber au moment où celui-ci frottait sa joue contre la mienne et m'entourait les épaules avec ses pattes. C'est Richard qui me raconta par la suite ce qui s'était passé.

« Au début, nous avons dû l'enfermer dans le plus grand de nos placards à balais, mais j'étais sûr que tu décèlerais son odeur aussitôt que tu aurais mis les pieds dans les studios, c'est pour cela que nous avons aspergé les lieux avec un déodorant à base de lavande. Naturellement, Tom et la plupart des autres attendaient un joli petit lionceau, alors quand ils ont vu ce mastodonte, ils se sont précipités derrière l'écran du cyclorama. Sur les dernières images que nous avons prises, juste avant le générique final, on te voit assener des petites tapes sur les babines de cette satanée bestiole au moment où elle essaie de te lécher le visage. Et tu lui cries : "Arrête, espèce d'idiot ! Tu vas abîmer mon fond de teint !" »

Dans le salon de réception, après l'émission, une fois la laisse de Tiber réparée, je demandai avidement des nouvelles de Cubby.

« Oh, il va bien, dit Molly Badham. Très bien. »

Mais il n'en était rien. Cubby était mort.

L'avorton de la portée

> « La lune, à l'horizon, au-dessus de l'Afrique, disait : "C'est ici que tu es chez toi!" »
> Rudyard KIPLING, *Jobson's Amen*.

J'aurais pu rester en Angleterre, me trouver un emploi, faire venir Olivier et réparer ma vie brisée... mais l'Afrique ne se laisse pas oublier aussi facilement. L'odeur du delta était encore très forte dans mes narines et je m'éveillais toujours, à l'heure où commence la chasse, tendant l'oreille pour percevoir l'appel nasillard du gnou effrayé, les cloches d'airain dans la gorge du zèbre pris de panique, le défi du lion et les cris déments de la hyène au fond des ténèbres qui peuplent les molapos.

Richard me mit dans le train de Londres et, cette fois, ce fut plus pénible que jamais de lui dire au revoir. Et nous allions rester séparés pendant six ans, car de Londres je pris le premier avion en partance pour l'Afrique.

La première chose que je fis, une fois arrivée au Cap, fut de prendre un taxi pour aller chercher Cats chez les gens qui nous avaient prêté leur sous-sol. La maîtresse de maison me tint des propos inexplicablement évasifs. Elle avait l'air déroutée par ma présence.

« Tiens, dit-elle, c'est June... Eh bien, en fait ça fait deux jours que nous ne la voyons plus, mais à votre place je ne me ferais pas de soucis ; elle a pris l'habitude récemment de se promener un peu. Elle va souvent jouer avec les enfants qui habitent un peu plus loin. » Et elle répéta : « A votre place, je ne me ferais pas de soucis », ce qui suffit pour m'affoler complètement, aussi illogique que cela puisse paraître.

Je me rendis dans la maison où habitaient ces enfants mais ils ne l'avaient pas vue, eux non plus, depuis l'avant-veille.

« Une bull-terrier blanche ? me dit l'employée de la SPA.

Oui. Nous l'avons trouvée. Elle errait, sans collier, et nous nous sommes dit qu'elle avait dû se faire heurter par une voiture, avec ce trou béant qu'elle avait dans le crâne. Et nous avons pensé qu'il vaudrait mieux l'abattre. Ça s'est passé hier. »

Hier.

Je passai au crible, la rage au cœur, toutes les petites annonces des journaux du Cap, mais personne ne vendait de bull-terriers, alors j'allai à la bibliothèque pour consulter les numéros récents du *Rand Daily Mail.* Il y avait une portée de chiots à vendre.

Je pris le train de nuit pour Johannesburg, m'engouffrai dans un taxi à la gare et me fis conduire directement à la maison de la banlieue où habitait l'éleveur.

Pendant tout le trajet, du Cap jusque-là, j'avais dû lutter contre l'impression que j'étais en train de trahir la mémoire de Cats, cette pauvre Cats qui était morte alors que je n'étais pas à ses côtés pour l'aider à vivre ses derniers instants. Je versai sur elle des larmes amères mais je savais aussi que je n'aurais jamais le courage d'annoncer sa mort à Olivier tant que je n'aurais pas trouvé une autre chienne pour le consoler.

Pourtant, ma rencontre avec l'homme qui avait passé l'annonce ne me parut guère rassurante. Il avait un regard en dessous et des vêtements d'une propreté douteuse. Mon anxiété éveilla quelque peu ses soupçons.

« Oui, il y a bien une femelle, reconnut-il à contrecœur, une fois que j'eus examiné les neuf nourrissons vigoureux qui tiraient avec ardeur sur les tétons d'une chienne épuisée dont les regards implorants me disaient clairement qu'elle aurait préféré ne jamais enfreindre les règles de la chasteté. Mais vous n'en voudrez jamais, ajouta-t-il pour se débarrasser de moi. C'est un véritable avorton. »

Cats avait été, elle aussi, l'avorton de la portée.

« Où est-elle ? demandai-je.

— Personne ne voudra jamais acheter un tel déchet », dit l'éleveur quelques instants plus tard en posant à terre une petite chose à l'aspect misérable. L'un de ses frères se mit aussitôt à la mordre, mais, curieusement, elle n'aboya même pas. « J'aurais dû la noyer aussitôt après sa naissance, continua l'homme.

— Tu as bien raison, George, renchérit sa femme. Nous

gaspillons notre argent en continuant de la nourrir. La dame ne voudra pas d'elle. Autant la mener chez le vétérinaire. »

La petite chienne me rendit mon regard, puis elle s'approcha de moi d'un pas incertain et s'assit sur mon pied, la face fendue d'un sourire hideux, attendant que j'aie fini de remplir mon chèque.

C'était une journée froide, avec un vent cinglant venu du haut Veld. J'installai la bestiole sur ma poitrine, reboutonnant bien mon chemisier sur elle, et après de longues recherches je trouvai un petit hôtel où l'on n'était pas trop regardant pour les animaux.

Je passai ensuite trois heures à tenter de la persuader de prendre quelque nourriture mais elle refusa obstinément toute la gamme des produits pour chien que je m'étais procurés. Ensuite, elle se racheta en engloutissant le dîner qui avait été préparé à mon intention et qui se composait de poulet accompagné de bananes frites.

Et c'est du poulet et des bananes frites, exclusivement, qu'elle a consenti à manger pendant trois semaines, jusqu'à mon retour en Rhodésie. Une fois là-bas, elle trouva Olivier, assis sur le perron, qui savourait, comme tous les jours en milieu de matinée, quelques biscuits tartinés de beurre de cacahuètes. Ce menu lui plut, elle ne voulut plus manger que cela par la suite.

Beaucoup de chiens avaient déjà fait ma conquête avant ce jour froid de juin et beaucoup d'autres m'ont possédée depuis, mais aucune ne m'a fait autant marcher que Trèfle Blanc de Marlborough, alias Piggy-Anne.

Le grand barrage

Je retournai dans le delta pour quelque temps, mais j'eus l'impression de ne plus être chez moi ; toute joie semblait y avoir disparu. En août 1965, je repartis dans la vallée du Kwaii pour la dernière fois. Dans l'une des courbes de la rivière, le courant avait fait apparaître un petit banc de sable, et l'eau y était d'une clarté et d'un éclat qui faisaient songer à du cristal : je pris l'habitude de m'y baigner ; je restais ensuite étendue toute nue sur la berge, dans une immobilité absolue, pour observer les antilopes rouges qui se disputaient farouchement le territoire, ou attendre que les guibs mouchetés sortent timidement de la forêt pour venir boire. Pendant toute la durée du trajet, j'avais délibérément évité de regarder la rivière mais Piggy-Anne dressait ses pattes contre la vitre en gémissant.

A Bulawayo, je trouvai la ville pleine de fantômes, elle aussi. Aucune route ne me permettait de retourner à mon Rocher de Far Lamorna et le seul occupant de ma hutte de roseaux au bord du Thamalakane était le gros python qui vivait dans le chaume. Ces deux endroits étaient devenus étrangement irréels, comme dépouillés de toute vie familière, et ils avaient pris l'apparence de photos sépia fanées, semblables à celles que l'on peut voir dans l'album de famille d'un étranger. Je n'y étais jamais allée, je ne les connaissais pas.

Je partis donc pour Salisbury, à cinq cents kilomètres de là, et me fis embaucher comme comptable dans une chaîne d'hôtels qui venait de faire construire un poste avancé auprès d'un vaste lac artificiel, à Kariba, dans la vallée du Zambèze.

La création de ce lac avait été le fruit des efforts

héroïques des ingénieurs, et comportait, sur le plan humain, des aspects beaucoup moins héroïques... L'histoire de cette réalisation a été racontée en détail par le regretté Frank Clements dans son livre intitulé *Kariba*.

Dans la gorge de Kariba sévit le climat le plus exécrable que l'on puisse trouver en Afrique, au sud de l'équateur. Pendant dix mois de l'année, la chaleur suffocante et l'humidité se combinent pour donner à l'air une consistance curieuse, qui fait songer à de la mélasse et rend la respiration très difficile.

Comme si cela ne suffisait pas, l'accès au lac exige un effort physique très éprouvant. La route, étroite et sillonnée d'ornières, qui vient de Salisbury, serpente dans la montagne en une série d'épingles à cheveux impressionnantes avec une succession de virages sans la moindre visibilité.

A cette époque-là, le trajet en avion n'était guère plus facile, car l'unique piste d'atterrissage était généralement envahie par les éléphants, qui ne se gênaient pas pour montrer leur hostilité quand on tentait de les en chasser.

En prenant cet emploi, je m'étais attendue à un petit train-train monotone, de neuf heures du matin à cinq heures du soir, et c'est en effet ce qui se produisit, la plupart du temps, à Salisbury. Malheureusement, l'hôtel du barrage se retrouvait parfois sans personne pour le diriger et on m'envoyait à Kariba pour assurer l'intérim, en attendant l'arrivée de nouveaux gérants, qui ne tardaient jamais à repartir, une fois disparues les illusions du début.

Parfois le processus de remplacement était si rapide que je me trouvais prise entre deux feux : ceux qui partaient jurant les larmes aux yeux qu'ils ne remettraient jamais les pieds sur les berges de ce maudit lac, tandis que les nouveaux arrivants demandaient innocemment s'il était exact que la gorge tout entière était hantée par Nyami-nyami, l'esprit de la rivière, qui semait la terreur et le désastre tout à l'entour.

Il ne leur fallait guère de temps pour découvrir une influence tout aussi maléfique et beaucoup plus proche de leur univers quotidien. Les « chalets de luxe » étaient infestés de rats, de souris, de régiments de punaises sanguinaires, et même parfois de vipères clothos. Heureusement, les parties communes étaient plus accueillantes, surtout quand l'éclairage fonctionnait normalement.

Si le courant faisait si souvent défaut, c'était surtout à cause d'Andie et de Johnnie : des jeunes gens courageux mais un peu simplets, qui avaient trouvé un moyen infaillible de rendre l'hôtel rentable. Andie, un Viking blond, était le fils d'un de nos plus importants actionnaires. Johnnie, un errant perpétuel mais dur à la tâche, était arrivé là par hasard un jour, venu de Suisse ; l'endroit lui ayant plu, il avait décidé d'y rester travailler bénévolement.

Le budget de l'hôtel était fortement déficitaire et les huissiers campaient inconfortablement dans l'une des chambres de l'annexe où quelqu'un les avait enfermés par inadvertance.

Andie et Johnnie décidèrent d'assainir les comptes en commençant par réduire la note d'électricité. Pour y parvenir, ils isolèrent du circuit les compteurs de l'hôtel en branchant directement les fils d'alimentation sur les câbles qui provenaient de la centrale implantée au-dessus du barrage. Un éclair aveuglant se produisit alors, pulvérisant tous les fusibles à deux kilomètres à la ronde. L'hôtel fut plongé dans l'obscurité, de même que la centrale électrique, et la vague lueur provenant d'une « township » lointaine s'éteignit à l'horizon.

Quand la police arriva, quelques heures plus tard, car elle avait été retardée par un troupeau d'éléphants qui s'était installé pour la nuit en travers de la route, tous les fils avaient été remis en état, comme si de rien n'était, et les clients savouraient tranquillement leur dîner à la chandelle, dont le menu comportait automatiquement la spécialité du chef : la soupe aux papillons de nuit...

J'avais emmené Piggy-Anne au barrage afin qu'elle ait un peu plus d'espace à explorer, pour une fois. Un soir, elle refusa toute nourriture. Je lui pris la tête à deux mains et abaissai délicatement ses paupières inférieures pour voir la couleur de ses yeux : ils étaient d'un blanc mat !

Comme il n'y avait pas de vétérinaire à Kariba, j'empruntai une voiture et roulai toute la nuit pour gagner Salisbury. Le petit corps de Piggy-Anne était brûlant ; elle respirait avec difficulté. Nous atteignîmes la ville à quatre heures du matin et le vétérinaire, arraché du lit par mon coup de téléphone frénétique, accepta de venir chez moi, où il arriva dès qu'il eut enfilé un pardessus sur son pyjama. Il diagnostiqua la nagana, la maladie du sommeil, et injecta à la petite chienne une dose d'anti-tripanosome.

Pendant qu'elle récupérait, Robert vint me retrouver dans mon appartement pour me soumettre une proposition qu'il jugeait des plus raisonnables. Il me suggéra, d'un ton négligeant, que nous pourrions nous remarier.

Il pleuvait quand nous ressortîmes du bureau de l'état civil, un déluge tropical en règle, ponctué d'éclairs violets et de coups de tonnerre tonitruants. J'étais trempée, j'avais froid, ma belle robe en soie couleur de miel était à tordre. Robert m'escorta jusqu'au petit bar, de l'autre côté de la rue, m'offrit un scotch et me ramena au logis. Il avait déjà garé le DUKW dans le petit jardin engazonné auquel mon appartement me donnait droit.

« Bon, dit-il une fois arrivé dans le hall d'entrée. Maintenant, je me sauve.

— Quoi ?

— Bah, oui. Je sors. Je vais chez des amis, enfin chez les gens que je fréquente en ce moment. Ils donnent une soirée. J'ai juste le temps de me changer. »

Je restai pétrifiée par l'étonnement. L'eau qui dégoulinait de mes vêtements formait une petite flaque sur le sol dallé. Je le regardai grimper dans le DUKW, puis m'engageai, la tête vide, dans l'escalier menant à mon appartement.

Je m'assis sur le lit, l'œil fixé sur l'alliance toute neuve que je portais à la main gauche, me demandant pourquoi je m'étais fourrée dans un tel guêpier.

Le carnaval était terminé avant même d'avoir commencé.

Très peu de temps après notre mariage, je fus terrassée par une virulente attaque de bilharziose et je passai deux semaines à l'hôpital : j'avais constamment des douleurs atroces dans les bras et dans les jambes, mes articulations étaient comme enflammées ; même mes cheveux me faisaient mal. Comme je n'étais toujours pas guérie, on me soumit à d'autres examens... et il fallut tout recommencer !

Pour couronner le tout, il me fut impossible de bénéficier d'une convalescence normale. Le dernier directeur de l'hôtel de Kariba avait choisi ce moment pour prendre ses cliques et ses claques, un hippopotame ayant emporté d'un coup de dent une partie du bateau dans lequel le malheureux avait pris place. Comme j'avais besoin d'argent, je me traînai jusque dans cette vallée peu accueillante.

Robert me téléphona d'un coin perdu où il avait fini par échouer. Bobbie Wilmot avait nargué la mort une fois de trop.

« Bobbie n'aurait jamais dû courir un tel risque, surtout lui ! » dit Robert.

Il avait raison. Tout le monde, oui *tout le monde*, même les demeurés et les gamins, savaient qu'il ne fallait jamais s'aventurer dans les îles du delta sans emporter la trousse FitzSimmons au grand complet, avec au moins quatre ampoules de sérum, pour se prémunir des morsures de serpent.

Bobbie était parti à pied, pour traverser l'une des îles, laissant son équipe de chasseurs de crocodiles dans le camp au bord de l'eau. Arrivé à une dizaine de kilomètres de son bateau, il avait marché sur un cobra qui s'était redressé pour lui enfoncer ses crocs dans la cuisse. Il avait tout de même réussi à regagner sa base, je ne sais trop comment, mais le poison s'était déjà disséminé dans tout son corps. Il s'injecta une ampoule de sérum, mais il laissa tomber la seconde, qui se brisa. Il n'en avait plus d'autre dans la trousse à pharmacie. Ses équipiers voulurent le ramener à Maun en toute hâte mais quand ils arrivèrent en ville, Bobbie était mort depuis deux heures.

Ce pauvre Bobbie, si brave, si direct. Il m'avait fait la proposition la moins tentante que l'on m'ait jamais adressée un jour où nous nous trouvions l'un et l'autre à l'hôtel Riley. J'avais refusé mais il n'allait pas se laisser décourager aussi facilement.

« Allez, viens, June ! insista-t-il. Il n'y en aura que pour cinq minutes. »

Pardonne-moi, Bobbie. Je n'aurais pas dû rire de la sorte.

Je raccrochai, et puis je me souvins de la nuit dans la dépression du Mabebe, quand Robert avait provoqué la lionne sans se soucier des risques qu'il prenait.

« *Moi aussi, j'aime flirter avec la mort*, avait alors expliqué Bobbie. *Ça met un peu d'épices dans l'existence*. »

La veuve noire

Robert s'était lui aussi remis à prendre des risques.

Il s'était engagé à aller chercher un groupe d'Italiens aux chutes Victoria pour les emmener à un safari et, au lieu de s'en tenir au trajet classique — qui n'était déjà pas si commode —, il avait décidé de prendre un raccourci, quittant la route de Maun à Bushman Pits pour traverser la frontière à Panda-ma-Tenka.

La route de Panda-ma-Tenka avait été tracée, sous la direction du diable, par de véritables démons pour mener droit en enfer, et on ne pouvait pas trouver de trajet plus dangereux dans tout le Kalahari. C'était vraiment le pays de la Soif, au sens le plus fort du terme. Il n'y avait que deux trous d'eau sur cette piste de trois cents kilomètres, et c'était une eau saumâtre, fourmillant de bacilles de la dysenterie qui se multipliaient dans la fange verte flottant à la surface des abreuvoirs à bestiaux.

Pour couronner le tout, cette route était également infestée d'éléphants hargneux, de serpents et de nuées d'insectes venimeux.

Robert savait tout cela. Ce qui ne l'empêcha pas de s'y embarquer avec le vieux Rodger comme seul compagnon.

Je commençai à me douter qu'il avait des problèmes quand je reçus un coup de téléphone émanant de l'organisateur de safaris basé à Livingstone. Malgré la friture qu'il y avait sur la ligne, je compris tout de suite qu'il était très en colère. Où diable était mon mari... deux jours de retard... les clients étaient furieux... menaçaient d'annuler... il lui ferait un procès... on ne pouvait pas compter sur lui... c'était bien la dernière fois... etc. Cet abruti était vraiment intarissable.

J'étais très inquiète. Tant qu'il ne s'agissait que de ses amis, Robert pouvait faire preuve d'un manque de ponctualité exaspérant mais jamais, à ma connaissance, il n'était arrivé en retard à un safari. Quant à moi, sans voiture, il m'aurait été plus facile d'aller de Kariba au fin fond du Groenland que de gagner Panda-ma-Tenka.

J'appelai le poste de police de ce village, mais personne n'avait vu Robert et on n'avait pas l'air de se faire particulièrement de souci sur son compte, d'ailleurs. Il devait être coincé quelque part au Bechuanaland, avant la frontière.

De toute façon, les problèmes ne manquaient pas de mon côté. J'avais l'hôtel à diriger et il était archicomble, car c'était le week-end où l'on célébrait la fondation de la Rhodésie. Il faisait 35 degrés à l'ombre et notre gros congélateur s'était mis à dégivrer de son propre chef, si bien que tout notre stock de vivres était inutilisable. Andie s'était muni de son fusil calibre 303 pour abattre une antilope de taille respectable afin de remplacer la viande de la chambre froide, et nous nous étions dépêchés de changer le menu pour y faire figurer du « goulash à la mode de Kariba ».

Et puis voilà que la police s'était pointée pour demander à voir le permis de chasse d'Andie, qu'il avait négligé de solliciter. J'étais en train de me débattre comme un beau diable pour exposer le problème de mon point de vue quand le téléphone sonna.

« On vous appelle de Panda », dit Johnnie, très occupé à tenter de persuader une cliente quinquagénaire d'acheter une statuette de Tokoloshie, le dieu de la rivière, dont les attributs généreux avaient été reproduits avec amour, sculptés dans de l'ivoire d'hippopotame par les artistes locaux.

« C'est un berger africain, dit une voix à peine perceptible, qui nous signale qu'il y a un Blanc qui se meurt dans la brousse de l'autre côté de la frontière. Non, désolés, nous ne pouvons rien y faire d'ici... C'est en dehors de notre juridiction. » L'homme raccrocha.

C'était Robert qui se mourait. Il serait mort si le vieux Rodger n'était pas resté à genoux à ses côtés pendant neuf heures, en pleine chaleur, maintenant les bras de Robert au-dessus de sa poitrine pour qu'il puisse continuer de respirer, car Robert était devenu noir sous l'effet du poison.

Il s'avéra qu'il avait étalé son matelas sur le sol, négligeant de se protéger avec une moustiquaire, et avait été piqué en deux endroits, au visage et à la gorge, par une araignée, la veuve noire, dont le venin est presque aussi redoutable que celui du mamba.

A six heures du matin, Johnnie vint me réveiller.

« Téléphone », dit-il.

C'était Robert qui m'appelait de l'hôpital de Livingstone. Il avait une voix faible mais au moins il était vivant. C'était un véhicule, un camion vraisemblablement, qui l'avait récupéré, grâce à Rodger qui avait fait de grands signes du bras. Les docteurs lui avaient injecté des tonnes de sérum et il allait se rétablir. Seulement il aurait besoin d'un peu d'aide pour le safari.

Il me restait dix-sept livres de mon salaire, la somme la plus importante que j'aie jamais réussi à accumuler au cours d'une année, et je la consacrai à l'achat d'un billet d'avion pour Victoria Falls. Je retrouvai Robert dans une boutique d'antiquités tenue par l'un des anciens directeurs de l'hôtel de Kariba, un certain Robert « Bob » Hope.

Robert, « mon » Robert, était blême, il paraissait épuisé par la maladie et se trouvait dans une de ses plus charmeuses dispositions d'esprit. Bob l'aida à s'installer dans un fauteuil.

« Ça a dû être terrible pour June, dit-il d'un ton compatissant. Elle devait être folle d'anxiété.

— A franchement parler, dit Robert d'un air détaché, je n'ai pas pensé à elle un seul instant. Je me disais simplement que c'était vraiment trop bête de finir ses jours sur cette putain de route de Panda-ma-Tenka. »

Au hasard des nouvelles qui filtraient parfois dans le Protectorat, quelqu'un dit un jour à Robert que Michel Dithapo était tombé malade, si malade qu'il avait fallu l'hospitaliser à Francistown. En allant à Bulawayo, Robert s'arrêta à l'hôpital pour voir si notre jeune ami, si cher à notre cœur, avait besoin de quelque chose. Il trouva Michel assis sur le sol en terre battue, devant sa chambre, le dos appuyé au mur blanchi à la chaux. Il se mourait d'un cancer de la langue.

Robert connaissait beaucoup de ministres du cabinet de Ian Smith. Il leur demanda, ne fût-ce que pour la beauté du geste aux yeux de la population, de faire admettre Michel à Salisbury, dans les services modernes réservés aux cancéreux. Ils lui opposèrent un refus catégorique. Pas question, dirent-ils, d'aider des Noirs qui n'étaient même pas citoyens rhodésiens.

Finalement, donc, Michel fut renvoyé dans le delta pour mourir dans une case sombre et enfumée. Les miasmes émanant de son corps torturé ne tardèrent pas à éloigner de lui ses amis eux-mêmes, comme Jack Ramsden par exemple, mais la femme que Michel aimait resta avec lui jusqu'au bout.

Les griffes de la pauvreté

« Seigneur, j'ai donné à manger à Tes moineaux, maintenant, nourris-moi. »

Anonyme.

L'hôtel de Kariba ayant fini par se trouver un directeur suffisamment audacieux pour tenir jusqu'au bout, je suis rentrée définitivement à Salisbury. Le bail de mon appartement était arrivé à expiration, et comme je n'avais pas assez d'argent pour le renouveler, nous nous sommes installés Olivier et moi dans un baraquement désaffecté qui ne nous coûtait que dix livres par mois.

Malheureusement, il n'y avait aucun meuble. Nous n'avions que deux lits de camp en toile. Dès qu'ils ont été montés, nous avons entrepris de rendre ce logement passablement habitable.

Nous avons commencé par aller trouver un ami travaillant dans une société de mécanique pour lui demander quelques caisses en bois. Nous les avons enduites d'une couche de laque vert pomme en collant sur le dessus une toile cirée adhésive représentant des éléphants, des têtes d'ail et des bouteilles de vin. J'ai acheté des ustensiles de cuisine à très bas prix dans un Woolworth, trouvé un réchaud à pétrole chez un brocanteur et récupéré quelques assiettes et autres couverts dans le DUKW un jour où Robert s'était absenté de la ville.

L'ensemble faisait un effet assez peu conventionnel mais plutôt coquet.

Nous avons ensuite construit un petit enclos pour y mettre les poules que nous avions achetées à une vente, mais nous avons vite compris pourquoi leur ancien propriétaire s'en était débarrassé : elles étaient hermaphrodites. Elles gloussaient avec ardeur mais il ne leur arrivait jamais de pondre un seul œuf. Le matou poil de carotte des voisins ne tarda pas à nous soulager des trois quarts d'entre elles, venant ensuite soulager lui-même son estomac sur l'unique tapis que comportait notre intérieur.

La situation n'était vraiment pas brillante. Il fallait à tout prix que je nous sorte des tenailles de la pauvreté et je ne pouvais pas m'adresser à Robert pour obtenir son aide. Il n'avait d'yeux que pour une personne des quartiers chic, dont les épingles à cheveux restaient sans cesse accrochées aux coussins de ma voiture. Personnellement, je ne me servais guère de cette voiture, car seul Robert avait les moyens de payer l'essence.

Un soir où les rideaux frémissaient au souffle de la brise légère, le parfum des fleurs de coing flottant dans l'air ambiant, je sortis dans le jardin pour réfléchir. Orion, resplendissante au-dessus du bosquet de bambous, resta muette de toute suggestion.

Piggy-Anne m'avait suivie, et au moment où je descendais de la véranda, elle me donna, à l'arrière du genou, un petit coup de museau affectueux.

Des chiots! Naturellement! La solution parfaite.

Mais il y avait une chose à laquelle je n'avais pas pensé.

La moitié des possesseurs de chiens de la Rhodésie essayait de faire bouillir la marmite exactement de la même façon. Les chiots avaient inondé le marché. Un bambin de deux ans aurait pu prévoir comment tout cela allait finir.

Les aliments pour chiens coûtaient les yeux de la tête.

Mon banquier, lui, faisait les gros yeux.

Et je me suis retrouvée avec vingt-deux chiots sur les bras. A deux jours d'intervalle.

Piggy-Anne fut accouplée à son fiancé, un bull-terrier turbulent qui remportait tous les prix aux expositions canines locales. Elle nous donna quatre petits chiots bien dodus.

Il y avait aussi un épagneul-cocker dont l'un des ancêtres avait eu un pelage composé de poils rouges, blancs et noirs, si bien que sa progéniture pouvait avoir tous les tons possibles, du rouge sombre au tricolore, et cela pouvait poser quelque problème dans la mesure où les chiots, nés à peu près à la même époque de mères différentes, étaient parfois difficiles à reconnaître les uns des autres. Mais comme chaque mère avait sa propre niche, il ne semblait pas que cela puisse créer la moindre complication.

Seulement, il y avait Piggy-Anne...

Kisi l'adorait et, un soir, il attendit que je sorte les cockers afin de leur faire faire leur promenade du soir pour aller lui porter une poignée de Doggy Num-Nums, dont elle était très friande. Malheureusement, il repartit en oubliant de refermer la porte derrière lui, si bien que Piggy-Anne put se promener librement dans le garage où les quatre chiennes étaient logées avec leurs portées.

Quand je revins avec les trois autres mères qui tiraient la langue, hors d'haleine, il n'y avait plus un seul petit cocker en vue.

Je refusai d'en croire mes yeux. Un python géant lui-même n'aurait pas réussi à les engloutir aussi rapidement. Quant à Piggy-Anne, elle était installée dans son petit enclos, tournant le dos à l'entrée. Ce soir-là, elle s'abstint de m'accueillir avec sa chaleur habituelle quand je prononçais son nom, mais son petit derrière se trémoussa d'un air gêné.

Était-ce elle la coupable? Mais oui, bien sûr.

Je l'empoignai pour la sortir. En plus de ses propres chiots, elle était allée chercher les dix-huit autres nourrissons, ravis et multicolores, qu'il m'était maintenant absolument impossible de reconnaître. Tous se chamaillaient avec énergie pour avoir leur part de son lait.

Or, il fallait à tout prix que je vende ces chiots avec un pedigree irréprochable si je voulais rester membre du Kennel Club. Et il fallait aussi les vendre vite, pour éviter de me ruiner à les nourrir. Heureusement, pour le tricolore il n'y avait pas de problème : sa mère, c'était Betsy. Je le lui rendis. Mais il en restait encore dix-sept.

Je fermai les yeux et les répartis au petit bonheur, espérant que chaque mère retrouverait les siens. Maintenant qu'il y a prescription, je me sens enfin libre de confesser mon crime.

Finalement, après bien des espoirs déçus, j'avais tout de même réussi à vendre les vingt-deux chiots, et le chenil avait retrouvé son calme. Au moment où j'adressais un geste d'adieu reconnaissant à l'heureux acquéreur du numéro 22, une autre voiture s'engouffra dans l'allée. Une Leslie éplorée en descendit.

Elle n'avait plus un sou. Elle ne pouvait plus payer de

quoi nourrir ses deux chiennes, des bull-terriers, et elle allait devoir les amener à la SPA mais elle me suppliait de prendre au moins leurs petits. Elle enfouit son visage dans ses mains et éclata en sanglots.

Non, aucun chiot n'allait mourir, si je pouvais l'empêcher. D'autant que j'avais une voleuse de chiots sous mon propre toit.

Kisi n'était pas loin.

« Va dire à Piggy-Anne que j'ai besoin d'elle. »

Kisi m'adressa un sourire rayonnant.

« Piggy va être trop beaucoup contente », dit-il d'un air ravi.

Il se précipita à la recherche de l'être adoré.

Leslie était venue avec ses enfants. Slade lui secoua la manche.

« Dis maman, ils vont être bien, là, les chiots ? souffla-t-il dans un murmure.

— Mais oui, bien sûr », lui rétorqua sèchement sa mère. Elle avait l'air de retrouver sa pugnacité à une vitesse remarquable. « June a toujours été beaucoup plus gentille avec les chiens qu'avec les gens. »

Je scrutai le contenu du panier. Un mâle et huit femelles. Et je soupçonnais fort qu'il s'agissait d'un croisement entre un bull-terrier et un berger d'Alsace, métissage tout à fait illégal en Rhodésie. Pour la seconde fois de la saison, je ravalai mes scrupules.

En fait, Piggy-Anne n'avait plus de lait, il faudrait donc nourrir ces petits chéris avec des aliments du commerce. Dressé sur la pointe des pieds, Slade me regarda mélanger la poudre de Pro-Nutro avec du lait.

« Moi aussi j'aime bien le Pro-Nutro », me fit-il avec une mine gourmande.

Kisi alla chercher le petit bol Beatrix Potter qui avait autrefois servi à Olivier. Pendant que Piggy-Anne mettait debout chacun des chiots à tour de rôle et les flairait avec beaucoup de soin, Slade s'assit parmi eux et partagea son bol avec le petit mâle et les plus jolies des petites femelles.

Dans mes efforts pour tirer au moins un petit bénéfice de mon chenil, je me laissai convaincre de présenter trois des épagneuls adultes au Salon de l'Agriculture de Salisbury. J'étais en train de faire sortir Ophélia de la piste de démonstration quand Olivier courut à moi, hors d'haleine, le visage empreint de cette expression qu'il réservait d'habitude aux cas de grande urgence.

« Vite, haleta-t-il. La police veut te voir tout de suite. »

Je sentis que mon cœur tombait dans mes talons.

« Mon Dieu! Qu'est-ce que ton père a encore fait? m'exclamai-je imprudemment tandis que les gens me regardaient d'un air étonné.

— Ce n'est pas papa qu'ils veulent. C'est toi. Il y a une lionne qui a un os coincé dans la dent et ils n'arrivent pas à l'enlever. J'ai dit que tu pourrais le faire pour eux.

— Tu peux me répéter ça? » dis-je d'une voix à peine perceptible.

Il répéta.

Il y avait en effet une lionne avec un os coincé dans une dent. Elle hurlait de rage et donnait de grands coups de patte inutiles en direction de son visage. De temps à autre, elle tombait en avant, car l'os était plus gros qu'elle. Elle avait trois mois et elle était petite pour son âge.

Je fis la seule chose possible. Je m'étendis sur le sol. Le sergent qui tenait le stand de la police me regarda avec étonnement.

« Vous vous allongez toujours par terre pour vous occuper des lions? demanda-t-il.

— Oui, dis-je, ça les met en confiance. »

La petite lionne me regardait en fronçant les sourcils d'un air soupçonneux. Je ne fis rien pour m'approcher d'elle. Je me contentai de lancer l'appel à la protection, cet étrange et apaisant « Ah-ow? » que tous les lions utilisent dans les périodes de tension. Le lionceau cligna des yeux, puis s'avança, trébuchant contre l'os. Tout doucement je mis la main sur l'extrémité de l'os pour le maintenir immobile, sur le plancher. Elle abaissa le museau pour flairer mes doigts, et, ce faisant, elle libéra de sa dent de lait acérée le morceau de cartilage dur qui s'y était enfoncé.

Ce fut là ma dernière rencontre avec un lion.

Une fois de plus, le vent tourna, mais ce fut en ma faveur.

Le directeur de la chaîne d'hôtels m'accorda une augmentation de salaire suffisante pour me permettre d'abandonner le baraquement et de chercher une maison. Je trouvai une chaumière sise sur un terrain d'un hectare et demi, à une cinquantaine de kilomètres au nord de Salisbury, au pied des collines de Mazoe, en plein cœur des vergers plantés de merveilleux orangers rouges. Mon banquier m'avança l'argent nécessaire pour le versement initial et me demanda des mensualités tout à fait à la portée de ma bourse.

De « Christon Bank » on avait une vue merveilleuse, allant des collines aux crêtes bleu fumée jusqu'à la vallée de Mazoe, où poussent la plupart des oranges de la Rhodésie.

Le terrain descendait en pente douce jusqu'à la route. Je trouvai un maçon sensationnel, un petit Africain nerveux nommé Edison, qui se révéla être un véritable artiste : il me transforma en terrasses tout le flanc de la colline pour un prix défiant toute concurrence. Je lui payai la somme qu'il me demandait en lui octroyant un supplément généreux pour le remercier comme il le méritait.

Avec l'aide de Kisi, je fis un verger planté de quarante arbres fruitiers. Nous installâmes des enclos pour les poules et remplîmes le jardin de rosiers, de gardénias et de bosquets de jasmin.

Je l'adorais littéralement, ce nouveau havre de paix, mais j'y étais à peine installée depuis un an et demi que, sans avertissement, les dieux capricieux vinrent une fois de plus me mettre des bâtons dans les roues.

Le bout de la route

Maintenant encore, dix-sept ans plus tard, j'ai bien de la peine à parler sans émotion de la période noire et amère qui a commencé alors. Je ne pouvais tirer aucune consolation du passé ni voir le moindre réconfort dans un avenir qui s'annonçait bien sombre. Et je ne pouvais même pas me plaindre de mon sort, car je n'avais personne à qui me confier.

D'abord, Robert partit pour l'Angleterre afin d'en ramener Toby, sa mère, car il trouvait qu'elle devait revenir vivre avec nous. Je me pris à espérer qu'elle s'était peut-être améliorée avec l'âge, mais il n'en était rien. Pourtant, ce ne fut pas elle qui me causa le plus de soucis, loin s'en faut.

Robert resta absent pendant six mois et dès qu'il arriva avec Toby dans son sillage, je me rendis compte qu'il allait y avoir, une fois de plus, un terrible problème à résoudre. Nos retrouvailles furent fort tièdes. Quant à Toby, elle observa une réserve glacée. Nous allions vivre comme trois étrangers.

Après avoir traîné ses savates dans la maison pendant une semaine, Robert annonça tout à trac qu'il ne pouvait vraiment plus vivre en Rhodésie. Ce pays était devenu beaucoup trop étriqué pour un homme de son envergure. Il emprunta quatre cents livres à sa mère et s'embarqua au volant de la Land Rover en annonçant qu'il allait explorer l'île de Sainte-Hélène — quelle idée ! — pour voir s'il pourrait s'y installer.

La première fois où il me donna de ses nouvelles, après son départ, ce fut pour me dire que ses deux pneus avant avaient éclaté près de Maun. Soit dit en passant, on pouvait se demander pourquoi il faisait un pareil détour car Maun n'était pas du tout sur la route de Sainte-Hélène.

Après cela, il n'y eut plus ni lettres ni coups de téléphone. Pendant deux mois, il disparut complètement de la circulation.

Olivier et moi, nous passâmes de bien tristes fêtes de Noël. Nous étions rongés d'inquiétude, sans que Toby lève le petit doigt pour nous aider. Elle refusa de quitter sa chambre, dédaignant même le modeste cadeau que nous avions accroché pour elle dans le sapin étique qui se dressait dans un coin pour égayer un peu le décor.

Et puis, à la mi-février, Robert revint, sans prévenir et toujours d'une humeur massacrante. Non, il ne nous dirait pas où il était passé. Ça ne nous regardait pas. Il révéla simplement qu'il n'était pas allé à Sainte-Hélène parce qu'il avait raté le bateau ; il avait donc décidé de faire un tour sur la côte orientale de l'Afrique.

Deux jours plus tard, il entra dans la cuisine où je préparais le repas du soir et, sans préambule, comme à son habitude, il annonça tout de go qu'il avait encore changé d'avis.

Il voulait divorcer une deuxième fois.

Ulcérée au plus haut point, je lui demandai ce que je lui avais fait pour qu'il me chasse de sa vie avec une telle cruauté. Ma question le rendit furieux. Il cria que j'avais anéanti en lui toute envie de travailler, qu'il était déçu par Tris, que Toby n'aimait pas Olivier, qu'un de ses amis, un garçon très cultivé, n'avait pas du tout apprécié mes livres, que… et que… et que… Bref, une interminable énumération de tous les torts que je lui avais causés.

« Je veux être libre. Oui, libre, tout simplement », écuma-t-il.

Je me dis alors que pendant plus de vingt-cinq ans je lui avais donné sans la moindre hésitation tout ce qu'il avait demandé, tout sauf la liberté totale, l'absence de toute contrainte et de toute obligation ; ce qu'il désirait le plus au monde. C'était incontestable, mais n'avais-je pas sacrifié ma liberté, moi aussi ?

Au cours de la discussion pour le moins surréaliste qui s'ensuivit, je consentis à lui abandonner les loyers de mes appartements, la chaumière de Christon Bank, les voitures et les chiens. La seule chose que je voulais, c'était fuir sa présence et celle de Toby, en finir à jamais avec une situation qui me soulevait le cœur.

Je dis que je partirais aussitôt que j'aurais trouvé un endroit pour me loger.

« Alors, t'as intérêt à te grouiller ! fit-il. Et je ne veux plus voir ta saloperie de chienne. Si elle est encore là à la fin de la semaine, je la flingue. »

Je suppose que c'est cette menace qui m'incita à réagir contre mon désespoir et me fit comprendre enfin que l'Afrique n'était plus un endroit où j'avais encore ma place. Je savais que je ne regretterais jamais l'existence que j'avais menée dans l'Okavango, ni les huit années que j'avais passées là-bas, ni l'argent que j'y avais englouti, mais je me rendais bien compte qu'il aurait beaucoup mieux valu pour moi que je m'arrache à la séduction de cette vieille enchanteresse vingt-cinq ans plus tôt.

Seulement, dans l'immédiat, je ne savais où aller. Et où que j'aille, il n'était pas question d'emmener Piggy-Anne. Le brave homme qui avait consenti à nous prêter son « fiancé » dit qu'il serait heureux de prendre soin d'elle jusqu'à mon retour, mais nous savions l'un et l'autre que cette séparation allait être définitive. Et Piggy-Anne le sentait, elle aussi.

Elle resta immobile et muette sur le siège, à côté de moi, pendant que je la conduisais chez Robbie à Mazoe, mais dès que je fus descendue de la voiture, elle se mit à pousser des gémissements plaintifs. Je la laissai avec son panier, sa couverture, son écuelle et sa balle préférée, et nous nous quittâmes, le cœur brisé.

Un pays étranger

« Le passé est un pays étranger ; tout ce qu'on y fait est différent. »

L.P. Hartley, *Le messager.*

Je quittai l'Afrique le jour des ides de mars, en 1971. Exactement huit ans après la création de la Réserve naturelle de Moremi. Je n'y suis jamais retournée car je n'aurais trouvé que des mirages mouvants, peuplés de fantômes beaucoup trop désenchantés, et je préfère conserver des souvenirs forts et éclatants.

Dans les bouleversements qui suivirent le départ du gouvernement de Ian Smith, lorsque celui-ci céda enfin le pouvoir à la majorité qui s'était déclarée dans le pays, la moitié des Matopos fut isolée par la troupe et déclarée pudiquement « zone de couvre-feu ». Après avoir affamé le territoire, Mr. Mugabe y fit pénétrer ses troupes, entraînées en Corée, pour « pacifier » les 'Ndebele. Kisi et Rodger périrent dans le bain de sang qui s'ensuivit.

Mohumogadi Elizabeth Moremi est morte, ainsi que son fils, Letsholathebe III, qui n'a jamais eu l'occasion de faire ses preuves. Son fils, Tawana le Lionceau, est maintenant destiné à devenir le chef des Batauana, et Mathiba, le second fils d'Elizabeth, est régent.

Badirwan Sekao, Badirwan que j'aimais tant, est mort pendant que j'étais encore à Kariba, et Montso Mogalakwe est allé expliquer à son Dieu catholique romain comment a été assassiné le petit berger. Mais le pire de tout, et je ne me consolerai jamais de cette perte, c'est que Jack Ramsden est mort. Juste avant sa disparition, il m'avait écrit cette lettre triomphante :

« Enfin, l'île du Chef a été incluse dans la Réserve naturelle de Moremi. Quant au Territoire du Wildlife Development, il a été enlevé au concessionnaire et divisé en deux. L'autre moitié, la région qui longe le Kwaii jusqu'à la limite

de l'État des Batauana, à l'est, a été ajoutée à Moremi. Te rends-tu compte de l'étendue de la Réserve maintenant? Plus de cinq mille kilomètres carrés! Un tout petit peu moins que le tiers des marais de l'Okavango! »

Pourtant, les choses n'étaient pas aussi simples. Dans un sens, nous n'avions réussi, Robert et moi, qu'à boucher un trou minuscule dans une digue qui prenait eau de toutes parts. Le désert du Kalahari était de plus en plus envahissant, comme une nappe de pétrole à la surface de la mer, et l'érosion rongeait les berges des rivières. Les hommes et les éléphants conjuguaient leurs efforts pour détruire les arbres... et cette déforestation décapait la savane, le sol sableux se trouvant emporté par les vents brûlants.

En constituant cette réserve naturelle, nous avions au moins réussi à stopper pour un temps l'extinction de la faune, mais cela ne suffisait pas pour arrêter la destruction continue de l'environnement qui permettait la survie de tous ces animaux.

Maintenant, avec la sagesse que confère le recul du temps, je me demande parfois si nous n'aurions pas mieux fait d'entreprendre une campagne pour que l'on plante deux arbres chaque fois qu'il y en avait un qui disparaissait.

Je ne suis pas de ceux qui se complaisent dans les remords de conscience inspirés par les excès du colonialisme, mais j'éprouve parfois un certain sentiment de malaise à l'idée qu'un grand nombre de créations de réserves naturelles se font aux dépens des êtres humains. Les pays développés, qui ont depuis longtemps, pour la plupart, liquidé leur propre faune naturelle, ne cessent de faire la leçon à ceux qui détiennent actuellement les régions où sont concentrés les animaux sauvages qui ont survécu à l'holocauste, mais leur intérêt pour les habitants de ces territoires passe tout à fait au second plan. Qu'importe si les paysans les plus pauvres voient leurs récoltes dévastées par les zèbres et si les bergers indiens ont leurs troupeaux massacrés par les tigres!

Mais il faut tout de même reconnaître que, grâce à la constitution de la Réserve naturelle de Moremi, on a pris pleinement conscience du fait que les tribus avaient besoin de viande pour manger et de peaux de bêtes pour se procurer de l'argent. Les touristes participant aux safaris ont apporté un flot de devises; et on s'est aperçu que l'on pouvait préserver les espèces autrement qu'en se contentant de créer des zoos gigantesques. Et cette initiative a ouvert la voie à de nombreuses réalisations identiques. Le Département de la Faune du Botswana a maintenant créé pas moins de huit autres parcs nationaux.

L'Afrique exige beaucoup de ceux qui l'aiment et bien que, pendant mon séjour sur ce continent, je lui aie donné tout ce que je pouvais offrir de mon cœur et de mes efforts, il n'en demeure pas moins qu'en fin de compte, c'était encore moi qui, d'une certaine manière, lui devais quelque chose. Mais peut-être ai-je au moins réussi à m'acquitter d'une partie de ma dette à son égard.

Un aller simple

J'aurais préféré quitter l'Afrique d'une manière plus théâtrale, avec fracas plutôt que dans un soupir. En fait, mes dernières semaines à Bulawayo furent mornes, confinant parfois à la mauvaise farce. Je n'eus à prononcer que des adieux de pure forme car Tris avait emmené sa femme et son bébé, Sally-Anne, en Afrique du Sud, et Olivier avait décidé de les suivre. Leslie entamait une carrière prometteuse dans la vente de produits chimiques industriels et je soupçonne fort que nous aurions trouvé l'une et l'autre toute tentative de réconciliation de dernière minute insupportablement hypocrite.

Le jour de mon départ, Robert eut tout de même assez de grandeur d'âme pour me conduire à l'aéroport. Il tendit la valise contenant tous mes vêtements « européens » à un porteur et s'en alla d'un air fort digne. Je ne sais pas s'il s'est retourné vers moi, je ne l'ai pas regardé partir.

Une fois à bord de l'avion, j'égratignai un peu le reste de mes économies en me payant un « gin and tonic » double. Puis, pour la première fois en fait, je me mis à réfléchir sérieusement à l'avenir qui m'attendait.

Les perspectives n'étaient guère réconfortantes. Je pouvais toujours, pour parer au plus pressé, reprendre la comptabilité. Facile, mais fastidieux. D'ailleurs je voulais faire déboucher l'amour que m'avait toujours inspiré la langue anglaise sur une carrière d'écrivain.

Seulement l'Angleterre était encore pour moi une entité inconnue. Loger chez des amis, visiter le pays sous la conduite de Richard, c'était une chose. Mais s'y établir définitivement en posant des jalons pour l'avenir, c'en était une autre, très différente. Et je n'étais pas du tout certaine d'être suffisamment anglaise pour écrire des livres où je parlerais de l'Angleterre. J'avais été profondément marquée par la colonie, et si je ne pouvais pas avoir à ma disposition les fins fonds de la brousse, alors je voulais l'éclat des grandes métropoles. Pas question de me contenter de médiocrité dans la sécurité.

Bref, quelle que fût la façon dont j'envisageais la chose, il me fallait effectuer un saut monumental dans l'inconnu, et cette fois je n'avais plus la ressource de me réfugier en Rhodésie dès que quelque chose ne tournait pas rond.

Pendant les huit heures que dura le vol, je mis au point un plan d'action préliminaire. Pour garder mon capital intact, je m'installerais chez les plus accueillants des membres de ma famille en attendant de me trouver un petit appartement qui me servirait de pied-à-terre et où je pourrais revenir entre deux voyages dans les régions les plus éloignées du monde qui allaient servir de cadre à mes prochains livres.

L'Inde me tentait beaucoup, mais je voulais aussi voir la Birmanie, la Malaisie et la Thaïlande : les épices et l'ail et les cloches tintinnabulantes du temple de Kipling dans *La route de Mandalay*. Et puis il y avait les Amériques, la Russie, la Turquie et — que Dieu me protège — le Liban et la péninsule arabe.

Cette fois-là, il n'y eut personne pour m'attendre à Heathrow mais je disposais d'une invitation permanente à aller loger chez des parents « jusqu'à ce que je me trouve un chez-moi ». Je pris donc le bus à l'aéroport, traversant la morne banlieue de cette fin d'hiver, jusqu'au terminal situé dans les quartiers peu reluisants de Londres.

Ensuite je pris le train pour Wimbledon.

Finalement, je n'étais pas aussi désargentée que je l'avais d'abord cru. *La treizième lune* marchait bien et me rapportait des droits d'auteur auxquels Robert ne pouvait plus toucher. J'avais téléphoné à mon cousin, Michael Whittaker, qui grâce à son dynamisme gagnait beaucoup d'argent en assurant la publicité des modèles haute couture. Son bureau se trouvait à deux pas de Bond Street.

« Ma chérie, quelle heureuse surprise, s'exclama-t-il. Je suppose que tu es venue pour le divorce ? »

J'en restai bouche bée. Je n'avais prévenu personne, pas même mes fils, de la façon sinistre dont nous avions mis fin à notre second mariage. Il y eut un long silence, qui ne fut interrompu que lorsque l'instinct de Michael passa la surmultipliée.

« Tu ne savais pas la nouvelle, dit-il, plus sur le ton d'une affirmation que d'une question. Il ne t'a pas dit qu'il allait se remarier ? La mère de la future est une de mes meilleures clientes et j'ai été invité à la cérémonie. Mais je n'irai pas. Ils ont prévu la noce pour le 11 juin, dans un trou perdu d'Écosse. Ils peuvent toujours aller se faire foutre ! »

Ainsi Robert, le don juan, s'était de nouveau surpassé. Eh bien moi, en tout cas, je n'avais pas l'intention d'entretenir son nouveau ménage. Un peu plus tard dans l'après-midi, je télégraphiai à mon avocat, en Rhodésie, pour lui dire d'annuler l'offre que j'avais stupidement faite à Robert de lui reverser la moitié des sommes que me rapportaient mes livres. Mais je laissai les autres dispositions intactes car mon seul souci maintenant était de ne plus entendre parler de cette lamentable affaire.

Je passai ensuite deux ou trois heures à essayer de localiser Richard et finis par découvrir qu'il était passé de l'autre côté des caméras pour présenter les émissions à caractère politique d'une station régionale particulièrement dynamique.

Son assistante, qui avait répondu à mon coup de fil, parlait de lui avec beaucoup de précautions, d'un air presque maternel, et au bout de quelques minutes de conversation, elle finit par me dire :

« Écoutez, je vois que vous ne savez manifestement pas la nouvelle. Alors il vaut mieux que je vous prévienne avant que vous ne lui parliez. Sa femme est morte il y a trois mois. »

Une heure plus tard, Richard me rappela.

« J'ai beaucoup pensé à toi ces derniers temps, dit-il une fois que nous eûmes exprimé nos regrets réciproques. Écoute, j'ai des amis qui viennent dîner samedi. Pourquoi ne prendrais-tu pas le train pour Norwich ? Tu passerais le week-end chez moi. »

Il avait un bel appartement, très haut de plafond, avec des corniches aux moulures ouvragées. Des tapis de soie chinois et un million de livres. Une fois les invités partis, nous avons parlé une grande partie de la nuit, et vers quatre heures du matin, il a décrété qu'il mourait de faim. Je lui ai dit « moi aussi ». Mais, a-t-il expliqué, il fallait se montrer économe. Cela m'ennuierait-il de me contenter de quelque chose de simple ?

Je me souvins alors de l'idée que Richard se faisait de la simplicité dès qu'il était question de manger : des harengs bon marché, marinés dans le vin blanc et servis avec une sauce à base de crème, de champignons et de crevettes fraîches. Cette fois, nous avons eu droit à une omelette aux asperges — en cette saison ! — accompagnée d'une bouteille de château-yquem qu'il me jurait avoir achetée en solde chez le marchand de vins du coin.

Une fois terminé ce petit déjeuner spartiate, nous avons réintégré l'élégant salon, et nous nous sommes assis côte à côte sur le Chesterfield en velours rose. Mais le silence semblait nous avoir gagnés. Soudain, Richard se leva et m'attira vers lui.

Le dimanche soir, j'avais décidé qu'il n'y avait aucune raison pour que je reste dans mon pied-à-terre de Londres alors que l'antique cité de Norwich, dominée par le donjon du grand château normand et par le clocher de la cathédrale, était tellement plus belle et tellement moins chère.

Moins d'une semaine plus tard, je m'étais trouvé un petit appartement élégant, mais à peine m'y étais-je installée que je me voyais de nouveau embarquée sur un bateau. Pourtant, cette fois, il s'agissait d'un yacht de croisière, meublé en teck et en acajou, avec Richard à la barre, sur les eaux étincelantes de la région des Lacs du Norfolk. Ni canots ni crocodiles, ni aigles pêcheurs hurlant dans les arbres. Finies également les boulettes de corned beef préparées par Kisi ; uniquement des cygnes majestueux qui évoluaient devant nous, et un déjeuner composé de poulet assaisonné à l'estragon, avec de l'aspic et des bouteilles de bâtard-montrachet rafraîchies dans la rivière.

Mais nous avions l'un comme l'autre besoin de temps pour laisser guérir les blessures et s'estomper les cicatrices. C'est pourquoi, lorsqu'on offrit à Richard d'aller diriger la rédaction d'un magazine de luxe à Hong-Kong, nous nous sommes dit que c'était exactement le genre de mission dont nous avions besoin.

Nous sommes restés deux ans environ loin de l'Angleterre. Deux ans de voyage, de chemises en soie faites à la main et de colliers de jade, achetés sur les Nouveaux Territoires, côté Kowloon. Le train chargé de cochons arrivant du continent chinois, dans un concert de grognements. Les verres de *bullshot* bien glacé, servis par le barman chinois au club des correspondants étrangers — un homme qui n'oubliait jamais un visage aussi longtemps qu'ait pu durer votre absence. Et ces maudites méduses qui flottaient à l'avant du bateau, au sud de la mer de Chine; et ces forêts de tecks, et les orfèvres de Thaïlande. Et cette merveilleuse réserve de tigres, à Ranthambhore, en Inde.

Et puis, l'argent a fini par manquer. Comme nous suffoquions à mort dans la chaleur tropicale annonciatrice de la mousson, nous sommes rentrés en Angleterre.

En guise de cadeau de noce, nos adorables propriétaires hongrois, Victor et sa femme Priscilla, nous ont donné un pot de chambre en porcelaine de Portmeirion décoré de roses et empli de fraises précoces, avec un petit bocal de sucre parfumé à la vanille.

« Une fois dans l'avion, expliqua Victor, vous achetez une bouteille de champagne. Ensuite, vous plongez chaque fraise d'abord dans le champagne et puis dans le sucre, avant de la manger. »

Elles nous ont fait tout le trajet. Jusqu'à Paris.

Table

DANS LA MÊME COLLECTION

Francesco Alberoni
Le choc amoureux

Susan Azadi
Fugitive

Bette Bao Lord
Une mosaïque chinoise

Aïcha Benaïssa/ Sophie Ponchelet
Née en france

Nancy Bosson
Maîtresse détresse

Philippe Bouvard
Contribuables, mes frères

Simone Chalon
L'enfance brisée
L'enfance retrouvée (mai 93)

Jung Chang
Les cygnes sauvages (mai 93)

Charlie Chaplin
Ma vie

Jean-Pierre Coffe
Au secours le goût (mai 93)
Le bon vivre
Le vrai vivre

Claude Couderc
Les enfants de la violence
Mourir à dix ans (février 93)

Jacques-Yves Cousteau/ Frédéric Dumas
Le monde du silence (mars 93)

Marie-Christine d'Welles
Folle... moi ?

Pierre Dac
Les pensées

Dalaï Lama
Océan de sagesse

Michel Damien
Raymond Pin, vingt ans dans la forêt

Alexandra David-Néel
Au pays des brigands gentilshommes
L'Inde où j'ai vécu
Journal (2 tomes)
Le Lama aux cinq sagesses
Magie d'amour et magie noire
Mystiques et magiciens du Tibet
La puissance du néant
Le sortilège du mystère
Voyage d'une parisienne à Lhassa

Miles Davis
Autobiographie

Didier Decoin
Béatrice en enfer
Il fait Dieu

Françoise Dolto
L'échec scolaire

Boris Eltsine
Jusqu'au bout !

Albert Falco/ Yves Paccalet
Capitaine de la Calypso

David Fisher
Ultime otage (mars 93)

Jean-Charles de Fontbrune
Nostradamus historien prophète

Dian Fossey
Gorilles dans la brume

Mep Gies
Elle s'appelait Anne Frank

Françoise Giroud
Alma Mahler
Jenny Marx (juin 93)

Françoise Giroud/ Günter Grass
Écoutez-moi

Jean Grémion
La planète des sourds

Marek Halter
Argentina, Argentina
Le fou et les rois
La mémoire d'Abraham
Les fils d'Abraham
Un homme, un cri

Katharine Hepburn
Moi, histoire de ma vie (avril 93)

David Heyman
Jackie

Jerry Hopkins/ Daniel Sugerman
Personne ne sortira d'ici vivant

Claire Hoy/ Victor Ostrovsky
Mossad

Christopher Hudson
La déchirure

Nicolas Hulot
Les chemins de traverse

Annette Kahn
Robert et Jeanne

Olivier de Kersauson
Fortune de mer
Mémoires salées
Vieil océan

Éric Laurent
Tempête du désert

Éric Laurent/ Pierre Salinger
La guerre du Golfe

Capitaine Legorjus
La morale et l'action

Marie-Laure de Léotard
Nous les bourgeoises (février 93)

Agnès L'Herbier
La vie aux trousses

Betty Jean Lifton
Janusz Korczak : le roi des enfants

Jean-Marie Lustiger
Dieu merci, les droits de l'homme

Robert Matthieu
Échec à la dictature fiscale
Le racket fiscal

Rachid Mimouni
De la barbarie en général et de l'intégrisme en particulier (juin 93)

Marcel Morin/ Françoise Wissen
La planète blanche

Zana Mushen
Vendues (mai 93)

Georges N'Guyen Van Loc
Le Chinois

Haing N'Gor
Une odyssée cambodgienne

François Périer
Profession menteur

Michel Peyramaure
La passion Béatrice

Bernard Pierre
Ils ont conquis l'Himalaya (avril 93)
Le roman du Danube
Le roman du Missisipi
Le roman du Nil

Nancy Reagan
À mon tour

Georges Renault
La mort de Marie (mai 93)

Valérie Rodrigue
La peau à l'envers

Nadine de Rothschild
Le bonheur de séduire, l'art de réussir

Joseph Saade/ Frédéric Brunnquell/ Frédéric Couderc
Victime et bourreau

Camille Saferis
Le manuel des premières fois (juillet 93)

Nathalie Schweighoffer
J'avais douze ans...

Alex Shoumatoff
Qui a tué Chico Mendes ?

Haroun Tazieff
La terre va-t-elle cesser de tourner ?

Jean-Pierre Thierry
Bon appétit, messieurs ! (février 93)

Jean-Michel Thibaux
L'or du diable

André Tilieu
Brassens auprès de son arbre

Alfred Tomatis
Les troubles scolaires

Jean-Marc varaut
L'abominable docteur Petiot

D. Varrod/C. Page
Goldman, portrait non conforme

June Clark Vendall
La vie sauvage

Françoise Verny
Le plus beau métier du monde

Charles Villeneuve/ Patrice de Meritens
Les masques du terrorisme (juillet 93)

Rudolph Vrba/ Alan Bestic
Je me suis évadé d'Auschwitz

Wright
Christina Onassis (avril 93)

XXX
Constance

Achevé d'imprimer en décembre 1992
sur les presses de l'Imprimerie Bussière
à Saint-Amand (Cher)

PRESSES POCKET - 12, avenue d'Italie - 75627 Paris Cedex 13
Tél. : 44-16-05-00

— N° d'imp. 3545. —
Dépôt légal : janvier 1993.

Imprimé en France